# 信託法実務判例研究

新井 誠 編集代表

有斐閣

はしがき

　本書は，信託法に関する比較的新しい判例を取り上げ，それらを分析することによって，現実の社会において機能している信託の意義を析出しようとしたものである。便宜上，7章構成として，40件の判例を取り上げている。

　本書は，民事信託研究会の成果である。この研究会は全く任意の集まりであり，研究者，信託実務家，弁護士・司法書士・税理士の専門家等の約30名によって構成されている。各構成員がそれぞれの学術的，専門的な知見と経験に基づいて，自由な立場から研究会の場において任意のテーマについて発表し，全員で議論している。特定の組織に属さず，各自の自由闊達な意見交換を旨として，談論風発を実践している信託法の研究グループである。このような多様性と自発性が民事信託研究会の大きな特徴である。

　民事信託研究会がここ2年間取り組んできたのが，信託判例の研究であり，本書はその成果である。本書をまとめるに際しては，私のほかに安藤朝規，岸本雄次郎，小林徹，佐藤勤，澁谷彰久，田中和明の各氏に編集委員になって頂き，数回にわたって編集委員会を開催して，判例の選定をはじめ，各執筆者間の連絡調整などを行った。最終的には私が全体を通読して，とりまとめた。編集委員を引き受けて頂いた6名の会員に対してはご尽力に感謝したい。本書をこの時期に上梓することができたのは，編集委員の努力の賜である。

　また，有斐閣の青山ふみえ氏は，原稿のとりまとめ，内容のチェック等の骨の折れる作業を一手に引き受けて頂いた。同氏に満腔の感謝を申しあげたい。そして，有斐閣には本書の出版をお引き受け頂いた。法律書の刊行がきわめて困難であるこの時期に本書を受け入れて頂いたことに対して，会員一同は有斐閣の法律出版社としての伝統と矜持とに深く感激し，深謝する次第である。

　研究会の運営については公益財団法人トラスト未来フォーラム，本書の刊行については公益財団法人三菱UFJ信託財団の支援を得た。ここに特記して謝意を表するものである。

　信託銀行における信託実務を別にすれば，我国において信託の活用方法が確立している訳ではない。本書が取り上げた判例はいずれも当事者が信託制度と

はしがき

向き合う姿が活写されており，興味深い。これらの当事者の営為を通じて新しい信託実務というものが次第に形成されていくのではなかろうか。本書がそのためにいささかでも寄与できるとすれば望外の幸いである。

 2015年2月4日
  立春の日に

新 井 　 誠

# 目　次

## 第1章　信託の成立

本章の概観　2

01　請負者の破産と預金債権の帰属（最判平成14・1・17）……………安藤朝規‥4
02　損害保険代理店の破産と預金債権の帰属（最判平成15・2・21）…勝田信篤‥15
03　弁護士の預り金と預金の信託的構成（最判平成15・6・12）………澁谷彰久‥23
04　転貸人に提供した敷金の返還請求権と信託財産（大阪高判平成20・9・24）
　　………………………………………………………………………………伊庭　潔‥33
05　債権者を害する信託の設定（福井地判平成22・7・8）……………金森健一‥44
06　脱法信託における受託者及び受益者の地位（大阪高決平成8・10・21）
　　………………………………………………………………………………安藤朝規‥54
07　隠れた取立委任裏書と訴訟信託（大阪高判平成9・1・30）………岡　伸浩‥64
08　遺産整理業務の受任者による訴訟の当事者適格性
　　（東京地判平成17・8・31）……………………………………………田中和明‥75

## 第2章　信託財産

本章の概観　86

09　公共工事前払金の信託財産該当性（東京高判平成12・10・25）…安藤朝規‥89
10　信託財産の独立性（東京地判平成24・6・15）……………………佐藤　勤‥100
11　過払金が生じている貸金債権の信託譲渡を受けた受託者の
　　不当利得返還義務（東京地判平成24・4・19）………………………石嵜政信‥110
12　消極財産（敷金返還義務）の信託（最判平成11・3・25）…………菊池　学‥124
13　従業員持株制度と株式信託契約の有効性
　　（大阪高決昭和58・10・27／大阪高決昭和60・4・16）……………梅澤典男‥135

目　次

## 第3章　受託者の義務

本章の概観　150

14　著作権管理信託における受託者の義務（東京高判平成17・2・17）
　　……………………………………………………………小林　徹‥152

15　年金信託における受託者の義務——合同運用義務
　　（大阪高判平成17・3・30）……………………………楊　林凱‥163

16　年金信託における受託者の注意義務——分散投資助言義務
　　（大阪地判平成25・3・29）……………………………楊　林凱‥174

17　受託者による貸金債権と受益債権との相殺等（大阪高判平成12・11・29）
　　……………………………………………………………笹川豪介‥185

18　集団信託における受益者の中途処分と受託者の公平義務
　　（大阪地判平成17・7・21）……………………………金森健一‥196

19　集団信託における受益者の書類閲覧請求権と受託者の公平義務
　　（東京地判平成13・2・1）……………………………金井憲一郎‥205

20　共同受託における代表受託者の義務（東京地判平成21・3・27）…川　義郎‥216

## 第4章　受託者の権利

本章の概観　236

21　受託者の費用補償（償還）請求権（1）——「オスカードリーム」事件
　　（大阪地判平成23・12・9）……………………………橋谷聡一‥238

22　受託者の費用補償（償還）請求権（2）——「ORC（オーク）200」事件
　　（大阪地判平成25・3・7）……………………………橋谷聡一‥247

23　受託者の費用補償（償還）請求権（3）——「青野運動公苑」事件
　　（最判平成23・11・17）…………………………………橋谷聡一‥258

24　権限分掌のある信託における受託者の権限者に対する費用等
　　償還請求権（東京地判平成21・6・29）………………佐藤　勤‥267

25　受託者の裁量権の検討（最判平成5・1・19）………星田　寛‥278

## 第5章 受益権の性質

本章の概観　290

26　証券投資信託の差押え（最判平成18・12・14）………三村藤明＝神林義之‥292

27　民事再生手続における投資信託受益権からの債権回収（1）
　　──銀行取引約定書に基づく投資信託受益権の解約と弁済充当
　　（大阪地判平成23・1・28）……………………………………尼子まゆみ‥307

28　民事再生手続における投資信託受益権からの債権回収（2）
　　──停止条件付債務を受働債権とする相殺①
　　（名古屋高判平成24・1・31）…………………………………尼子まゆみ‥316

29　民事再生手続における投資信託受益権からの債権回収（3）
　　──停止条件付債務を受働債権とする相殺②
　　（名古屋地判平成25・1・25）…………………………………尼子まゆみ‥328

30　破産管財人が解約実行請求した投資信託受益権の一部解約金との
　　相殺の可否（1）──積極（大阪高判平成22・4・9）…………細川昭子‥338

31　破産管財人が解約実行請求した投資信託受益権の一部解約金との
　　相殺の可否（2）──消極（大阪地判平成23・10・7）………細川昭子‥351

32　貸付信託受益証券への質権設定・買取代金との相殺
　　（東京高判平成8・11・28）……………………………………細川昭子‥359

33　投資信託を共同相続した相続人の一部からの法定相続分に応じた
　　解約請求（福岡高判平成22・2・17）…………………………田中和明‥368

## 第6章 信託の終了

本章の概観　378

34　公共工事前払金信託の終了時期（福岡高判平成21・4・10）………安藤朝規‥380

35　信託終了後の残余財産が請負者に帰属する時期
　　（名古屋高金沢支判平成21・7・22）……………………………安藤朝規‥390

36　信託の終了事由発生後の残余財産等の移転時期（知財高判平成24・2・14）
　　………………………………………………………………………岸本雄次郎‥400

37　信託財産に対する商事留置権等の行使による貸金債権への弁済充当

目　次

　　　（大阪高判平成13・11・6）……………………………田中和明‥411
38　投資信託受益者から受益証券販売会社に対する換金方法の指定なしの
　　受益証券の換金申入れ（名古屋高判平成21・10・2）…………清水真人‥422

## 第7章　信託に関する税

　本章の概観　434
39　相続財産の範囲（相続開始前に譲渡された株式の帰属）（東京地判平成20・10・24）
　　………………………………………………………………………鈴木　修‥435
40　外国での他益信託設定に係る信託設定時贈与税課税処分
　　（名古屋高判平成25・4・3）……………………………………小林　徹‥446

判例索引　457

---

本書のコピー，スキャン，デジタル化等の無断複製は著作権法上での例外を除き禁じられています。本書を代行業者等の第三者に依頼してスキャンやデジタル化することは，たとえ個人や家庭内での利用でも著作権法違反です。

# 凡 例

(1) 法令名略語

法律等の名称は,原則として有斐閣『六法全書』巻末の「法令名略語」によった。

(2) 文献略語

| | |
|---|---|
| 新井〔第4版〕 | 新井誠・信託法〔第4版〕(有斐閣,2014) |
| 新井〔第3版〕 | 新井誠・信託法〔第3版〕(有斐閣,2008) |
| 岸本 | 岸本雄次郎・信託制度と預かり資産の倒産隔離——金銭の混和を中心に(日本評論社,2007) |
| 四宮〔新版〕 | 四宮和夫・信託法〔新版〕(有斐閣,1989) |
| 四宮・研究 | 四宮和夫・信託の研究(有斐閣,1965) |
| 寺本〔補訂版〕 | 寺本昌広・逐条解説 新しい信託法〔補訂版〕(商事法務,2008) |
| 寺本編 | 寺本振透編集代表・解説 新信託法(弘文堂,2007) |
| 能見 | 能見善久・現代信託法(有斐閣,2004) |

(3) 雑 誌

| | |
|---|---|
| 金判 | 金融・商事判例 |
| 金法 | 旬刊金融法務事情 |
| 重判解 | 重要判例解説(ジュリスト臨時増刊) |
| ジュリ | ジュリスト |
| 信研 | 信託法研究 |
| 判時 | 判例時報 |
| 判タ | 判例タイムズ |
| 法教 | 法学教室 |
| 法時 | 法律時報 |

## 執筆者一覧

**編集代表**

新井　誠（あらい・まこと）　　　　　中央大学教授

**編集委員**（五十音順）

安藤　朝規（あんどう・ともみ）　　　弁護士
岸本雄次郎（きしもと・ゆうじろう）　立命館大学教授
小林　徹（こばやし・とおる）　　　　亜細亜大学非常勤講師
佐藤　勤（さとう・つとむ）　　　　　南山大学教授
澁谷　彰久（しぶや・あきひさ）　　　山梨県立大学教授
田中　和明（たなか・かずあき）　　　三井住友信託銀行

**執 筆 者**（五十音順）

尼子まゆみ（あまこ・まゆみ）　　　　東京地方裁判所主任書記官
石嵜　政信（いしざき・まさのぶ）　　三菱UFJ信託銀行
伊庭　潔（いば・きよし）　　　　　　弁護士
梅澤　典男（うめざわ・のりお）　　　三菱UFJ信託銀行
岡　伸浩（おか・のぶひろ）　　　　　慶應義塾大学教授・弁護士
勝田　信篤（かつた・のぶひろ）　　　清和大学法学部准教授
金井憲一郎（かない・けんいちろう）　多摩大学非常勤講師
金森　健一（かなもり・けんいち）　　弁護士
川　義郎（かわ・よしお）　　　　　　弁護士
神林　義之（かんばやし・よしゆき）　弁護士
菊池　学（きくち・まなぶ）　　　　　元みずほ信託銀行
笹川　豪介（ささかわ・ごうすけ）　　弁護士
清水　真人（しみず・まさと）　　　　徳島大学准教授
鈴木　修（すずき・おさむ）　　　　　高崎商科大学准教授・税理士
橋谷　聡一（はしたに・そういち）　　大阪経済大学講師
星田　寛（ほしだ・ひろし）　　　　　公益財団法人公益法人協会専門委員
細川　昭子（ほそかわ・あきこ）　　　弁護士
三村　藤明（みむら・ふじあき）　　　弁護士
楊　林凱（よう・りんがい）　　　　　青山学院大学法学部准教授

# 第1章 信託の成立

## 本章の概観

　第1章は8件の判例を取り上げている。いずれも信託法が現代社会において果たすべき役割が問われ，信託の成立を論ずることによって信託制度の機能・限界が示唆されるような事案である。

　01は，地方公共団体が請負者の破産により請負者との請負契約を解除し，保証事業会社が保証債務を履行した後に前払金保証のための請負者名義の預金債権は誰に帰属するかが争点となったものである。この預金債権には信託法理が適用され，委託者兼受益者である注文者に帰属するというのが最高裁の結論である。当事者の意思表示とは関係なく信託の成立を擬制するいわゆるconstructive trust を認めたものなのか，それとも当事者の意思の推定によって認めたものなのかが論点である。

　02は，損害保険代理店の破産により保険料が管理されている預金口座の預金債権は誰に帰属するかが争点となったものである。最高裁は専ら預金者確定の問題に限定して論じている。01と02とには事実関係と法的論点に類似性があり，02においても信託法理を適用する余地があったのではないか（もちろん，信託法理の適用といってもその構成は一様ではないが，その可能性については本書19-22頁を参照）。いずれにせよ，01においては信託法理が適用され，02においてはそれが適用されなかったが，信託法の機能の限界を画するためにも，類似の事案においては統一性のある判示が今後求められるのではなかろうか。

　03は，弁護士の預り金口座の信託性が争われたものである。最高裁は預金者確定の判定理論に依拠して判断しているが，補足意見が信託法理の適用可能性を示唆している点に注目したい。補足意見は，当事者は信託成立の主張，立証をしていないことを理由に，信託成立の可能性のみに言及している。

　04は，転貸借関係が存在し，原賃貸借，転貸借の両方について敷金が交付された場合において，原賃貸借関係における本件敷金返還請求権の信託財産性を否定したものである。

　01～04はいずれも当事者が明確に信託設定の意思を表明していない場合に

ついての事案である。01のみが信託法理を適用しているのに対して，他はすべて否定している。判例は当事者の意思が明確ではないケースにおいては信託の成立を認めない立場を採用している。今後の課題は，01の射程，03の補足意見の位置づけ，そして両者の論理的整合性について議論を深化させることである。それによって，現代社会に多数存在している黙示的，推定的な信託関係が信託法上の信託として判示されるか否かの規準が析出されることになろう。

05は，信託の実質を有するとは認められないとしつつ，信託契約自体は詐害行為に該当すると判断したものである。信託の成立に関する事例判断として参考となろう。受託者の利益享受の禁止（旧信託法9条）違背を指摘しているが，このような指摘に拘ると，信託法163条2号の下では信託の成立は可能なのであろうか。いずれにせよ，信託契約の成立，信託の有効性が判断された後に，詐害信託に該当するかどうかの評価がなされるべきであったように思われる。

06は，執行妨害目的の脱法信託の事案であるように思われるが，裁判所は信託の成立を肯定した。05と同様に，06においても端的に脱法信託であるとして信託の成立を否定すべきであったように思われるが，受託者または受益者の所有者性に関する論点は参考となる。

07は，訴訟信託禁止に関する事案である。訴訟信託禁止の制度趣旨についてはいくつかの見解が主張されている。07は，手形の裏書が訴訟行為をさせることを目的としてなされた隠れた取立委任裏書であると認定したうえで，このような裏書譲渡は訴訟信託禁止に違反し，隠れた取立委任の合意のみならず裏書自体も無効となる旨を判示したものである。

08は，遺産整理業務の受任者による訴訟の当事者適格性が争われた事案である。遺産整理業務に信託を利用した場合，受託者が相続財産に関する訴訟の当事者適格を有することは明白である。遺言執行者も相続財産の管理その他遺言の執行に必要な一切の行為をする権限を有している。遺言執行者と遺産整理業務は，実務上，混同されることがしばしば見受けられるが，遺産整理業務の受任者は，相続人の代理人であり，相続財産に関する訴訟の当事者適格がないことを明確にした点に意義がある。

## 01 請負者の破産と預金債権の帰属

最高裁平成14年1月17日判決　民集56巻1号20頁

安 藤 朝 規

## I　事 実 概 要

　平成10年3月27日，注文者は，請負者との間で本件公共工事の請負契約を締結し，同年4月2日，請負者は保証事業会社Yとの間で，保証事業法及び本件保証約款に基づき，注文者のために，Yが保証する旨の本件保証契約を締結した。ただし，公共工事の請負契約においては，注文者である地方公共団体が請負者に対して前払をする場合には，請負者の責めに帰すべき事由によって解除されたとき，請負者が注文者に対して負担する前払金から工事の既済部分に対する代価に相当する額を控除した額の返済債務について，保証事業会社が保証することが要件になっている（自治232条の5第2項，自治令附則7条）。したがって，請負者は，Yとの間で，注文者からの前払金の預託金融機関として，予めYと業務委託契約を締結していたZ信用金庫を指定する旨の保証契約を締結した。

　請負者は，同年4月20日，注文者から前払金として1696万8000円の振込みを受け，自己の名義で開設していたZ信用金庫の別口普通預金口座（前払金専用口座）に預託した。この振込みにより，注文者は，本件保証契約の受益を享受する旨の意思表示をしたとみなされた（保証事業法13条1項）。

　ところが，約2か月後，請負者は営業停止となり，本件公共工事が続行できなくなったため，注文者は，平成10年6月29日，本件請負契約を解除した。請負者は，本件請負契約の解除により，注文者に対して，本件前払金1696万8000円から本件公共工事の既済部分に対する代価に相当する額を控除した残金相当額を返還しなければならなくなった。

しかし，請負者はその返還をすることができなかったため，同年7月31日，保証事業会社Yは，注文者に対して，保証債務の履行として，上記残金相当額である金669万9523円を支払った。そこで，Yは請負者に対し，求償権を取得した。

その後，同年8月7日，請負者が破産宣告を受け，Xが破産管財人に選任された。

Xは，本件預金は破産財団に属すると主張して，Yに対し本件預金についてXが債権者であること等の確認，Z信用金庫に対し本件預金の支払を求めた。

## II 判　　旨

「本件請負契約を直接規律する愛知県公共工事請負契約約款は，前払金を当該工事の必要経費以外に支出してはならないことを定めるのみで，前払金の保管方法，管理・監査方法等については定めていない。しかし，前払金の支払は保証事業法の規定する前払金返還債務の保証がされたことを前提としているところ，保証事業法によれば，保証契約を締結した保証事業会社は当該請負者が前払金を適正に使用しているかどうかについて厳正な監査を行うよう義務付けられており（27条），保証事業会社は前払金返還債務の保証契約を締結しようとするときは前払金保証約款に基づかなければならないとされ（12条1項），この前払金保証約款である本件保証約款は，建設省から各都道府県に通知されていた。そして，本件保証約款によれば，……前払金の保管，払出しの方法，Y1（保証事業会社）による前払金の使途についての監査，使途が適正でないときの払出し中止の措置等が規定されているのである。したがって，請負者はもちろん注文者も，本件保証約款の定めるところを合意内容とした上で本件前払金の授受をしたものというべきである。このような合意内容に照らせば，本件前払金が本件預金口座に振り込まれた時点で，注文者と請負者との間で，注文者を委託者，請負者を受託者，本件前払金を信託財産とし，これを当該工事の必要経費の支払に充てることを目的とした信託契約が成立したと解するのが相当であり，したがって，本件前払金が本件預金口座に振り込まれただけでは

請負代金の支払があったとはいえず，本件預金口座から乙に払い出されることによって，当該金員は請負代金の支払として請負者の固有財産に帰属することになるというべきである。

　また，この信託の内容は本件前払金を当該工事の必要経費のみに支出することであり，受託事務の履行の結果は委託者である注文者に帰属すべき出来高に反映されるのであるから，信託の受益者は委託者である注文者であるというべきである。

　そして，本件預金は，請負者の一般財産から分別管理され，特定性をもって保管されており，これにつき登記，登録の方法がないから，委託者である注文者は，第三者に対しても，本件預金が信託財産であることを対抗することができるのであって（〔旧〕信託法3条1項参照），信託が終了して同法63条のいわゆる法定信託が成立した場合も同様であるから，信託財産である本件預金は請負者の破産財団に組み入れられることはないものということができる（同法16条参照）。」

## Ⅲ　解　　説

### 1　論　　点

　上記の事案では，地方公共団体が請負者の破産により請負者との請負契約を解除し，保証事業会社が保証債務を履行した後に前払金保証のための請負者名義の預金について保証事業会社へ返還すべき残金があるときに，その預金債権は誰に帰属するのかが争点となった。法律上の論点としては，前払金は信託財産であるといえるか，信託の成立要件とは何か，前払金に関する信託における受益者は誰か，信託が終了した場合の法律関係はどのように考えるべきか等が挙げられる。

### 2　前払金は請負者の固有財産か信託財産か

　(1)　第1審の名古屋地裁豊橋支部平成12年2月8日判決（金判1087号49頁。以下，第1審判決という）は，前払金は信託財産であることを認めた。

　「本件においては，少なくとも実質的にみて信託関係と解される法的関係が

認められることから，〔旧〕信託法16条の趣旨を類推適用して，本件預金については，受託者に相当する請負者の破産によって，これが破産財団に帰属することはないものと解するのが相当である（すなわち，破産宣告前に発注者である注文者に代位した〔保証事業会社〕Yには，本件預金につき実体的に信託法類似の関係に基づく取戻権があることになる。）。」

(2) ところが，原審である名古屋高裁平成12年9月12日判決（金判1109号40頁。以下，原審判決という）は前払金について信託構成をとらず別除権構成とした。

「Yは，自己の保証債務の履行の確保のため，右預金債権を指名債権質又はこれに類似する担保として請負者から取得し，又請負者は，前記本件保証約款，愛知県公共工事請負約款の内容を承諾して本件保証契約を締結したとみるべきであるから，右預金債権が前記のような拘束を受けるものであることを承知していたものと認められ，これを右同様の担保に供する合意があったものと認定するのが相当である。(中略)したがって，本件前払金は，残金562万329円の残額があるとしても，既に本件請負契約の解除によってYが代位弁済した結果，右はYが別除権を有しているものと解するのが相当である。」

(3) 第1審判決は，前払金口座の預金は，〔旧〕信託法16条の趣旨を類推適用して，請負者の破産財団には帰属しないとしたのに対し，原審判決は，この信託法理を用いなかった。原審判決は，前払金口座の預金は請負者の固有財産であるとの前提に，注文者と請負者との間で指名債権質又はこれに類する担保に供する合意があるという独自の法律論（別除権構成）を展開し，保証事業会社が注文者に代わって代位弁済した結果，保証事業会社が別除権を有するに至ったと認定して，請負者の破産管財人による前払金口座の預金の払戻し請求を否定した。

しかし，原審判決は，保証事業会社が主張していない債権質等の担保の設定を一方的に認定しており，弁論主義（民訴246条）に反しているばかりか，①保証事業会社が債権質の成立要件（民363条）である債権証書としての預金通帳の交付を請負者から受けたことがないのに債権質の設定を認めていること，②保証事業会社が第三債務者である金融機関に対し債権質を設定した旨の通知をするという第三者対抗要件（民364条）を具備していないのにその具備を認

めたこと、③物権法定主義に反し、債権質に類似する担保権を認めたこと等法律論として明白な誤りがあったことから、上告審の本判決の判断を引き出すこととなった。

(4) 本判決は、保証事業会社が請負者から本件預金につき債権質等の担保の設定を受けたものとした原審判決の特異な法律論を否定した上で、「本件前払金が本件預金口座に振り込まれた時点で、注文者と請負者との間で、注文者を委託者、請負者を受託者、本件前払金を信託財産とし、これを当該工事の必要経費の支払に充てることを目的とした信託契約が成立したと解するのが相当であ」るとした。契約当事者には明示的に信託契約を締結する意思はなかったにもかかわらず、信託契約の成立を認定して前払金口座の預金を信託財産として、請負者の固有財産とは切り離したのである。もっとも、この判例の事案は、現行信託法（平成19年9月30日施行）前のものであったため、同法によれば、「委託者となるべき者と受託者となるべき者との間の信託契約の締結によってその効力を生ずる」（同法4条1項）のであるから、本件請負契約締結時に信託契約は成立することとなる[1]。

### 3　信託の目的と受益者

(1)　本件では、本件請負契約の解除により、本件前払金残預金を請負者の破産管財人か注文者（又は代位弁済者の保証事業会社）かのどちらに払い戻すべきかについて争いとなったが、この争点を判断するにあたっては、信託の目的は何か、信託の目的からして誰を受益者とすべきか等を論ずる必要がある。

本判決は、この信託の内容は本件前払金を当該工事の必要経費のみに支出することであり、受託事務の履行の結果は委託者である注文者に帰属すべき出来高に反映されるのであるから、信託の受益者は委託者である注文者のみであるとした。下請業者や原材料納入業者への支払によって工事がスムーズに進行し、そのことによって注文者である地方公共団体が利益を受けると考えるわけである。この考え方によれば、請負者が下請業者や原材料納入業者と契約締結する行為は信託事務の執行であると捉えることになる。そして、請負者がそれらに

---

1) 佐藤勤「公共工事の前払金にかかる預金払戻請求権と破産債権の相殺の可否」金判1346号（2010年）4頁。

対して負う債務を信託財産である前払金を引当にする債務とするのである。

(2) しかし，この本判決の受益者を注文者のみとする考え方に対しては批判がある。公共工事における前払金保証制度について信託が成立する場合には，受託者は請負者となる。そして，前払金は，実際上，請負者の下請業者や原材料納入業者への支払に充てられることになるから，下請業者に対する支払債務，原材料の納入業者に対する支払債務の債務者は請負者であり，かつ，その債務を負う請負者の行為そのものは信託事務の履行ではない。したがって，この場合は注文者ではなく請負者の側のみが利益を受ける形で設定されていると考えるべきである，という説である[2]。注文者の受ける利益は，請負者が直接的な利益であるのに対して間接的にすぎないのであるから，受益者を注文者のみとすることには問題があるとする。もっとも，この本判決に対する批判的な考え方の中でも，「下請業者や原材料納入業者」を受益者とする説[3]（以下，請負者関連業者説という）や「注文者及び請負者」を受益者とする説[4]（以下，注文者及び請負者説という）に分かれている。

(3) 請負者関連業者説は，前払金保証制度の下で請負者が負っているのは，前払金を弁済期の到来している下請代金債務，原材料代金債務等の弁済にしか用いてはならない義務にすぎず，実際，どの債権者に対し，いつ弁済するか，債権総額が前払金額を上回った時，前払金を誰に弁済するか，については請負者が裁量権を有すると考え，この裁量信託において受益者となるのは下請業者や原材料納入業者であるとする。また，注文者及び請負者説の東京高裁平成12年10月25日判決（金判1109号32頁本書【09】）は「本件における信託契約においては，東京都〔注文者〕は，前払金が工事代金の一部として支払われ，それ以外には使われないということについて利益を有する受益者であるとともに，破産会社〔請負者〕も，本件工事を行えば，それに応じて支払を受けられるという意味において受益者となる」としている。

そもそも，公共事業の前払金保証制度は，国又は地方公共団体等の発注する土木建築に関する工事等の公共工事については，請負者の工事資金の調達が難

---

[2] 道垣内弘人「最近信託法判例評釈(8)」金法1598号（2000年）44頁。
[3] 道垣内・前掲注2) 45頁。
[4] 東京高判平成12・10・25金判1109号32頁。

渋し，公共工事の完遂に支障をきたすことを防止するため，保証事業会社の保証がされることを前提に，特別な公金の支出として，請負者に対し，その公共工事に要する経費の規定割合部分につき前払金が支払われる制度である。この「前払金の保証」は，請負者の代金確保あるいは下請業者等への支払確保のためというよりは，公金として支出した前払金が適正に運用され，公共工事の適正な施工に寄与するという制度目的（公共工事の前払金保証事業に関する法律1条）からみて，地方公共団体のために公金である前払金を管理・保全する目的で設けられたものである。このことは，上記の保証事業法13条が「注文者〔地方公共団体のこと〕は，保証契約の締結を条件として前金払をした場合においては，当該保証契約の利益を享受する旨の意思表示があつたものとみなす」としていることからも明らかである。そこで，本判決は，受益者を注文者である地方公共団体のみと解するのが相当であるとした。

上記の請負者関連業者説や注文者及び請負者説のように，下請業者や原材料納入業者への支払の確保や請負者の資金確保といった点は，実態として前払金保証制度の持つ社会的経済的な機能としては認められる余地があるものの，関係当事者がそれを企図して保証契約を締結する意思を有していたとまではいえないものといわなければならない。保証事業法が規定する前払金保証制度は，下請業者等の私的利益の確保というよりは，地方公共団体である注文者の公益的な利益保護を中心に考えるべきであろう[5]。また，請負者説によると受託者の地位と受益者の地位を兼ねることになるが，それは利益相反行為（信託31条1項1号）を誘発する危惧があるのではないかといった指摘もしておかなければならない。下請業者や原材料納入業者への支払の確保や請負者の資金確保といった社会的要請については，保証事業法とは別枠の法的スキームによって手当てをすべきものといえるのではなかろうか。

## 4 前払金残預金の注文者（委託者兼受益者）への帰属時期

(1) 本判決のように，信託の目的は本件前払金を当該工事の必要経費のみに支出することであると解すると，本件請負契約が解除されることにより，公

---

[5] 河上正二「信託契約の成立について」トラスト60研究叢書『変革期における信託法』（財団法人トラスト60，2006年）77頁。

共工事の必要経費の支払に充てるという信託目的の達成が不可能となるので，その時点で信託契約は終了することになる（信託163条1号）。

信託終了後の残余財産の帰属主体への権利移転時期については，それが信託終了と同時に物権的に生じるのか，あるいは，債権的に生じるにすぎないのかという学説上争いがあるが，信託法では，この点については特段の規定を設けず，解釈に委ねられている[6]。

前払金残預金は，その金額が特定している限り，信託終了と同時に権利移転が生じるので，特段の行為を要することなく委託者である地方公共団体に物権的に帰属することとなると考える説が有力である[7]。

権利移転時期については反対説がある[8]。この説は信託の終了により残余財産は注文者に債権的に帰属するのにすぎず，受託者による何らかの具体的行為なしに当然に物権的に帰属するわけではないとしている。①特別の意思表示がないのに物権変動が生ずると，物権変動の時期が不明確になるおそれがあること，②信託法176条が，信託が終了してもなお法定信託として存続することを認めているのは，信託終了と同時に信託財産が帰属権利者に物権的に帰属しないことを常態として前提とするものと考えられることを理由として挙げる。また，信託法は，帰属権利者は「残余財産の給付をすべき債務に係る債権を取得する」と定め（信託183条1項），当該給付義務に係る消滅時効を規定していること（同183条5項，102条）などから，帰属権利者が取得するものは，残余財産の給付を受ける権利にすぎないと考えられるので，残余財産を帰属権利者へ移転するためには，受託者の具体的な行為が必要であるとする説[9]もある。

(2) しかし，この考え方によれば，信託が終了したとしても，前払金残預金を注文者に帰属させるためには，本件預金の権利移転行為をしなければならないこととなる。受託者に債権的な義務が課されているだけで，いまだに物権行為はなされていないからである。そうすると，物権変動において独自の物権行為を肯定する結果となるが，物権行為の独自性を否定している判例・通説と

---

[6] 寺本〔補訂版〕380頁。
[7] 道垣内弘人「最近信託法判例批評(3)」金法1593号（2000年）22頁，中村也寸志・最高裁判所判例解説民事篇平成14年度（上）28頁。
[8] 四宮〔新版〕352頁。
[9] 佐藤・前掲注1) 5頁。

の理論的整合性が認められない。信託法182条1項は，残余財産は次に掲げる者（帰属権利者）に帰属すると定め，信託の終了により，特別の意思表示を要することなく同時に権利移転が生ずることを前提としていると解することができる。また，信託法183条1項は，帰属権利者は当然に残余財産を給付すべき債務に係る債権を取得するとし，特段の意思表示なく残余財産引渡請求権を取得することを認めているが，この引渡請求権は，帰属権利者に信託の終了と同時に残余財産に関する権利が物権的に帰属していることを原因として発生したものと解することができる。このように，これらの規定は物権変動について意思主義（民176条）を採用しているために，信託が終了したときに即時に権利移転が生ずると解するからであるが，反対説はこの意思主義の考え方に反しているのではなかろうか。何らかの委託者による具体的行為をしない限り権利移転の効力が生じないと解すると，それまで前払金残預金は信託財産のまま存続することになるが，これでは信託が目的を達成することができずに終了したにもかかわらず，残余財産についての権利はだれに帰属するのか明確ではない不安定な状態が現出することとなる。これに対し，信託が終了した後の信託事務の処理として，そのままの形で委託者である注文者に引き渡されるべき前払金残預金が特定している限り，注文者に即時に権利移転するとするほうが法的安定性に資することになる。

よって，わが国の民法が物権変動につき物権行為の独自性を否定し，意思主義の原則を採る以上，移転すべき信託財産が特定している限り即時の権利移転が生ずると解するのが相当である。

(3) この考え方によると，帰属権利者に残余財産に関する権利を帰属させるための対抗要件が具備されていないことから，第三者に対する関係では帰属権利者は権利取得者として保護されないのではないか，という疑問も生ずる。しかし，前払金の残預金債権を取得した注文者ないしその代位弁済者である保証事業会社は受益者であるから，受託者である請負者の破産管財人に対し，信託終了後の法定信託（信託176条）の事務の履行として，残預金債権についての対抗要件を備えるよう求めることができる[10]し，対抗要件を備えるまでは，

---

10) 中村・前掲注7) 28頁。

帰属権利者としての注文者ないしその代位弁済者である保証事業会社は，第三者に対し受益者（信託183条6項）の権利を主張できると解する。

## Ⅳ　本判決の意義

(1)　本判決は，上記保証約款等で定められた注文者及び請負者との合意内容に照らせば，公共工事の前払金について，注文者と請負者との間で，注文者を委託者，請負者を受託者，本件前払金を信託財産とし，これを当該工事の必要経費の支払に充てることを目的とした信託契約が成立したと解するのが相当である，とした最初の最高裁判所の判例である。本件においては，①注文者から請負者に前払金が振り込まれたこと，②請負者が自己名義で本件預金口座を開設し管理していること，③前払金の預金の管理方法については，公共工事請負約款及び保証事業法の保証約款で定められていたこと，④この預金の管理方法は注文者及び請負者に周知されていたこと，⑤受託者である請負者がこの前払金の預金を自己の固有財産と区別して分別管理をしていたこと等の事情が認められる。このように本件の前払金の預金は公共工事の必要経費という特定の目的のために管理された財産であり，信託システムに比肩すべき様々な管理体制が整っていた。

(2)　本判決については，当事者が法律的な意味において信託財産としての財産移転行為に当たることまでの認識は不要であるとして，信託設定に向けられた当事者の主観的意図がなくとも，特定の財産をめぐる客観的な関係が信託関係として理解できる場合には，そこに信託関係の成立を認めたものとするか[11]，信託と認定するためには「委託者・受託者・受益者，信託財産，信託目的についての当事者の合意内容が確定可能なものでなければならないとするか[12]，によって評価が分かれるところである。確かに，本判決を安易に一般化することには慎重な意見が多い[13]。しかし，後者のように当事者の合意内容を

---

11)　新井〔第4版〕191頁。新井教授はこのような財産管理関係を推定信託と呼んでいる。
12)　沖野眞已「公共工事請負前払金と信託」平井宜雄先生古稀記念『民法学における法と政策』（有斐閣，2007年）386頁。
13)　河上・前掲注5）76頁ほか。

確定しなければならないと解すると，本件のように受益者及び信託目的についての合意に複数の解釈の余地を残す場合は信託が認められないこととなってしまう。やはり，前者のように，特定の財産をめぐる客観的な関係が信託関係として理解できる場合には，そこに信託関係の成立を認め，広く社会において存在している財産管理のシステムについて信託が成立しているかどうかを検討することが本判決の画期的な意義を生かすことに繋がるのではなかろうか。

## 02

# 損害保険代理店の破産と預金債権の帰属

最高裁平成 15 年 2 月 21 日判決　民集 57 巻 2 号 95 頁

勝 田 信 篤

## I　事 実 概 要

損害保険会社 X が代理店 A に顧客との損害保険契約の締結等を委託していたが，倒産が必至となった代理店が保険料の入金された通帳及び印鑑を保険会社に交付した。保険会社は，預金先の Y 信用組合に対し，預金は保険会社に帰属するとして，預金全額の払戻しを請求したが，Y 信用組合は，預金は，Y 信用組合の代理店に対する貸付債権と相殺したと主張して保険会社の請求を拒絶したため，損害保険会社 X が提訴に及んだものである。1，2 審は保険会社の請求を認容した。

## II　判　　旨

破棄自判。本件預金債権の帰属先について，以下のように述べる。「事実関係によれば，金融機関である上告人 Y 信用組合との間で普通預金契約を締結して本件預金口座を開設したのは，代理店 A である。また，本件預金口座の名義である「X 保険（株）代理店 A　A'」が預金者として代理店 A ではなく X 保険会社を表示しているものとは認められないし，X が A に Y 信用組合との間での普通預金契約締結の代理権を授与していた事情は，記録上全くうかがわれない。

そして，本件預金口座の通帳及び届出印は，A が保管しており，本件預金口座への入金及び本件預金口座からの払戻し事務を行っていたのは，A のみであるから，本件預金口座の管理者は，名実ともに A であるというべきであ

る。

　さらに，受任者が委任契約によって委任者から代理権を授与されている場合，受任者が受け取った物の所有権は当然に委任者に移転するが，金銭については，占有と所有とが結合しているため，金銭の所有権は常に金銭の受領者（占有者）である受任者に帰属し，受任者は同額の金銭を委任者に支払うべき義務を負うことになるにすぎない。そうすると，Xの代理人であるAが保険契約者から収受した保険料の所有権はいったんAに帰属し，Aは，同額の金銭をXに送金する義務を負担することになるのであって，Xは，AがYから払戻しを受けた金銭の送金を受けることによって，初めて保険料に相当する金銭の所有権を取得するに至るというべきである。したがって，本件預金の原資は，Aが所有していた金銭にほかならない。

　したがって，本件事実関係の下においては，本件預金債権は，Xにではなく，Aに帰属するというべきである。」

## III　解　説

### 1　本判決の評価

　最高裁の多数意見は，①保険会社が代理店に金融機関との間での普通預金契約締結の代理権を授与していない[1]，②預金口座の通帳及び届出印を代理店が保管し，③代理店のみが預金口座への入金および払戻し事務を行っていたという事情の下では，預金口座の預金債権は，保険会社ではなく代理店に帰属すると判示する。

　これに対して，2審は，以下の4点を理由に，本件保険料の所有権を有するのは，占有者でない保険会社であると認めるべき特段の事情があると判示する。①代理店は，保険料を他の金銭と区別して保管していた。②本件預金は，そのように保管された金銭及びその利息である。③代理店は，保険料自体の帰属に

---

[1]　福田裁判官はこれに反対し，「本件代理店契約には，Aに対し，収受した保険料を保管することを目的とする預金口座をXのために開設する権限，すなわちXの代理人として金融機関との間でAのために預金契約を締結するための権限を付与することも含まれている」とし，預金口座は，Aが保険会社の代理人として開設したものであるとする。

ついて独自の実質的又は経済的な利益を有していない。④保険料と保険会社が負担する保険責任は対価関係にあり，保険料の帰属について保険会社が実質的又は経済的な利益を有している。この点につき，調査官解説は，①，②は，代理店が保険会社との間の委任契約に基づく義務を履行しているものにすぎない。また③，④は委任契約において代理人が金銭を受領する場合には常に存する事情であって，本件に特有のものではない。これらの事情を以て，「特段の事情」という2審の判断には疑問がある[2]とする。

本件においてまず問題になるのは，預金者は誰かという点である。1審，2審は客観説に立って，保険会社が預金者であるとする。保険会社が預金者であるとすると，自らの預金を払い戻すのに何ら問題はないし，まして信用組合が代理店に対して有する貸付債権と相殺されるいわれはないことになる。

これに対して，最高裁は，代理店が預金者であるとする。代理店が預金者であるとすると，預金債権が，信用組合が代理店に対して有する貸付債権と相殺される可能性が出てくる。

預金者確定のメルクマールとして，客観説，主観説，折衷説が唱えられている。

客観説とは，自らの出捐によって，自己の預金とする意思で，銀行に対し，自ら又は代理人・使者を通じて預金契約をした者を預金者とする説である。預入れ行為者が出捐者の金銭を横領して自己の預金とするなどの特段の事情がない限り，出捐者が預金者であるとする。

主観説とは，預入れ行為者が他人のための預金であることを表示しない限り，預入れ行為者を預金者とする説である。誰が預金原資を出捐したかは，出捐者と預金者の内部関係に過ぎず，預金契約の当事者を決める基準にはならないとする。

最後に，折衷説とは，原則として客観説（出捐者が預金者）によるが，例外的に預入れ行為者が明示又は黙示に自己が預金者であることを表示したときは，預入れ行為者が預金者であるとする説である[3]。

定期預金については最高裁は客観説を採る（最判昭和32・12・19民集11巻13

---

2) 尾島明「本件判批」法曹時報58巻1号（2006年）267頁。
3) 尾島・前掲注2) 265頁。

第1章　信託の成立

号 2278 頁，最判昭和 57・3・30 金法 992 号 38 頁等）が，普通預金については最高裁の判例はない。

　普通預金は，いったん普通預金取引約款に基づいて預金契約を締結し，普通預金口座を開設すると，以後預金者がいつでも自由に預入れ，払戻しをすることができる継続的取引契約であり，口座に入金があるたびにその額についての消費寄託契約が成立するが，その結果発生した預金債権は，口座の既存の預金債権と合算され，1 個の預金債権として扱われるものであるとされる。このような性質を有する普通預金について，預金者を確定するについて，ある特定の時点での口座残高についてその出捐者を確定することは困難な場合があり，客観説を適用することの違和感が指摘されている[4]。

---

4) 尾島・前掲注 2) 265〜266 頁，雨宮啓「損保代理店専用口座預金者の認定について」銀行法務 21 第 549 号 (1998 年) 27 頁。この点については，普通預金や当座預金のような流動性預金は，預金口座に入金又は支払の記帳がなされる度ごとに，個々の債権ないし資金は特定性を失い，1 個の預金残高債権という別の債権の一部に融合してしまうのであり，「つねに一個の預金債権が全体としてだれに帰属するのかが問題になるだけ」であって，「預金債権の帰属先は，通常は，預金口座の開設時における預金名義人」であるとする見解がある（森田宏樹「振込取引の法的構造──『誤振込』事例の再検討」中田裕康＝道垣内弘人編『金融取引と民法法理』〔有斐閣，2000 年〕137〜139 頁，岩原紳作＝森下哲朗「預金の帰属をめぐる諸問題」金法 1746 号〔2005 年〕29 頁）。普通預金の特性を見事に言い当てているが，一方で，森田教授は，上記の一般論とは区別して，本件のように，普通預金であっても，振込金の原資の出捐者ないし帰属先が特定している「専用口座」については，それが特定の者からの振込金を受け入れるだけであって他からの振込原資と混合せず，かつ，口座名義人である受任者の一般財産から分別管理されていて，預金債権として特定性を有しているなどの要件を充たす場合には，その専用口座全体について原資の帰属者＝出捐者を預金者と認定するという客観説の解釈が可能であろうともされる（森田・同 139〜140 頁）。場合分けが可能であるというのである。本件最判については，金融機関に対する関係では，専用口座であるという事情から例外的扱いをすることを一律に否定したものと評しておられるが，その判断に対して一定の理解は示されているようである（森田宏樹「本件判批」平成 15 年度重判解 84 頁）。
　本件最高裁の判断の背景には，普通預金としての特徴のほかに，客観説誕生の背景にあった無記名式定期預金の新規受入れ廃止（昭和 63 年），金融機関等による顧客等の本人確認等に関する法律の施行（平成 15 年）という客観情勢の変化も影響している。その上で，預金債権の帰属一般について客観説から契約法理による当事者確定ルールへの移行が始まったとの捉え方が見られる（角紀代恵「本件判批」金法 1716 号〔2004 年〕10 頁，中田裕康「本件判批」法学教室判例セレクト 2003〔民法 6〕18 頁）。
　また，預金の当事者確定に留まらず，結論の導き方についても，紛争当事者の利益衡量ではなく，専ら契約法の理論的な視点から結論を導いているとの評価がなされる。ところが，同じように，専用口座に保管された金銭の帰属が問題となった公共工事の請負人の破産と前払金の帰属に関する最判平成 14・1・17 民集 56 巻 1 号 20 頁では，利益衡量という点が重視されている。本件においても利益衡量を重視していれば，当然保険会社を救済する方向に傾斜するはずである。この差について，

本件最高裁においては，福田裁判官の反対意見は客観説的なアプローチを明示的に否定している。多数意見は，客観説的なアプローチをとっていないが，そうしたアプローチを否定までしているのかどうかはその判文自体からは明らかでないともされる[5][6]。

## 2 信託適用の可否

さて，本件最高裁の判断によると，保険会社が得るはずであった本件預金は，相殺という形で，信用組合のものになってしまう可能性が出てくる[7]。しかし，本件預金は，信用組合を始めとする代理店の一般債権者が責任財産として期待すべき財産ではないとも考えられる[8]。

保険会社を救済する道はないのだろうか[9]。預金者が代理店であるという最高裁の認定を前提としても，信託による救済が可能であるとする学説が種々存在する。信託の要件としては，①財産権の移転その他の処分，②当該財産につき他人をして一定の目的に従い管理又は処分させることが挙げられる（旧信託1条）。すなわち，受託者は信託財産の所有権者となるが，受益者のために信託財産を管理・処分しなければならない。代理店を受託者，保険会社を受益者と構成すれば，預金の帰属権利者が代理店であっても，代理店は預金を保険会社の利益のために管理・処分する義務を負うことになり，結果として保険会社は預金を得ることができる可能性がある。

---

一貫性を求める指摘もある（岩原ほか・前掲31～32頁）。ただこの点については，信託法理の適用の難易が分かれ目であったとも考えられる。いくら利益衡量を図ろうとしても，それを支える理論がなければ判決は書けない。公共工事の請負人の破産事例については，信託法理を適用することが可能であったが，本件ではそれが難しかった。その差であると考えることも可能であろう。

5) 尾島・前掲注2) 272頁。
6) 最判平成15・2・21金判1167号4頁（コメント）。
7) 代理店を相手方とする金融機関からの相殺の主張に対しては相殺権の濫用法理で対処し得るとの見解もある（吉田光碩「代理店預金の帰属と金融実務の留意点」金法1555号〔1999年〕46頁，潮見佳男「損害保険代理店の保険料保管専用口座と預金債権の帰属（下）」金法1685号〔2003年〕50頁）。しかし他の債権者の差押えに権利濫用で対抗するのは難しかろう。
8) 尾島・前掲注2) 263頁。
9) 保険契約に関する代理権は，代理店に授権されているから，保険加入者が代理店に保険料を支払えば，それは保険会社に支払をしたことになる。よって，代理店の倒産により，加入者が不利益を受けることはない。問題は，代理店の一般債権者と保険会社との利害調整にあるとされる（尾島・前掲注2) 259～260頁）。

第1章　信託の成立

　信託については，その構成の仕方によって，いろいろな説が提唱されているが，それぞれに批判も存在する。

### (1)　保険料を信託財産とする自益信託構成

　保険会社を委託者兼受益者，代理店を受託者，保険料を信託財産とする説である。これについては，信託の成立要件である保険会社から代理店への「財産権の移転」を認めがたい。保険料としての金銭は，保険契約者から代理店に移転しているのであって，これをもって信託の成立に必要な財産権の処分（旧信託1条）というのは困難であろうとの批判が見られる[10]。

　この批判に対しては，財産権の移転はあるとする反論が見られる。すなわち，保険料として支払われた金銭は，代理店に支払われる時点では保険会社のものであるが，金銭の占有者＝所有者という考え方[11]に基づいて，代理店が受領したと同時に代理店が当該金銭の所有者になるのだから，これをもって，保険会社から代理店への財産権の移転とみなすというものである。旧信託法1条にいう財産権の移転その他の処分とは，信託財産の委託者からの離脱を意味し，実質的に評価して，財産権の移転等があったものと同視することができれば十分であるというのである[12]。しかし，それをもって財産権の移転といえるのかは疑問とせざるを得ない。

### (2)　保険料支払請求権を信託財産とする自益信託構成

　保険会社を委託者兼受益者，代理店を受託者，保険料支払請求権を信託財産とする説である。保険会社の保険契約者に対する保険料支払請求権を保険会社（委託者）が代理店（受託者）に譲渡して同請求権を信託財産とする信託を設定したと考えることについては，債権譲渡の対抗要件具備の問題があるし，また，代理店が保険会社名義の領収証を保険契約者に交付していること等から，当事者間にそのような債権譲渡の意思表示があるといえるのかという点も検討を要

---

[10]　潮見佳男「損害保険代理店の保険料保管専用口座と預金債権の帰属（上）」金法1683号（2003年）48～49頁，角・前掲注4）10頁，尾島・前掲注2）274頁（注8）。

[11]　金銭の所有権は常に金銭の受領者（占有者）である受任者に帰属し，受任者は同額の金銭を委任者に支払うべき義務を負うに過ぎないとされる（我妻栄『債権各論中巻2』〔岩波書店，1962年〕678頁，最判昭和39年1月24日裁判集民事71号331頁，尾島・前掲注2）266頁）。

[12]　弥永真生「資産流動化と信託法理の活用の余地」弥永真生＝山田剛志＝大杉謙一編『現代企業法・金融法の課題』（弘文堂，2004年）196～197頁。

する[13]。

### (3) 他益信託構成

保険契約者を委託者，代理店を受託者，保険会社を受益者と構成する説である。この説によれば，委託者から受託者への財産権の移転という要素は充たされているが，信託目的と管理の実態との間に齟齬があるとの批判がある。当該口座にある資金は，保険会社宛の送金，契約者への契約返戻金，代理店への手数料等に当てることが予定されており，保険会社取得分は，毎月集計して初めて額が決まり，これを代理店が送金する。ところが，保険契約者は単に自分が負担する保険料の取立てに応じただけであり，このような管理を委任しているわけではない。この点で，無理があるというのである[14]。

### (4) 自己信託構成

代理店が自己信託によって委託者兼受託者となり，保険会社を受益者，保険料を信託財産とする説である。この自己信託を用いれば，信託が成立し，保険会社を保護することができそうである。しかし，自己信託の成立要件として公正証書その他の書面又は電磁的記録等が要求されていることに注意したい。すなわち，事前の準備が必要であり，本件のような事後的な救済には使えないということである[15]。また，自己信託については，債務者による執行免脱・財産隠匿のために用いられる危険性が高い，それまで債権者の責任財産を形成していたものが自己信託によって差押禁止財産とされるため，濫用の危険が大きい，等の批判が見られる[16]。

---

[13] 尾島・前掲注2) 274頁（注8)。

[14] 天野佳洋「預金者の認定と信託法理(中)」銀行法務21 第623号（2003年）51頁。

[15] 事前の準備ができるなら，信託を使わなくても，保険会社を保護する仕組みは考えられる。すなわち，代理店に保険料保管専用口座開設の代理権を与えて代理人として行動させ，保険会社自身の預金口座を開設させるか，または，保険会社自身がすでに有している預金口座への保険料の直接の振込みを保険契約者に促すという方法である（潮見・前掲注7) 50頁，角・前掲注4) 10頁，尾島・前掲注2) 261頁）。また，保険会社が代理店名義の普通預金に担保権（譲渡担保権又は質権）を設定する方法が検討に値するとの指摘も見られる（森田「損害保険代理店の開設した保険料保管専用の普通預金口座の預金債権の帰属」前掲注4) 84頁）。

ただし，当該預金口座については，保険契約者に保険料の振込み（引落し）口座を変更してもらうことの困難性が挙げられるし，普通預金に担保権を設定する方法は，金融機関の譲渡禁止特約に抵触する可能性が高い。また，担保権の実行の際，倒産法上の制限を受ける可能性がある（『講座倒産の法システム（4)』〔日本評論社，2006年〕151頁［坂井秀行＝粟田口太郎］）。

さて、最高裁は、保険料の振り込まれた普通預金口座の預金債権は、保険会社ではなく、代理店に帰属するとして、預金の払戻しを求めた保険会社の請求を退けたのであるから、その判断を覆すことは難しい。信託によれば、預金債権が代理店に帰属するとしても、回収金を保全することは可能だが、自己信託以外の信託については、財産の譲渡という要件を満たすことが難しい。自己信託によれば、事前に特約を結んでおけば、その問題は生じない。

自己信託には上記の批判はあるものの、本件における代理店の回収金は、本来は保険会社に渡すため一時的に預かっているだけの金であり、代理店の債権者（本件の場合は信用組合）が期待すべきものではない。債権者の棚ボタの利益を保護する必要はなく、債務者による執行免脱・財産隠匿といった弊害は生じない、と考えられる。

## Ⅳ　判決の意義

損害保険代理店が開設した保険料保管専用の普通預金口座は、保険会社ではなく、代理店に帰属するとの判断を示したもので、実務に多大な影響を与えた。この判断を前提として、それでも保険会社を救済する方策を探っていくことが残された課題となろう。

---

16) 勝田信篤「信託宣言について」清和法学研究12巻2号（2005年）18〜19頁。執行免脱・財産隠匿との関係で、自己信託（信託宣言）について、倒産隔離効の制限を検討してみるのもひとつの方策である。すなわち、アメリカでは、近時、倒産隔離効のない信託が認められている。統一信託法典は、信託宣言を用いた撤回可能信託について、委託者（兼受託者）の生存中において、信託財産は、委託者の債権者の債権の引当てとなると規定する（UTC 505 (a) (1)）。この考え方は、日本でも検討の余地がある。受託者の倒産からの隔離は条文上、動かせない（信託25条）が、管財人は、受託者の管財人としての地位と、委託者の管財人としての地位を、併せ持つのであるから、後者の地位に基づいて、倒産隔離効を制限することも可能ではないかと考えている。今後さらに検討していきたい。

## 03
# 弁護士の預り金と預金の信託的構成

最高裁平成15年6月12日判決　民集57巻6号563頁

澁　谷　彰　久

## I　事案の概要

　上告会社 $X_1$（依頼人）は，平成9年9月ころ，上告人 $X_2$（弁護士）との間において，上告会社 $X_1$ の債務整理に関する事務処理を委任する旨の契約（以下「本件委任契約」という）を締結した。$X_2$ は，同年10月8日，本件委任契約に基づき $X_1$ 会社の債務整理の委任事務を遂行するため，$X_2$ 名義の本件口座を開設し，$X_1$ 会社から同日預かった500万円を本件口座に入金した。本件口座の預金通帳及び届出印は，当初から $X_2$ が管理していた。本件口座には，$X_1$ 会社の売却代金，売掛金，請負代金及び公租公課の還付金等が振り込まれていた。
　一方，上告会社 $X_1$ の債権者に対する配当金，従業員の給料，社会保険料，税金等が出金されていた。本件口座からは，$X_1$ 会社は，12月納期限分消費税等並びにいずれも納期限を平成10年3月2日とする平成9年度消費税及び地方消費税並びに同年度法人税を滞納した。そこで，被上告人 Y（国）は，同月19日，これらの徴収のため，本件預金債権（払戻請求権）を差し押さえた。第1審は，本件差押えにつき，$X_1$ 会社の訴えを却下するとともに，$X_2$ の請求を棄却した。原審は，本件口座に係る預金契約は，$X_1$ 会社の出捐により上告会社の預金とする意思で $X_2$ を使者ないし代理人として締結されたものとし，本件預金債権は $X_1$ 会社に帰属するとし，上告人らの控訴を棄却した。

第1章　信託の成立

## Ⅱ　判　旨

### 1　主文（法廷意見）

最高裁は次のように判示し，上告を認めた。

「……債務整理事務の委任を受けた弁護士が委任者から債務整理事務の費用に充てるためにあらかじめ交付を受けた金銭は，民法上は同法649条の規定する前払費用に当たるものと解される。そして，前払費用は，交付の時に，委任者の支配を離れ，受任者がその責任と判断に基づいて支配管理し委任契約の趣旨に従って用いるものとして，受任者に帰属するものとなると解すべきである。受任者は，これと同時に，委任者に対し，受領した前払費用と同額の金銭の返還義務を負うことになるが，その後，これを委任事務の処理の費用に充てることにより同義務を免れ，委任終了時に，精算した残金を委任者に返還すべき義務を負うことになるものである。そうすると，本件においては，上記500万円は，上告人X₂が上告会社から交付を受けた時点において，上告人X₂に帰属するものとなったのであり，本件口座は，上告人X₂が，このようにして取得した財産を委任の趣旨に従って自己の他の財産と区別して管理する方途として，開設したものというべきである。これらによれば，本件口座は，上告人X₂が自己に帰属する財産をもって自己の名義で開設し，その後も自ら管理していたものであるから，銀行との間で本件口座に係る預金契約を締結したのは，上告人X₂であり，本件口座に係る預金債権は，その後に入金されたものを含めて，上告人X₂の銀行に対する債権であると認めるのが相当である」ことを理由に，被上告人Y（国）はX₁の滞納税徴収のために，上告人X₂の本件預金債権を差し押さえることはできないと判示した。

### 2　補足意見

裁判官全員一致で主文のとおり判決したが，裁判官2名の補足意見があった。補足意見は，「弁護士の責任と判断においてその管理，処分をすることを依頼するような場合には，財産権の移転及び管理，処分の委託という面において，信託法の規定する信託契約の締結と解する余地もあるものと思われるし，場合

によっては，委任と信託の混合契約の締結と解することもできる。この場合には，会社の資産は，弁護士に移転する（同法1条）が，信託財産として受託者である弁護士の固有財産からの独立性を有し，弁護士の相続財産には属さず（同法15条），弁護士の債権者による強制執行等は禁止され（同法16条1項），弁護士は信託の本旨に従って善管注意義務をもってこれを管理しなければならず（同法20条），金銭の管理方法も定められており（同法21条），弁護士は原則としてこれを固有財産としたりこれにつき権利を取得してはならない（同法22条1項）など，法律関係が明確になるし，債務者が債権者を害することを知って信託をした場合には，受託者が善意であっても債権者は詐害行為として信託行為を取り消すことができる（同法12条）のである。これらの規定が適用されるならば，授受された金銭等をめぐる紛争の生ずる余地が少なくなるものと考えられる」ことを示した。なお，本補足意見は弁護士が信託財産に属する金銭を預金しても，委任契約としての位置づけは変わらず，当事者は信託について主張，立証をしておらず，信託の成立の可能性のあることのみを指摘し法廷意見を支持した。

## Ⅲ　解　説

### 1　主文（法廷意見）の検討──本事案の債権的構成としての分析
#### (1)　本事案の争点

本件預り金の性質については，第1審，原審とも本法廷意見の述べる「債務整理事務の委任を受けた弁護士が委任者から債務整理事務の費用に充てるためにあらかじめ交付を受けた金銭」は前払費用であることを同様に認定した（民649条）。しかしながら，以下の3点については異なる判断となった。

①　預り金の帰属（争点1）

原審は，前払費用を預かった弁護士 $X_2$ は，控訴人会社 $X_1$ のために本件預金を管理・保管したのであり，委任者である $X_1$ の弁済資金が $X_2$ の所有とはならないとした。一方，法廷意見は「前払費用は，交付の時に，委任者の支配を離れ，受任者がその責任と判断に基づいて支配管理し委任契約の趣旨に従って用いるものとして，受任者に帰属するもの」とし，預り金500万円は受任者

である弁護士 $X_2$ に帰属するとした。

②　預金口座の契約主体（争点2）

原審は，本件預金口座は控訴人会社 $X_1$ の出捐により，$X_1$ の預金とする意思で弁護士 $X_2$ を使者・代理人として預金契約が締結されたものと認定した。

一方，法廷意見は，預金口座は弁護士 $X_2$ が委任者 $X_1$ から資金の交付を受け，「取得した財産を委任の趣旨に従って自己の他の財産と区別して管理する方途として，開設したもの」であるとした。

③　預金債権の帰属（争点3）

第1審，原審とも当該預金の出捐者は資金の現実の拠出者である $X_1$ であると認められるので，本件預金債権は，$X_1$ に帰属するとした。これに対し法廷意見は，預金口座は弁護士 $X_2$ 本人が自己に帰属する財産として自己の名義（「$X_2$」）で開設し，その後，弁護士 $X_2$ 自身で本件預金口座の通帳，届出印を管理し，預金の入出金を行っていたことから，「銀行との間で本件口座に係る預金契約を締結したのは，上告人 $X_2$ であり，本件口座に係る預金債権は，その後に入金されたものを含めて，上告人 $X_2$ の銀行に対する債権であると認めるのが相当である」とした。

**(2)　預金者認定の判例理論**

預金者の認定について，判例は客観説によっているとされてきた。客観説は，自らの出捐により，または，使者・代理人を通じて自己の預金とする意思で，自ら預金契約をした者を預金者とした。伝統的な客観説の根拠は，実務面からの要請と「出捐者」概念の判例理論での裏づけであったといえる[1]。判例理論は，出捐者を金銭の所有者とする所謂，金銭ドグマ（占有者＝所有者）と呼ばれるものである。この理論を本判決の当事者関係に当てはめると，$X_1$ が $X_2$ に現金を預け，$X_2$ が銀行に預金した場合，預金時の預金原資を占有していたのは $X_2$ であるので，預金原資の所有者は $X_2$ となる。ただし，「特段の事情」があれば $X_1$ を所有者と認定できる。「特段の事情」とは，金銭が物としての個性を有する場合ということであり，具体的には，当該金銭自体を保管することが求められている場合と解されてきた[2]。この従来の客観説については，次の批

---

[1]　安永正昭「預金者の確定と契約法理」石田喜久夫＝西原道雄＝高木多喜男還暦記念論文集『金融法の課題と展望（下）』（日本評論社，1990年）164頁。

判がある。第1に，金融機関の認識を考慮しない根拠を，無記名定期預金の特殊性に求め，「出捐者」の概念を「預入れをする側」の内部的法律関係を重視する形で預金者を認定すると考え[3]に立てば，他の預金契約（例えば記名式預金や普通預金）には適用できない。第2に，客観説で問題となったのは，定期預金債権の預金者であり，判例法理[4]としても，期間と金額が確定していた定期預金額面の責任財産の範囲により，預金者を確定することを意味した。したがって，普通預金のような，流動性を持つ決済性口座の預金者確定法理は，未だに確立されていない判例法理とされる。この従来の「客観説」の限界について本判決を契機に，様々な学説により預金者認定法理が唱えられている[5]。

(3) **法廷意見の判例理論**

本判決の法廷意見部分は，従来の伝統的な客観説の理論からの流れ有しつつ，近年の預金者保護法，犯罪収益移転防止等の現代的な課題にも考慮した判断基準を示している点では評価できる。一方で，預金債権の帰属主体が口座開設時の名義人であることは，本人確認の厳格化，預金取引の実態の変化の影響を反映したものといえるが，預金の様々な帰属類型に対応するには，従来の客観説の拡張または，修正により妥当な理論構成を維持することは，限界ではないかと考える。誰が預金契約の当事者か，預金債権の帰属者は誰かということは，結局は裁判所の事実認定の問題となろう[6]。

---

2) 内田貴＝佐藤政達「預金者の認定に関する近時の最高裁判決について（下）」NBL808号（2005年）17頁。
3) 加毛明「最高裁判所民事判例研究」法協121巻11号（2004年）1969頁。
4) 最判昭和52・8・9民集31巻4号742頁，最判昭和57・3・30金法992号38頁。
5) 例えば①新客観説：加毛・前掲注3) 1977頁以下，②新主観説：内田＝佐藤・前掲注2) 30頁，岩原紳作『電子決済と法』（有斐閣，2004年）607頁（注3）。③口座管理者重視説：佐久間毅「演習民法」法教280号（2004年）120頁，安永正昭「弁護士個人名義の預り金口座に係る預金債権の帰属」民商130巻4＝5号（2004年）842〜843頁，④責任財産重視説：潮見佳男「損害保険代理店の保険料保管専用口座と預金債権の帰属（上）」金法1683号（2003年）43頁，⑤預金債権帰属説：森田宏樹「普通預金の担保化・再論」道垣内弘人＝大村敦志＝滝沢昌彦編『信託取引と民法法理』（有斐閣，2003年）327頁，森田宏樹「判批」平成15年度重判解1269号84頁などがある。
6) 総合考慮説に立った統一的な認定判断の可能性を指摘するものとして，福井章代「預金債権の帰属について——最二小判平15.2.21民集57巻2号95頁及び最一小判平15.6.12民集57巻6号563頁を踏まえて（民事実務研究）」判タ1213号（2006年）40頁。

## 2 補足意見の検討——本事案の信託的構成としての分析

　法廷意見の論旨は，委任者 $X_1$ の債権者と受任者（弁護士）$X_2$ の預金債権の帰属についての争いにつき，$X_2$ の銀行に対する債権であることを認めたものである。しかし，補足意見では，法定意見のような債権的構成ではなく，信託的構成での預金の帰属を論じている。

### (1) 預金の信託的帰属に関する判例

　預金がある者に信託的に帰属するとは，預金は $X_2$ 名義でなされているが，その預金が $X_2$ 自身の利益のためではなく，実質的に $X_1$ の利益のために行われているために，$X_1$ を受益者として保護する必要がある場合に，その $X_2$ 名義の預金を受益者 $X_1$ のための預金とみることである[7]。近時の裁判例[8]においても，他人の財産を信託的に構成するものがあるが，代表的な最高裁の判例としては次の３つがある。①公共工事前払金保証制度と預金の帰属について：最高裁平成14・1・17第一小法廷判決（民集56巻1号20頁【01】），②損害保険代理店破綻時の保険料専用口座の帰属について：最高裁平成15・2・21第二小法廷判決（金法1677号57頁），③弁護士の預り金口座の帰属について（本件）。

　これら一連の判例は預金の帰属，預金者の認定を主たる争点としているが預かり金の財産管理関係を信託と認定し，「受託者」，「委託者」が破綻した場合でも「信託財産」の独立性を確保し，預金の帰属問題として解決することを示したものである。そこで，本件③弁護士預り金の補足意見の論旨によれば，どのような要素が認められることにより，本事案の３つの争点である，預り金の帰属（争点1），預金口座の契約主体（争点2），預金債権の帰属（争点3）について信託的構成が認められるか以下検討する。

### (2) 当事者の信託関係

　一般論としては，預金口座の名義人と，その預金口座に入金した出捐者が異なる場合に，誰が預金者として認定されるかという問題がある（争点1）。預かり金の財産管理関係を信託と認定することにより，「受託者（＝預金者）」が破綻した場合でも，「信託財産（＝預金）」の独立性が確保され，「委託者兼受益者

---

[7] 金融法務研究会報告書『預金の帰属』（2003年）9頁。引用は本事案の当事者 $X_1$，$X_2$ に置き換えた。
[8] 東京地判平成24・6・15金判1406号47頁（本書【10】）。

(＝出捐者)」から分離された預金の帰属問題として解決することが可能かということが問題となる。本事案は，各当事者は信託契約にもとづく関係にはない。信託関係の原則では，「受託者」が「委託者」からの信託契約により，信託財産の移転を受け，信託行為の定めにより受託者として信託財産を管理・処分し，その元本・利益は「受益者」に帰属することになる。これらの，信託当事者関係が，事案の中ではどのような役割を担い，どのようにして信託当事者として位置づけることができるかが，信託を認定する前提となる。本事案は，弁護士名義の預金口座に預けられた，会社整理の委任事務のための前払金に対する滞納処分による差押えとの関係が争点となった。①平成14年判決と②平成15年2月判決と異なるのは，本判決が，他人の金銭を保管している弁護士が倒産した事例ではないことである。よって，本事案は直接的には受託者の倒産による受益者保護という局面ではないが，委任者保護のために，受託者は弁護士 $X_2$，委託者兼受益者は依頼人 $X_1$ と構成することができる。当事者関係は上記の①，②判例よりは，簡潔であり信託的構成をとりやすいものとなっているといえる[9]。

### (3) 委託者の意思

当該預金口座に入金された金銭について，預金債権者の倒産，預金債権の差押えによる第三権利者との，対外的な預金債権の権利関係が問題となる（争点3）。信託と認められることにより，受託者が破産手続開始の決定を受けても，信託財産は受託者の破産財団には属さないことになる（信託法25条1項・旧信託法16条）。受託者破産による，受益者の「取戻権」を基礎とする，第三権利者への対抗問題となる。この中には，銀行が自ら債権者として自行預金の相殺を行使できるかとういう問題も含む。その場合，委託者に明示的または黙示的な意思があったのか，またはなかったのかを明らかにする必要がある。この意思がないとすれば，擬制信託を認める前提にもなる[10][11]。本判決は，預金債権

---

[9] 田原睦夫「弁護士の依頼者からの預り金口座の預金とその帰属」金法1662号（2002年）4～5頁。
[10] 新井〔第4版〕186頁以下。なお，新井教授は平成15年2月判決における信託の成立は，「推定信託（当事者の信託設定意思を推定するとの意）」であるとして擬制信託とは区別する（同191頁）。
[11] 沖野眞已「公共工事請負前払金と信託──最高裁平成14年1月17日判決の再検討」平井宜雄先生古稀記念『民法学における法と政策』（有斐閣，2007年）386～387頁。沖野教授は，平成14

第 1 章　信託の成立

の帰属主体が X₂ 弁護士であると判示したものであり，客観説によるものかどうか判然としない点につき，議論のあることは前述のとおりである。しかし，本件補足意見では，弁護士への依頼は会社整理のための事務処理委任であり，信託設定の意思は明示的にはないものの，信託の成立を認められる可能性を明らかにしたといえる。本件のような弁護士 X₂ 名義の預金口座に払込まれた金銭が相手方に交付されない場合は，委任者 X₁ に直接的な不利益が生じ，X₁ には黙示の意思が存することが認められるケースと位置づけることは可能である[12]。本件口座に入金された資金は，委任者 X₁ の債務整理事務のためにだけ使われることが依頼者の意思でもある。これらのことを総合的に判断すれば，弁護士である受任者 X₂ と委任者 X₁ との間には，信託設定と同義できる黙示の意思表示があったと評価できよう。

(4)　**委託者との分離と財産の特定性**

　財産の移転が委託者から完全になされているか，その管理方法は分別管理の形式でなされているかなど，預金口座の実質的な管理主体が事案の中で検証されるべきである（争点 2）。当該預金口座が信託口座と認められた場合は，信託財産の独立性により受託者の倒産，信託財産の差押えから，預金債権（残高）に対しては，受益者の保護が図られることになる。依頼者 X₁ からの分離について，本判決は，交付を受けた金銭は，民法 649 条の規定する前払費用であり，委任者の支配を離れ，受任者に帰属すると判示した。本件における信託財産の特定性は，弁護士の預金口座にある預金債権が，委任者が弁護士に預けた金銭の代位物として明確化されることになる。信託目的は，弁護士 X₂ が受託者として委託者 X₁ のために，債務整理事務の費用に充当するために管理することであり，他人のために一定の目的に沿った管理による。事案における預金口座は普通預金という流動性，決済性を持つ性質はあるが，特定の目的に利用するための専用口座として，弁護士が事務委任による預り金を管理する機能がある。委託者からの分離についても，資金の移動という明確な財産の移転があったといえる事案であった[13]。

---

　　年判決の構成を「信託法の規定の類推適用によるのではなく，正面から信託契約を認定した」ものと捉え，擬制信託の成立とは一線を画しているといえる。
12)　道垣内弘人「信託の設定または信託の存在認定」道垣内＝大村＝滝沢編・前掲注 5) 26 頁。

## Ⅳ 本判決の意義

本判決は、「口座名義」を重視しており、銀行実務に沿ったものともいえる。本判決決補足意見に対しては、積極的に信託的構成を認める[14]ものと、消極的なものがある。本補足意見は、弁護士を受託者とし、債務整理事務という一定の目的のために必要な行為をするために、会社の資産を弁護士口座へ移転し、弁護士名義の口座における預金債権を信託財産とし、救済法理としての信託適用を、明示的な意思が無くとも認定したと積極的に評価できる。信託的に帰属する預金の法理においては、預金口座の名義は受託者と口座所有者が同一であることが明確になることが重要である。その意味では、本判決は、預金口座が受託者名義であることについては、争いがない事実認定を下していると思われる。従来の主観説と客観説の対立とは異なる、「口座名義」を基軸とした、当事者の認識、当該預金の目的や管理形態などから預金者を認定する方向性が新たに求められる[15]。本補足意見の信託的構成は、預り金口座の名義人が倒産した場合など、様々なケースにおける実質的な預金者認定に用いることが可能といえる。

預金取引を行う上で、取引当事者や口座を管理する金融機関にとって預金口座の法的安定性は重要である[16]。しかし、この預金口座の法的な位置づけは、契約法理の中で議論され、伝統的な民法法理がその規律の基礎となっている。本判例補足意見のような、信託法理が介入する余地は今まではなかったと言える。過去のいくつかの預り金に関する事案の当事者は、単純に受託者、委託者、受益者構成がとれる場合と、自益信託構成か他益信託構成か判断が分かれるも

---

13) 道垣内・前掲注12) 26頁。道垣内教授は「委託者からの離脱」として平成14年1月・平成15年2月・6月の3つの判決が同じような判断を行ったとする。
14) 本補足意見の信託的構成に対する〈積極説〉として、室亜希子「預り金の信託的管理——当事者が信託と認識していないのにその契約を信託と認定するメルクマールは何か」米倉明編『信託法の新展開』(商事法務, 2008年) 70頁。
15) 河上正二「当事者の認定」『民法の争点』(有斐閣, 2007年) 167頁。
16) 普通預金口座の法的性質を安定化する動きとして、民法(債権法)改正検討委員会は普通預金等「流動性預金口座」に関する条文の新設を提案している (【3.2.11.17】【3.2.11.18】)。民法(債権法)改正検討委員会編『債権法改正の基本方針』別冊NBL 126号 (2008年) 385頁。

のが見受けられた。このような違いは，受託者の義務内容が，当事者間の契約（保証契約か委任契約）内容から帰納的に導き出されることに影響するものと思われる。これらの判例に共通する法律関係には，他人のための財産管理手段として当事者間において委任や代理といった従来の民法上の契約関係が表面上は存するが，事案の妥当な解決を図るために，裁判所が当事者の意思とは別に，信託の成立を認める法理が内在する[17]。契約理論の延長線上からのみではなく，信託法理を起点とする解決の糸口を求められることが可能であり，本判決の補足意見の射程は広く他の事案へと拡張すべきと考える[18]。

---

[17] 「(座談会)信託法セミナー(3)信託の設定(3)」ジュリ1404号（2010年）108〜118頁。特に沖野発言110頁を参照。

[18] 最近の預金口座をめぐる社会的な問題として，いわゆる振り込め詐欺などの犯罪資金に利用される預金債権の帰属や，成年後見人の横領による被後見人の実質的な預金債権の帰属などについての処理が，この判例法理の射程になると思われる。

## 04

# 転貸人に提供した敷金の返還請求権と信託財産

大阪高裁平成20年9月24日判決　高民集61巻3号1頁

伊　庭　　　潔

## I　事案の概要

Xは遊技場経営等を目的とする株式会社であり、Z電鉄株式会社（以下「Z電鉄」という）が所有する建物の一部（以下「本件賃貸部分」という）でパチンコ店を経営している。本件賃貸部分に関する賃貸借契約関係は、平成12年6月26日、Z電鉄が中堅ゼネコンであるYに賃貸し、さらに、同日、YからXに転貸された。各賃貸借契約では、XからYに敷金4億円が差し入れられ、さらに、その4億円がそのままYからZ電鉄への敷金とされた。YがZ電鉄とXとの中間に介在することになったのは、YによりXの信用を補完することが主眼であった。

ところが、Yは、平成17年5月5日、民事再生手続開始の申立てを行い、同月9日、民事再生手続開始決定が出され、同年11月14日、再生計画認可決定がなされた。

Xは、Yに対する敷金返還請求権を保全するため、Xが委託者兼受益者、Yを受託者とする信託契約が成立しており、YのZ電鉄に対する敷金返還請求権はXの信託財産であるから、信託契約の終了に伴い、YのZ電鉄に対する敷金返還請求権がXに帰属することの確認等を求めた。

原審は、平成19年8月31日、Xの主張を認め、Xが委託者兼受益者、Yを受託者とする信託契約の成立を認め、Z電鉄に対する敷金返還請求権がXに帰属することを認容したが、Yはこれを不服として控訴した。

本事案の争点は、法律関係としては転貸借関係が存在し、原賃貸借、転貸借の両方について敷金が交付された場合において、当事者に信託という法律構成

を選択した認識やそれを示す表示が存在しないときであっても，原賃貸借関係における敷金返還請求権を信託財産，転借人を委託者かつ受益者，原賃借人兼転貸人を受託者とする信託の成立を認めることができるか否かである。

## II 判決要旨

### 1 信託契約の成立に関する明示的な意思について

「本件賃貸借契約1・2の成立に際して作成された出店契約書等の契約関係書面のいずれにも信託の文言は使用されておらず，信託を意図したと見られる条項も全く存在しない。また，上記契約に至る当事者間の交渉過程においても，さらには契約期間中を通じても，法的な意味における信託契約が意識された形跡は一切存在しない。」

### 2 信託契約の成立要件について

「信託の成立要件としては，①財産権の処分，②他人をして一定の目的に従いその財産を管理又は処分をさせること，となる。」

「しかし，それが契約即ち意思表示の合致により成立するものである以上，効果意思即ち一定の法的効果を欲する意思の合致が必要であることはいうまでもない（我が国の法制度上擬制信託（当該事案の妥当な解決を目的として，当事者の明示的ないし黙示的な意思と無関係に信託の成立を擬制すること）を認めることはできない。）。」

### 3 分別管理について

「信託については，信託財産が受託者の一般財産とは独立した法的地位に立ち，受託者の債権者からの執行や倒産手続から隔離され，執行の対象とされず，かつ，受託者が破産した場合でも委託者に取戻権が確保されることが重要である。すなわち，受託者の財産との混淆を許容すると，信託財産から利益を得るなどの受託者の義務違反行為を防遏し難いだけでなく，上記のような独立した法的地位とは矛盾するから，信託の効果意思の内容となる財産の管理又は処分は，受託者の財産関係とは何らかの区別をつけたものであること，すなわち信

託財産の分別管理が不可欠である。」

「本件においては，信託財産としての分別管理は格別に仕組まれておらず，当事者も意識していないというべきである。」

### 4　信託契約の成否について

「原賃貸借関係における本件敷金返還請求権を，転借人を委託者かつ受益者とし，原賃借人兼転貸人を受託者とする信託財産であると認定できるような特段の事情があるということはできず，結局，本件敷金返還請求権をもって被控訴人の信託財産であると認めることはできない。」

## Ⅲ　解　説

### 1　本事案の争点

債権説にもとづく信託の基本構造は，①の財産権の移転（その他の処分）という信託行為の「物権的効力」と，②の一定の目的に従う信託財産の管理処分という信託行為の「債権的効力」との結合とされている[1]。

そして，①の財産権の移転という物権行為については，一般的に，表示行為の表示価値は大きい場合が多く，その認定に問題が生じることは少ないが，他方，②の一定の目的に従い信託財産を管理処分させる合意という債権行為については，表示行為の表示価値が小さく，その認定に困難が伴うものが多い。

本事案においても，信託契約の成立要件①の財産権の移転については認定されたが，成立要件②の一定の目的に従い信託財産を管理処分させる合意があったかどうかが主要な争点となり，原審と控訴審においてその判断が分かれた。

### 2　旧信託法における信託成立の要件

信託の成立には，以下の2つの要件が必要であるとされていた（旧信託1条）。
①　「財産権ノ移転其ノ他ノ処分ヲ為シ」
②　「他人ヲシテ一定ノ目的ニ従ヒ財産ノ管理又ハ処分ヲ為サシムル」こと

---

[1]　新井〔第4版〕41頁。

第1章　信託の成立

そして，前述のとおり，信託の基本構造に関する債権説の理解では，①の財産権の移転（その他の処分）を信託行為の持つ「物権的効力」として，②の一定の目的に従う信託財産の管理処分を信託行為の持つ「債権的効力」として位置付けられる[2]。

当事者間のある行為が，事後的に，「信託」と性質決定される場合にも，上記信託の成立要件及び基本構造の理解が不可欠である。これらの信託の成立要件及び基本構造から離れ，抽象的に「信託」の成否を論ずべきではない。

## 3　推定信託について
### (1)　信 託 行 為

信託は，契約または遺言によって設定することができる（旧信託2条）。契約によって信託を設定する場合には，当事者に信託関係を設定するに相当な意思表示が存在しなければならないが，必ずしも，当事者間で「信託」の文言を表示しなくても，信託設定の趣旨が伺える意思表示があればよい[3]。

### (2)　信託設定意思の存在

上記のとおり，信託の設定には，当事者に信託関係を設定する趣旨の意思表示（信託設定意思）が必要である。私的自治の原則から，法律行為は意思表示を構成要素とすることは当然であり，信託の設定を認定する場合には，当事者にこの信託設定意思があったことが認められなければならない。

### (3)　信託設定意思の推定—推定信託

このように，当事者に法律的な意味における信託の設定意思は認められないが，特定の財産をめぐる客観的な関係が信託関係と理解できる場合に，当事者に信託設定意思があったと推定し，信託関係の成立を認めることを「推定信託」と呼ぶとする見解がある[4]。

推定信託は，当事者の信託設定意思を推定することにより，信託関係の成立を認めるものであり，当事者の意思とは信託の成立を擬制する「擬制信託」

---

2)　新井〔第4版〕41頁。
3)　四宮〔新版〕106頁，大村敦志「遺言の解釈と信託——信託法2条の適用をめぐって」トラスト60研究叢書「実定信託法研究ノート」37頁（1996年）。
4)　新井〔第4版〕191頁。

（不当な利得が存在する場合に当事者の意思とは無関係に法の働きにより，利得者を受託者とし，その利益を受くべき者を受益者として信託を擬制する制度5)）とは区別される。

この推定信託は，当事者に明示的な信託設定意思はなくとも，信託設定に関する客観的な要件が具備されているときには，当事者に黙示的な信託設定意思が認められるとして，信託の成立を肯定する考え方と理解できる。

### 4 黙示の意思表示の要件事実

黙示の意思表示の要件事実に関しては，黙示の意思表示を基礎づける個々の具体的事実が主要事実と考えられている（主要事実説)6)。

### 5 推定信託の要件事実

そうすると，推定信託，すなわち，当事者に明示的な信託設定意思がなくても，裁判上，当事者の黙示的な信託設定意思を認定し，信託の成立が認められる場合の要件事実は，当事者の信託設定意思を基礎づける個々の具体的事実ということになる。

したがって，推定信託が問題になる事例において，信託の成立を主張する当事者は，上記の信託契約成立の各要件を推認させる具体的事実を主張・立証すべきことになる。問題は，どのような事実があれば，信託契約成立の各要件の存在を推認することができるかということである。

### 6 信託財産を分別管理していることは信託の成立要件か
#### (1) 原審の判断

原審は，「信託法28条は，……信託財産の『特定性』を確保することで，受益者の保護を実効あらしめるいわば手続的な義務を定めたものであると解するのが相当である」。「したがって，信託財産について，分別管理がなされている

---

5) 岸本21頁。
6) 司法研修所編「増補 民事訴訟における要件事実（1)」（法曹会，1985年）39頁。個々の具体的な事実を総合して推認される意思表示が存在するとして，その意思表示を主要事実，個々の具体的事実を間接事実と考える間接事実説もある。

ことは，信託の成立要件であるとはいえないと解される」として，信託財産の分別管理は信託の成立要件ではないとした。

**(2) 控訴審の判断**

控訴審は，「信託については，信託財産が受託者の一般財産とは独立した法的地位に立ち，受託者の債権者からの執行や倒産手続から隔離され，執行の対象とされず，かつ，受託者が破産した場合でも委託者に取戻権が確保されることが重要となる。すなわち，受託者の財産との混淆を許容すると，信託財産から利益を得るなどの受託者の義務違反行為を防遏し難いだけでなく，上記のような独立した法的地位とは矛盾するから，信託の効果意思の内容となる財産の管理又は処分は，受託者の財産関係とは何らかの区分をつけたものであること，すなわち信託財産の分別管理が不可欠である。」と判断し，信託財産の分別管理は信託成立の要件であるとした。

**(3) 学 説**

① 信託の成立に分別管理義務が必要であるとする見解

「財産権の移転」と「当該財産についての委任」にプラスして，分別管理義務を，信託を「発見」する際のメルクマールとして考える見解がある[7]。

この見解は，信託成立の要件として，ア 財産権の移転，イ 一定の目的に従う信託財産の管理処分に加えて，ウ 分別管理義務を要求しているようである[8]。

② 信託の成立に分別管理義務は要しないとする見解

公共工事の前払金に関する最高裁平成14年1月17日判決（民集56巻1号20頁。以下「平成14年判決」という）は，財産権の移転及び一定の目的に従う信託財産の管理処分の合意が認定されれば，信託契約が成立するとの立場に立っていると理解する見解もある[9]。

③ 信託の成立に分別管理義務は要件ではないが，受託者に分別管理義務が

---

[7] 道垣内弘人「最近信託法判例批評（9・完）」金法1600号（2001年）80頁。
[8] 信託の成立要件について分別管理義務の必要性を説く見解として，佐久間毅「公共工事の前払金保証制度の下での前払金支払と信託契約の成立」ジュリ1246号（2003年）74頁，岩藤美智子「信託契約の成立と受託者破産時の信託財産の帰趨——最一小判平14・1・17を手がかりとして」金法1659号（2002年）16頁。
[9] 角紀代恵「本件判批」金法1684号（2003年）9頁。

課されているか否かが信託の成立を判断するためのポイントと解することが可能であるとする見解

　信託の重要な意義は，信託財産が受託者個人の債務の引当てにならないという点にあり，信託財産の分別管理義務は受託者に課せられた基本的義務であるとする。そして，信託財産であることを第三者に主張するためには，信託財産が分別管理され，特定性をもって保管されていることが必要であることに照らせば，受託者に分別管理義務が課せられているか否かが信託の成立を判断するためのポイントと解することも可能であるとの見解もある[10]。

### (4) 検　　討
① 信託成立の要件

　旧信託法 1 条は，「財産権ノ移転其ノ他ノ処分ヲ為シ」と「他人ヲシテ一定ノ目的ニ従ヒ財産ノ管理又ハ処分ヲ為サシムル」ことの 2 つが要件であるとしている。信託法に規定されているこの 2 つの要件以外に，解釈上，絶対的に必要な要件を新たに加えることは相当ではないであろう。

② 分別管理義務は効果であること

　受託者の分別管理義務は，信託契約が成立した場合に，受託者に義務づけられる効果である（旧信託 28 条）。

③ 信託と推定される場合の柔軟性

　受託者に分別管理義務が課せられていることを，推定信託の成立に不可欠な要件とすると，推定信託が認められる場合を限定してしまう。推定信託は，救済法理としてその成立が期待される性質上，認定される場面を限定することは相当ではないであろう。

④ 推定信託の要件事実

　推定信託の要件事実は，当事者の信託設定意思を基礎づける個々の具体的事実である。

　そして，受託者が受託財産を分別管理しているときには，当事者間に，受託者が経済的に破綻した場合でも，受託者の固有財産と受託財産とを峻別しようとする意思が認められ，さらに，当事者間に信託を設定する意思があったこと

---

10) 中村也寸志・最高裁判所判例解説民事篇平成 14 年度（上）18 頁。

を推認できる。したがって，受託者が受託財産を分別管理していることは，当事者間に信託設定意思があったことを基礎づける具体的事実に該当する。

そうであるならば，受託者が受託財産を分別管理していることは，推定信託を認定するための主要事実の1つであると解すべきであろう。

### (5) 結 論

既に述べたとおり，分別管理義務が，これが認められなければ推定信託は一切認められないという意味において，信託成立に不可欠な第3の要件であるとは考えられない。他方，受託者が受託財産を分別管理していることは推定信託の成立を認定するための主要事実の1つと考えられる。

したがって，受託者に分別管理義務が課せられていることが信託成立の第3の要件とすべきではないが，受託者が信託財産を分別管理していることが，信託の成立を判断するうえで重要な判断要素の1つになると解することが妥当であろう。

## 7 一定の信託目的に従い信託財産を管理処分させる合意の有無の判断要素

### (1) 受託者が各種の義務を負っていること

信託の成立が認められると受託者に各種の義務が生じる（旧信託20条：善管注意義務，同22条：忠実義務，同28条：分別管理義務など）。

そうすると，特定の財産の移転に関して当事者間にある合意がなされた場合，特定財産の移転を受けた者が，その財産の管理処分を行う際に，上記各種義務を負うような状況になっているときには，当事者の意思解釈として，その財産の移転が「信託」として評価される可能性が高くなる[11]。

そこで，前述のとおり，受託者が受託財産を分別管理していることは，推定信託の1つの主要事実になると考えられる。

### (2) 推定信託が問題となるのは，信託の倒産隔離機能が顕在化している場面であること

裁判上，推定信託が問題になった事例[12]のうち，弁護士の預かり金に関する

---

[11] 河上正二「信託契約の成立について――最高裁平成14.1.17判決をめぐって」トラスト60研究叢書『変革期における信託法』（2006年）57頁，71頁。
[12] 本事案のほかに，詐欺による騙取金に関する最判昭和29・11・16判時41号11頁，公共工事の

最高裁平成15年6月12日判決（民集57巻6号563頁）以外の事案では，受託者の固有財産からの受託財産の倒産隔離が主要な争点になっている。

つまり，推定信託の成立が問題とされる事例において，信託の成立を肯定したうえで，信託財産の倒産隔離を認めることが信託の成立を認める目的となっているのである。

そのため，推定信託と認められるためには，信託財産が受託者の固有財産から独立し，受託者が経済的に破綻したときでも，信託財産が受託者の債権者の引当てにならないという合意（または期待）が，当事者間に存在していたといえる場合でなければならない[13]。

### (3) 明確な信託目的を有していたかが重要であること

信託の成立要件は，①の財産権の移転及び②の一定の目的に従う信託財産の管理処分の合意の2つであるが，成立要件②は，受託者に対する債権的な拘束が中心的な要素となる。ここでいう債権的な拘束とは，受託者を「信託目的」に従わせることである。つまり，成立要件②については「信託目的」が何であるかが重要となる。

ところで，信託目的とは，一般に，「自分の配偶者を扶養する目的」，「特定の障害者を扶養する目的」，「特定の土地の上にビルを建設してこれを管理する目的」，「地震による被災地の高齢者の生活を支援する目的」などがあるとされている[14]。しかし，必ずしも，このような目的だけに限定する必要はなく，より広く，受託者が経済的に破綻したときでも，信託財産が受託者の債権者の引当てにならないという合意（または期待）が，当事者間に存在することも，「信託目的」の内容になっていると解することも可能であろう。また，受託者が受託財産を分別管理することになっていることも，当事者が信託財産の倒産隔離

---

前払金に関する最判平成14・1・17民集56巻1号20頁，損害保険代理店の預り金に関する最判平成15・2・21民集57巻2号95頁，弁護士の預り金に関する最判平成15・6・12民集57巻6号563頁の補足意見，旅行費用の積立金に関する東京地判平成24・6・15金判1406号47頁【10】がある。

[13] 寺本〔補訂版〕33頁注2は，「当事者間における処分の対象となる財産について，事務の委託を受けた者がその固有財産とは区分して管理し，仮にその者が倒産したとしても対象財産は確保されることを当事者が意図していたか否か等の点をメルクマールとして，『信託』に当たるか否かを区別していくことになると考えられる。」としている。

[14] 能見21頁。

を期待してのことであるため，広く「信託目的」の内容と考えても差し支えないと考える。

　その意味で，従来いわれていた「信託目的」を狭義の信託目的とし，さらに，当事者間に信託財産の倒産隔離への期待があることや受託者が受託財産を分別管理することになっていることも含めた「信託目的」を広義の信託目的と捉えることも可能であろう。

　そこで，推定信託が認められるためのメルクマールとして，明確な信託目的（広義）があったかどうかという判断基準を活用してはどうかと考える。

### (4) 信託目的（広義）の明確性を判断するための要素

　この信託目的の明確性は，受託者が分別管理義務を負っていたか，分別管理の方法が具体的に定まっていたか，実際に信託財産が分別管理されていたか，当事者間に信託財産の倒産隔離の合意（または期待）があったか，受託者が信託財産から利益を得てはいけない取り決めがあったか，契約書などに信託の設定を窺わせる条項等があったかなどの具体的な事実を総合的に判断することになろう[15]。

### 8　本事案の検討

　確かに，本件では，XとZ電鉄が，直接，賃貸借契約を締結していれば，Yに経済的不安が生じたとしても問題は生じなかったこと，Z電鉄が，Xに対し，Yを保証人的立場として介在させることを要求し，Yを原賃借人兼転貸人に指定したことにより，かえって，Xに不利益が生じたこと，Yに対し民事再生手続開始決定が出された時点では，Yが賃貸借関係から離脱する話が進行していたことなどからすると，Xに同情すべき点はある。

　しかし，控訴審において，①2つの賃貸借契約の成立の際に作成された出店契約書等の契約関係書面のいずれにも，信託を意図したとみられる条項も全く存在しないこと，②契約に至る当事者間の交渉過程においても，さらに契約期間中を通じても，法的な意味における信託契約が意識されていた形跡は一切存

---

[15]　澁谷彰久『預金口座と信託法理』（日本評論社，2009年）194頁以下では，「背景となる制度」を擬制信託の成立を検討する際の要素の一つとして挙げている。この「背景となる制度」が存在することも，当事者間に明確な「信託目的」があったことを推認する具体的事実になると考える。

在しないこと，③XからYに交付された敷金4億円は，Yの一般財産に混入したことが明らかであること，④Yのみならず，Xにおいても，敷金4億円を別途管理しようとはしていなかったこと，⑤Yは，Z電鉄に対する敷金返還請求権について，自己の資産として計上しており，Yの固有財産から区別した経理処理さえも講じていなかったことという各事実が認定されている。

そのため，本事案において，XとYの当事者間には前述の広義の「信託目的」がなかった（または希薄であった）といわざるを得ず，信託の成立を認めなかった控訴審の判断は妥当なものであったと考える。

## Ⅳ　本判決の意義

本判決は，平成14年判決で示された信託契約の成立要件に関する枠組みを維持したうえで，信託契約の成立には，効果意思すなわち一定の法的効果を欲する意思の合致が必要であると示した点，さらに，我が国では，擬制信託は認められないことを明らかにした点に第1の意義がある。

次に，受託者が受託財産を分別管理していることが信託契約の成立要件かという論点について，正面から論じたところに本判決の第2の意義が認められる。この論点に関して，原審と控訴審で判断が分かれたように，まだ議論は定まってはいない。今後，この論点に関する議論の深化が待たれる。

既に紹介したとおり，信託の成立に関してはいくつかの判例があるが，信託の成立が否定されたのは，損害保険代理店の預り金に関する最高裁平成15年2月21日判決（民集57巻2号95頁）と本判決の2例のみである。本判決は，黙示的な信託契約の成否に関し，その外延を判断するうえで貴重な材料を提供するものである。

信託の成立に関して，実務的には，弁護士が破産した場合に，その弁護士が依頼者から預かっていた金員が信託財産と認められるかが問題となっている。今後，判例が積み重ねられることによって，黙示的な信託契約の成立が認められる基準が明確になることを期待したい。

## 05

# 債権者を害する信託の設定

福井地裁平成22年7月8日判決　判例集未登載

金森　健一

## I　事実の概要

　平成16年9月2日、不動産会社Cを経営するAは、自らを委託者兼受益者、Bを受託者とし、その所有する不動産（以下「本件信託不動産」という）を信託する信託契約を締結した。平成19年7月9日にこの信託契約を解除して、同18日に、Aを委託者兼受益者、喫茶店を経営するYを受託者として、以下の内容の信託契約（以下「本件信託契約」という）を締結し、その旨の所有権移転登記及び信託の登記をした。その契約内容は、信託目的は受託者に本件信託不動産を受益者のために管理及び処分させることとし、受託者は本件信託不動産の貸付け、賃料の取立て、工事その他本件信託不動産の保存、利用及び改良等の一切の管理をすることとし、受託者は本件信託不動産から生ずる収益及び信託事務の処理によって取得した収益を取得の翌日に受益者に交付又は振込送金することとした。しかし、Yが本件信託不動産を利用した収益事業を企図した形跡は無かった。

　X（国）は、本件信託契約締結に先立って成立したAに対する租税債権（申告所得税及び延滞税の合計1972万9600円）が害されたとして、平成21年7月17日、国税通則法42条が準用する民法424条・旧信託法12条1項に基づいて本件信託契約の取消し並びに不動産所有権移転登記及び信託の登記の各抹消登記を求めた。

　本件信託契約における詐害性について、Xは以下のとおり主張した。「本件信託契約は、受託者であるYに本件信託不動産を管理及び処分させることを目的として行われているから、本件信託不動産の共同担保としての実質を低下

させる。仮に本件信託契約をAに対する貸付金の回収をさせるために行われたものであると解したとしても、結局一部の債権者に対する不相当な価格での代物弁済ないし物的担保に類似するものである。」

これに対し、Yは、「そもそも信託は、委託者が受益権を取得するので、詐害行為にならない」と主張した。

争点は、本件信託契約が「債権者ヲ害スル」（旧信託12条1項）か否かである。

## II 判　　旨

請求認容。裁判所は、本件信託契約の詐害性について以下のように判示した。
「本件信託契約は、何らかの意図でYに無償で本件信託不動産の所有権を移転するためになされたものであり（Aに対して本件信託契約の文言どおりの受益権を設定する意思がAにもYにも当初からなかったことは、これが移転登記費用の軽減を目的として信託の形式を借りた代物弁済であると述べるAの供述……からも、……明らかであるから、本件信託契約の実質は、贈与又は無償寄託というほかない。）、Aが有する責任財産の減少をもたらすことは明らかである。仮にYがAに対してなにがしかの金銭債権を有していたとしても、Aは、多額の債務を抱え、所有財産の抵当権者との抵当権解除交渉の材料すら見出せないほど資金繰りが悪化する中で、遅くとも平成16年10月ころ以降、Cの倒産を知って再三にわたって代物弁済を要求してきたYに対し、Bから信託解除の同意が得られたことを契機としてこの要求に応じる旨を伝え、本件信託不動産を代物弁済する意図で本件信託契約を申込み、Yも、C及びYが倒産を余儀なくされるほど多額の負債を抱えていることを知りながら、あえて自らが優先的に弁済を得るために本件信託契約を承諾したというのであるから……、本件信託契約は、……無資力のAが、特にYと通謀して、Yだけに優先的に債権の満足を得させる意図の下に、本件信託不動産を代物弁済したものである。そうすると、本件信託契約は、その前提とされた本件信託不動産の評価が妥当か否かを問わず、詐害行為に当たるものと解すべきである（最高裁判所昭和39年11月17日第三小法廷判決・民集18巻9号1851頁参照）。

したがって、本件信託契約は、旧信託法所定の信託の実質を有するとは認め

難いが故に（特に共同受益者でない受託者の利益享受の禁止（同法9条）違背）詐害信託とはいい難いが，詐害行為たり得るというべきである。」

## III 解　説

　本件の争点は，本件信託契約の詐害性の有無であるが，そもそも本件信託契約が信託として有効であるか，無効な信託行為であるにもかかわらず有効であることを前提とする詐害信託が争点に設定された理由は何かについて，以下論ずる。

### 1　本件信託契約の有効性と詐害行為取消請求の適否
　(1)　まず，本件信託契約の詐害性の有無が本件の争点に設定されたこと自体に疑問がある。
　上記引用のXによる主張のうち「仮に」以下の部分は，本件信託契約が不相当な価格での代物弁済や物的担保の提供のように債権の引当てになるべき財産を減少させるから詐害信託であるとするものに見えるが，YのAに対する貸付債権を回収させるための信託契約は，Yが受益者となり信託を利用して債権回収という利益を図るものであるから，受託者を単独受益者とするものである。
　このような受託者＝単独受益者とする信託契約は，旧信託法では9条に違反して無効とされていた。同条は，共同受益者の一人として利益を受ける場合を除いて受託者が信託の利益を享受することを禁止していたからである[1]。そのような場合は，信託に本質的な，管理者と利益享受者の分立がなく，受託者＝受益者になんらの拘束のない完全権を与える趣旨と解すべきだからとされていた[2]。
　(2)　一方，詐害信託の取消し（旧信託12条，信託11条）は，民法424条の

---
[1]　四宮〔新版〕123頁。
[2]　四宮〔新版〕123頁。同条に受託者の忠実義務の根拠を求める見解との比較などをより詳細に論じるものとして四宮和夫「信託法第9条の意味内容——受託者の受益権担保取得の問題を手がかりとして」四宮・研究179頁以下参照。

詐害行為取消権の特例を定めるものであり，民法の詐害行為取消権に関する判例法理は詐害信託取消権に補充的に適用されるとされているため[3]，同判例法理の観点から本判決を検討したい。

無効の行為と詐害行為取消しの関係について，判例は，責任財産を逸失させる行為が虚偽表示無効（民94条1項）である場合においてその行為は詐害行為として取り消すことができないとする（大判明治41・6・20民録14輯759頁，大判明治41・11・14民録14輯1171頁）。これによれば，法律行為が無効であることが抗弁になるため，原告は債権者代位訴訟を追加的予備的訴えの変更（民訴143条）として申し立てるべきことになる[4]。Xは本件信託契約が無効（旧信託9条違反）であり，Aに本件信託不動産の所有権が帰属するとしてその所有権に基づく抹消登記請求権の代位行使をすべきであった。これに関連して，広島地判平成5年7月15日金法1386号82頁[5]は，信託を原因とした受託者への所有権移転登記を，委託者の債権者が，信託契約の不成立又は虚偽表示無効による信託契約の無効確認及び債権者代位権に基づく当該登記の抹消登記請求を主位的請求とし，詐害行為取消権に基づく信託取消と当該登記の抹消登記請求を予備的請求としたのに対して，委託者が「信託の意味を知らず」，所有権移転登記と抹消登記を繰り返すなど，「所有権を信託目的にせよYに移転する確定的な意思を有していたものと認めるのは困難であ」ることなどから，委託者と受託者「との間の本件信託契約が成立したものと認定することはでき」ないとして，主位的請求による抹消登記請求を認容した。

本判決も，本件信託契約が受託者＝単独受益者とする信託行為であり，旧信託法9条に反して無効であり，又は契約文言どおりの受益権を設定する意思がAにもYにも無いことを認定していることからAに信託を設定する意思がな

---

[3) 民法の詐害行為取消権に関する法理が補充的に適用されることについては，旧信託法について四宮〔新版〕148頁，新井誠『信託法〔第2版〕』（有斐閣，2006年）200頁，信託法について新井〔第4版〕183頁，小野＝深山編154頁，村松秀樹ほか『概説　新信託法』（きんざい，2008年）25頁など。なお，旧信託法について，民法上の債権者取消権と詐害信託取消権の性質の差異を指摘し，両権利で異なる解釈・運用を主張する見解として，角紀代恵「詐害信託に関する一考察」『実定信託法研究ノート報告書』（財団法人トラスト60，1998年）43頁以下参照。
4) 並木茂『要件事実論概説Ⅱ　時効・物権法・債権法総論他』（信山社，2010年）171頁。
5) 評釈として，松本崇「判批」判タ844号（1994年）56頁，同「保証人の信託行為と詐害行為性の存否」金法1391号（1994年）4頁がある。

く信託は不成立であるとして，上記広島地裁判決と同様の構成を採り得たと思われる。

　(3)　なお，旧信託法9条を引き継いだ信託法8条は「受託者は，受益者として信託の利益を享受する場合を除き，何人の名義をもってするかを問わず，信託の利益を享受することができない」とし，受益者としてであれば受託者が信託から利益を受けることを許容するため，同条を根拠にして本件信託契約が無効であるということはできない。

　受託者兼単独受益者となる信託契約の有効性について，受益権の譲渡や受託者の交代によって兼任状態を解消できるという理論的観点と，資産流動化目的の場合に受託者が受益権を全部買い取った後に投資家へ売却するために有益であるという実務上の観点から，受託者を当初から単独受益者とする信託も有効であり，信託法163条2号によって，その期間を1年未満に限るものとしたという見解がある[6]。これに対して，信託行為が当初から受託者の利益を目的とする場合には，専ら受託者の利益を図るもの（信託2条1項）であるから同条に違反して無効であるとする見解がある[7]。後者の見解によれば，前述したところと同じく本件信託契約の無効を前提とした請求をすることになり，前者の見解によると本件信託契約が有効であるために，所有権移転登記を委託者に戻すためには詐害信託取消請求をすることになる。

## 2　「債権者を害する」信託とは，どのような信託か

　(1)　上記のように当事者が争点の設定を誤り，裁判所もその争点について真正面から判断せず，信託契約以外の法律行為に引き寄せてその詐害性を認定したのは，どのような信託が「債権者を害する」かについて必ずしも明らかでないという現状が大きく影響していると思われる[8][9]。

---

[6]　寺本〔補訂版〕52頁。
[7]　新井〔第4版〕145頁，173頁。なお同書は，受託者＝全部受益者（単独当初受益者）とする信託について「否定されるべき」（173頁），「設定することはできない」（174頁）とする。
[8]　連帯保証人が債務者からの強制執行を免れるために親族を受託者とする信託を設定したのに対して詐害信託であるとして取消しを認めた例として，東京地判平成17・2・3判例集未登載があるが，詐害性に関する詳細な判断は示されていない。
[9]　取消しの対象や取消しの効果については，詐害行為取消権との対比や信託法11条2項ないし8

(2)　信託の基本構造に関する債権説によれば，信託の設定により委託者の保有財産の完全権は受託者へ移転するため，この点のみを見れば信託の設定は常に債務者の責任財産を減少させる。しかし，自益信託の場合は，委託者が受益権を取得するため，その詐害性を検討するに当たっては，責任財産という観点からその受益権が当初の信託財産と同価値であるかが重要になる[10]。

　このような財産の完全権から受益権への転換，本件信託契約のように不動産を信託して受益権という権利に転換することは信託の転換機能の一つであるが[11]，その転換機能そのものが，詐害性に関する判例理論と抵触する可能性もある。たとえば，判例[12]は，不動産を売却して金銭に変えることは責任財産を費消・隠匿しやすいものに変え，共同担保としての実質を減少させるから，原則として詐害行為になるとしている。

　また，下級審裁判例ではあるが，会社分割の詐害性に関しても，その対価である株式が，債権者にとって保全，財産評価及び換価などに著しい困難を伴い，その一般財産の共同担保としての価値が毀損され，債権者が自己の有する債権について弁済を受けることがより困難になったとして詐害性を認めたものがあり[13]，財産の種類が変わることで責任財産への執行が困難になることが詐害性の判断において考慮されている[14]。

　(3)　仮に，たとえ受益権を取得しても信託によって委託者が財産を流出させれば「債権者を害する」とするならば，詐害信託における詐害性の判断基準

---

項において新設された各権利の内容の説明として検討するものが散見されるが（道垣内弘人「藁人形って丑の刻参り？(1)(2)」法教336号105頁，同337号110頁〔2008年〕，能見善久ほか編『信託法セミナー(1)信託の設定・信託財産』〔有斐閣，2013年〕116頁など），どのような信託が債権者を害するかについて一般的に論じるものは不見当であった。

[10]　道垣内弘人『信託法入門』（日本経済新聞出版社，2007年）63頁は，受益権が，信託財産と同じ金額で譲渡できそうな財産であるかによって詐害性が左右される旨指摘する。

[11]　四宮〔新版〕14頁以下。

[12]　大判明治44・10・3民録17輯538頁，大判大正6・6・7民録23輯932頁。

[13]　東京地判平成22・5・27判時2083号148頁。なお，濫用的会社分割が詐害行為取消権の対象となることを判示した最判平成24・10・12民集66巻10号3311頁は，会社分割の詐害性判断基準については判示していない。

[14]　どういった場合が詐害信託の設定になるのかについて，債務者が会社分割によって譲渡制限株式を対価として取得した場合と比較して検討するものとして，能見ほか編・前掲注9) 130頁以下がある。

第 1 章　信託の成立

は明確になるが，信託の有用性を大きく損なわせることになる。

　そのことが端的に表れる例が，私的整理を目的とする信託の利用であり，事業承継を目的とする信託の利用である。

　①私的整理を目的とした信託的譲渡がなされた場合に，一部の債権者が自己の債権を害するとしてその取消しを求めた事案において，その信託的譲渡の詐害性が問題となった裁判例が 2 つある[15]。

　東京地裁昭和 61 年 11 月 18 日判決（金判 772 号 31 頁。以下「昭和 61 年判決」という）と東京地裁平成 10 年 10 月 29 日判決（金判 1054 号 5 頁。以下「平成 10 年判決」という）[16]である。いずれも任意整理の配当原資に充てる目的で，債務者が唯一の財産である債権を受任者である弁護士に対して譲渡した（本件債権譲渡）のに対して，租税債権をもつ国（昭和 61 年判決）又は一般債権者（平成 10 年判決）が詐害行為取消請求をしたものである。

　昭和 61 年判決では，信託的譲渡の詐害性が肯定された。その理由は，客観的な詐害性については，任意整理目的の信託的譲渡であってもこれにより「財産は債務者の一般財産から流出し，その債権者は右財産に対する強制執行等右財産から弁済を受ける法的手段を剝奪され，受任者の自発的な支払を期待する他なくなるのであるから，右譲渡は債権者を害する法律行為であるというべき」とし，詐害意思については，「当該法律行為によって債務者の財産が減少し，そのために残余の財産をもってしては債権者が債務の弁済を受け得なくなることを認識しておれば足り，所論〔任意整理の配当原資―筆者〕の目的の故に詐害意思の存在が否定されるものではない」とした。

　一方，平成 10 年判決では，「本件債権譲渡契約が詐害行為取消権行使のための形式的要件をすべて満たすものであったとしても」とするにとどまり，詐害性の有無について判断していない。そして，取消請求は権利濫用であるとして請求を棄却している。

　これら 2 つの裁判例は結論が反対であるが，各事案に即した妥当な結論であ

---

15) 昭和 61 年判決及び平成 10 年判決の異同について検討するものとして，森田修『債権回収法講義〔第 2 版〕』（有斐閣，2011 年）74 頁以下がある。
16) 評釈として，和根崎直樹「判批」判タ 1005 号（1999 年）72 頁，佐藤岩昭「判批」判時 1718 号（2000 年）193 頁がある。

る。つまり，昭和61年判決の被保全債権は優先権がある租税債権であり，詐害性を肯定しないとこれを排除した配当がなされることになる一方，平成10年判決は一般債権者による取消請求であり詐害性を否定すると事実上の優先弁済を認めることになるからである。いずれも実体法上の債権の優先関係を実現するために，詐害行為取消請求の可否の判断を異にした点は首肯できる。

しかし，昭和61年判決の判示は，任意整理目的での信託の利用はおおよそできないといっているに等しく賛成することはできない。優先権のある租税債権が被保全債権であるという留保もされていない。一方，平成10年判決のように詐害性の有無を横に置いて権利濫用で処理するというのも，事案ごとの判断になり詐害行為の取消しに関する予測可能性を著しく低下させるため任意整理目的での信託の利用を萎縮させかねない。

任意整理目的での信託が債権者を害する場合は，平成10年判決の判示を参考にすると，①目的が総債権者の利益のためではなく一部の債権者への債権回収の利益を図るものである場合，②取消債権者の被保全債権が優先権のある債権であり信託によりその優先弁済権の実現が妨げられる場合，③手続において取消債権者以外の他の債権者が殊更有利になるような取扱いがあった場合，④取消債権者を手続から排除し又はその参加を妨害した場合，⑤取消しを認めたときの結果の不当性が大きい場合（取消債権者に対して事実上の優先弁済を得させることになる場合等）などが考えられる。これらは，いずれも私的整理手続の外形をとりながらも債権者平等に反する取扱いがなされている場合だからである。

なお，平成10年判決が上記判断要素を，詐害性ではなく権利濫用のそれとしたのは，詐害性判断の基準時が，詐害行為時とされたところによるとされる[17]。たしかに，詐害性判断の基準時は，詐害行為時とするのが判例である[18]。しかし，私的整理を目的とする信託的譲渡は，配当原資の確保として行われる，配当に至るまでの私的整理における一連のプロセスの出発点であること，信託的譲渡又は信託における財産の譲渡は，売買や代物弁済などと異なり所有権の

---

17) この点を指摘するものとして，森田・前掲注15) 79頁。
18) たとえば，詐害行為となるか否かは，その行為当時の状態により判断すべきであり，代物弁済した不動産がその後騰貴しても，代物弁済当時それが相当の価格であったならば詐害行為とはならないとした大判大正14・4・20民集4巻178頁。

移転自体を目的とするものではなく，受託者が財産管理を行うための手段に過ぎず，受託者の管理態様を踏まえずには，それにより債権回収ができなくなるかを判定できないことからすれば，他の行為についての詐害性の判断基準時の考え方をそのまま当てはめるのは相当でない。この点について，この要件を総合判断とする学説の方向から取消訴訟の口頭弁論終結時とすれば足りるとする見解[19]がある。

②事業承継において現経営者が自社株式を後継者に承継させる一手法として信託の活用が注目されている[20]。現経営者が会社の資金調達のために連帯保証している場合において，その有する自社株式を信託し相続開始時までの受益権を取得することが，債務者たる現経営者の責任財産を減少させ詐害性ありとされるのは，譲渡制限が付され換価性に乏しく，配当がされないことも少なくない非公開会社の株式の実態を踏まえると，明らかに不当である。非公開会社の株式は，相続税額や遺留分の計算において著しく高い評価がなされる。このように高く評価される株式を受託者へ移転することは，委託者たる現経営者の資産状態を計数上は悪化させる。しかし，そのことをもって詐害性ありとすべきではない。換価性に乏しく配当もない株式からの債権の回収は困難である。前述の会社分割のケースのように，その行為によって，債権者にとって保全，財産評価及び換価などに著しい困難を伴い，その一般財産の共同担保としての価値が毀損され，債権者が自己の有する債権について弁済を受けることがより困難になったことが，詐害性の判断において考慮されるならば，逆に，そもそも換価が著しく困難であり，一般財産の共同担保としての性質に乏しい非公開会社の株式については，それを信託しても詐害性がないということも可能ではないか。

(4) なお，以上の観点とは異なり，信託設定が信託財産の管理目的か処分目的かで区別して考えるべきとして，前者の場合は詐害性が弱いため主観的要件の悪性が強い場合に詐害信託とし，後者の場合は委託者の財産を減少・悪化させるため詐害性は強いとする見解もある[21]。

---

19) 森田・前掲注15) 79頁。
20) 中小企業庁「信託を活用した中小企業の事業承継円滑化に関する研究会における中間整理」
http://www.chusho.meti.go.jp/zaimu/shoukei/2008/080901sintaku.htm ほか。

このように，どのような場合に債権者を害する信託設定となるかが現状明らかでないことが，本判決の論旨の不明確さの遠因と思われる。

## Ⅳ 本判決の意義

本判決の意義の第1は，争点を本件信託契約の詐害性の有無とした訴訟において，信託契約の形をとった法律行為の詐害性を肯定してその取消しを認めた事例判断ということである。ただし，詐害信託や詐害行為取消しではなく信託の不成立又は信託の無効を問題とすべきであったと考える。本件信託契約のような債権者を害する信託行為がされた場合において，その効力を否定し責任財産を回復するにあたっては，そもそもそれが信託であるか，信託だとして有効か，詐害信託となるかという3つのレベルを峻別すべきである[22]。

第2に，第1の意義と関連するが，本判決の論旨が不明確となった原因の一つが，信託行為の詐害性の判断基準が明らかでないことにあると考えられ，法改正を受けて多様な目的を達成するために設定された信託が，思わぬ形で詐害性を肯定され取り消されることのないように，債権者を害する信託行為の判断基準の明確化の必要性を確認させるものと考える。

---

21) 中野正俊『信託法講義』（酒井書店，2005年）66頁以下，同「詐害目的の信託と債権者の取消権」法学志林99巻1号（2001年）247頁以下。
22) 松尾弘「信託法理における債権者取消権制度の展開——詐害信託取消権と受益者取消権を中心に」米倉明編著『信託法の新展開——その第一歩をめざして』（商事法務，2008年）101頁参照。

## 06 脱法信託における受託者及び受益者の地位

大阪高裁平成8年10月21日決定　金判1013号27頁

安　藤　朝　規

## I　事案の概要

　甲信用金庫（抗告人）は，乙会社に対する債権を担保するため，同社の代表者であるAの所有する土地及びその上の建物（旧建物）に共同抵当権を設定した。その後，いずれも丙会社を権利者として，土地について地上権設定登記請求権仮登記が，旧建物について賃借権設定仮登記がなされた。さらに，土地建物について，委託者をA，受益者を丙会社，受託者を丁会社とする信託を原因として，丁会社に対する所有権移転登記がされた。次いで，旧建物が取り壊され，土地上に丙会社名義の新たな建物（新建物）が建築された。甲信用金庫は，土地及び新建物について，民法389条（平成15年法律134号による改正前のもの。以下同じ）に基づく一括競売の申立てをしたが，原審は，同条の要件のうち，①抵当権設定者である土地所有者が土地上に建物を建築したこと，及び土地と建物の所有者が同一であることが欠けるという理由で，新建物に対する競売申立てを却下し，土地についてのみ競売開始決定をした。
　これに対し，甲信用金庫が抗告をしたところ，本決定は，原決定のうち新建物に対する競売申立てを却下した決定を取り消し，京都地方裁判所に差し戻した。その理由において，新建物のための法定地上権は成立せず，土地及び新建物に対する一括競売の申立てをすることができる，とした。

## II　判　旨

　民法389条は，当該土地上に抵当権設定者が建物を建築することを一括競売

## 06 脱法信託における受託者及び受益者の地位

【関係図】

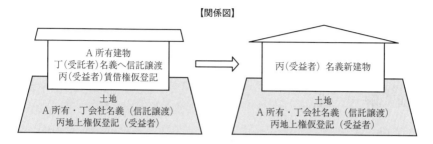

の要件とするが，丁会社は，信託を原因として所有権移転登記を受けたものであって，抵当権設定者であるＡの地位を承継したものとして，抵当権設定者と同視することができるし，信託法上，原則として受託者である丁会社は信託財産である本件土地を固有財産とすることはできない（旧信託22条）反面，受益者である丙会社は，当然に信託の利益を受け（同7条），受託者の信託の本旨に反する信託財産の処分を取り消すことができ（同31条），さらに，上記の信託条項によると，丁会社は，丙会社のために，金銭の借入やこれにともなう担保権の設定等の手続をすることや信託物件である本件土地を売却することができることとなっており，これに民法389条の趣旨を考慮すると，同条の関係では，丙会社も本件土地の所有者である丁会社と同視することができると解される。したがって，本件土地の所有者と本件新建物の所有者が異なるとしても，実質的にはこれを同一とみることができるのであるから，本件新建物について，民法389条の上記条件は充足されており，同条に基づいてこれを一括競売することができると解するのが相当である。

実質的にみても，本件建物について一括競売が認められないとすれば，本件土地についてのみ競売がなされ，その結果，丙会社は，本件新建物の収去義務を負うこととなる。他方，一括競売を認めれば，後記のとおり，売却代金は全体として高額となり，丙会社は，この売却代金から建物の価値に相当する配当金を取得することができるのであって，丙会社にとってより有利である。

また，根抵当権者である抗告人にとっても，本件新建物について一括競売が認められないとすれば，丙会社が任意に本件建物を収去しない限り，買受人においてこれを収去する手続を採る必要があって，売却手続は著しく低いものとならざるを得ないか売却自体も困難となってしまい，担保権の実行による債権

の回収も困難となって，著しい不利益を被ることとなる。

このように，本件新建物について一括競売を認めたとしても，本件新建物の所有者である丙会社の利益にこそなれ，不利益にはならない。

## III 解　説

### 1　信託法との関係で論議すべき点

本決定は，本件土地の所有者は，信託を原因として本件土地の所有権移転登記を受けたものであって，抵当権設定者である本件土地所有者の地位を承継したものとして抵当権設定者と同視することができるし，また，受益者である新築建物の所有者は，平成15年改正前の民法389条の関係では本件土地の所有権を承継した所有者と同視することができると解される，とした。信託法上の問題としては，第1に，信託を原因として信託財産の名義人となった受託者について第三取得者である地位を否定することができるか，第2に，受益者を信託財産の所有者と同視できるかの2つの法律上の問題がある。以下，検討する。

### 2　受託者の所有者性

(1)　本件土地及び旧建物に関する信託契約の関係当事者は，本件土地の所有者Aが委託者，本件土地上に新建物を築造した丁会社が受託者，そして，本件土地の地上権者丙が受益者である。本決定は，Aが丁会社に信託譲渡したことに伴い，「丁会社は抵当権設定者である本件土地所有者Aの地位を承継したものとして抵当権設定者と同視することができる」としているが，この判断は妥当であろうか。

(2)　受託者は，信託の目的に従って信託財産について広義の管理権を有する[1]。広義の管理権とは，財産的事務の処理をなす権利で，包括的財産又は財産を構成する個々の財産権・物に関する事実行為・法律行為・訴訟行為，さらには新しい権利の取得，義務の設定あるいは既存の権利の行使・処分，義務の履行を含む広範な概念である[2]。この広義の管理権を財産管理権として捉える

---

[1] 四宮〔新版〕207頁。
[2] 於保不二雄『財産管理権序説〔復刻版〕』（有信堂，1995年）52頁。

考え方がある[3]が，以下，広義の管理権を財産管理権として論ずる。

　本決定は，平成15年法律134号による改正前の民法389条の解釈として，文言に忠実に抵当権設定者以外の抵当地の第三取得者が建物を建造したときには一括競売が許されないという前提に立ったうえで，土地についての信託譲渡の特殊性に着目して，土地の第三取得者と抵当権設定者を同視できるから一括競売は許されると判断している。しかし，この本決定の信託に関する法解釈は信託の本旨（信託29条1項）に反するのではなかろうか。受託者である丁会社は，Aから本件土地の所有権とともに所有権移転登記を受けているのであって，この点は売買等通常の財産譲渡による所有権移転の場合と何ら異なるところはない。また，本件土地には抵当権が設定されているので，丁会社は，抵当権という負担付の所有権を譲り受けているが，この点も通常の財産譲渡と変わらない。ただ，通常の財産譲渡の場合は譲渡行為の完了とともに取引は完結するが，信託の場合は，信託譲渡の後も，受託者は，委託者によって設定された信託目的に従って，この信託財産の管理ないし処分を遂行する義務を負い，受益者のための財産管理人として信託事務を遂行する。この点が通常の売買とは異なる信託の特色である。

　本決定は，信託において委託者のAから受託者の丁会社に譲渡されるのは，本件土地の所有者としての地位だけではなく，抵当権設定者の地位も含まれているから，丁会社も抵当権設定者と同視であるとした。しかし，信託譲渡をこのように理解することはできない。Aの抵当権設定者の地位はAと甲信用金庫との抵当権設定契約上の地位であるから，本件土地の所有権がAから丁会社に譲渡されたとしても，抵当権設定契約とは関係のない第三取得者である丁会社がAの甲信用金庫に対する抵当権設定者の地位を承継しなければならない理由はないからである。信託譲渡によりAの抵当権設定者である地位が受託者である丁会社へ承継されるという本決定の論理は，本件土地の所有者である地位と抵当権設定者である地位とが別個のものである以上成り立たず，信託の目的のなかに，受託者の丁会社に抵当権設定者の地位を承継させることは含まれていないものと解される。

---

[3]　財産管理論については新井誠『財産管理制度と民法・信託法』（有斐閣，1990年）1頁参照。

(3) 確かに，信託が執行妨害という不正な目的のために利用された場合，信託の目的が脱法的であることを理由に権利者の属性の転換機能を事実上否定することはありうる。また，仮に信託の形態が委託者Aを受益者とする自益信託であったならば，信託の形式をとってはいるが，本件土地による経済的利益はAに全て帰属しており，受託者である丁会社は名目上の所有者にすぎず，本件土地の実質的な所有者はAであると解する余地もあろう。その場合には丁会社を抵当権設定者と同視することもありうるかもしれない。

しかし，本件土地について成立した信託の受益者は抵当権設定者のAではなく，地上権設定仮登記権利者の丙会社である。信託による利益が丙会社に帰属している以上，丁会社に対する信託譲渡がなされたからといって，Aの抵当権設定者の地位が丁会社に承継されるべき合理的理由はなく，丁会社を抵当権設定者と同視することはできない。

## 3 受益者の所有者性

(1) 本決定は，「民法389条の趣旨を考慮すると，同条の関係では，丙会社も本件土地の所有者である丁会社と同視することができると解される」とした。この信託法理の理解は果たして正当といえるであろうか。

(2) 信託関係の主体となるのは，委託者，受託者及び受益者である。この三者の関係を，本件土地の所有権の帰趨という面から分析すると，以下のようになる。

① 委託者は信託財産の拠出者（財産出捐者としての地位を有する者）であり，信託目的の設定者（信託目的設定者としての地位を有する者）である。信託が終了すると，特段の意思表示がない限り信託財産は委託者に帰属することになる（信託182条2項）のは，委託者が財産出捐者としての地位を有するからである[4]。信託財産の所有権を信託譲渡するとともに，信託継続中は，信託財産の管理を受託者に委ねているので，委託者は受託者に指図をすることはできても，自ら本件土地の所有者として所有権を行使することはできない。信託譲渡後の委託者はこのように信託財産に対して直接的な支配をすることができず，受託

---

[4] 新井〔第4版〕202頁。

者を通じて信託財産の管理を行うに過ぎない。その意味では，委託者は，信託譲渡後は信託財産の所有者である地位から離脱し，所有権としての権能を受託者（財産管理権）及び受益者（収益権能）に分属させたものといえよう。

② 委託者に帰属していた所有権は，受託者へ信託譲渡することに伴い移転する。ここまでは，通常の譲渡と変わりがない。しかし，受託者は本件土地の所有権を譲り受けたとしても，それを受託者自らの意思で自由に本件土地の使用，収益及び処分することができるわけではない。受託者は，本件土地について所有者としての権利（民206条）を有するものではなく，信託の目的によって制限された財産管理権を有するに過ぎないからである。また，受託者は名義上本件土地の所有者ではあるが，信託関係者の間では，信託財産である本件土地を信託目的に従って管理ないし処分する権能を有するものの所有物から収益する権能までは有していない。この収益権能の行使によって生じた利益を享受することができるのは受益者である。もっとも，受託者は，信託財産に関して負担した公租公課その他の費用又は過失なくして受けた損害の補償及び報酬を信託財産から受け取ることができる（信託48条及び54条）ので，このような場合には受託者は信託法によって信託財産から利益を受けるという例外が認められている。

③ 所有権の重要な内容である本件土地からの収益は，受託者ではなく受益者が享受する。そこで，本件土地を所有することによる収益は受益者に帰属しているという面では，受益者を実質的な所有者とみなすことができるように思えるが，受益者が享受できる信託による受益は，上記のように信託財産に対する受託者による補償請求権（信託48条）及び報酬請求権（信託54条）を除外するなど，所有権に基づく収益（民206条）のように完全なものではなく，一定の信託法ないし信託契約による制限を受けている。このことからすれば，受益者を所有者と同視することはできない。この点では，本決定の「丙会社も本件土地の所有者である丁会社と同視することができる」とする法解釈は，受益者が有する受益権の内容からは無理があるものと言わざるを得ない。委託者の所有権は，その内容である使用・管理及び処分の権能（いわゆる財産管理権）と所有物から受ける収益の権能を，それぞれ受託者と受益者に分属させていることから，受託者も受益者も単独の存在としては所有者としての権能が完全には与

### 4 不正な目的を持つ信託

(1) 本決定は、「丙会社は、平成6年9月22日、本件土地について、乙会社から、期間を30年とする地上権設定請求権仮登記を経由したものであること、丙会社は、上記信託の受益者であるところ、通常、根抵当権の設定された土地について、根抵当権が実行されれば、信託関係を存続させることが困難になるのに、乙会社が甲信用金庫に対する債務の弁済を滞るようになった後に、あえて信託の登記がなされたこと、Aが丙会社や丁会社は乙会社の仕事仲間で、上記信託の登記や本件旧建物の取り壊しは『物件を守るために』行ったと述べていることなどを考慮すると、たとえ丙会社が本件土地に対する何らかの利用権の設定を受けていたとしても、これは執行を妨害する目的でなされたもので、上記利用権を主張することは権利の濫用として許されない」と述べている。この内容からすれば、本件土地について設定された信託も執行を妨害する不正な目的を持っていたものと考えることができる。

(2) 信託行為は法律行為であるから、その内容が社会の一般的秩序又は道徳観念に違反するものであるものであれば、その法律行為は公序良俗に違反して無効となる（民90条）。もっとも、個人意思自治の原則の下では、公序良俗違反による無効は個人の意思を制限する例外として位置づけられてきた。しかし、現在においては、すべての法律関係は、公序良俗によって支配されるべきであり、公序良俗は、法律の全体系を支配する理念と考えられている[5]。したがって、公序良俗の理念からすれば、信託の目的は社会的に妥当でなければならないのであり、執行妨害を目的とした信託行為に対しては、正当に設定された信託としての効力をそのまま認めることは公序良俗の理念に反するのではないかということが問題となる。

それでは、執行妨害を目的とした信託行為は、公序良俗違反により無効となるのであろうか。執行妨害を目的とした信託行為といえども、外形上適法な信託行為が設定されている以上、自由競争原理の取引社会においては直ちに公序

---
[5] 我妻榮『新訂民法総則』（岩波書店、1965年）270頁。

良俗違反として，信託行為を無効とすることには躊躇を感ずる。例外的ではあろうが，場合によっては，その信託の目的が正当化されることも全く否定することはできない。実際，執行妨害の目的を有しているかどうかを明確に判断することや，多くの利害関係者を発生させる信託行為を反社会的行為として直ちに無効とすること等について困難が伴うことが多い。本件土地について設定された信託についても，A，丙会社及び丁会社の利害が複雑に絡んでおり，それを一刀両断の下に無効とすることは，かえって，法律関係を混乱させるおそれがあるといえよう。

　(3)　しかし，だからといって本件のような場合に，執行妨害を目的とした信託行為に信託法上の効力を認め，抵当権者の権利実行を不当に害することが許されないことはいうまでもない。そこで，公序良俗という理念を具現化している信義誠実の原則（民1条2項）に基づき，具体的事情を踏まえて必要に応じて権利の行使の制限や義務の負担を認め，適正な法的処理を図るべきであると考える。

　本件では，甲信用金庫の申し立てた本件土地と新建物の一括競売の審理において，本件土地の所有者である丁会社及び新建物の所有者である丙会社が民法389条の適用を否定する根拠として主張する①丁会社は抵当権設定者ではない，②新建物を築造したのは丙会社であり，本件土地の所有者の丁会社とは異なる，という抗弁の主張を信義則によって排斥した上で，信託法理ではなく，実態としての利益状況を踏まえて，「丁会社は抵当権設定者である本件土地所有者Aの地位を承継したものとして抵当権設定者と同視することができる」とし，「丙会社も本件土地の所有者である丁会社と同視することができる」として，民法389条の適用を認めれば妥当な解決が図られたものと思われる。

　(4)　問題は，信託を利用する目的が正当なものであるか不正なものであるかをどのように区別すべきかである。この点では，四宮和夫博士の次の指摘が参考となる。

　「むろん，脱法行為は無効としなければならない。ただ，法による制限や負担が新しい社会の合理的要求に適合しなくなった場合には，そのような制限・負担を免れるための行為は容認されるに至るのであり，信託は，右のような，法を社会に適応させる道具としても機能するのである。一般論として，一見脱

法行為とみえる行為でも，合理的な社会的必要に基づくもので，法の理想からみて信託による目的の達成を許容しうる，と判断される場合には，有効とされなければならないが，信託の場合，脱法行為と断ずるには──（旧）信託法10条の明定する脱法行為は別として──特に慎重な態度が要求されるのである。」[6]

　(5)　信託は，委託者が受託者に信託譲渡し，受託者が委託者によって定められた一定の目的に従って信託財産を管理ないし処分し，それによって得られた利益（信託の利益）を受益者が享受できるようにするものである。一般的にいえば，信託の目的はこのように受益者に信託の利益を得させることにあるから，受益者は信託の利益を享受するにふさわしい適性を持った者でなければならない。そこで，信託の目的が不正でなく，脱法行為とならないためには，信託として設定された受益者が信託の利益を受ける適性を有しているかどうかが，信託の目的の正当性判断の基準になりうる。もちろん，この他にも脱法行為となるかどうかの基準は数多く存在するが，この受益者としての適性が1つの重要な基準となることは異論がなかろう。

　信託法9条は，「法令によりある財産権を享有することができない者は，その権利を有するのと同一の利益を受益者として享受することはできない」として，脱法信託を禁止しているが，この趣旨は，法令違反以外の公序良俗に反するような脱法的信託の場合にも敷衍して考えることができよう。

　本件の信託においては，上記本決定が指摘するように，丙会社は，上記信託の受益者であるところ，抵当地について，根抵当権が実行されれば，信託関係を存続させることが困難になるのに，乙会社が甲信用金庫に対する債務の弁済を滞るようになった後に，あえて信託の登記がなされたこと等を勘案すれば，本件土地における信託は抵当権者甲信用金庫による抵当権実行を妨害するために設定されたものと解するほかない。また，丙会社が有している地上権設定仮登記についても執行妨害を目的としたものであり，正当な地上権としての権利行使は認められない。このため，丙会社は，正当な権限なく自ら本件土地上に建物を新築して抵当権の実行を直接的に妨害しているといえるから，受託者の丁会社による本件土地の所有権の管理ないし処分によって得られる信託の利益

---

6)　四宮〔新版〕35頁。

を享受するにふさわしい受益者としての適性を有する者であるとはいえない。したがって，本件土地に設定された信託は，民事執行法の脱法信託として，個別的事情に基づき信義則により，その効力を否定し，適正な法律関係を構築すべきである。

## Ⅳ　本判決の意義

本決定は，委託者であるＡが執行妨害の目的で信託形態を利用した点に着目して，あたかもＡによる執行妨害を阻止して，抵当権者である甲信用金庫のために一括競売を認めようとして，信託における受託者を，抵当権設定者の地位と同視したり，受益者を土地所有者と同視したりするといった信託法理論上通常は理解困難な結論を導き出したものと推測する。

しかし，翻って考えると，本件のような執行妨害という不正な目的を持つ脱法信託については，そもそも正当な目的を持った信託と同様の効力を認める必要がなかったのではなかろうか。上記のとおり脱法信託として規制すればよかったのではないかと思われる。もっとも，信託の効力を事実上否定するための論理として，「(受託者である) 丁会社は抵当権設定者である本件土地所有者Ａの地位を承継したものとして抵当権設定者と同視することができる」と判示したり，「(平成15年改正前) 民法389条の趣旨を考慮すると，同条の関係では，丙会社も本件土地の所有者である丁会社と同視することができると解される」と判示したりしたことは，いささか牽強付会の感があるが，受託者の地位とは何か，受益者の地位とは何かという信託における本質的な問題をそれぞれ検討し，考えさせるという意義は認められる。

# 07 隠れた取立委任裏書と訴訟信託

大阪高裁平成9年1月30日判決　判時1606号143頁

岡　　伸　　浩

## I　事案概要

　大阪高判平成9年1月30日判時1606号143頁（以下「本判決」という）は、為替手形の第三裏書人であるXが、同手形の受取人兼第一裏書人であるYに対して、手形金（6000万円）の支払を請求した事案である。

　Xは、昭和48年ころ、経営していた広告代理店が倒産して財産を失い、以後、平成4年ころまで貸金業の手伝いをした後、守衛、冠婚葬祭の互助組織である会社の代理店経営を経て、本件当時は無職の状態にあった。Aは貸金業および飲食業を営む株式会社である。

　Xは、Aから、A以外の第三者が振り出した多数の手形、小切手（以下単に「手形」という）の交付を受け（Xは貸金債権の担保であると主張している）、その一部につき平成2年ころから訴訟を提起するようになった。もっとも、当該手形の満期日の白地補充、取立てに回すかどうか、訴訟を提起するかどうかの判断、X名義の裏書の記載、訴訟提起前後を通じての訴訟外での債務者に対する請求、訴訟提起後の和解を受諾するかどうかの判断、判決に基づく訴訟外の和解書の作成手続等は、すべてAが行っていた。

　XがAから裏書により取得した手形のうち取立てに回したもののほとんどは決済されていなかった。Xは、これらの手形についてAに対する訴訟外の請求や強制執行は行わず、大阪周辺のほか七尾、能登（石川県）、土浦（茨城県）、熊野（三重県）等相当広範な地域において、A以外の手形債務者に対する訴訟や執行手続を行っていた。Xが回収した金員は、すべてA宛に入金しており、入金手続はAの従業員が行っていた。

Xは，本件のように裏書人であるAを共同被告として訴訟を提起することもあった。なお，本件原判決中のAを被告とする部分は，Aの欠席判決であり，Aの控訴なく確定している。もっとも，本訴訟における本人尋問では，XはYに勝訴した場合には，Yから受け取った手形金を（別の手形と引き換えに）Aに渡そうと思っている旨を供述しており，XはAに対して勝訴判決に基づいて強制執行を行うことは考えていなかった。

　Xが，Aから裏書を受けたとして大阪地方裁判所に手形金請求訴訟を提起した事件は，平成5年1月から平成6年8月までの間だけでも合計22件に及んでいた。

　Yは，抗弁として第二裏書人であるAからXへの裏書は訴訟行為をさせることを主たる目的としたものであり，旧信託法11条（現行信託法10条）に違反して無効であると主張し，その当否が争点となった。原審は，XのYに対する手形金支払請求を認容し，Yが控訴した。

## II　判　　旨

　本判決は以下のとおり，当該裏書が旧信託法11条（現行信託法10条）に違反することを理由に，隠れた取立委任の合意のみならず当該裏書自体が無効となる旨を判示して，原判決を取り消し，Xの請求を棄却した。

　「Aは……Xに裏書した手形に関し，その裏書の前後を通じて手形債務者に対し自らその回収のための行動をし，Xの提起した訴訟等においても重要な判断はすべて行ってXに指示を与え，これによって回収した金員は自らが取得しており，XはA……の指示によりその債権を取り立てることによって収入を得ているにすぎないものというべきであるから，AのXに対する本件手形の裏書は，Xに訴訟行為をさせることを主たる目的としてなされた隠れた取立委任裏書であると認めることができ，本件の原審においてAが共同被告となっていることは，XやAの既に見てきた行動からして，右認定を左右しないものというべきである。

　そして，これは信託法11条〔現行信託法10条〕に違反しており，右隠れた取立委任の合意のみならず裏書そのものも無効というべきであるから，Xは本

第1章　信託の成立

件手形については無権利者であり，YはXの手形金請求を拒むことができるものというべきである。」

## III　解　　説

本判決の争点は，訴訟信託の成否，すなわち「本件手形の第二裏書人AからXに対する裏書は訴訟行為をさせることを主たる目的としたものであり，旧信託法11条〔現行信託法10条〕に違反し無効である」というYの主張の当否である。

### 1　訴訟信託の禁止
#### (1)　訴訟信託の禁止の意義

訴訟信託とは，受託者に訴訟行為を行わせることを主たる目的として設定する信託をいう。旧信託法11条は，「信託ハ訴訟行為ヲ為サシムルコトヲ主タル目的トシテ之ヲ為スコトヲ得ス」と規定し，訴訟信託を禁止していた。また，現行信託法10条は，「信託は，訴訟行為をさせることを主たる目的としてすることができない」と規定し，これを承継している。立案担当者は，両規定の関係について現行信託法10条は旧信託法11条の規定の趣旨を維持したものであると説明する[1]。

訴訟信託の具体例としては，たとえば，不動産管理を目的とするのではなく，借家人を追い出すために訴訟をさせることを主たる目的として不動産を信託する場合[2]，受託者が原告となって訴訟提起することを主たる目的として係争物を信託する場合[3]，取立委任を目的とする債権譲渡を行う場合[4]のほか，本判決のように手形の譲受人に訴訟行為を行わせることを主たる目的として裏書譲渡がなされる場合が挙げられる。

---

1)　別冊NBL編集部編『信託法改正要綱試案と解説』別冊NBL 104号（商事法務，2005年）22頁，寺本〔補訂版〕35頁。
2)　田中實『信託法入門』（有斐閣，1992年）68頁。
3)　堀口司也「訴訟信託の禁止」新井誠編『キーワードで読む信託法』（有斐閣，2007年）42頁。
4)　新井〔第4版〕152頁。

## (2) 訴訟信託禁止の対象——「主たる目的」の意義

　現行信託法10条の訴訟信託禁止の対象は，「訴訟行為をさせることを主たる目的」とする信託である。このことは，受託者に訴訟行為を行わせることがあったとしても，それが当該信託における「主たる目的」に該当しない場合は，訴訟信託の禁止に抵触せず，当該信託は禁止されないことを意味する。

　問題は，訴訟行為をさせることを「主たる目的」とする信託であるか否かは，いかなる基準で判断すべきかという点である。この点について，立案担当者は「信託行為の時を基準として，当該信託がされた経緯，信託行為の条項，受託者の職業，委託者と受託者との関係，対価の有無，受託者が訴訟を提起するまでの時間的な隔たり等，諸般の事情を総合的に考慮して判断されることになる」と説明する[5]。本稿も基本的にこの立場に賛成する。「主たる目的」とは，評価を不可欠とする規範的な概念であり，具体的にこれに該当するか否かは，上記に例示的に列挙された事由の他に何を考慮事由とすべきかも含めて，個々の事案における事情を踏まえた事実認定の問題として顕在化するといえよう。

　本判決は，手形の裏書人であるAは，裏書の前後を通じて手形債務者に対して自らその回収のための行動を行っていたこと，Xの提起した訴訟等においても重要な判断を全て行いXに指示を与えていたこと，これによって回収した金員をAが自ら取得していたことという間接事実を認定し，XはAの指示によりその債権を取り立てることによって収入を得ているにすぎないものとして，AのXに対する本件手形の裏書は，Xに訴訟行為をさせることを主たる目的としてなされたものであると判示した。

　また，手形の裏書譲渡に関する裁判例では，裏書人が手形金を請求した場合において，被告である手形債務者より人的抗弁を対抗される立場にあり，これを回避するために手形を譲渡したものであることを理由に，訴訟信託を認定するものが多い。たとえば，大阪地判平成8年2月15日判時1576号131頁（以下「平成8年判決」という）が挙げられる。

　平成8年判決は，約束手形の所持者Xが手形債務者Yらに対して手形金の支払を求めた事案である。Yらは，AからXに対する本件各手形の交付はY

---

5）　寺本〔補訂版〕54頁，四宮〔新版〕143頁。

らから人的抗弁を対抗されることを回避するため，Xに訴訟行為をさせることを主たる目的としてなされた旧信託法11条（現行信託法10条）に反する無効な譲渡行為であり，Xは本件各手形上の権利を取得することはできないと主張して，XのYらに対する請求を争った。平成8年判決は，以下のとおり判示して，Yらの主張を認めた。

「Xは，何らの原因関係に基づくことなく本件各手形を取得し，自己の形式的権利に基づいて，本件訴訟を提起しているところ，…，訴外Aは，Yらが訴外Bら（同A）に対して有する前記手形抗弁の対抗を回避することを目的として，本件各手形をXに交付して，本件訴訟を提起させたものと認められる。そうすると，訴外AからXへの本件各手形の譲渡行為は，訴訟行為をさせることを主たる目的として財産権の移転その他の処分をすることを禁じ，これに違反する行為を無効とする信託法11条〔現行信託法10条〕により無効であるから，Xは本件各手形について手形上の権利を取得することはない。」

### (3) 訴訟信託禁止の効果

旧信託法11条（現行信託法10条）は強行法規であり，本条に違反する信託行為は無効となると解されている[6]。この効果に着目して，従来から訴訟信託の禁止は，民事訴訟において当該違反行為の効力を否定するための抗弁として機能すると位置づけられている。よって，民事訴訟法上の証明責任の分配の観点から，抗弁を主張する側が旧信託法11条（現行信託法10条）違反の事実について主張立証責任を負担することとなる。

本判決は，本件手形の裏書はXに訴訟行為をさせることを主たる目的としてなされた隠れた取立委任裏書に該当し，旧信託法11条（現行信託法10条）に違反するものであり，隠れた取立委任の合意のみならず裏書そのものも無効となるというべきであるとした。そのうえで，Xは本件手形について無権利であるから，YはXの手形金請求を拒むことができると判示し，Yの訴訟信託の抗弁の主張を認めている。

---

[6] 寺本〔補訂版〕54頁。

## 2　隠れた取立委任裏書

### (1)　取立委任裏書の意義

取立委任裏書とは，手形上の権利を移転するのではなく，手形上の権利を行使する代理権を付与する目的でなされる裏書をいう。隠れた取立委任裏書とは，手形上の権利を行使する代理権を付与する目的をもって，（委任を示す文句を記載せず）通常の裏書譲渡の方式でなす裏書をいう。

隠れた取立委任裏書をする動機としては，裏書人が取立委任裏書制度を知らなかったり，取立委任文句の記載が面倒であるという場合のほかに，被裏書人に満期における取立てを委任する場合に，満期前に手形割引により資金を回収する権限を付与する目的でなすことがある[7]。隠れた取立委任裏書は，かつては通謀虚偽表示（民法94条1項）として無効と解されていたが（大判明治39年10月13日民録12輯1248頁），その後有効と解されるに至った（大判明治41年11月12日民録14輯1154頁）。

### (2)　隠れた取立委任裏書の法的性質

隠れた取立委任裏書は，取立委任という行為の実質と通常の裏書譲渡という形式が一致しないことから，その法的性質について信託裏書説と資格授与説と呼ばれる見解の争いがある。

まず，信託裏書説とは，形式を重視して，隠れた取立委任裏書は形式上は通常の裏書譲渡である以上，手形上の権利は被裏書人に完全に移転し，取立委任の合意は裏書人・被裏書人間の人的抗弁事由にとどまるとする見解である[8]。この見解は，裏書譲渡の形式をとって譲渡の意思が手形上に表示されている以上，手形外における当事者の隠れた意思によって手形上の表示による効力自体を変容することは認めるべきでないことを根拠とする。また，法が公然の取立委任裏書の方法を認めているにもかかわらず，裏書人がその方法によらず，あえて通常の裏書譲渡の方法をとった以上，被裏書人に対する債務者の抗弁を対抗されてもやむを得ないとする[9]。

かかる信託裏書説に立脚した場合，隠れた取立委任裏書が信託法上の信託に

---

[7]　森本滋「約束手形の裏書 (8)」法教211号（1998年）113頁。
[8]　鈴木竹雄＝前田庸『手形法・小切手法〔新版〕』（有斐閣，1992年）291頁。
[9]　前田庸『手形法・小切手法』（有斐閣，1999年）378頁。

該当するか否かについて，学説上，争いが存在する。この点について，隠れた取立委任裏書では，被裏書人をして満期まで手形を保管させ，満期に取立てのために手形上の権利を行使して，または満期前に手形を処分して，その取立金または処分代金を裏書人に交付せしめるところ，これは，旧信託法1条（現行信託法3条）にいう他人に対して一定の目的のために財産の管理・処分をさせるものであり，信託法上の信託に該当すると主張する見解がある[10]。

他方，信託裏書説に立脚したとしても，隠れた取立委任裏書が全て信託法上の信託に該当するわけではないとする見解も存在する[11]。この見解は，被裏書人が取り立てた手形金を自ら管理し，または第三者に処分することが予定されている場合には，その裏書譲渡は信託法上の信託と解すべきであるとする。これに対して，裏書譲渡の形式が利用されていても，裏書人が単に手形金の取立てを被裏書人に委任しているにすぎない場合は，裏書人にも取立て・処分権能が残存すると解するのが当事者の意思に適合するといえ，被裏書人の管理処分権は排他性を欠くものであることから，信託法上の信託に該当しないとする。

次に，資格授与説とは，実質を重視して，隠れた取立委任裏書がなされても被裏書人には手形上の権利は移転せず，単に被裏書人に対して自己の名で裏書人の計算で手形上の権利を行使する権限が与えられるにすぎないという見解である。この見解によれば，手形上の権利は依然として裏書人にあり，被裏書人には権利行使の資格と権限が付与されるにすぎないこととなる。

資格授与説に立脚した場合，手形上の権利は被裏書人に移転せず，受託者（被裏書人）に対する財産の移転が存在しないため，隠れた取立委任裏書は信託法上の信託に該当しないものと解される。

判例は，隠れた取立委任裏書を通謀虚偽表示により無効とする説[12]，信託裏書説[13]，資格授与説ないし資格を推定する折衷説[14]等の変遷を経て，現在は「手形行為の効力は，原則として，当事者の具体的意思如何にかかわらず行為

---

10) 前田・前掲注9) 380頁。
11) 鳥山恭一「隠れた取立委任裏書と訴訟信託」奥島孝康＝宮島司編・倉沢康一郎教授還暦記念論文集『商法の判例と論理』（日本評論社，1994年）483頁。
12) 大判明治39年10月13日民録12輯1248頁。
13) 大判大正3年5月1日民録20輯359頁，大判大正14年7月2日民集4巻388頁。
14) 大判大正15年6月1日民集5巻593頁。

の外形に従って解釈せらるべきであるから，隠れたる取立委任裏書の場合にあっても，手形上の権利は，通常の裏書におけると同様裏書人から被裏書人に移転し，取立委任の合意は単に当事者間の人的抗弁事由となるに止まるものと解すべ」きであるとして，信託裏書説を採用していると解されている[15]。

### (3) 隠れた取立委任裏書と訴訟信託

隠れた取立委任裏書がなされた手形について，被裏書人が手形金請求訴訟を提起した場合において，当該隠れた取立委任裏書が被裏書人に訴訟行為をさせることを目的とするときは，訴訟信託の禁止（現行信託法10条）との関係が問題となる。

最判昭和44年3月27日民集23巻3号601頁（以下「最判昭和44年判決」という）は，隠れた取立委任裏書は信託法上の信託に該当すると解したうえで，「信託法11条〔現行信託法10条〕は訴訟行為をなさしめることを主たる目的として財産権の移転その他の処分をなすことを禁じ，これに違反する行為を無効とするのであるから，本件のように隠れた取立委任のための手形の裏書が訴訟行為をなさしめることを主たる目的としてなされた場合においては，たんに手形外における取立委任の合意がその効力を生じないのにとどまらず，手形上の権利の移転行為である裏書自体もまたその効力を生じえないものと解するのが相当である」と判示した。学説上も，同判例の見解を支持するものが多い[16]。なお，同判例において，大隅健一郎裁判官は，資格授与説の見解に立ちながら，「〔隠れた取立委任〕裏書が訴訟行為をなさしめることを主たる目的とする場合には，同法11条〔現行信託法10条〕の類推適用により無効と解せられる」という意見を述べている。

また，訴訟信託目的の裏書を無効とすることは，手形行為の無因性に反するとして，賭博金の支払や利息制限法違反の高利の支払と同じく，原因行為が不法で無効となっても手形行為は無効とならないとする見解が主張されている[17]。

---

15) 最判昭和31年2月7日民集10巻2号27頁，前田・前掲注9) 378頁。
16) 田中誠二『手形，小切手法詳論(下)』（勁草書房，1968年）565頁，小松俊雄「訴訟行為をさせることを主たる目的としてされた手形の裏書と手形抗弁」金判175号（1969年）3頁，吉川義春「訴訟行為を目的とする手形の裏書と手形抗弁」民商62巻1号（1970年）120頁，畑肇「訴訟行為をさせることを主たる目的としてされた手形の裏書と手形抗弁」法時42巻1号（1970年）106頁，志村治美・手形小切手判例百選〔第3版〕149頁。

第 1 章　信託の成立

この考え方によると，被裏書人は手形上の権利を取得し，被裏書人が隠れた取立委任裏書をした裏書人に請求した場合には，人的抗弁の対抗を受けるが，振出人に請求した場合には人的抗弁の個別性により人的抗弁の対抗を受けず，手形金の支払を受けることができると解するのが論理的帰結であるといえよう[18]。

この他に，隠れた取立委任裏書がなされた場合でも，手形債務者が何ら支払を拒むべき理由がない場合には，裏書譲渡に反公序良俗性が認められず訴訟信託であると認定することは妥当でないとする見解がある[19]。この見解は，訴訟信託禁止の制度趣旨を，不当な利益を追及する者の反公序良俗性を取り締まる点にあるものと理解する。

訴訟信託禁止の制度趣旨については様々な見解が主張されており，まず，訴訟信託はいわゆる三百代言の好ましくない活動を防ぎ，むやみに訴訟に持ち込んで争う濫訴健訟の風潮が助長されることを防止する点にあると説明する見解がある[20]。これは，旧信託法の立案担当者の説明である。

訴訟信託禁止の制度趣旨を濫訴健訟の弊害防止にあると主張する立場に対して，田中實教授はこれを批判し，訴訟信託禁止の制度趣旨は，信託形式を利用して他人の訴訟に介入し，不当な利益を追求する者の反公序良俗性を取り締まる点にあると主張する[21]。

訴訟信託禁止の制度趣旨を濫訴健訟の弊害防止にあると解した場合には，訴訟行為をさせる目的で手形が譲渡されたときには，そのことをもって訴訟信託と認定されうることとなる。これに対して，訴訟信託禁止の制度趣旨を反公序良俗性にあると解する見解からは，抗弁の回避をねらっている場合や，裏書人または被裏書人が特別な利益を得ようとしている場合のように反公序良俗性が認められる場合に限って訴訟信託と認定され旧信託法 11 条（現行信託法 10 条）

---

17)　北村雅史・手形小切手判例百選〔第 6 版〕121 頁，河本一郎「手形抗弁」鈴木竹雄＝大隅健一郎編『手形法，小切手法講座 (3)』（有斐閣，1965 年）196 頁，倉沢康一郎「隠れた取立委任裏書」法学セミナー 415 号 112 頁。
18)　前田・前掲注 9) 385 頁。
19)　田辺光政「訴訟信託禁止の意義をめぐる学説」上柳克郎先生還暦記念『商事法の解釈と展望』（有斐閣，1984 年）481 頁。
20)　桜田勝義『判例にあらわれた訴訟信託 (1)』判例評論 94 号（判時 453 号，1966 年）1 頁。
21)　田中實「訴訟信託について」法学研究 32 巻 4 号 1 頁以下。

が適用されるべきと解されることとなろう[22]。

**(4) 本判決の立場**

本判決は，AのXに対する本件手形の裏書は，Xに訴訟行為をさせることを主たる目的としてなされた隠れた取立委任裏書であることを認定した。そのうえで，このような裏書譲渡は旧信託法11条（現行信託法10条）に違反するものであり，隠れた取立委任の合意のみならず裏書自体が無効となるためXは本件手形について無権利者であるとして，Yは手形金請求を拒むことができる旨を判示した。

本判決は，隠れた取立委任のための手形の裏書が訴訟行為をなさしめることを主たる目的としてなされた場合は，単に手形外における取立委任の合意がその効力を生じないのにとどまらず，手形上の権利の移転行為である裏書自体もまたその効力を生じえないとする最判昭和44年判決の立場を維持したものと解される。

## Ⅳ 判決の意義

本判決は，手形の裏書譲渡が訴訟行為をさせることを「主たる目的」（旧信託法11条，現行信託法10条）としてなされたものであるか否かが争われた事案である。

前述のとおり，立案担当者は，訴訟行為をさせることを「主たる目的」とする信託であるか否かは，信託行為時を基準として，当該信託がされた経緯，信託行為の条項，受託者の職業，委託者と受託者との関係，対価の有無，受託者が訴訟を提起するまでの時間的な隔たり等，諸般の事情を総合的に考慮して判断すると説明している[23]。

本判決は，手形の裏書人Aが裏書の前後を通じて手形債務者に対して自らその回収のための行動を行っていたこと，Xの提起した訴訟等においても重要な判断を全て行いXに指示を与えていたこと，回収した金員を自ら取得していたことという間接事実から，AのXに対する本件手形の裏書は，Xに訴

---

22) 田辺・前掲注19) 481頁。
23) 前掲注1) 別冊NBL104号22頁，寺本〔補訂版〕35頁。

訟行為をさせることを主たる目的としてなされた隠れた取立委任裏書であることを認定し，旧信託法11条（現行信託法10条）に違反すると判示した。

さらに，その効果については，手形の裏書が旧信託法11条（現行信託法10条）に違反する場合には，手形外の取立委任の合意が無効となるにとどまらず，裏書自体が無効となるとした点で，最判昭和44年3月27日民集23巻3号601頁と同様の結論を採用した。

本判決は，具体的な事情から，手形の裏書譲渡が訴訟行為をさせることを主たる目的としてなされたものであることを認定した事案として意義を有するといえよう。

## 08 遺産整理業務の受任者による訴訟の当事者適格性

東京地裁平成 17 年 8 月 31 日判決　判タ 1216 号 312 頁

田　中　和　明

## I　事実の概要

　個人である $A_1$ は，郵便貯金5口計201万4660円を有していたが，平成4年2月9日に死亡し，その際，$A_1$ の弟である $A_2$ と $A_1$ の弟 $A_3$ の代襲相続人である $A_4$ および B が，法定相続人であった。ところが，$A_2$ も，平成10年4月10日に死亡し，その相続人は，$A_2$ の妻である $A_5$，長女である C，長男である $A_6$ および二女である D の4名であり，また，平成15年12月25日に $A_4$ が死亡し，その相続人は $A_4$ の長男であった。

　平成17年3月頃，上記の各相続人の間で，$A_1$ の遺産についての遺産分割協議が成立し，上記貯金は，$A_5$ が70％，C が10％，$A_6$ が10％，D が10％の割合で取得した。

　原告 X は，遺産分割協議に際し，上記の相続人全員から「遺産整理業務」を受任し，貯金の解約および払戻しの請求と受領の権限を付与され，平成17年7月に被告 Y（日本郵政公社）の郵便局窓口において，戸籍謄本類，遺産分割に関する合意書など，X の権限を証明する書類を提示して郵便貯金の払戻請求をしようとした。

　ところが，Y の職員は，郵便貯金相続手続請求書に本件貯金を取得した相続人のうち1名が署名押印して提出しない限り，払戻請求を受理できないとして，払戻請求を拒絶した。

　そこで，X は，Y に対して，上記の「遺産整理業務」において本件貯金の受領権限を付与された者として，本件貯金の合計額である201万4660円およびこれに対する払戻請求の後の日である本件訴状送達の日の翌日から支払済み

75

まで民法所定年5分の割合による金員の支払を求める訴訟を提起したものである。

## II　判　　旨

「Xに対する権限の付与は，遺産分割協議を成立させた相続人らが，遺産分割の内容を実現するために，金融資産の解約・換価及び金員の受領という事務を委任若しくは準委任したものと解される。したがって，Xの実体法上の地位は，上記権限を与えた相続人らの代理人と解すべきであって，相続人らとは別の法的地位に基づく固有の権限を有するものではないし，遺産分割協議によって本件貯金債権を取得した相続人は，上記委任によって本件貯金債権の処分権限を失うこともない。そうであれば，遺産分割の対象となった遺産に関する訴訟についても当事者適格を有するのは，相続人らであり，Xが弁護士として相続人から訴訟委任を受けて訴訟代理人となるのは別として，X自身が自ら当事者としてこれに関与することはできないと解するほかない。」

## III　解　　説

### 1　Xによる遺産整理業務の受任者の遺産に関する訴訟の任意的訴訟担当容認の主張

本件において，「Xは，遺産整理業務における自らの地位は，遺言執行者に近似しているのであり，遺言執行者が遺産に関する訴訟の当事者適格（法定訴訟担当）を認められることがあるのと同様に，任意的訴訟担当によって当事者適格を認められるべきであると主張する。そして，原告は，最大判昭和45年11月11日民集24巻12号1854頁が，任意的訴訟信託は，民事訴訟法が訴訟代理人を原則として弁護士に限り，信託法が訴訟信託を禁止していることを潜脱するおそれがなく，これを認める合理的必要性がある場合には，これを許容することを妨げない旨判示していることを引用し，本件においては，原告自身が弁護士であり，当初から訴訟をすることを目的とする授権でもないから，民事訴訟法，信託法を潜脱するおそれはないとも主張している。また，Xの適

法な業務の遂行過程で，貯金の払戻請求をY職員によって拒絶されたのであるから，その当否を巡って裁判所の判断を仰ぐことには合理的な必要性があるとも主張している」。

## 2 当事者適格と任意的訴訟担当

訴訟物たる権利関係について，本案判決を求め，または求められる訴訟手続上の地位を当事者適格といい，訴訟物たる権利関係の主体に認められるのが原則であるが，この例外の一つに訴訟担当の概念があり，「訴訟担当とは，権利義務の主体以外の第三者が，主体に代わって訴訟物についての当事者適格を認められる場合を指す。第三者が他人間の権利関係の確認を求める場合などと異なって，担当者たる第三者が，本来権利関係の主体に帰属する訴訟追行権を行使するところに訴訟担当の特徴がある」[1]といわれている。

訴訟担当には，「担当者が当事者適格を取得する原因に応じて，法が定める効果にもとづく法定訴訟担当と主体の意思にもとづく任意的訴訟担当」[2]がある。

## 3 遺産整理業務と遺言執行業務との相違点

遺産整理業務は，「通常，遺言が残されていなかった相続案件について相続人全員から委任を受け，遺産相続に伴うさまざまな手続（税務業務など一部の業務を除く）を代行する業務」であり[3]，遺言業務と異なる点について，「相続人との契約に基づいてはじめて業務執行に必要な権限が与えられるという点である。遺言執行業務の場合は，遺言によって遺言執行者という地位が与えられており，相続人等との契約によることなく，業務執行に必要な権限が与えられている」[4]と解されており，信託兼営銀行が，兼営法1条1項6号・7号ロ・ハ・ニに定める「財産の整理又は遺産の整理又は清算」に基づき受託すること

---

1) 伊藤眞『民事訴訟法〔第4版〕』（有斐閣，2011年）183頁。
2) 伊藤・前掲注1）183頁。
3) 中央三井トラスト・グループ信託業務研究会編著『Q&A信託業務ハンドブック〔第3版〕』（金融財政事情研究会，2008年）271頁。
4) 三菱UFJ信託研究会編『信託の法務と実務〔5訂版〕』754頁（金融財政事情研究会，2008年）754頁。

が多い業務である。本件は、弁護士により受任されたものであり、業務の内容の詳細については不明であるが、遺言執行業務との法的な相違点は上記と同じであろう。

### 4 遺言執行者の遺産に関する訴訟における当事者適格

遺言執行者については、最高裁昭和43年5月31日判決（民集22巻5号1137頁）において、「被告としての適格を有する者は遺言執行者にかぎられるのであつて、相続人はその適格を有しないものと解するのが相当である」とし、被告適格を認めている。

また、本件判決においても、「遺言執行者は、遺言をした被相続人の意思を実現するために、相続財産の管理その他遺言の執行に必要な一切の行為をする独自の権限を有するのであり、本来の遺言執行に属する行為については、遺言執行者が相続財産の管理処分権を有する」とされ、同様に被告適格を認めている。

### 5 遺産整理業務の受任者の任意的訴訟担当としての当事者適格性

本件判決では、上記4のとおり、遺言執行者の当事者適格を認めつつ、遺産整理業務の受任者については、「遺言執行者の地位及び権限は、相続人から授権された代理人にすぎない原告のそれとは基本的に異なるところがあるのである。民事訴訟においても、遺言執行者は、上記のような地位と権限を有することの反映として、法定訴訟担当として当事者適格を認められているのであり、原告の地位及び権限との相違点を見ることなく、近似点を挙げて、たやすく原告に任意的訴訟担当としての当事者適格を認めることはできない」として当事者適格性を認めていない。

### 6 最大判昭和45年11月11日判決（民集24巻12号1854頁）における任意的訴訟担当

原告Xが上記主張で引用している最大判昭和45年11月11日判決では、「訴訟における当事者適格は、特定の訴訟物について、何人をしてその名において訴訟を追行させ、また何人に対し本案の判決をすることが必要かつ有意義

であるかの観点から決せられるべきものである。したがつて，これを財産権上の請求における原告についていうならば，訴訟物である権利または法律関係について管理処分権を有する権利主体が当事者適格を有するのを原則とするのである。しかし，それに限られるものでないのはもとよりであつて，たとえば，第三者であつても，直接法律の定めるところにより一定の権利または法律関係につき当事者適格を有することがあるほか，本来の権利主体からその意思に基づいて訴訟追行権を授与されることにより当事者適格が認められる場合もありうるのである。そして，このようないわゆる任意的訴訟信託については，民訴法上は，同法47条が一定の要件と形式のもとに選定当事者の制度を設けこれを許容しているのであるから，通常はこの手続によるべきものではあるが，同条は，任意的な訴訟信託が許容される原則的な場合を示すにとどまり，同条の手続による以外には，任意的訴訟信託は許されないと解すべきではない。すなわち，任意的訴訟信託は，民訴法が訴訟代理人を原則として弁護士に限り，また，信託法11条が訴訟行為を為さしめることを主たる目的とする信託を禁止している趣旨に照らし，一般に無制限にこれを許容することはできないが，当該訴訟信託5)がこのような制限を回避，潜脱するおそれがなく，かつ，これを認める合理的必要がある場合には許容するに妨げないと解すべきである。」として，民法上の組合において，「組合規約に基づいて，業務執行組合員に自己の名で組合財産を管理し，組合財産に関する訴訟を追行する権限が授与されている場合には，単に訴訟追行権のみが授与されたものではなく，実体上の管理権，対外的業務執行権とともに訴訟追行権が授与されているのであるから，業務執行組合員に対する組合員のこのような任意的訴訟信託は，弁護士代理の原則を回避し，または信託法11条の制限を潜脱するものとはいえず，特段の事情のないかぎり，合理的必要を欠くものとはいえないのであつて，民訴法47条による選定手続によらなくても，これを許容して妨げないと解すべきである」と判示した。

　すなわち，最高裁判所は，「一般論として，弁護士代理の原則（54条）および訴訟信託の禁止（信託10条）の脱法のおそれがなく，かつ，任意的訴訟担

---

5)　任意的訴訟担当のことである。高橋宏志『重点講義　民事訴訟法(上)〔第2版補訂版〕』（有斐閣，2013年）297頁。

当を認める合理的な必要がある場合6)」には，任意的訴訟担当を認めたものと考えられる7)。

上記の一般論を本件事案に当てはめると，どのようになるのであろうか。

本件においては，弁護士代理の原則および訴訟信託の禁止を検討するまでもなく，任意的訴訟担当を認める合理的な必要がある場合に該当しない。すなわち，本件の訴訟について，原告Xは弁護士であり，訴訟代理人として訴訟を遂行すればよいのであり，また，原告Xは，相続人の一員でもないからである。判決においても，「原告としては，本件貯金を取得した相続人の代理人として，本件貯金の返還請求の一環としての訴訟を提起することを決定し，自らあるいはほかの弁護士が各相続人の訴訟代理人となって訴訟を遂行することで，本件貯金の返還と分配という目的は達成できるし，それを越えて，原告の地位を被告が承認しなかったからといって原告に任意的訴訟担当による原告の地位を付与する必要性も合理性もない。したがって，原告主張のその余の点について判断するまでもなく，原告の任意的訴訟担当についての主張は失当である」と判示している。

妥当な判断である。原告の主張は，意味がないものと考えられる。

## 7 信託を利用した遺産整理業務における当事者適格性
### (1) 信託を利用した遺産整理業務

遺産整理業務は，上記のとおり，「通常，遺言が残されていなかった相続案件について相続人全員から委任を受け，遺産相続に伴うさまざまな手続（税務業務など一部の業務を除く）を代行する業務」であることから，相続人の全員が委託者となり，相続財産を各相続人に分割するために信託銀行等を受託者として信託をすることは可能である。相続人全員の意思で委託することから，遺産整理業務は，遺言執行業務より信託に類似しているといえる。

そこで，本件事案が，信託を利用した場合の当事者適格性について検討してみたい8)。

---

6) 高橋・前掲注5) 298頁。
7) 任意的訴訟担当の要件についての学説については，高橋・前掲注5) 300～306頁参照。
8) 近年，本書における別事案に見られるように，信託契約を締結していないにもかかわらず，委任

## (2) 信託を利用した遺産整理業務の受託者の相続財産に関する訴訟の当事者適格

信託は，旧信託法においては，「本法ニ於テ信託ト称スルハ財産権ノ移転其ノ他ノ処分ヲ為シ他人ヲシテ一定ノ目的ニ従ヒ財産ノ管理又ハ処分ヲ為サシムルヲ謂フ」と規定され（旧信託法1条)，これに基づき，一般に，信託とは，委託者が，第三者である受託者に対して，信託財産を移転して受託者の財産権として帰属させ，信託行為に基づく一定の信託目的に従って，受益者（委託者または受託者以外の第三者）のために，管理，処分等をさせることにより成立する法律関係であるが[9]，現行信託法においても，その基本的構造は同じである。

受託者は，信託目的に拘束されるものの，委託者から財産の譲渡を受けて，その所有者となり，排他的な管理処分権を持つ。訴訟における当事者適格は，上記のとおり訴訟物たる権利関係の主体に認められるのが原則であることから，相続財産が信託された場合には，原則として，その所有者である受託者が，当該信託財産に関する訴訟の当事者適格を有することとなる。

## (3) 訴訟信託の禁止の規定の適用要件

ところが，信託においては，訴訟信託が禁止されている。すなわち，旧信託法11条では，「信託ハ訴訟行為ヲ為サシムルコトヲ主タル目的トシテ之ヲ為スコト得ス」と規定されていた。現行信託法10条でも同様に，「信託は，訴訟行為をさせることを主たる目的としてすることができない」と規定されており，その趣旨及び内容は同じであると解されている。

旧信託法11条の規定の立法理由としては，「(i)弁護士代理の原則（民訴79条1項）の回避を防止すること，(ii)三百代言の跳梁の防止，(iii)濫訴健訟の弊の防止，(iv)他人間の法的紛争に介入し，司法機関（広義）を利用しつつ不当な利益を追求することの防止など」[10]様々な考え方があり対立している。

東京地裁大正14年11月6日判決[11]では，この点について，「該規定ノ主旨トスル所ハ弁護士ニ非スシテ訴訟行為ヲ為スコトヲ業トスルカ如キ者カ自ラ訴

---

等における状態を信託であると解して，信託法理が適用される判例があることから，本件事案を委任ではなく，信託と位置付ける考え方もあるのではないか。

9) 拙稿『詳解 信託法務』(清文社，2010年) 22頁。
10) 四宮〔新版〕142頁。
11) 中野正俊『信託法判例研究〔補訂版〕』(酒井書店，1989年) 93，94頁。

訟行為ヲ為スコトヲ主タル目的トシテ濫リニ他人ヨリ財産権ノ信託譲渡ヲ受ケ自己カ訴訟当事者ナリトシテ自ラ訴訟行為ヲ為ストキハ之カ為メ徒ラニ健訴ノ弊ヲ生スルノミナラハ裁判所カ斯ル者ノ出廷シタル場合ニ於イテ之ヲ退斥セシムルコトヲ得民事訴訟法第127条ノ規定ヲ避脱セシムルノ結果ヲ招来スルヲ以テ信託法ハ斯ノ如キ目的ヲ以テスル脱法的信託ヲ無効トシタル法意ナリト解スルヲ相当トスベシ」と判示しており，上記の4つの考え方のうち，(iii)濫訴健訟の弊の防止の立場をとっていると考えられる。すなわち，四宮和夫教授によれば，判例の考え方について，「当該信託が訴訟行為をさせることを主たる目的としているか否かという，条文の示す基準を文字どおりに適用する」[12]とされており，旧信託法11条の適用要件としては，「本条が禁止するのは，訴訟を主な目的とする信託（訴訟信託）であって，たまたま受託者をして訴訟行為をさせることがあっても，それが信託の主目的ではない場合には，無効とならない。そして，訴訟を主目的とするか否かは，信託契約の条項，受託者の職業，委託者と受託者の関係，対価の有無，受託者が訴訟を提起するまでの時間的へだたり等，諸般の事情を参酌して，実質的に判断され，また，行為の当時を標準として判断すべきものとされる。そして，訴訟を主目的として信託したと認められるときは，たとえ，受託者がみずから訴訟を追行せず弁護士に委託した場合でも，本条の適用が認められる」[13]と述べられている。

しかしながら，同教授は，この判例の考え方に疑問を呈されており，「本条は，他人の権利について訴訟行為をなすことが許されない場合に，それを『信託』の形式を用いて回避することを，禁止する趣旨と解するほかない。そのような場合としては，(i)非弁護士が，弁護士代理の原則（民訴79条1項）に反して，他人のために訴訟行為をなす場合，(ii)非弁護士が，弁護士法72条に反して，法律事務を業として取り扱う場合，(iii)他人間の法的紛争に介入し，司法機関（広義）を利用しつつ不当な利益を追求するとみられる場合」[14]に類型化して旧信託法11条適用の要件を判断すべきであると述べられている。

この規定が適用される状況には，さまざまな場合が考えられることから，四

---

12) 四宮〔新版〕142頁。
13) 四宮〔新版〕143頁。
14) 四宮〔新版〕144頁。

宮和夫教授の説がより適切である場合もあると考えられるものの，一般論としては，判例の考え方が妥当であろう。

(4) **信託を利用した遺産整理業務の受託者の相続財産に関する訴訟の当事者適格性**

以上のことから，たとえば，信託銀行又は信託会社が，係争のない状態で，遺産整理業務を信託で受託した場合には，受託者は，相続財産に関する訴訟の当事者適格を有するとともに，訴訟信託の禁止の要件には該当しないものと考えられる[15]。

## Ⅳ 本判決の意義

遺産整理業務は，遺言執行者の業務に類似し，実務上，両者を混同したような考えも見受けられるところ，本件判決において，遺言執行者は，相続財産の管理その他遺言の執行に必要な一切の行為をする独自の権限を有するものであるのに対し，遺産整理業務の受任者は，相続人らの代理人であり，相続人らとは別の法的地位に基づく固有の権限を有するものではなく，相続財産に関する訴訟の当事者適格はないことを明確化したことに意義があるものと考えられる。

---

[15] ただし，実務においては，受託した信託で，その事務処理の遂行にあたり係争事件となった場合には，慣行上，受託者として本人訴訟を行うことはなく，訴訟代理人として弁護士を選任することになるであろう。

# 第2章 信託財産

## 本章の概観

　第2章は5件の判例を取り上げている。

　09は，公共工事前払金が信託財産に該当するための要件を明確に判示した点に意義がある。すなわち，前払金は別口普通預金口座で別途管理すること，当該公共工事の必要経費以外には使用しないこと，適正な使途に関する資料を提出して払出しについて確認を得ること，前払金の使途について監査を受け，使途が適正でないときは払出中止の措置がとられていること等の厳格な制限が課されており，分別管理が行われていることが信託財産該当性のメルクマールであるとしている。01とほぼ同一の要件を認定している点に注目したい。

　10は，4名の友人同士が旅行費用の積み立てを目的とした預金口座の預金債権に信託財産該当性があることを認めたものであるが，01，09とは異なり，預金債権の厳格な支出制限および払出しの監査義務等という要件を前提としていない。これは真の債権者の救済のために広く信託の成立を認めたものである。信託財産である預金債権については，受託者に対する債務名義に基づきこれを差し押さえることはできないが，一方，預金債権が信託財産であることに関する的確な公示手段が存在しない以上，預金債権の差押えやこれに基づく取立てにおいても，銀行は受託者を預金債権者として扱えば足り，預金債権は弁済により消滅する。そのうえで，受託者以外の3名を委託者兼受益者とする信託財産については受託者としての損失を被ったのであるから，受託者の差押債権者に対する不当利得返還請求権が認められるものとした。英米法においては，constructive trustが不法な手段で得た利益を吐き出させる法理として機能している。10は，不当利得返還請求権を認める手法として預金債権の信認財産該当性を肯定したようにも思われる。その意味においては，まさにconstructive trustの機能が我が国判例法上も承認されたものとして興味深い。

　11は，東京地裁を中心として全国で多数の訴訟が提起されている消費者ローン過払金返還請求訴訟の1つである。地裁判決の多くが受託者の不当利得返還義務を否定している。その理由は概ね次のようなものである。すなわち，信

託受託者が賃金業者から信託譲渡を受けた貸金債権について過払金が発生していたとしても，信託財産は形式上は受託者に帰属するものの，実質上は受益者に帰属しており，受託者は，貸金債務者の支払った金員に相当する利益を受けたものとみることはできないから，過払金返還義務を負わない。11の判旨もほぼ同様である。しかし，一部には反対の結論を導き出している判決もある。高裁段階においても同一の傾向がみられる。ところで，本件事案のような紛争性の高い財産を受託する場合，しかも財産管理のプロを標榜している信託銀行が低廉な信託報酬で受託する場合の信託という財産管理制度の役割は何なのであろうか。受託者の不当利得返還義務の有無のみが論点となっているが，信託が過払金返還訴訟の当事者として耳目を集め，数多くの訴訟が提起されるに至ったことの意味を重く受け止めるべきであるように思われる。「制限超過利息付き貸金債権」（旧貸金業規制法43条の規制の下での貸金業者の貸金債権）の法的性質に鑑みて，貸金業者，信託受託者双方に対する過払金返還請求が可能であるという構成がもっと顧慮されてもよいのではなかろうか。

12は，信託型不動産小口化商品における敷金返還義務を含む賃貸人の地位の承継について，新旧所有者間において賃貸人の地位を旧所有者に留保する旨の合意があったとしても，敷金返還義務を含む賃貸人の地位が新所有者に移転することを妨げる特段の事情があるものとはいえない旨を判示している。このことを信託法理に則していえば，敷金返還債務という消極財産が付随した財産の信託設定の有効性が承認されたことを意味する。しかし，12は敷金返還債務のみに限定した判断であって，消極財産の信託設定一般については別途の検討を要する。

13は，形式的には2つの事件を取り扱っているが，2つの事件の事実概要は同様である。会社の関与によって創設された従業員持株制度の規約において，株式信託契約を締結しない者は株式を取得できず，その契約の解除も認められず，したがって，信託契約の受託者による議決権の行使はあっても，自己が株主として議決権を行使しえない株式信託制度は，共益権の行使を阻止し，委託者の保護に欠け，会社法の精神にも反して無効である旨を判示した。これを踏まえると，共益権のみの信託は許されない，株主としての議決権行使を強制するような株式制度は許されないこととなる。持合解消信託，事業承継信託とい

った現代的な議決権信託の活用に際しても留意しなければならない。とりわけ，近時注目されているエンプティ・ボーティング（自己に帰属する経済的利益の数を超えて株式の議決権を行使すること）の弊害除去が課題となろう。

## 09

# 公共工事前払金の信託財産該当性

東京高裁平成 12 年 10 月 25 日判決　金判 1109 号 32 頁

安　藤　朝　規

## I　事　実　概　要

　A 電設会社は，平成 9 年 6 月 20 日，東京都と本件工事（都営住宅屋内電機設備工事）を報酬 7119 万円，前払金の支払を受けるとの条件で本件請負契約を締結した。$Y_1$ は，公共工事の前払金保証事業等を営む会社であるが，(1)同日，公共工事の前払金保証事業に関する法律（以下「保証業法」という）に基づき，A との間で，被保証者東京都知事・保証額 2840 万円（前払金相当額），預託金融機関 $Y_2$ 銀行等とする本件保証契約を締結し，(2) $Y_2$ と締結していた本件業務委託契約（請負人から $Y_2$ に預託された前払金の適正な払出に関する管理及び使途の監査についての業務委託契約）に基づき，平成 9 年 7 月，$Y_2$ に本件保証に前払金預託取扱依頼をした。その後，東京都は本件預金口座に本件前払金 2840 万円を送金し，A は本件工事の下請会社に対する支払に当てるため所定の手続を経て，本件預金口座から 1550 万円を払い出し，本件口座の残金は 1290 万円となった（以下，本件預金という）。東京都が A の本件工事の続行不能を理由に同年 12 月 8 日本件請負契約を解除したので，$Y_1$ は，本件保証契約に基づく債務の履行として，東京都に対し，平成 10 年 1 月 14 日，本件前払金から A の施工した出来高を控除した残額 2099 万 150 円を支払った。その後，A は X を破産管財人とする破産宣告を受けた（平成 10 年 3 月 18 日）。

　X は，本件預金債権は破産会社の破産財団に属すると主張し，$Y_1$ に対しその旨の確認を，$Y_2$ に対し本件預金の支払を求めた。

## II 判　旨

「Aと注文者との間の本件請負契約における本件前払金支払の合意（本件前払合意）は，保証業法による保証を前提とするものであるところ，保証業法によれば，保証は保証約款に基づくことが規定され，かつ，保証約款は，建設大臣の承認を要し，建設省からの通知等をもって各地方公共団体に周知されているのであるから，当事者であるAと注文者は，保証業法及び本件約款の各規定（前払金の保管方法，使途制限，管理，監査の方法等の各規定）を容認し，これらを前提として，前払合意をしたものというべきである。そして，本件前払合意並びに保証業法及び本件約款によれば，前払金は別口普通預金口座で別途管理すること，本件工事の必要経費以外に使用してはならないこと，払出しについても，適正な使途に関する資料を提出して確認を得なければならないこと，Aは前払金の使途について監査を受け，使途が適正でないときは払出中止の措置がとられることなどが定められている。このように，その使途について厳格な制限を課し，分別の管理を行わせていることなどを考慮すると，本件前払合意による前払金は，未だ請負代金の支払とはいえず，その使途を本件工事の必要経費に限定した信託財産として移転したものと解するのが相当である。したがって，本件前払合意は，〔旧信託〕法1条にいう信託契約に該当するものであり，前払金が本件預金口座に現実に振込まれた時点で信託が成立し，工事の進展に応じて，一定の手続に基づいてAに払い出されることによって，請負代金の支払になるというべきである。

なお，本件預金債権は，Aの固有財産から分別管理され，特定性をもって保管されているのであるから，受託者の一般債権者は信託財産の差押等はできず，また，登記，登録が不可能な財産権であるから，分別管理されていることによって，破産管財人Xを含めた第三者にも対抗することができると解される（〔旧信託〕法16条）。」

## III 解説

### 1 論点

本件では，地方公共団体が請負者の破産により請負者との請負契約を解除し，保証事業会社が保証債務を履行した後に前払金保証のための請負者名義の預金について保証事業会社へ返還すべき残金があるときに，請負者の破産管財人がその預金債権について払戻しができるのかが争点となったが，前払金は請負者の固有財産なのか信託財産とすべきかが法律上問題となった。公共工事の前払保証金に関する判例は，本判決以外にも多数存在するが，本判決は，前払保証金を請負者の固有財産ではなく信託財産と構成し，保証事業会社が取得すべきとした。

### 2 前払金を請負者の固有財産とした2つの判例

**(1)** 本判決以前の判例は，前払金を信託財産ではなく請負者の固有財産であるとしていた。その代表例として，大阪地裁平成10年9月3日判決（金判1073号32頁。以下，平成10年大阪地判という）とその控訴審判決である大阪高裁平成11年4月30日判決（金判1073号27頁。以下，平成11年大阪高判という）を検討する[1]。

**(2)** 平成10年大阪地判の判旨

「公共工事の前払金が，（中略）請負者の一般財産と混入することのないよう管理されるという意味は，右前払金が新たに設けられた請負者の普通預金口座に振り込まれて管理されるということであり，質権その他別除権が設定された等法律上破産財団に組み込まない措置が取られたというわけではないから，請負者の一般財産というほかなく，請負者破産の場合に破産財団を構成するという点においては，他の請負者の財産と変わりはない。」

**(3)** 平成11年大阪高判の判旨

「大阪市は，平成9年2月6日，破産会社との間の本件請負契約を解除した

---

[1] 亀井洋一「公共工事請負業者が工事未成のうちに破産した場合の前払金の帰属」銀行法務593号（2001年）72頁以下に判例の整理がある。

から，乙の甲に対する過払い請負代金の返還債務の弁済期が到来し，同時に，乙は，甲との間に前払金保証契約を締結しているYに対し，民法460条による事前求償債務を負担したということができ，その結果，Yは，本件移管にかかる前払金残金等に対し，商法521条の商事留置権を有するに至ったことが認められる。よって，Yは，破産法93条・92条〔現破産法65条〕の別除権者となるから，Xの前払金残金等の引渡請求権を拒否できるといえる。」

(4) 前払金を請負者の固有財産とした判例の分析

① 平成10年大阪地判は前払金の預金が請負者の「一般財産」であるとして，破産管財人の主張する否認権行使による預金の払戻し請求を認めた。なお，請負者の「一般財産」は請負者の一般債権者への引当となる責任財産であるが，信託財産に該当しない固有財産である。

② これに対し，控訴審の平成11年大阪高判は，前払金残金は請負者の固有財産に帰属することを前提にしつつ，保証事業会社は，前払金残金を請負者名義の預金口座から保証事業会社名義の口座へ移管したことにより，前払金残金に対し，別除権である商事留置権を有するという理由で，請負者の破産管財人の引渡請求を認めなかった。平成11年大阪高判が，平成10年大阪地判の判断を覆し，このような別除権構成をしたのは，上記前払金保証制度の意義に照らし，前払金残金は，破産者請負者の破産財団を構成せず，注文者が取得すべきであるとの価値判断が働いたものと推測される。

③ しかし，平成11年大阪高判が法律論として採用した別除権構成に対しては重大な疑念がある[2]。商法521条は，商行為によって生じた債権について「自己の占有に属した債務者の所有する物又は有価証券を留置することができる」と規定しているが，保証事業会社が有する自己名義の預金が「債務者の所有する物又は有価証券」に該当するとは考えられないからである[3]。したがって，保証事業会社名義の預金について別除権としての商事留置権が成立する余地がないので，否認権を行使する破産管財人に対し，前払金残金を引き渡さなければならないことになるはずである。しかし，それでは，平成11年大阪高

---

[2] 亀井・前掲注1) 74頁。
[3] 宮川不可止「公共工事の前払金保証制度における前払金専用口座の法的性格」金法1627号 (2001年) 49頁。

判が採用した別除権構成は法律論として成り立たないことになる。

④　そもそも，平成10年大阪地判及び平成11年大阪高判がその前提としている「前払金は請負者の固有財産である」とする考え方自体，公共工事の前払金についての関係当事者の認識と齟齬がある。公共工事の前払金の保証は，公共工事の請負者が破産等により請負契約の履行ができなくなり，それを解除したときに，前払をした額から当該公共工事の既済部分に対する代価に相当する額を控除した額の支払を当該請負者に代わって保証事業会社が引き受ける（公共工事の前払金保証事業に関する法律2条2項）というものである。そして，前払金は保証事業会社から業務委託を受けた金融機関が，請負者の名義の口座ではあるが，別口口座として，その払出しは保証事業会社から委託された金融機関によって厳正に管理されているのである。したがって，上記の前払金保証制度の趣旨からすれば，前払金は，請負者の固有財産の中に組み入れるべきではなく，それと切り離された財産であるというべきであろう。関係当事者はそのように認識しているし，それは一般に周知されているのであるから，請負者の債権者も前払金を自己の債権の弁済に充てるべき責任財産として期待しているとはいえないであろう[4]。

## 3　前払金を信託財産と認めた本判決及び原審判決

(1)　上記平成10年大阪地判および平成11年大阪高判に対し，本判決の原審である東京地裁平成11年11月29日判決（金判1087号40頁。以下，原審判決という）は以下のように判示した。

「本件預金債権の行使の制約が帰属の問題に如何なる意味をもつのかという観点から，被告$Y_1$の主張……とこれについての原告Xの反論……の当否を判断する。

$Y_1$は，本件前払金を原資とする本件預金について，発注者である東京都を委託者兼受益者とし，保証契約者である破産会社を受託者として，東京都から破産会社に信託のために移転された財産であると捉えたうえ，受託者に課せられる一般財産と分別して管理する義務（〔旧〕信託法28条）は，信託における

---

4)　亀井・前掲注1) 75頁。

本質的要素であり，受託者の善管注意義務（〔旧信託法〕20条）や忠実義務（〔旧信託法〕22条）から，受託者は信託の目的の範囲内では専ら受益者の利益のために行動すべきで，信託財産から自己が利益を得てはならないところ，本件では，本件前払金を本件預金債権のような別口普通預金として管理する義務がこれに該り，また，本件工事の必要経費に充てる場合にのみ払出しを認めて，もって，本件工事の確実な達成を期するのが公共工事の前払金制度の場合における信託目的であるとする。

　この点，まず，Xは少なくとも，東京都と破産会社間の合理的意思解釈からして，信託契約の存在を認めることができないと反論するのであるが，これを当事者が実際に信託と表現したかは格別，右当事者を含む関係者において，全体としての公共工事の前払金制度のもと，その規制に従う意思や認識を当然に有していたのであるから，必ずしも，信託と解することの妨げとはならず，むしろ，端的に〔旧〕信託法1条の定義に合致するような法律関係が客観的に存在するか否かで判断すれば足りるとも考えられるのである。

　そして，Xは，本件預託金に関して，信託の成立要件としての財産権の移転と一定目的に従った財産の管理処分がない旨反論するのであるが，東京都による本件の前金払が本件請負契約の履行の側面を有しているとしても，私人間の請負工事の前払金とは異なって，公共工事の前払金制度の制約のもとでなされるものである以上は，純然たる請負契約の債務の履行にとどまらず，信託財産の移転があったとみることもでき，また，破産会社の払出しによる下請業者等への支払は，破産会社と右会社との間の契約に基づくものであることと，前述のような信託目的にかなった信託財産の管理処分とみることとが両立するものともいうことができる。（中略）

　してみると，本件においては，厳密な意味でまさしく信託に該るといえるかはさて措き，少なくとも，信託とみてもそれが許容されるような法的関係が認められることから，〔旧〕信託法16条の趣旨を類推適用し，本件預金については，受託者に相当する破産会社の破産によって，これが破産財団に帰属することはないものと解するのが相当である」とした。

　(2)　前払金が請負者の固有財産ではないとすると，注文者の固有財産となるのであろうか。前払金は，請負者名義の別口普通預金口座で管理されている

ものの，預金者の認定について，いわゆる客観説（出捐者説）を採用し，実際に預金を預け入れた者が預金者であると認定すべきであるとすると，注文者が預金者となり，前払金を預け入れている預金債権は注文者に帰属すると考える余地もある。しかし，損保会社の保険料専用口座についての最高裁平成15年2月21日判決（民集57巻2号95頁）および弁護士の預り金口座についての最高裁平成15年6月12日判決（民集57巻6号563頁）は，いずれも普通預金について客観説を採用したとは明言しておらず，金銭の占有者は所有者であるという理論を使って，出捐者，名義，管理が受任者にあるので，受任者の預金債権であると判断している[5]。そもそも，前払金の預金債権の帰属について客観説を採用して注文者に帰属すると解することは，注文者から請負者名義の預金口座に前払金が実際に振り込まれたという事実，および同口座の管理者は保証事業会社の委託を受けた金融機関が管理しており注文者には何ら管理権限が認められていないという事実と矛盾する。また，前払金が請負者に支払うべき請負代金の前払いであり，工事の進捗状況に応じて請負者に帰属するという前払金保証制度の目的には合致しないのである。原審判決は，客観説に基づき預金債権の帰属を注文者とすべきとの主張について，「（ましてや，前払金の当初から，本件預金が東京都に客観的に帰属するものであったとの立論が不可能であることはいうまでもない。）」として一蹴している。

（3）　そして，本判決は，「使途について厳格な制限を課し，分別の管理を行わせていることなどを考慮すると，本件前払合意による前払金は，未だ請負代金の支払とはいえず，その使途を本件工事の必要経費に限定した信託財産として移転したものと解するのが相当である」とした。前払金は信託財産であり，請負者からも注文者からも独立した財産（いわゆる目的財産）[6]であるというわけである。

---

[5]　伊室亜希子「預り金の信託的管理」米倉明編著『信託法の新展開――その第一歩をめざして』（商事法務，2008年）46頁。

[6]　鈴木禄弥『民法総則講義〔二訂版〕』（創文社，2003年）272頁は，委託者が受託者の所有名義に帰せられるとはいっても，それが受託者の固有財産の一部になるといわけではなく，受託者の固有財産とは独立の一種の目的財産を形成する，と説明することも可能であり，かかる目的財産をnobody's propertyと呼ぶ者（例えば四宮教授）さえもある，とする。

## 4 信託の成立要件と分別管理義務

(1) このように，前払金が請負者の固有財産と分離され，信託財産であると認められるためには，どのような要件を充足する必要があるのであろうか。

旧信託法における信託の定義[7]からすると，ある者（甲）が法律行為によって，ある者（乙）に財産権を帰属させること（以下，財産移転要件という）と，同時に，その財産を，一定の目的（信託目的）に従って，社会のために又は自己（甲）もしくは他人（C）—受益者—のために，管理・処分するべき拘束を加えること（以下，信託目的要件という）が，信託の成立要件とされた。

これに対し，現行信託法は3条3号において，特定の者が一定の目的に従い自己の有する一定の財産の管理または処分およびその他の当該目的の達成のために必要な行為を自らすべき意思表示をする方法によって設定する自己信託（信託宣言）を認めたことから，この受託者への財産移転は信託の成立要件としては十分ではあるが必要とまではいえないこととなった。そこで，現行信託法においては，信託が成立するためには，①一定の財産が存在し，それが受託者に帰属すること（受託者帰属要件），②信託財産が帰属するに至った受託者は，一定の目的に従って，その目的達成に必要な行為をする義務を負うこと（信託目的要件），であるとされる[8]。

(2) 本件の前払金については，注文者である東京都から請負者名義の別口預金口座に振り込まれており，同口座は請負者が開設し，請負者が管理しているのであるから，委託者である発注者から受託者である請負者に前払金が移転していると認められ，受託者帰属要件が備わっていることは明らかである。また，本判決が判示するとおり，本件前払合意ならびに保証業法および本件約款によれば，①前払金は本件工事の必要経費以外に使用してはならないこと，②払出しについても，適正な使途に関する資料を提出して確認を得なければならないこと，③請負者は前払金の使途について監査を受け，使途が適正でないときは払出中止の措置が執られることなどが定められている。このように，その使途について厳格な制限を課し，分別の管理を行わせていることなどを考慮すると，前払金を請負者名義で預託するのは公共工事の必要経費の支払に充てる

---

[7] 四宮〔新版〕7頁。
[8] 道垣内弘人『信託法入門』（日経文庫，2007年）37〜38頁。

ことを目的としたものであるから，信託目的要件も備わっているといえる。このことから，本件前払金について信託契約が成立するものと認められ，本件預金債権は，信託契約に基づいて管理された信託財産であるといえる。この点で，本判決が前払金を信託財産であるとした点は正当に評価すべきである。

　(3)　ところで，受託者の分別管理義務（信託34条）は，信託が成立した場合に発生する受託者の義務であり，信託の成立要件ではない。しかし，受益者に所有権が帰属していないにもかかわらず，受益者に物権的救済を認めることに信託の特性があるところ，その成立のためには分別管理義務が課せられていることが必要であることから，分別管理がなされているかどうかを信託の成立のメルクマールとすべきであるという有力な考え方がある[9]。

　上記の原審判決及び本判決が，平成10年大阪地判および平成11年大阪高判が前提としていた前払金の残預金は請負者の固有財産であるという法的判断を否定し，前払金残金について請負者の固有財産から独立した信託財産であるということを認めたのは，受託者の破産に際し，受益者である注文者（その代位弁済である保証事業会社）を保護しようとしたからにほかならない。しかし，その保護を受益者が受けられるためには，前払金が信託財産であることを主張・立証しなければならない。その際に重要なポイントとなるのが，受託者の分別管理義務である。受託者による一定の財産の分別管理は，受託者の固有財産から区別し特定することによって，受託者が破産したとしても，固有財産に組み込まれることなく独立性が確保されるという意味で受益者の保護を図る機能を有している。

　本件前払合意によれば，請負者に対して固有財産と区別して前払金を別口普通預金口座で別途管理することが定められていたので信託の成立が認められたが，上記のとおり，自己名義で特定の財産を管理する財産管理者に分別管理義務が課せられているかどうかは，それが果たしている上記の倒産隔離機能を中心とする重要な機能に照らせば，信託の成立にとって重要なメルクマールとなっているものといえよう。

　(4)　原審判決は，信託の隔離機能に関し，次のように判示する。「本件預

---

9)　道垣内弘人「最近信託法判例批評（9・完）」金法1600号（2001年）84頁。

金について，被告 Y₁ の主張のように，これを信託財産とみる余地があり得ることになるが，なお，検討すべきは，本件の場合に，旧信託法 16 条（信託財産につき受託者個人に対する債権者の差押え等の禁止）の趣旨が及ぼされてよいか否かである。

　この点は，本件預金のような別口普通預金の場合は，実務上ままみられる弁護士の預り金専用口座，損害保険代理店が収受した保険料の保管口座，マンション管理組合の修繕費等を積み立てた管理会社の預金口座などの例と対比しても，法律に基づく公共工事の前払金保証制度のもと，名義人の固有財産からの独立性の極めて強い預金と位置づけられるのであり，一般債権者においても，本来，公共工事の経費のためにしか払出しできない預金であって，差押えが期待できないと観念しているものとみていいのではないかと思われる[10]。そして，この理は，請負者である保証契約者が破産していようとも，既に保証事業会社によって発注者に対して保証債務が履行されていようとも，かかわりのない事柄である。」

　信託は，このように受託者の固有財産と区別し，安全かつ確実に他人による財産管理を運用できる倒産隔離機能を持つので，公共工事における前払金保証制度以外にも，信託の構成をすることが望ましい財産管理システムが広く社会において存在していると思われる。現に，

① 弁護士が依頼者から預かった預り金を保管する銀行口座
② 成年後見人が被後見人の財産を保管する銀行口座
③ 破産管財人が破産財団を構成する金員を保管する銀行口座
④ 損害保険代理店が収受した保険料を保管する銀行口座
⑤ マンション管理会社が収受した修繕積立金を保管する銀行口座
⑥ 旅行親睦会が一部の会員名義で積み立てている積立金を保管する銀行口座
⑦ 被害者が複数いる詐欺被害事件において加害者から回収した被害弁償金を一部の被害者名義で保管する銀行口座

などについて，これらの銀行口座における預金を受益者のために委託者または

---

10) 同旨。河上正二「信託契約の成立について」変革期における信託法（財団法人トラスト 60，2006 年）76 頁。

受託者の固有財産を引当てにする債権者から保護するという要請があるため，これらの財産管理のシステムについて信託が成立するかどうかについては，上記において検討した信託の成立要件である①一定の財産が存在し，それが受託者に帰属すること（受託者帰属要件），②信託財産が帰属するに至った受託者は，一定の目的に従って，その目的達成に必要な行為をする義務を負うこと（信託目的要件）を備えているかどうかによって判断すべきものと解する。そして，これらの信託の成立要件が成立しているかどうかの客観的なメルクマールとして，受託者の固有財産と管理されるべき財産との分別管理の有無が重要となるのである。

## Ⅳ　本判決の意義

本判決は，公共工事の前払金が請負者の固有財産とは分離された信託財産であることを明確に認めた点および請負者の固有財産と区別して信託財産として認められるための要件を具体的に検討した点に意義がある。

# 10

## 信託財産の独立性

東京地裁平成 24 年 6 月 15 日判決　金判 1406 号 47 頁

佐　藤　　　勤

## I　事　案　概　要

　$X_2$〜$X_4$（以下「$X_2$ら 3 名」という）と $X_5$（以下「$X_5$ら 4 名」という）は，親しい友人同士であり，定期的に 4 名で旅行にでかけていた。平成 12 年頃，その費用を積み立てるための銀行預金口座を開設するため，$X_5$ が $Y_2$ 銀行との間で，口座名義を「$X_1$ 会　代表者 $X_5$」（以下「本件預金口座名義」という）とする普通預金契約を締結して普通預金口座を開設した（以下同契約を「本件預金契約」といい，これに基づく普通預金債権を「本件預金債権」，同口座を「本件口座」という）。その普通預金通帳およびカードは，$X_5$ が保管し，$X_5$ ら 4 名は，毎月各自 5000 円から 1 万円を本件口座に入金ないし振込送金をして，積み立てていた。
　$Y_1$ は，平成 21 年 8 月 21 日，債務承認弁済契約公正証書の執行力のある正本に基づき，これに表示される $X_5$ に対する債権（合計 3138 万 2443 円）を請求債権，$X_5$ の $Y_2$ 銀行普通預金債権等（348 万 6938 円）を差押債権とする債権差押命令を得て，本件預金債権を差し押さえ（以下「本件差押え」という），同月 24 日，$Y_2$ 銀行は，本件差押えに基づき，本件口座から 241 万 7648 円を払い出して $Y_1$ に支払い，本件預金残高はゼロとなった。
　そこで，$X_1$ 会および $X_5$ ら 4 名は，次の請求を行った。
　第 1 に，$X_1$ 会は民法上の組合であって，本件預金債権は同組合に帰属することを理由に，$X_1$ 会は，$Y_1$ に対し，不当利得返還請求権に基づき，取立金相当額の返済を求めた（第 1 事件）。同じ理由から，$X_1$ は，本件預金契約に基づき，$Y_2$ に取立金相当額の預金の支払を求めた（第 3 事件）。
　第 2 に，本件預金債権のうち 4 分の 3 は，$X_2$ ら 3 名にそれぞれ 4 分の 1 ず

つ帰属するものであることを理由として、$X_2$ら3名は、$Y_1$に対し、不当利得返還請求権に基づき、それぞれ取立金相当額の4分の1の返還を求めた（第2事件①）。

第3に、本件預金債権のうち4分の3は、$X_2$ら3名を委託者兼受益者、$X_5$を受託者とする信託財産を構成すると主張して、$X_2$ら（受益者）は、$Y_1$に対し、不当利得返還請求権に基づき、それぞれ取立金相当額の4分の1の返還を求めた（第2事件②）。同じ理由から、$X_5$（受託者）は、$Y_1$に対し、不当利得返還請求権に基づき、取立金相当額の4分の3の返還を求めた（第4事件）。

## II 判　　旨

第4事件についてのみ、請求が認められた。

### 1　本件預金債権の帰属主体について

$X_1$は、権利能力のない社団、民法上の組合のいずれにも当たらないとし、「本件預金債権（普通預金）について、$Y_1$銀行との間で、口座の開設、その後の継続的な入出金や通帳その他の管理を行ったのは専ら$X_5$であり、口座名義上も『$X_1$会　代表者$X_5$』として$X_5$のみが表示され、$X_2$らは一切表示されていないのであるから、本件預金債権の預金者は$X_5$と解すべきである」とした。

### 2　本件預金債権の法的性質について

(i)「$X_5$ら4名は、毎月一定額を$X_5$ら4名で旅行するための資金として各人の固有財産から分離して確保する（当該目的のためにのみ使用し、他の目的のためには使用しない）こととして、$X_5$に$Y_2$銀行との間で上記目的のために預金契約を締結して本件口座を開設させ、それぞれ上記一定額を同口座に振り込む方法で$X_5$に支払い」、(ii)「$X_5$に前記目的にしたがってこれを管理させ、また上記目的にしたがって使用させることを合意し」たこと、および(iii)「本件口座は、$X_5$のその余の一般財産とは分別して管理されている」ことという事実を総合すれば、「$X_2$ら3名は、$X_5$との間で、それぞれ、専ら$X_5$ら4名で旅行するための資金として管理し、使用することを目的として$X_5$に金員を支払い、

同人をして，本件口座を開設させ，上記目的のために同金員を同口座において管理し，または使用させる旨の，$X_2$ら3名各人を委託者兼受益者，$X_5$を受託者とする信託契約（旧信託法1条）を締結したものであり，本件差押えの時点で本件口座に現存した241万7648円のうち，それぞれ60万4412円（合計181万3236円）は，$X_2$ら3名の各人を委託者兼受益者，$X_5$を受託者とする信託財産」である。

### 3 本件預金債権の差押えの可否について

本件預金債権が信託財産であるとすると，「$Y_1$が差押えの上，取り立てた本件預金のうち合計181万3236円については，$X_2$ら各人を委託者兼受益者（各60万4412円），$X_5$を受託者とする信託財産であって，$X_5$に対する債務名義に基づきこれを差し押さえることは許されない」（旧信託16条，信託23条1項）。

「一方，本件預金債権自体は，前示のとおり$X_5$に帰属すると認めるべきものである以上，$Y_2$銀行としては，取引上，専ら$X_5$を権利者として扱えば足りるのであり，また信託財産たる預金債権について，的確な公示手段やこれに係るルールが存在しない現状においては，当該預金が信託財産であるか否かや，具体的にいかなる権利関係にあるかは，$Y_2$銀行としては，……通常これを容易かつ的確に知る立場にはないから，特段の事情がない限り，預金債権の差押えやこれに基づく取立てにおいても，$X_5$を預金債権者として扱えば足りるというべきであり」，「本件預金債権は弁済により消滅したものと解するのが相当というべきである」。

以上から，「信託財産の帰属主体である$X_5$は，少なくとも$Y_1$が差押えの上，取り立てた本件預金のうち181万3236円について信託の受託者として損失を被り，$Y_1$は，これを法律上の原因に基づかずに利得したことになるから」，取立金相当額の4分の3について，$X_5$（受託者）の$Y_1$（差押債権者）に対する不当利得返還請求は，認められる（第4事件の請求のみ認容）。

## III 解　説

本判決には，預金者認定，およびそれに関連した信託の成立要件という論点

と[1]，仮に信託が成立したとして，その信託財産に対し第三者が差押えを行った場合における，その差押えの効力，という三つの論点がある。ここでは，紙幅の都合もあり，信託財産に対し第三者が差押えを行った場合の効力，すなわち信託財産の独立性について，検討する。

## 1 信託財産に対する差押えの効果と銀行の免責
### (1) 信託財産の独立性

現行の信託法（平成18年法律108号）施行前の信託法（大正11年法律62号）は，受託者個人の債権者が，信託財産に対し強制執行を行うことを禁止し，もしこれが行われれば，委託者，受益者または受託者は，異議を主張することができる，と定めている（旧信託16条，民執38条1項・2項）[2]。

この場合，信託財産が公示すべき財産であれば，信託の公示を必要とする（旧信託3条1項）[3]。信託の公示方法のない財産については，旧信託法31条但書を根拠として，信託財産であることが「特定」できれば，すなわち受託者の固有財産から分離することのみで，信託財産であることを「第三者」に主張できるとするのが通説である[4]。ただし，信託財産であることをどの程度「特定」すれば，信託財産であることを第三者に主張できるかについては，明らかではない。

旧信託法の下での最高裁平成14年1月17日判決（民集56巻1号20頁）（以下「平成14年判決」という）では，分別管理における財産の「特定性」について，この普通預金は，「工事の必要経費以外には支出されないことを確保する仕組みが採られており，乙〔建設業者〕の一般債権者が前払金の残金を乙の責任財産として期待する余地はないのであるから，乙の破産財団に帰属すると解すべきではな」いことから，信託契約の成立を認めるのが妥当であると指摘し，実質論から，信託財産の「特定性」を認める考え方を採っている[5]。

---

[1) この論点については，佐藤勤「判批」信託フォーラム創刊号（2014年）136頁。
2) 信託財産は，受託者個人の財産に属さないことから，このような信託法の定めがなくても，差押え等の対象とはならないというのが通説である（最判昭和29・11・16判時41号11頁）。
3) 四宮〔新版〕171頁，寺本〔補訂版〕70頁。
4) 四宮〔新版〕169頁，220頁。なお，新法も，この見解に従っている（寺本〔補訂版〕71頁）。
5) 中村也寸志・最高裁判所判例解説民事篇平成14年度（上）27頁（2002年）。

また，問屋の委託者の取戻権行使が認められるためには，(i)問屋の一般債権者よりも委託者を優先すべき実質的理由があること（実質的利益の帰属）[6]，(ii)債権者が不当に不利益を受けない態様（財産の特定性）が施されていること，の二つの要件を充足することが必要であるとする見解もあり[7]，この見解を信託に適用すれば，他の債権者の権利を害するおそれのない程度まで「特定性」を有することが要求されるべきである。平成14年判決は，このいずれの要件も満たす事案であった。

なお，信託法は，これらの旧信託法の規定の趣旨を基本的に維持している（信託14条，23条1項[8]・5項[9]）。

### (2) 第 三 者 性

旧信託法3条（信託法14条）の「第三者」は，民法の対抗要件における第三者と同じであると考えられ[10]，すなわち信託関係人（委託者，遺言の場合の相続人，受託者，受益者，信託管理人（現行受益者代理人，信託管理人（現信託財産管理者）））信託行為当事者の包括承継人，不動産登記法4条・5条に掲げる人々，および背信的悪意者[11]以外とされ[12]，差押債権者も含まれるとされる[13]。以上の考え方は，信託法14条においても維持されている。

### (3) 信託財産の独立性の効果

第三者に信託財産であることを対抗できる財産が侵害された場合，受託者は，信託財産の管理行為として，当該信託財産を復旧する義務を負う（旧信託4条，信託29条1項）。

本事案においては，受託者 $X_5$ が，(i) $Y_2$ の弁済が有効であるならば，$Y_1$ に

---

6) 最判昭和43・7・11民集22巻7号1462頁。
7) 青山善充＝小川万里絵「債権流動化におけるサービサー・リスクについて」金融研究15巻2号（1996年）55頁。
8) 信託法23条1項は，旧信託法16条と異なり，委託者には，異議申立権を認めていない。
9) 寺本〔補訂版〕97頁。
10) 四宮〔新版〕171頁。
11) 背信的悪意者については，近江幸治『民法講義Ⅱ物権法〔第3版〕』（成文堂，2006年）83頁。
12) 四宮〔新版〕170頁。
13) 寺本〔補訂版〕71頁。なお，民法177条の第三者に，差押債権者は含まれるとするのが，通説である（舟橋諄一＝徳本鎭編『新版注釈民法(6)〔補訂版〕』〔吉原節夫〕〔有斐閣，2009年〕664頁，舟橋諄一『物権法』〔有斐閣，1960年〕190頁）。

金員受領という「利得」，$X_5$ に信託財産である預金債権の消滅という「損失」が発生していることから，$X_5$ は，$Y_1$ に対し，不当利得返還請求を行う義務を負う。これに対し，(ii) $Y_2$ の弁済が無効（$Y_2$ が悪意）であるならば，$Y_1$ に金員受領という「利得」，$Y_2$ に預金債権の消滅という「損失」が発生していることから，$Y_2$ が，$Y_1$ に対し，不当利得返還請求を行うことになる。

なお，このような事例に関し，最高裁平成16年10月26日判決（金法1739号49頁）は，「自ら受領権限があるものとして払戻しを受けておきながら……一転して，本件各金融機関に過失があるとして，自らが受けた上記払戻しが無効である」ことを主張して，真の預金者の不当利得返還「請求を争うことは，信義誠実の原則に反し許されない」と判示し，真の預金者から，債権の準占有者として預金の弁済受領者に対する不当利得返還請求を認めている。本事案にあてはめれば，$Y_2$ の弁済が有効であるか否かを問わず，本判決のとおり，$X_5$ の $Y_1$ に対する不当利得返還請求は，認められることになる。

### (4) 他人名義預金の差押えと銀行の免責

差押えにおいては，債務者（$X_5$）および第三債務者（$Y_2$）に差押命令が送達され（民執145条3項），差押命令が第三債務者に送達されたときに，差押えの効力が生じる（同条4項）。差押えにおいては，目的物の特定が必要となり（民執規133条2項），預金の場合，一般的に，預金取扱店，名義（預金者名，住所）が目的物の特定に関する情報となる。

預金名義と差押命令に表示された債務者（預金者名）とが異なっている場合（本事案では，預金名義〔$X_1$ 会 代表者 $X_5$〕と差押命令の表示〔$X_5$〕が異なっていた）の銀行の対応について，幾つかの問題がある。

第1に，その場合における，差押命令の有効性が問題となる。

この点に関して，通称名を用いた預金に対して本名のみを表示した差押命令の効力を，銀行が本名と通称名が同一であることを知っていたか否かにかかわらず否定した判例[14]もあるが，差押命令に表示された債務者が，差押命令全体の記載によってそれら通称名等の預金者であることを推知できる場合には，それらに対する差押えとして有効なものと解すべきであるとする見解[15]もある。

---

[14] 名古屋高判昭和28・3・19高民集6巻2号68頁。
[15] 村岡二郎「預金 基本金融法務講座(1)」（金融財政事情研究会，1966年）366頁。

ただし，本人とこれらの通称名等の同一性を認めることは困難であることから，差押命令においては本名と通称名とが同一人を指称するものとしての表示が必要とし，実際，実務においては，「○○こと××」と表示している[16]。

　第2に，銀行が，差押えに基づき，他人の預金を支払った場合の，その支払の有効性の問題がある。

　この点に関して，大阪高裁昭和38年7月18日判決（金法350号6頁。以下「昭和38年判決」という）は，大阪府税の滞納処分において発せられた差押通知書における債権者の表示が紛らわしい表現（「A株式会社にかかる管理人X」）であったことから，Y銀行がこの差押えに応じて「X」名義の預金を支払った事案において，「一般取引関係において，右行政処分の当事者以外の第三者（第三債務者もこの関係では第三者とみなされる）としては，一応その有効性を信ずるのは当然であるから，かかる差押債権者は民法478条に定める債権の準占有者に該当するものということができる（厳密にいえば，取立権の取得は債権そのものの取得と同一ではないが，取立権の取得はまた，債権の主体から離れた一種の管理処分権の取得と理解することも可能であり，この意味において，権利行使権者として債権者と殆ど同視して差支ない）[17]。……一般私人に対し，右差押処分の効力を裁判を俟たずして直ちに正確に判定するの注意〔原文ママ〕を要求することは些か無理であって，Y銀行が右の善意弁済をしたことについて，一応過失はないものということができる」とし，Y銀行の弁済を有効とした。

　昭和38年判決については，「『本件預金資金が実質的にもAの支配を脱して，Xもしくはその背後にあるA会社債権者の支配に帰した』ことはY銀行からも覚知しうべき状況にあったというのであるから，X名義の預金者がAでないことはY銀行に明白であり，Y銀行が預金者の判定に困難を感ずる事情は一つもないはずである」と指摘して，Y銀行に過失がないと判断したことに関して，疑問を呈する見解がある[18]。

---

16) 清水明宏「差押命令における銀行預金の特定」判タ768号（1991年）47頁。
17) 「民法（債権関係）の改正に関する中間試案」（2013年2月26日）第22の4(1)ア(ウ)の「法令の規定により履行を受ける権限を有する第三者」に該当すると思われる。
18) 長谷部茂吉「判批」金法361号（1963年）16頁。
　なお，この事案もX名義の預金の預金者が，AかXか争われ，X名義の預金は，Xを受託者と

なお，昭和38年判決以前の広島高裁昭和34年3月11日判決（下民集10巻3号467頁）は，国税の滞納処分において差押えられた事案について，「銀行業者としては預金名義人の承諾書，委任状，或は印鑑を徴するとか，税務署長が債権者であるとするMに対し，或は預金名義人たるYに対し問合わせて調査するとか一応その間の事情を確しかめた上支払をなすのが当然の措置であるのにこれをなさなかったのは受寄者としての注意義務を欠くもので過失あり」として，銀行の弁済を無効としている。

(5) 本判決の立場

本判決は，本件預金債権がX5に帰属し（預金者〔名義〕と債務者名が一致），かつ信託財産であることを前提として，「Y2銀行としては，取引上，専らX5を権利者として扱えば足りるのであり，また信託財産たる預金債権について，的確な公示手段やこれに係るルールが存在しない現状においては，当該預金が信託財産であるか否かや，具体的にいかなる権利関係にあるかは，Y2銀行としては，（本件預金口座名義等からその可能性をうかがい知ることができる場合はあり得るとしても）通常これを容易かつ的確に知る立場にはない」ことを理由として，Y2銀行を善意無過失の第三者として保護し，その弁済を有効とした。

以上の結果，信託の受託者であるX5は，信託財産である本件預金債権が弁済による消滅により損失を受けたことから，本件預金債権の受領権限のないY1に対し，金銭の返還を求めることができると結論付けた[19]。

確かに，通説に従えば，本件預金債権がX5の固有財産とは分離され[20]，信託財産であると特定されていることから，X5は，第三者であるY1に対し，本件預金債権が信託財産であることは対抗できる。だが，本判決は，Y2が，本件預金債権が信託財産であることを「（本件預金口座名義等からその可能性を

---

する信託であるとされた。
19) Y1が，Y2の行った弁済はY2の過失によるものであった無効であり，したがって本件預金債権は今なお存在し，X5には「損失」は発生していないと主張して，X5の返還請求を拒絶することは，信義則上許されない（最判平成16・10・26前掲）。
20) 本事案では，X5の資金も本件預金債権に含まれていたが，その場合でも，その金額が混じっていることを証明できれば，その金額部分を除外し，信託財産であることを主張できると考える（能見46頁注26) 参照）。

うかがい知ることができる場合はあり得るとしても）通常これを容易かつ的確に知る立場にはない」ことを理由として、Y₂の弁済を有効としているが、如何なる論拠で有効としているかは、明らかにしていない（信託法の範囲外の問題）。

前述のとおり、銀行が差押えに基づき、他人の預金を支払った場合に対して、民法478条の規定（債権の準占有者に対する弁済）が適用され、銀行が善意かつ無過失であれば、その支払は有効とされ、銀行は免責されるとするのが通説、判例ではある。

しかしながら、昭和38年判決が、銀行が他人名義であることを認識する機会があったにもかかわらず[21]、銀行の善意、かつ無過失を認定したのは、一般私人たる銀行が権限ある処分官庁がその権限に基づき行った「差押処分の効力を裁判を俟たずして直ちに正確に判定するの注意を要求することは些か無理である」るという、行政処分の信頼性にあることに留意すべきである[22]。

このように考えるならば、本事案においては、Y₂には、預金者等に確認するなど、手順を踏むべきことを怠ったという過失が存在することから、Y₂の弁済の有効性は否定されるべきではなかろうか。ただし、その場合でも、X₅のY₁に対する不当利得返還請求が認められることは、前述のとおりである。

## Ⅳ 本判決の意義

本判決の意義は、次の二つである。

第1に、本稿では詳細な検討は行わなかったが、本判決は、平成14年判決における信託成立要件（要件1および要件2）の枠組みを基本的に維持し、さらに他の財産管理制度との相違点である分別管理させることの意思も考慮し、信託の成立を認めたものであるという点では、従来の判例および学説の流れに沿うものである。

---

[21] 預金者が認定できるまで、差押債権者はもちろん、預金者からの払戻請求にも応ずるべきではない（鈴木正和「預金への差押えと銀行実務」金法932号〔1980年〕14頁）。
[22] 行政処分の場合と一般の差押え間において、銀行の注意義務に差を設ける理由は、明らかではない。

ただし，本判決では，平成14年判決と異なり，厳格な支出制限およびその監査義務が課されておらず，また名義人ではない出捐者を保護すべき必要性も弱いことが，本判決の特色であり，その観点では，真の債権者の救済の手段として，より広く信託の成立を認めるものといえ，平成14年判決を一歩進めたものといえる。

第2に，信託財産の本件預金債権の債務者である $Y_2$ 銀行が，分別管理されていた本件預金債権を信託財産であることを知らずに，受託者の固有債権の債権者の差押えに基づく取立てに応じ，支払を行った場合，その支払により，本件預金債権の消滅したこと（信託財産の属する債権の債務者の免責）を認め，ただし，受益者の救済として，$Y_1$（受託者の固有財産の債権者）の金銭の取得は，法律上の原因に基づかないで利得したとして，$X_5$（受託者）の不当利得返還請求を認めた点である。

# 11 過払金が生じている貸金債権の信託譲渡を受けた受託者の不当利得返還義務

東京地裁平成24年4月19日判決　判時2157号43頁

石嵜　政信

## I　事実の概要

　原告X（以下X）と貸金業者A（アエル株式会社，以下A）間で継続的な金銭消費貸借取引が行われ，本取引において過払金が生じていた。その後Aと信託銀行Y（ニューヨークメロン信託銀行，以下Y）間の信託契約および同更新契約に基づき，A保有の貸付債権が債権流動化の手法により，Yに信託譲渡された。本件は本件信託譲渡を受けたYに対し，不当利得返還請求権に基づき信託譲渡後の弁済金等118万円余りの返還を求める事案である。

　Xは，Yに対して，Yは本件信託譲渡により貸金債権の実質的帰属主体となったといえること，またY・A間で締結された信託契約およびサービシング契約に基づき，Xの弁済金をYが全額受領していることから，Yに当該弁済金相当額の利得が生じたため，Xに対し不当利得返還義務を負う等の主張を行った。

　これに対しYは，Y自身は本件信託譲渡時に，債務者対抗要件を具備していないことから，Xにとっては引き続きAが債権者であるといえる点，本件信託は，Aの資金調達を目的として債権流動化（証券化）として設定されたものであり，あくまでA固有の利益のために行われたものであって，Y自身は回収した金員を受益権者に分配する単なる「導管」にすぎないため，Yは固有の経済的利益を受けていない点，信託契約上，本件のように過払金が生じている貸金債権はそもそも信託譲渡の対象に含まれていなかった点などから，Yには何ら返還すべき利得は生じていなかったなどと主張した。

## II 判　　旨

本判決は，要旨以下の理由で，Xの請求をいずれも棄却した。

### 1　本件給付の当事者について

「本件貸金債権の債務者であるXとの関係では，譲渡人であるAが本件貸金債権の債権者たる地位を有しており，本件弁済金の充当関係を定める当然充当合意と本件貸金契約もAとXの間に存続して」おり，Xは，「Aを債権者と認識して，本件弁済をしていた」といえるからXとYとの間には直接の給付関係は認められない。

### 2　本件給付の利得者について

Yは「回収金のうちAが保有する劣後受益権又はセラー受益権への配当相当額の金員について」実際に引渡しを受けておらず，「本件弁済金の全額を受領したものではない上，送金された金員のほとんどを優先受益権者（投資家）に対して配当し，自らは毎月315万円程度の信託報酬しか得ていない」こと，「本件弁済金も本件信託契約等に係る信託財産を構成するものと認められる」ことや，「Aが本件弁済金の給付による利得を得ているものと認められることも考慮すれば，Yに回収金相当額の利益が帰属したものとはいえ」ず，YとXの本件弁済金との間には，「社会通念上，Xの金銭でYの利益をはかったと認めるに足りる連結……は認められない」。また，Xの弁済がなくとも「わずか毎月315万円程度のYの信託報酬が支払えないという関係にはないから，本件弁済金が特定性を保ってYに移転したとは認め難い」ので，「Yに利得が生じるものと認めることはできない」。

### 3　「法律上の原因」の存否について

「仮に，Yに本件弁済金による利得が生じているとしても」，YはAからの送金を本件信託契約等に基づき受領しているのであるから，「Yの利得には法律上の原因があるというべきである」。「Yは，Aに対して当該信託債権に係

第2章　信託財産

る過払金に相当する送金額を返還する義務を負わない」といえるので、「Yによる本件弁済金の受領についても本件信託契約等上の根拠がある」といえる。

　また、「本件の場合、Yは、信託債権の譲渡を受ける対価として、Aに対して受益権を付与し、Aは優先受益権を投資家に売却して多額の譲渡代金を得ているのであって」、「Aからの回収金の大部分は優先受益権者に対する配当に充てられたのであるから、Yの利得（本件信託契約等に基づいて回収金の送金を受けること）は対価関係を欠くものとはいえず、この点からも法律上の原因に基づくものであることを否定することはできない。」

## Ⅲ　解　説

### 1　本事案の特殊性について

　本事案は、いわゆる消費者ローンの過払金返還訴訟の一類型である。過払金返還訴訟といえば、消費者ローンの出し手（貸付人）であるAに対してXら個人消費者（借入人）が、過払利息の返済を請求するのが一般的である。しかし本事案では、貸付債権が第三者である信託銀行Yに信託譲渡（信託設定）され、受益権の一部が投資家に売却されている（債権流動化が行われている）点（以下「特殊性①」という）が、通常の過払金返還訴訟とまず大きく異なる。

　また、債権流動化の仕組み[1]と関連して、(i) Aが貸付債権譲渡（信託設定）後もサービサー（債権回収会社）[2]として、Xら借入人から借入金の取立てが引

---

[1] 本事案のストラクチャーのように、資産流動化のうち金銭債権を対象とするものを債権流動化と呼ぶ。資産流動化は「簡単にいえば、『資金調達したい企業（オリジネーター）が保有資産（金銭債権等）を信託や特定目的会社（SPC）などの導管体（Conduit）に分離譲渡し、分離された資産から生じる権利を投資家に対して販売すること』である」と解説されている（みずほ信託銀行編『債権流動化の法務と実務』〔金融財政事情研究会、2005年〕21頁）。なお、「証券化」と呼ぶ場合もある。

[2] 債権流動化におけるサービサーについては、「金銭債権は信託された時点で受託者の財産となるため、本来であれば受託者がその債権の取立を行うべきものである。しかし、①債務者が多数にわたり、実質的に信託銀行等が取立てを行うのは困難である場合が多いこと、②債務者からみても、従前の債務弁済に関する事務手続等を変更したくない場合が多いこと、③債務者に対して告知しない方式（サイレント方式）で債権を信託譲渡する場合もあることなどの理由から、実務的には委託者と受託者との間で事務委任契約を締結し、受託者にかわって委託者が債権の取立を行うケースが多い。なお、受託者との事務委任契約に基づいて債権の取立を行う者をサービサーという。」と解

き続き行われており，また(ⅱ)信託設定の際いわゆるサイレント方式[3]により第三者対抗要件のみが具備されたことから，債権流動化実施後もXは，自らの債権が第三者（Y）に譲渡されていたにもかかわらず，引き続きAを自らの債権者と認識して弁済を続けていたという点も特徴的である（以下「特殊性②」という）。

さらに，信託譲渡の対象となったのは過払金利を含んだ貸付債権（以下「過払債権」という）であったにもかかわらず，本件信託契約では，Aは信託譲渡の対象となる貸付債権に過払債権が含まれないことを，委託者たるAが表明・保証したうえで，Yに譲り渡している。したがって少なくとも契約書上では，Yは過払金部分を含まない貸付債権であることを前提として，Yは当該貸付債権の信託を引き受けている（以下「特殊性③」という）。なお，信託譲渡後過払債権が混入したことが判明した場合は，Aは信託契約上の義務として，当該債権を買い戻すこととなっている。

また一般的には，サービサーが回収資金のすべてを信託会社に引き渡し，その後信託会社が，回収した資金を，（必要費用等控除の上）受益者に信託元本ないしは収益として交付するが，本事案では，Aが保有する，①受益者としてYに対する信託配当交付請求権と，②サービサーとしてYに対する回収金引渡債務の一部とを相殺する形で，実際に回収した資金の過半をYに引き渡さない運営としていた（以下「特殊性④」という。ただし信託設定当初から平成18年5月頃までは，回収した金員の全額をAはYに引き渡していた）。

## 2 本事案の争点について

(1) 本事案では，Xが過払金相当の金銭を不当利得（民703条）であるとして，Yに対して返還請求することの可否が問題となったのだが，特殊性①〜④に起因して問題がより複雑となっている。

---

説されている（三菱UFJ信託銀行編著『信託の法務と実務』〔金融財政事情研究会，2008年〕602〜603頁）。

3) 債権譲渡通知や承諾（民467条1項）のように債務者に告知することなく（サイレント），債権譲渡登記により第三者対抗要件のみを具備する方式を一般に「サイレント方式」と呼んでいる。「実務において，債権の譲渡人……は債権譲渡の事実を知られたくないとのニーズも強」い（みずほ信託銀行編・前掲注1）96頁）ことから実務ではこの方式が広く取り入れられている。

第2章 信託財産

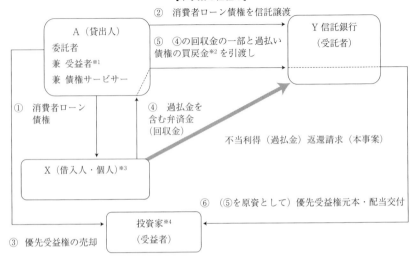

※1 Aはセラー受益権および劣後受益権の受益者（優先受益権は当初のみ受益者。優先受益権を投資家に売却することでAは資金調達を実現）。なお受益権の複層構造については下図参照。
※2 本件では④の回収金のうち⑤で実際にYに引き渡していたのはその半分以下。また②の債権のうち、過払い利息を含む貸付債権（過払い債権）が混入した場合、信託契約上の表明・保証違反としてAが買い取る仕組みとなっている。
※3 消費者ローンの債務者。原告Xの他にも多数存在する。
※4 債権流動化（証券化）では、複数の投資家に優先受益権を販売するのが一般的。

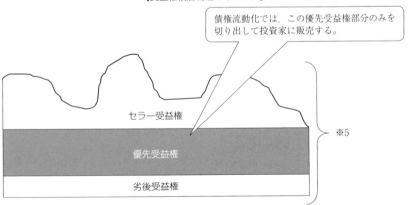

※5 本事案は信託期間中、追加信託を想定しているため、信託財産総額の異動により、受益権総額の増減が考えられる。よってこのような図としている。

(2) 「**本件弁済金による給付利得の当事者が誰か**」について（以下「争点1」）

本件では貸付債権は信託譲渡された結果債権の名義はAからYに移転している（特殊性①）ものの，一方で特殊性②から，Xは，債権譲渡後もAを引き続き債権者であると認識して過払利息も含め同社に対して弁済を行ってきたため，これが一体誰に対する弁済なのかが，対抗要件具備の意義とも関連して問題となる。

(3) 「**被告に利得が認められるか**」について（以下「争点2」）

争点2は専ら特殊性①に関連して問題となる。すなわち，債権の譲受人はYではあるものの，当該貸付債権を信託財産として（Yの固有財産ではなく）信託勘定で取得している。このため，過払金部分も含めた当該貸付金の弁済金については，必要費用を控除した後，信託勘定から全て信託の収益金として，Yに留まらず受益者に対して残らず交付される。Yは信託の収益を自らの利益として収受することが禁じられているためである（旧信託9条）[4]。そこで，利得者が，受託者Yなのか，Aら受益者なのかがまず問題となる。

仮に受益者が利得者であるとした場合，特殊性①から優先受益権の投資家も受益者（優先受益者）にあたるため，A（劣後受益者およびセラー受益者）同様過払金返還債務を負うのかが次に問題となる。

反対にYに利益が帰属しうるとした場合は，Yに認められる「現存利益」とは何を指すのかも問題となる。すなわち信託会社が信託勘定で保有している範囲（受益者に配当未了の範囲）で利益が帰属すると考えるのか，弁済を受けたこと自体受託者の利得となるのだから，受益者への配当の如何を問わず弁済額全体が利得にあたると考えるか検討しなければならない。

また特殊性④との関連では，実際には回収された資金の過半はYに給付されていないことをもって，少なくともその部分についてYに利得がなかったといえるか，それとも相殺をもってYの保有する貸付債権が債務の弁済を受けたと評価できるので，「社会通念上の連結」を認めて実際に給付を受けてい

---

[4] 新井〔第4版〕172頁では旧信託法9条について，「信託利益の享受主体は受益者であるから」「受託者が受益者を兼任する（両者が同一人物である）ことを認めない趣旨であるということができる」としている。なお本事案の信託契約時期は平成17年6月28日のため，適用される法律は，旧信託法となる。

なかったとしても抽象的にYに利得が存在したといえるのか，などもさらに問題となる。

(4) 「法律上の原因」の要件について（以下「争点3」）について

実際にYはXから直接給付を受けてないため，争点3では，Yの利得とXの給付との因果関係を認めるにあたって，「法律上の原因」の有無が問われている。そこで特殊性②や特殊性④との関連でいわゆる講学上「三角関係の給付不当利得」が問題となりうる[5]。

## 3 判例・学説等について

### (1) 地裁の判決動向

本事案同様の事案（原告以外同一の事案。以下「本事案等」という）は消費者ローンの過払金返還訴訟として，東京地裁を中心として全国で多数訴訟提起され，現在も係争中である。信託の持つ性質を勘案した場合，受託者であるYに利得は認められないとして，多くの事案で本事案判決同様，Yへの請求を棄却されている。いっぽう，Aや，Yから信託財産である貸付債権を譲り受けたエヌシーキャピタル株式会社に対する過払金の返還請求訴訟も並行して多数提起されているが，確認されている限り，原告（借入人）側の請求が軒並み認められており，対照的な結果となっている。

しかし一部ではあるがYへの請求を認める判決も，大阪地裁や名古屋地裁等にて確認されている（以下「反対判決」）。例えば，大阪地裁平成24年12月7日判決（判時2175号41頁。以下「大阪事案」という）では，本事案判決とは全く反対の判断が下され，原告の請求が認容されている。大阪事案判決では，各争点に対応する論点について，本事案判決と真っ向から反対の判断がなされている。

### (2) 高裁の判決動向

本事案判決は平成24年9月6日東京高裁で維持されたほか，東京高裁では別事案で原告の請求を棄却した原審が支持され，控訴が棄却された（東京高裁

---

[5] 大阪地判平成24・12・7判時2175号41頁。大阪事案第1審判決では，「本件では，Aが弁済受領権限を付与された上でXから弁済金を受領しており，その弁済金の一部についてはYに交付していないことから，いわゆる三者不当利得が問題となる余地がある」としている。

平成25年1月24日判決判タ1390号244頁①事件)。大阪事案はその後控訴されたが，原告の請求を棄却する逆転判決が出ている（大阪高裁平成25年7月19日判決判時2198号80頁）。このほか，札幌高裁でも原告の請求を棄却した原審が支持され，控訴が棄却されている（札幌高裁平成24年9月20日判決判タ1390号248頁②事件）。

### (3) 最高裁の判決動向

本稿執筆時点で本事案等の最高裁判決は確認されていない。ただ，本事案は先述の控訴審判決後上告され，また大阪事案も上告されている模様である。いずれにせよ，本事案等は「信託法の理論とも関連して解決困難な事案」（判時2198号81頁）であり，これら上告審の行方が今後注目される。

### (4) 学説等について

いっぽう本事案判決に対しては道垣内弘人教授より有力な批判が加えられている[6]。道垣内教授は大阪事案第一審判決ほか反対判決等を例に挙げ，本事案判決のポイント毎にそれぞれ批判している（以下「本事案判決の評釈」という）。

その他実務家や弁護士からも本事案に関する評釈がなされている。本事案判決や先述の高裁判決を支持する意見がある反面，慎重な意見も見受けられる[7]。

---

[6] 道垣内弘人「過払金が生じている貸金債権につき信託契約に基づいて譲渡を受けた受託者が，債権譲渡の債務者対抗要件を具備していないとき，債権譲渡後の弁済金に係る不当利得返還義務を負わないとされた事例」金法1977号（2013年）67～70頁。

[7] また，学説以外にも本事案等に関連するものとして，反対判決の原告代理人の視点からY側の主張を中心に批判を加え，信託受託者に不当利得が認められる旨の主張を展開したものがある（名古屋消費者信用問題研究会監修，瀧康暢編著『過払金返還請求・全論点網羅2013』〔民事法研究会，2013年〕155頁以下。執筆者は反対判決の一つである中村簡裁平成23年12月22日判タ1369号212頁の原告代理人であった）。

他方，本事案判決や一連の高裁判決の見解を支持するものとして，神鳥智宏＝織田真史「信託を用いた貸付債権の証券化における過払金返還債務の帰属主体について」NBL1027号（2014年）60～67頁や，信森久典「過払金が生じている貸付債権の信託譲渡を受けた受託者の不当利得返還義務の有無」みずほ信託銀行＝堀総合法律事務所編『詳解信託判例』（金融財政事情研究会，2014年）449～469頁がある。

学説では鎌野邦樹「信託契約による債権譲受人に対する貸金債務者の過払金返還請求の可否」私法判例リマークス（2014年）26～29頁があるが，「制限超過利息付き貸付債権」の一括譲渡については，そもそも借主たるXの承諾なくしては許されないとして，YおよびAのいずれに対しても，Xは過払金の返還を請求することが出来るという独自の見解をとっている。

その他本事案に関するものとして，鈴木健之「消費者ローン債権の信託譲渡と過払金債務の帰趨」金法1979号（2013年）90～91頁がある。

### 4 若干の考察

本事案で論ずべき論点は多く，紙面の都合上ここで全てを検討することはできないが，最も重要なのは，やはり本件過払金は一体誰の利得なのか，という点に尽きるのではないだろうか。

**(1) 本事案等の立場**（受託者の利得受益者利得説（以下「受益者利得説」））

本事案判決を含め，Yに利得を認めない立場の主張は略一貫している。受託者の勘定は，① 信託財産を預かる「信託勘定」と，② 受託者固有の勘定の勘定（以下「固有勘定」）に分けられ，信託財産独立の原則（旧信託15条以下）[8]，受益者の利益享受の原則（旧信託7条）や固有勘定による信託の利益収受禁止（旧信託9条）を認めていることから，信託財産から得られる利得（以下「信託利益」）を享受する真の主体は，「受託者」でなく「受益者」である，とするものである。

**(2) 反対判決や学説等の立場**（受託者の利得受託者利得説（以下「受託者利得説」））

反対判決等の立場も主張は略一貫している。信託は委託者から受託者に財産の名義を移転させる制度である。その結果信託財産の帰属主体は受託者であり，過払金が信託財産に帰属する以上，その利得を享受するのは受託者である，というものである。

**(3) 検 討**

「利得を受ける」とは，一定の事実（法律事実）が生じたことによって財産が増加することであるから，不当利得の成立原因とされる法律事実によって財産が積極的に増加することが必要である[9]。とするならば，過払金は信託勘定に属し，受託者の固有勘定の財産が積極的に増加することがない以上，受益者利得説は信託銀行の実務感覚にも沿っており，一見妥当とも思われる。

しかし，受託者の信託勘定に過払金相当の金員が残っていない場合（受益者に配当済）であれば，このような結論も妥当だが，信託勘定内にこのような金員が残存していた場合にもなお受託者には利得はなく，一律に受益者に利得が存すると評価することになるのであろうか。この点疑問が残る。

---

8) 四宮〔新版〕61頁。
9) 我妻栄「民法講義V 4 債権各論下巻一」（岩波書店，1972年）945～946頁。

11 過払金が生じている貸金債権の信託譲渡を受けた受託者の不当利得返還義務

　他方，受託者利得説も，過払金相当の金員部分も含め受託者から受益者宛に配当が完了しており，信託勘定に過払金相当の金員が残存していない場合にもなお，受託者に利得ありとして，信託勘定ではなく，過払金他信託財産から利得を得ていない固有勘定から過払金相当の金員を原告に返還しなければならない結論となってしまい，受託者に酷な結果を招いてしまう。すなわち受託者は信託財産の受託を受ければ受けるほど，信託財産見合いの利得を得たとして，信託終了後であっても，あるいは信託財産の利得を受益者に全て配当した後であっても，常に本件のような不当利得返還債務を固有勘定で負うリスクを潜在的に負ってしまうのである。

　この点，信託財産の得た利益（以下「信託利益」）の利得者とは「信託」であり，「信託」とは，受託者の信託勘定または，受益者であり，どちらに信託利益が帰属するかについては，受益者への信託利益の交付の有無で決すべきと考える（以下「信託利益説」，自説）。なお，この場合受託者の固有勘定は含まれない。このように解することは，受益者利得説が根拠に挙げる信託財産独立の原則（旧信託15条，現信託25条），信託の利益の受益者享受の原則（旧信託7条）や受託者による信託利益の享受禁止（旧信託9条）の考え方とも整合する。

　このように考えた場合，①過払金相当の弁済金が受益者に交付された場合は受益者（本事案ではAおよび優先受益権購入者），②交付前であれば受託者（本事案であればY）が利得者となる。ただしいずれの場合もYの固有勘定に対して不当利得返還請求することはできないこととなる。

　この考えに対しては，受託者利得説からは，例えば信託行為にしたがい，信託財産たる金銭（本件過払金を含む）で受託者が不動産を購入した場合に，本事案原告（借入人）から過払金相当の不当利得返還請求を受託者が受けると，「過払い金は不動産の購入資金として不動産の売主に払ってしまったので，受託者に利得はない」，との主張が可能となってしまい妥当でないとする批判がある。

　しかし，このような批判で挙げられている受託者と第三者との関係と，信託の当事者間（受託者・受益者）との関係を同一に論ずべきではない。後者はあくまで「信託」内部の問題であり，前者とは性質を異にする。上記の例の場合，信託財産たる金銭と引き換えに不動産を信託財産として取得していることから，信託利益説からも引き続き受託者に利得が残ることとなる。

また，受託者利得説からは，受益者に利得を認めてしまうと，不特定多数の投資家に優先受益権が販売されている場合，事実上誰からも過払金の返還を求め得なくなってしまうといった批判がなされている[10]。

しかし本事案では，①受益権が優先劣後構造を採用していること[11]，また②過払金を伴う貸付債権部分については，信託契約上の表明・保証違反であるとしてＡがＹから買い戻している[12]ことから，過払金部分の経済的利益は優先受益者ではなく，劣後受益者たるＡが得ているといえる。よって利得が認められる受益者は唯一劣後及びセラー受益者であるＡのみといえるため，かかる指摘はあたらないと考えられる[13]。

なお受託者利得説の中でも，大阪事案第一審判決では，「実際には貸金債権等が存在しないにもかかわらず弁済された過払金に相当する部分については，受託者が信託財産の管理者として取得する財産ということができるから，信託財産に属すると解するのが相当である（〔旧〕信託法14条）。この点については，本件弁済金の交付の場面では，弁済の対象となる貸金債権がそもそも存在していない場合が多く，〔旧〕信託法14条の解釈を厳格に行う立場からは，過払金は信託財産に属さず，受託者の固有財産に属すると解する余地もある。」としており，受託者利得説の立場からも，信託財産と固有財産を分けて受託者の利得の帰属の存否を検討する余地を残しているのではないかと思われる。

しかし，同判決では「弁済金が信託財産と固有財産に分属することになると

---

10) 道垣内・前掲注6) 70頁。
11) 川村一博「消費者ローン債権の流動化と信託銀行に対する過払金返還請求の現実性」NBL942号（商事法務，2010年）1頁では，「証券化スキームにおいて優先受益権への信託配当に充てられる一定金額を上回る金員は，その多くが結局，劣後受益者であるオリジネーターに戻って来るから，そうした部分に対応すると観念されるなら，信託銀行に不当利得が生じているとは言い難くなる」としている。
12) 神鳥＝織田・前掲注7) 65頁注12。
13) 本事案の場合，劣後受益権に加え，セラー受益権（両者合計で受益権総額の過半を占める）をＡが保有しており，優先受益者の配当に充当させる金額を除く債務者からの回収金の過半をＡ自身で収受して，実際にＹには引き渡していなかった。加えて元々計算上過払金利息部分を優先受益者の配当に組み入れるような商品設計を行っていなかったことが，信託契約上かかる債権を信託財産として想定していなかった事実からも明らかである。さらに誤って混入した過払債権はＡに実際に買い戻されて信託財産には原則残らない運営が現実になされていたことを踏まえると，信託であるＹ側に過払金利息に対応する利得があったとはもはや認められないのではないだろうか。

法律関係が複雑になるので，このように解することは相当でない」として，最終的に受託者の利得を認める判断をしている。しかし，ただ「法律関係が複雑になるから」といった理由だけで考慮しない，というわけにはいかないのではないか。

また受託者利得説のうち，本事案判決の評釈中でも，委託者が100%の受益者（単独受益者）である場合でかつ，（信託報酬額部分を除く）実際の弁済金の引渡しの100%を委託者兼受益者が債務者から受け取り，受託者に引き渡す場合には，受託者ではなく受益者に利得があることを「検討すべき点があるかもしれない」としている[14]。

この点をふまえると，受託者利得説も単に受託者が権利の帰属主体であることイコール利得有と評価しているわけではなく，委託者側（本事案ではA）に利得（利益）が帰属する余地を全く否定しているわけでもないといえよう。

## Ⅳ　本判決の意義

### 1　本判決から考えられること

本事案はいわゆる過払金返還訴訟の一類型ではあるものの，信託取引全般に関して参考となる事案ともいえる。すなわち，例えば，不動産管理処分信託において，信託終了後，信託期間中に同建物に入居していたテナントから過払賃料があったことが判明し，同テナントから当該信託会社に対して過払い賃料相当額の返還請求があったような場合，信託会社はこれを不当利得として返還義務を負うのか，という問題などがこれに当たる。また本問題を解決するにあたっては，信託の性質をどう捉えるか，が重要となる。過払金返還訴訟の当事者として信託がクローズアップされてしまったこと自体は残念な事案ではあるものの，関連する裁判例も含め信託の性質をどう考えるかという意味で重要な判決であったといえる。

信託の場合，信託期間中に受け取った金銭等については，自らが受け取る信託報酬や財産管理に必要な費用等を除いては，全て受益者に交付され，信託終

---

[14]　道垣内・前掲注6) 70頁。

第2章 信託財産

了した時点では，信託会社の手元には基本的には何も残らないのが一般的である。したがって後日第三者から不当利得返還請求を受けた場合，固有勘定での支払リスクが信託会社にとって実務上問題となりうるのである。

　本事案および大多数の裁判例では，原告の請求は退けられたたものの，先述のとおり，他の裁判例では一部ではあるものの，信託会社に支払を認めるものや，学説でも本事案判決に対して有力な批判が加えられていることをふまえれば[15]，依然受託者のこうした不当利得返還請求リスクが完全に払拭されたとまではいえない[16]。

## 2　実務上考慮すべき点

　こうしたリスクを回避するには，まず限定責任信託（信託216条以下）[17]の活用が考えられる。しかしそもそも同制度特有の問題[18]等もあってか，通常の信託取引としての活用事例はあまり聞かれない。したがって現時点では現実的な解決策となりえない。

　本事案のように，紛争可能性の高い資産を受け入れる場合，あらかじめ受託者は対象となる原契約書等にできる限りあたっておくなど，契約内容の事前確認を行って[19]おくことが実務上望ましい。また大阪事案第一審判決が示すとお

---

[15] この他に道垣内・前掲注6) 68〜69頁で他の類似事例について前掲注7) ウェブサイト掲載の公刊物未登載の裁判例を複数紹介している（大阪地判平成25年3月29日，福岡地判平成25年4月26日等）。なおいずれの裁判例も信託受託者に過払金返還義務を課す旨の判断がなされている。

[16] 信森・前掲注7) 458頁では，札幌高判平成24・9・20判タ1390号248頁を題材として採り上げ，筆者と同様の見解を示しているものの，「裁判所の判断が分かれていることが端的に示すとおり，むずかしい事案であると思われる」としている。また鈴木・前掲注7) 91頁でも，「信託受託者が過払金返還債務を負担するリスクがどの程度なのか不明な状態なので，なかなか取組みは難し」いとしており，実務では引き続き取扱いの難しい事案であるといえる。

[17] 寺本〔補訂版〕415頁。「『限定責任信託』とは，受託者が当該信託の全ての信託財産責任負担債務（受託者が信託財産に属する財産をもって履行する責任を負う債務）について信託財産に属する財産のみをもってその履行の責任を負う信託のことである」とし，「信託実務上，受託者の無限責任を排除して責任財産を信託財産のみに限定したいというニーズ」に対応する新しい類型の信託を創設した，としている。

[18] 例えば信託債権者保護の観点から信託法222条他で会計帳簿及び貸借対照表等の作成・保存義務の要件が厳格に規定されている等，通常の信託の管理よりも受託者の管理負担がより重いとされており，一般に具体的な利用例は少ないといわれている。

[19] 金融庁が作成する「信託検査マニュアル（金融検査マニュアル別編〔信託業務編〕）」http://www.fsa.go.jp/manual/manualj/shintaku.html。

## 11 過払金が生じている貸金債権の信託譲渡を受けた受託者の不当利得返還義務

り，契約頼みでは信託のプロである信託銀行にとっては悪意や重過失の認定がなされるリスクが高い点も十分に留意すべきである[20]。単に信託契約の相手方（委託者）の表明・保証条項頼みにしない受託者側の姿勢が求められている。

本稿に掲載されている意見等については，あくまで筆者個人の意見であり，筆者が所属する会社，研究会等の意見を示すものではない点を最後に申し添えておく。

---

「信託引受審査態勢 II.3. 金銭債権を信託財産とする信託引受審査」では，信託会社が金銭債権の信託引受けをする際に，「(1) 金銭債権の効力の有無の確認」や「(2) 法的紛争等の確認」等を信託会社自らが確認するようガイドラインを定めている。

20) 大阪事案第1審判決では，Yが「悪意の受益者にあたるか」について，悪意または「これに準ずる重過失がある」としている。これは「本件信託契約時において過払い金返還訴訟が多数係属していたことは公知の事実であり，これは少なくとも貸金業者や信託銀行においては把握しておくべき事実であったといえる」ことを根拠としている。

# 12

## 消極財産（敷金返還義務）の信託

最高裁平成 11 年 3 月 25 日判決　判時 1674 号 61 頁

菊　池　　　学

## I　事　実　概　要

### 1　事　　実

　平成元年 3 月，A は東京都渋谷区内に地上 10 階地下 2 階建の事務所・店舗ビル（以下，本件全体ビル）を新築，完成と同時に B に本件全体ビルを売り渡す一方，B より本件全体ビルを一括賃借（リースバック）した。

　X（原告・被控訴人・被上告人）は，同年 6 月に A との間で本件全体ビル内の 3 フロア延べ 159 m² 余を賃借する契約（以下，本件賃貸借契約）を締結し，A に保証金 3,300 万円余（退去時に 20％ の償却費を控除し返還の約定）を預託した。

　平成 2 年 2 月，A は本件全体ビルを B から買い戻したうえで，本件全体ビルの所有権全部を C ほか 38 名（以下，持分権者ら）に持分 50 分の 1 ないし 5 あて売り渡し，持分権者ら全員は，それぞれ各持分を信託銀行 Y（被告・控訴人・上告人）へ信託譲渡した。この売買契約および信託譲渡契約の締結にあたっては，本件賃貸借契約における賃貸人の地位を A に留保する旨（以下，地位不承継特約）がそれぞれ契約当事者間で合意された。

　信託譲渡を受けた Y は，直ちに大手リース会社 D との間で本件全体ビルの賃貸借契約（使用目的は転貸）を締結，さらに D は A との間で貸主を D，借主を A とする本件全体ビルの賃貸借契約（使用目的は転貸）を締結した。

　その後 A の経営は立ち行かなくなり，平成 3 年 9 月に破産宣告を受けるに至ったが，X はこの時点まで本件全体ビルが Y に信託譲渡され，同時に Y-D 間および D-A 間で賃貸借契約が締結されていた事実を知らず，A に対して賃料を支払い，また A 以外の者が X に対して本件賃貸借契約における賃貸人の

地位を主張したことはなかった。

　Xは，本件全体ビルの所有権がAから持分権者CらをへてYに移転したことから，判例理論に従って，本件賃貸借契約上の貸主たる地位はYに移転しておりXがAに預託した保証金（償却費20％控除後）の返還債務（以下，本件返還債務）はYが承継した旨主張したが，Yは地位不承継特約を盾に本件返還債務の承継を認めなかった。そこでXが債務の確認訴訟を提起，Yは地位不承継特約の有効性，今後発展が期待される新たな投資手法である"不動産小口化商品"の特殊性および「債務の信託は認められていない」こと等を主張したが，一審および原審ともXの主張を認めてYの主張は退けられたことから，Yが上告した。

　なお，建物の賃貸借に際して授受される「保証金」と称される一時金については，敷金の性質を持つもののほか，賃借権設定の対価，建物建設資金の借入れなど，事案によりその法的性質が異なるが，本件訴訟では敷金の性質を持つものであるという点で争いがなく，引用した各判決文中の「保証金」は敷金の性質を持つものという前提で用いられている。

## II　判　　旨

　上告棄却。

### 1　地位不承継特約の有効性について

　最高裁は，地位不承継特約の有効性について，次のとおり判示した。

　「自己の所有建物を他に賃貸して引き渡した者が右建物を第三者に譲渡して所有権を移転した場合には，特段の事情のない限り，賃貸人の地位もこれに伴って当然に右第三者に移転し，賃借人から交付されていた敷金に関する権利義務関係も右第三者に承継されるものと解すべきであり（最高裁昭和35年（オ）第596号同39年8月28日第二小法廷判決・民集18巻7号1354頁，最高裁昭和43年（オ）第483号同44年7月17日第一小法廷判決・民集23巻8号1610頁参照），右の場合に，新旧所有者間において，従前からの賃貸借契約における賃貸人の地位を旧所有者に留保する旨を合意したとしても，これをもっ

第2章　信託財産

て直ちに前記特段の事情があるものということはできない。けだし，右の新旧所有者間の合意に従った法律関係が生ずることを認めると，賃借人は，建物所有者との間で賃貸借契約を締結したにもかかわらず，新旧所有者間の合意のみによって，建物所有権を有しない転貸人との間の転貸借契約における転借人と同様の地位に立たされることとなり，旧所有者がその責めに帰すべき事由によって右建物を使用管理する等の権原を失い，右建物を賃借人に賃貸することができなくなった場合には，その地位を失うに至ることもあり得るなど，不測の損害を被るおそれがあるからである。」

　なお，本判決については，藤井正雄裁判官が次の反対意見を述べた。

　「甲が，丙に建物を譲渡すると同時に，丙からこれを賃借し，引き続き乙に使用させることの承諾を得て，賃貸（転貸）権能を保持しているという場合には，甲は，乙に対する賃貸借契約上の義務を履行するにつき何の支障もなく，乙は，建物賃貸借の対抗力を主張する必要がないのであり，甲乙間の賃貸借は，建物の新所有者となった丙との関係では適法な転貸借となるだけで，もとのまま存続するものと解すべきである。賃貸人の地位の丙への移転を観念することは無用である。」「本件の場合には，Ｙが賃貸人の地位を承継しない特段の事情があるというべきである。」「もし法廷意見のように解すると，小口化された不動産共有持分を取得した持分権者らが信託会社を経由しないで直接サブリース契約を締結するいわゆる非信託型……の契約形態をとった場合には，持分権者らが末端の賃借人に対する賃貸人の地位に立たなければならないことになるが，これは，不動産小口化商品に投資した持分権者らの思惑に反するばかりでなく，多数当事者間の複雑な権利関係を招来することにもなりかねない。また，本件のような信託型にあっても，仮に本件とは逆に新所有者が破産したという場合を想定したとき，関係者はすべて旧所有者を賃貸人と認識して行動してきたにもかかわらず，旧所有者に対して法律上保証金返還請求権はなく，新所有者からは事実上保証金の返還を受けられないことになるが，この結論が不合理であることは明白であろう。」

## 2　債務の信託の可否

　本判決では債務の信託の可否について直接の判断は示されなかったが，一審

および原審では次のとおり判示された。なお，判決文中の「信託法」とは，平成17年施行の現行法以前の旧信託法を指している。

**(1) 1審（東京地判平成5・5・13金判924号17頁）**

「信託法上の信託にあっては，債務自体又は積極財産と消極財産とを含む包括財産を信託の目的とすることはできないけれども，保証金の返還債務等を含む賃貸借関係は，賃貸目的物の所有権と結合した一種の状態債務関係ということができるから，公租公課の負担を伴った財産権などと同様に，右のような賃貸借関係を伴った不動産を信託の目的とすることは許されるものと解することができる。」

**(2) 原審（東京高判平成7・4・27金法1434号43頁）**

「信託法1条が信託の対象として規定する財産権は，積極財産を意味し，債務そのものは信託の対象とならないが，その積極財産が担保物権を負担していたり，財産権自体に付随する負担（例えば，公租公課）を伴うことは妨げないものである。そして，本件全体ビルのように従前からの賃借権が設定されている場合，目的物の所有権に伴う賃貸人たる地位は債権債務を含む包括的な地位であって，単なる負担とも異なるものであるから，賃貸借関係が存在すること自体は本件全体ビルを信託の対象とすることの妨げとなるものではないというべきである。信託法16条1項は信託財産につき信託前の原因によって生じた権利に基づく信託財産に対する強制執行を認めているが，賃貸借関係の存在する不動産を信託の対象とした場合，敷金に関する法律関係は賃貸借関係に随伴するものであるから，敷金返還請求権は信託財産につき信託前の原因によって生じた権利というべきである。

したがって，本件全体ビルの信託譲渡を受けたYは本件賃貸部分の賃貸人たる地位を承継するとともに本件返還債務を負担するに至ったものというべきであり，Yが賃貸人たる地位を承継するとしても本件返還債務は承継しない旨のYの主張は到底採用できない。」

# Ⅲ 解　説

本判決は"不動産小口化商品"の信託事業に関して，原所有者から建物を賃

借した賃借人の敷金返還請求権の承継に関する裁判所の判断が示された事例であり，不動産小口化商品および信託に関する重要な論点を含むものである。

不動産小口化商品は，わが国の不動産証券化の黎明期，1980年代後半に登場した投資商品であり，現物不動産につきその共有持分（当時は1口1億円）を信託や組合を投資ビークルとして証券化するものであったが，バブル崩壊による不動産価格の下落や業者の倒産等からトラブルが続出，これを受けて投資家保護のために平成7年4月に「不動産特定共同事業法」が施行された。しかしながら，不動産特定共同事業法の厳しい事業要件が敬遠され，同法が対象とする現物不動産への投資ではなく，現物不動産を先に信託受益権に転換してから投資家を募る，いわゆる「GK（YK）-TKスキーム」[1]が不動産証券化の中心的手法として多用されることとなった。

なお，当時は証券化に際して対象物件のエンドテナントに通知や同意取得は行わない，いわゆるサイレント形態によるものが大半であり，そのため本判決のようなトラブルが発生したともいえるが，その後マスターレッシー（本事案のDのように投資ビークルから建物を一括賃借〔サブリース〕してエンドテナントに転貸する者。以下，MLという）の破綻への備えとして，実務上は投資ビークルからMLへの賃貸人の地位承継は，エンドテナントの同意を得て行うことが一般的となっている[2]。

## 1 賃貸不動産の所有権移転と賃貸人の地位の承継
### (1) 賃貸人の地位の移転

「契約上の地位の移転」に関する一般論からすれば，関係者（契約の両当事者および地位の譲受人の三者）の包括的な合意（債権譲渡，債務引受け，取消権・解除権の移転）が必要とされるところ，判例・通説では不動産賃貸借契約に限っては賃借人の同意は不要であり，賃貸不動産の所有権が譲渡されれば，特段の事

---

[1] 投資ビークルとして「合同会社（Goudou-Kaisha）」または「有限会社（Yugen-Kaisha）」を用い，ノンリコース・ローンと商法上の「匿名組合（Tokumei-Kumiai）出資」を組み合わせて資金を調達する手法。合同会社・有限会社と匿名組合のローマ字表記の頭文字から「GK（YK）-TKスキーム」と呼ばれる。
[2] 現行の不動産信託の実務については，三菱UFJ信託銀行不動産信託研究会『不動産証券化の危機対応—リーマンショックを乗り越えて』（金融財政事情研究会，2010年）に依拠した。

情がない限り，新旧所有者間の合意のみで賃貸人の地位が移転し，賃借権に対抗力がある場合にはその合意も不要で，当然に賃貸人の地位が移転すると解されている[3]。

なぜこのような結果になるのか，また「特段の事情」とはどのような場合かをめぐっては，さまざまな学説が展開されてきており，本事案においても信託による所有権移転やサブリース形態の賃貸借が「特段の事情」に当たるか否かが注目を集めた。

本解説は信託に関するものであるため，この問題には深く立ち入らないが，敷金返還債務の信託の可否の論点から必要な限度で見ていくこととする。

(2) **判 例 法 理**

判例は一貫して，AがBに賃貸中の所有不動産をCに譲渡したときは，AB間の賃貸借関係は法律上当然にCB間に移り，CはAの賃貸借契約上の地位を承継し，Aは賃貸借関係から脱退する（すなわち債務については免責的な債務引受けがなされる）と解している。この判例法理には学説も一般に賛成しているが，判例が示す理由については，賃借人の意思を度外視して賃貸借関係が新所有者に承継されても特段賃借人の利益を害さないという"消極的実質論"にとどまり，当然承継原則の積極的法理を提示するものとはいえないとの批判もある[4]。

なお，昭和39年8月の最高裁判決（最判昭和39・8・28民集18巻7号1354頁）の調査官解説では，「特段の事情」に当たるものとして新旧所有者間での賃貸人の地位の留保特約が示唆されていた[5]が，本判決では否定されており，どのような場合が「特段の事情」に当たるのかは依然として明らかにされていない。

(3) **学　　説**

学説は判例の示す当然承継原則について，肯定説と否定説に分かれている。前者の代表例は本件第一審判決が理由に掲げた「状態債務」説であり，賃借権が対抗力を備えて売買が賃貸借を破らない場合，賃貸借関係は賃貸目的物の所有権と結合する状態債務関係となり，所有権とともに移転すると見る。後者に

---

3) 内田貴「民法Ⅲ〔第3版〕」（東京大学出版会，2005年）245頁。
4) 潮見佳男「債権総論Ⅱ〔第3版〕」（信山社，2005年）698頁。
5) 森綱郎・最判解民事編昭和39年度310頁。なお解説中では「特別」の事情と表記されている。

は関係当事者全員の合意がない限り地位の移転は認められないとするもののほか，賃貸人の地位の移転それ自体に関する関係当事者の意思の効果として地位の移転を認める見解などがある[6]。

(4) 考　察

学説の中には，契約上の地位の移転をめぐる一般論の中で不動産賃貸借の特例を説明しようと意欲的な試みがなされているが，譲渡当事者ないし賃借人との間に明示的または黙示的な合意がなくとも賃貸人の地位が譲受人に移転する理由を完璧に説明するには至っていない状況である。

本件最高裁判決については，藤井裁判官の反対意見のほか，学説においても賃貸人の地位の留保合意の効果を認める見解があり，本件最高裁判決がその理由として挙げている点（けだし以下の部分）については，確かに借地借家法34条（建物賃貸借終了の場合における転借人の保護）は賃借人（転貸人）の債務不履行による解除の場合には適用されないとするのが判例[7]であるが，学説には異論も多く，特にサブリースにおける建物転借人（エンドテナント）保護の観点からは，適切な立法措置を視野に入れた検討が必要との指摘もなされている[8]。

なお，現在検討が進められている民法（債権関係）の改正に関する「中間試案」（平成25年2月26日決定）においては，実務上このような留保特約の必要性があることを挙げて，民法605条の規律にこの判例法理を明記したうえで，留保特約の有効性を認めることが提案されている[9]。

## 2　債務の信託について

### (1) 旧信託法下の解釈

旧信託法下においては，信託の対象となる「財産権」は積極財産を指しており，消極財産（債務）を含む信託は許されないが，「信託の目的たる積極財産が，担保物権を負担していることは差し支えなく（16条1項参照）」，また「財産権自体に付随する負担（例，公租公課）をともなうことは妨げない」と

---

[6] 諸学説については，松尾弘「賃貸不動産の譲渡と賃貸人の地位」慶應法学24号（2012年）53頁以下に依拠した。
[7] 大判昭和8・7・12民集12巻1860頁，最判昭和39・3・31判タ164号70頁。
[8] 塩崎勤＝澤野順彦『裁判実務大系（23）』（青林書院，1995年）430頁。
[9] 法務省ウェブサイト（http://www.moj.go.jp/shingi1/shingi04900184.html）。

するのが通説的見解であり，その理由については，消極財産は「財産権」とはいえないこと，債務の承継については「債務の引受」によることが民法の一般原則であること，が挙げられている[10]。

しかし，信託行為と債務引受けとが法律行為として別個の要件が必要である点はともかく，信託設定後における信託財産の管理，処分の過程で信託財産が債務を負うことが認められている以上，消極財産を含んだ財産に信託を設定できないとする実質的理由は必ずしも明らかではない[11]。

本判決の一審，原審とも，信託受託者に敷金返還債務が承継され得る拠り所を「財産権自体に付随する負担（例，公租公課）をともなうことは妨げない」こと等に求めているが，通説的見解が指す公租公課とは信託設定後に賦課されるものであって，信託設定前の未納債務まで含まれるとは考えづらく，また「信託財産に関して信託前の原因によって生じた権利」については，確かに保証金の返還請求権は信託財産たる不動産の所有権に付随した権利ではあるけれども，その不動産に設定された担保物権のように，その不動産を責任財産とする直接的な権利とはいえないことから，論理的に十分な説明となっていないように思われる[12]。

本件判決に関しては，むしろ消極財産を含む包括財産について信託設定できないとする実質的理由はないこと，敷金の性質を持つ保証金の返還債務の存在は取引当事者にとって必ずしも予測が困難でなく，受託者を不当に害するおそれもないこと等から，裁判所は（消極財産を含んだ）包括財産について信託を設定することは可能であるとの一般論を展開すべきであったとの批判が寄せられている[13]。

---

10) 四宮〔新版〕133頁。
11) 星野豊「建物の譲渡と賃貸借契約に基づく保証金返還債務の承継」ジュリ1087号（1996年）151頁（第1審に対する評釈）。
12) 四宮〔新版〕183頁では，旧信託法16条の「信託財産ニ付信託前ノ原因ニ因リテ生シタル権利」の例として「抵当権・先取特権」等を挙げる一方，不動産の所有者責任に基づく権利については，受託者の処理行為によって生じた権利は「信託事務ノ処理ニ付生シタル権利」には含めるべきとするも，信託成立前の委託者の行為によって生じた権利は「信託財産ニ付信託前ノ原因ニ因リテ生シタル権利」に含まれるとはしていない。
13) 星野・前掲注11) 154頁。

### (2) 現行信託法の規定

平成19 (2007) 年に施行された現行信託法においては，信託の対象を「財産」と規定し，また「信託財産責任負担債務」の規定（2条9号，21条）を置くなど，債務を含んだ包括財産につき信託引受（債務の信託）ができるよう法整備がなされ，これにより「事業信託」が可能となったとされている[14]。

しかしながら，債務の信託が許される限界や債務の信託の際の手続は明文化されておらず，純粋な債務のみの信託は許されるのか，積極財産より消極財産が上回っている場合はどうか，債務の信託が許されない場合は一部無効などの問題については，依然解釈に委ねられている。

また，事業信託設定時における債務の取扱いについては，会社法上の事業譲渡の手続によることから各債権者の個別同意が必要であることが明らかとなったが，不動産信託引受時における敷金の性質を持つ保証金の場合は，実務上リスク管理の観点から債権者たるエンドテナントの同意を取得することが一般的となっているものの，法律上どうなのかは依然明らかになっていない。

### (3) 債務の信託の意義と限界

債務の信託の意義について再考してみるに，賃貸人の地位の承継と同様，債務の信託が否定的に解されてきた理由もまた"消極的実質論"であった印象を受ける。旧法1条の文理解釈から積極に解せなかったことに加えて，財産管理制度として，信託前に委託者が負担していた債務を受託者へ移転させることの実益が乏しかった点も大きかったのではないのであろうか。積極財産と消極財産が一体となった財産の信託についてまず想定されるのは「事業」の信託であるが，これについては旧信託法の立法過程で議論がなされたものの結果的に見送りとなっていた[15]。また，不動産賃貸取引において敷金の性質を持つ高額な保証金が常態化したのは戦後のことである。消極財産を含んだ財産に信託を設定できないと解する実質的理由は，以上のような点にあったのではないかと思われる。

翻って現在，法改正により債務の信託を妨げるものはなくなり，事業の信託も可能となったとされる。立法者は新法となっても債務の信託は成すことがで

---

14) 新井〔第4版〕160頁。
15) 四宮〔新版〕134頁注 (5)。

きず，ただ信託の引受けと同時に受託者が債務引受けを成すことが可能となったにすぎないと説明する[16]が，信託法において信託財産が受託者の引き受けた債務の責任財産となる点が明定されたのであるから，用語の定義，「決め」の問題にすぎない[17]。肝心な点は，信託受託者は信託の目的のために行動するのであり，債務の信託（受託者による委託者債務の引受け）もまたその信託の目的を離れては成しえないことである。その点からすれば，純粋な債務のみの信託はその内容が債務引受けと何ら変わらず，信託としての目的を観念することが困難であるから信託と呼ぶことは適切ではないと思われる。同時に，消極財産を含む包括財産の信託であっても，これが無限定に許されるわけでもないであろう。消極財産が積極財産を上回る場合を一律に禁ずる必要はないが，債務逃れのような悪用を防止するためにも，「債務の信託はその信託の目的の達成のために合理的に必要な限度において成し得る」と解すべきものと思われる。

最後に債務の信託の手続面であるが，債務の信託は民法の債務引受の手続によってなされ，債権者の同意があれば免責的な債務引受の効果を生じ，同意が得られなければ並存的（重畳的）な効果に留まるとされる[18]。一般論としては債権者保護の見地からそのとおり解すべきところ，敷金返還債務の問題については，判例法理たる当然承継原則によれば債権者（賃借人）の同意有無にかかわらず信託受託者が当然に承継するということになる。この当然承継原則については，現代における不動産の取引事情の下では一定の修正を加えられるべきであり，特に一律免責的に敷金返還債務が移転するとされる点は，修正を加えるべきものと考える。今後の民法（債権法）改正の議論に注目したい。

## Ⅳ 本判決の意義

本判決では，確定判例となっている賃貸不動産の有権移転に伴う賃貸人の地位の当然承継に関して，その例外要件である「特段の事情ある場合」には新旧所有者間の不承継特約は該当しないことが明らかにされ，また明示的ではなか

---

16) 寺本昌広ほか「新信託法の解説(2)」金法1794号（2007年）22頁。
17) 新井〔第4版〕166頁。
18) 新井誠監修，鈴木政具＝大串淳子編『コンメンタール信託法』第2章［植田淳］80頁。

ったが，敷金返還債務という消極財産が付随した財産の信託が認められた。

　ただし，債務承継時における債権者保護の要請に鑑みれば，およそ債務全般に当てはまるものではなく，敷金返還債務に限定した判断と理解するべきであろう。

# 13 従業員持株制度と株式信託契約の有効性[1]

A：大阪高裁昭和58年10月27日決定　高民集36巻3号250頁
B：大阪高裁昭和60年4月16日決定　判タ561号159頁

梅　澤　典　男

## I　事　実　概　要

### 1　A事件

抗告人Yは，発行済株式総数2万5000株（1株の金額500円），資本金1250万円の一般常用旅客自動車運送事業を営む株式会社である。

相手方Xら26名はいずれもYの従業員であって，各自200株の株式を有し，その合計は5200株でYの発行済株式総数の10分の1以上であるが，当該株式はいずれも共済会の理事に信託している。

共済会は，労使の協議により従業員の持株制度が採用されたことに伴い，株式信託制度の創設とともに昭和53年に設けられたものである。

その規約によると，Yに勤務しかつ会で選出された理事との間で株式信託契約を締結することにより株式を取得した正会員と，株式信託仮契約を締結し株式取得準備金を積み立てている準会員とで構成され，株主権の行使につき株式取得の趣旨に適合するよう運営することを目的とする。また，株式信託契約をしない従業員は株式を取得できず，株式信託契約を拒否したときは会員資格を失うこととされている。

当該株式信託契約書によると，株主の議決権は受託者である共済会理事が行使するが，配当請求権と残余財産分配請求権は委託者に帰属し，信託期間は委託者が株主の地位を喪失する時までとされている。

---

[1] 本稿の意見に関する部分は，筆者の個人的見解であり，所属する組織の意見ではないことをあらかじめお断りする。

第2章　信託財産

信託契約と同時に作成されている信託契約書覚書によると，委託者が共済会を除名されたとき，株式信託契約を拒否したときには，委託者は受託者にその株式を譲渡することとなっている。

## 2　B事件

事実概要はA事件と同様である（Yの共済会に関する別事件）。

Yは，昭和58年2月10日に臨時株主総会を開催する際に，本株式信託制度に従って，同年1月27日，当時の共済会理事5名に対し臨時株主総会招集通知書を交付し，同年2月10日，理事全員出席のもとに本総会が開催され，取締役を選任する旨の決議がなされた上，本総会に引き続いて取締役会が開催されて代表取締役が選任された。

本総会については，抗告人らを含む一般株主に対しては，招集通知がなされず，その出席もないまま開催され本決議がなされた。

# II　争　点

## 1　A事件

### (1)　従業員Xらの主張

Yの発行済株式総数は2万5000株で，Xらはその10分の1以上に当たる5,200株（各自200株）を現に有する株主である。

Yの決算書中の立替金の一部が使途不明金であることが判明したので，その責任を追及しているうちに，Yの取締役らはダンボール箱3杯分の会計書類の一部を破棄し証拠隠滅的行為をした（その他，会計処理上の疑問点を主張）。

さらに，Xらのうち2名は，Yに対し，再三，再四，株主名簿の閲覧・謄写を要求したが，Yはこれを拒絶し続けていると主張した。

以上のとおり，Yは業務執行に関し，重大な不正の行為があり，法令もしくは定款に違反する重大な事実が存在するとし，商法294条（検査役選任請求。会社法358条）による少数株主権を行使した。

### (2)　会社Yの主張

Xらは，持株各200株の全てを共済会理事に信託しているから，配当請求

権，残余財産分配請求権を除くすべての株主権を行使する権限を有しないのであって，検査役選任請求権も受託者である共済会理事のみが行使しうる。したがって，本件申請は不適法であり却下されるべきと主張した。

## 2 B 事 件

A事件と同様に，本信託契約の有効性について争われるとともに，本株主総会の招集手続および決議方法の違法性の有無，本株主総会決議の瑕疵の有無が争われた。

# Ⅲ 判　　旨

## 1 A 事 件

本件抗告を棄却。信託は無効，Xは商法294条に基づく検査役選任請求権を有する少数株主権者であるとされた。

「Yの従業員は，従業員持株制度によつて株式を取得することができるものの，株式信託契約を締結しない者は株式を取得できないから，株式を取得するためには株式信託契約を強制され，株主として契約を締結するかどうかを選択する自由はなく，又，信託期間は，株主たる地位を喪失する時までというのであるから，契約の解除も認められていない。」

「したがつて，Yの株主は，信託契約の受託者による議決権の行使はあっても，自己が株主として議決権の行使をする道はないこととなる。」

「そして，株式信託制度が抗告人Y関与のもとに創設されたことは記録上明らかであり，信託契約は，株主の議決権を含む共益権の自由な行使を阻止するためのものというほかなく，委託者の利益保護に著しく欠け，会社法の精神に照らし無効と解すべき」とされた。

また，「株式配当請求権，残余財産分配請求権は委託者に帰属するとされ，信託の対象から除外されているが，共益権のみの信託は許されないものと解されるから，その点からも右信託契約は無効というべきである。」「してみると，Xは商法294条〔会社法358条〕に基づく検査役選任請求権を有する少数株主権者である」とされた。

## 2 B事件

本件抗告を棄却。共済会の理事は信託契約に基づいて株主総会の招集通知を受け，議決権を行使する立場になく，しかも，本株式信託制度は相手方会社の関与のもとで創設されたものであるから，本信託契約は相手方会社に対する関係でも無効とされた。

そして，共済会理事5名に対してなされた招集通知，5名の理事のみの出席のもとでなされた本株主総会の招集の手続および決議の方法は違法であり，本株主総会は瑕疵があるといわなければならないとされた。

# IV 解　説

## 1 議決権の信託に関する学説

本決定には，議決権の信託の有効性，議決権のみの信託の有効性の問題と，信託契約が無効である場合の会社に対する株主権の行使の問題[2]の2つの論点がある。以下では，前者の問題を中心に採り上げて検討したうえで，議決権の信託の現代的な活用例についての若干の検討を行うこととする。

信託可能な財産については，新旧信託法とも，具体的な規定はないものの，①金銭への換算可能性，②積極財産性，③移転ないし処分の可能性，④現存・特定性の4つの条件を満たすものとされる[3]。

従前から，議決権行使の目的をもってする株式の信託的譲渡（議決権の信託）は原則として有効と見るべきだが，議決権だけの信託は認められない。議決権は「財産権」（旧信託1条）に該当せず，株式によって表章される権利は一体をなすものであるから，議決権だけを信託することは認められないと解されてき

---

[2] 本決定では，株式信託契約が無効であるから，Xらが検査役選任請求権を有するとされる。しかし，本件では定かでないが，受託者たる共済会理事に株主名簿の名義書換がなされているとすると，会社が当事者でない株式信託契約が無効であるからといって，委託者が株主であることを会社に対抗できることにはならないのではないかとの疑問が呈される。学説では，議決権の信託契約の有効・無効にかかわらず，受託者が議決権を行使でき，議決権以外の株主権についても同様に考える立場がある（鈴木竹雄「議決権信託の効力」同『商法研究III　会社法(2)』〔有斐閣，1971年〕109頁）。

[3] 新井〔第4版〕340頁。

た[4]。すなわち，ここでいう「議決権の信託」は，株式自体の信託であり，議決権のみの信託ではない。

現行信託法において，信託財産の対象となる「財産」（3条）には，金銭的価値に見積もり得るものすべてが含まれる。旧信託法下では「財産権」とされていたことから，一般に，「○○権」と呼称されるようなものである必要があるとの疑義を招くとの指摘がされ，「財産」と文言が改められたが，この点は実質改正にあたらないとされる[5]。現行信託法下でも，議決権の信託は有効であるが，株式と切り離した議決権のみを信託財産とする信託は認められないと解されている[6]。

株式の信託はさまざまな目的でなされるが，議決権を共同して行使する目的でする株式の信託（議決権の信託）の効力につき議論がある[7]。

議決権の信託は，原則として有効な契約であるとするのが通説[8]であるが，

---

[4] 四宮〔新版〕136頁。株主権を構成する個々の権利を別個独立に処分することはできないと解される（神田秀樹『会社法〔第14版〕』〔弘文堂，2012年〕63頁）。

[5] 村松秀樹ほか『概説 新信託法』（きんざい，2008年）3頁。
なお，信託法改正に際しては，「信託法改正要綱試案」の「第8 信託財産の範囲について」において「現行法第14条の規定の趣旨を維持」する旨の記載があり，「同補足説明」（法務省民事局参事官室）の「第8 信託財産の範囲について」において，「試案第8は，信託財産の範囲に関する提案である」とし，「試案においても，この現行法の規定の趣旨を基本的に維持することとしている」とある。法制審議会信託法部会 第3回会議（平成16年10月29日）議事録によると「信託財産の範囲でございますが，これは現行法14条の規定を維持することを提案するもの」と趣旨説明されている。

[6] 新井〔第4版〕340頁。

[7] 同様の目的を達する方法として議決権拘束契約がある（森田果「議決権拘束契約・議決権信託の効力」『会社法の争点』〔有斐閣，2009年〕102頁）。しかしながら，議決権拘束契約は，契約違反があったとしても当事者間に損害賠償義務が生じるのみであって，違反当事者による議決権行使の効力には影響がないと解される（江頭憲治郎『株式会社法〔第5版〕』〔有斐閣，2014年〕334頁）。
わが国において，議決権拘束契約や議決権の信託は「株主間契約」の一環として位置付けられ，閉鎖会社における株主間の利害調整のために発展してきた。議決権拘束契約については，契約の実効性について不明確な点が多く残っているため，当事者の合意内容をより確実に実現したい場合には，議決権拘束契約よりも議決権の信託が活用されることになる（森田・前掲102～103頁）。
議決権拘束契約については，田中亘「議決権拘束契約についての一考察——特に履行強制の可否に関して」岩原紳作＝山下友信＝神田秀樹編集代表『会社・金融・法(上)』（商事法務，2013年）219頁もあわせて参照。

[8] 無効説として松田二郎『会社法概論』（岩波書店，1968年）139頁参照。「議決権は財産権でないから，信託の目的たり得ない」から，「株式を信託しても議決権自体は信託の目的となり得ない」と述べている。

第 2 章　信　託　財　産

　どのような場合に信託契約の効力が否定されるかは，以下のように学説は分かれている9)。

　①　多数説は，信託契約の意図により，会社法 310 条 2 項の脱法となる場合，株式会社法の精神または公序良俗に反する場合に無効となるとする10)。

　②　有力説は，議決権の信託の設定動機は問題とならず，会社法 310 条 2 項を議決権の信託に及ぼす理由もなく，その他会社法の精神・公序良俗に反する場合に該当する場合も想定しがたいとして，受託者に対し議決権行使の方針が指示できるか，信託期間が長期にわたるものでないか，解約の自由が確保されているかを総合的にみて，株主の利益保護がはかられているのであれば有効と認めてよいとする11)。

　③　基本的には会社法 310 条 2 項の脱法行為ではないが，弱小株主の議決権を不当に制限する等の目的があるときには，会社法 310 条 2 項の精神に照らし無効となる場合がある。有効，無効は，委託者・受託者間の関係，議決権行使基準の明確性，信託期間等を基準として判断すべきとする（②説の判断基準に目的や委託者・受託者の関係を加える見解）12)。

　④　契約当事者による区別をし，会社が受託者である場合または受託者が会社の指示で議決権を行使するのであれば，議決権制限株式や自己株式の議決権停止規制など（会社法 108 条・109 条 2 項・308 条 2 項）の趣旨に反して無効となり，会社から独立した第三者が受託者となる信託契約では，信託期間が長期にわたる場合に委託者の財産の管理を著しく制限する公序良俗に反する契約として無効となるとする13)。

---

9)　鈴木隆元「従業員持株制度と株式信託契約の有効性」『会社法判例百選〔第 2 版〕』（有斐閣，2011 年）74 頁の「解説」参照。
10)　大隅健一郎＝今井宏『会社法論（中）〔第 3 版〕』（有斐閣，1992 年）77 頁，龍田節『会社法大要』（有斐閣，2007 年）160 頁。
11)　鈴木・前掲注 2) 102 頁，酒巻俊雄＝龍田節編集代表『逐条解説会社法(4)』（中央経済社，2008 年）〔浜田道代〕144 頁。
12)　江頭・前掲注 7) 319 頁.。
13)　青竹正一「株主の契約」平出慶道ほか編『現代企業法の理論：菅原菊志先生古稀記念論集』（信山社，1998 年）19 頁。松山三和子「従業員持株制度と種類株式等」法律論叢 80 巻 2・3 号（2008 年）459 頁は，委託者と受託者の間の利益相反を理由にあげる。

## 2 本決定の評価

本決定の結論は，一般論としては首肯できる[14]。本決定は，①説に従ったと見て，理由付けにあいまいな点が残ると批判する見解[15]と，解除できないこと等が委任者の利益を害するとして無効としたのであり，②説の考え方に立ったと位置付ける見解[16]に分かれるが，本決定は②説の考え方に立ったと理解するのが妥当と考える[17]。

また，本件信託契約は，③説からも，解除ができないことに加えて，権利行使につき委託者の意向を受託者に指図できない内容であり，受託者と会社との関係が密接であることを認定できるのであれば，現経営陣が会社支配手段として代理権を濫用する危険性に鑑みた会社法310条2項の趣旨に反して無効となると解される[18]。同様に④説からも，信託期間が長期にわたるため，会社の関与がなくても無効と解される[19]。

なお，従業員持株制度には種々の方式が存在するが，持株制度に参加する従業員が持株会を作り，参加する従業員の株式を持株会の理事長等に信託する場合[20]，株式名義は受託者たる持株会理事長に書き換え，議決権等の行使も理事長がするものと約定されるのが通例である。そのため，従業員持株制度では，契約内容により，株式の譲渡が制限されたり[21]，株主権の行使が妨げられる問

---

14) なお本件は，株式を信託した上で，議決権は受託者である共済会理事が行使し，配当請求権等は委託者に帰属すると信託契約書に定めるものであり，議決権あるいは共益権のみの信託とは認め難いとの批判が強い（出口正義「判批」ジュリ857号〔1986年〕120頁，今井潔「従業員持株制度と株式信託契約の有効性」『会社判例百選〔第6版〕』〔有斐閣，1998年〕59頁，鈴木・前掲注9）75頁）。
15) 出口・前掲注14）119～120頁。
16) 今井・前掲注14）58頁。
17) 中西敏和「従業員持株信託と受託者の責任」信研15号（1991年）61頁においては，議決権を受託者に一任して異議があっても一切認めない内容の信託は違法と解すべきとした上で，さらに問題となるのは，従業員持株会制度において，株主総会の招集通知をはじめ総会関係の情報が伝達されていないなど，株主総会に関する最低限度の情報提供がなければ，議決権行使の道が開かれているとは言いがたいと指摘される。
18) 鈴木・前掲注9）75頁，江頭・前掲注7）318頁参照。
19) 青竹・前掲注13）20頁。
20) 河本一郎ほか『従業員持株制度 企業金融と商法改正1』（有斐閣，1990年）1頁以下，太田洋監修『新しい持株会設立・運営の実務―日本版ESOPの登場を踏まえて』（商事法務，2011年）115頁参照。
21) 前田雅弘「従業員持株制度と退職従業員の株式譲渡義務」『会社法判例百選〔第2版〕』（有斐閣，

題が生じ得る。そして，本決定を踏まえると，会社の関与のもとで創設される従業員持株会においては，少なくとも信託形式の従業員持株会規約上，従業員の解約の自由，議決権行使の指図権（原則として理事に一任しつつ，例外的に，従業員が指図した場合には理事は当該指図に従って行使する形となろう）等について定める必要があるとの指摘がある[22]。

### 3　議決権の信託の現代的な活用についての検討

以下，議決権の信託の現代的な活用例として，持合解消信託と事業承継における信託の活用についての若干の検討を行う。

#### (1) 持合解消信託

① 持合解消信託のスキーム

持合解消信託とは，上場会社間で広く行われている持合株式の解消に際して，発行会社との関係を相応に維持し（すなわち，議決権行使等を通じた持合先との関係を直ちに断ち切ることなく），財務上のリスクを移転ないし減少するための方策として信託を活用するものであり，以下の2つのスキームが例示される[23]。

(i) スキームⅠ

(a) 事業会社（株主）が，信託受託者に持合株式を信託し，事業会社が委託者兼受益者になる

(b) 信託受益権を証券会社に売却

---

2011年）46頁。

[22] 岩倉正和＝佐藤丈文『企業法務判例ケーススタディ300〔企業組織編〕』（きんざい，2008年）228頁〔中嶋和穂〕。

実務指針として日本証券業協会「持株制度に関するガイドライン」第2章．12および，太田監修・前掲注20）282頁，に掲載される野村證券作成の従業員持株会の規約・運用細則例を参照。

なお，適法な従業員持株制度に基づく株式信託契約であっても，議決権行使に関する定めはあっても，議決権以外の共益権の行使方法は定められていないとの指摘がある（牛丸與志夫「従業員持株制度の問題点」会社法の争点62頁）。

[23] 井上聡「最近の新しい信託取引の動向について」信託242号（2010年）161頁参照。その他，水野大「持合解消信託スキームの活用」ビジネス法務10巻6号（2010年）73頁，福岡泰彦「『株式流動化信託』企業による株式保有の新形態」金融財政事情2009年11月23日号30頁（2009年）等を参照。また，2010年2月25日付け日本経済新聞朝刊4頁「持ち合い株圧縮手助け　りそな信託の仕組み活用」，2010年3月29日付け日本経済新聞朝刊3頁「持ち合い解消の受け皿商品　住信，特許取得へ」等の新聞報道もされている。

(c)　信託契約上，受益権売却後も，事業会社は委託者として議決権の行使に対して指図ができると定める（または，証券会社から議決権行使に関する委託を受ける）
　　(d)　信託終了時には，信託受託者から証券会社に株式を交付
　(ii)　スキームⅡ
　　(a)　スキームⅠ(a)と同様
　　(b)　信託受益権を元本受益権と収益受益権（配当，議決権行使に関する指図権）の2つに分割。元本受益権を証券会社に売却
　　(c)　事業会社（委託者）が受託者に対して議決権行使について指図する
　　(d)　スキームⅠ(d)と同様
② エンプティ・ボーティングの議論

　自らに株式の経済的利益および危険が帰属していないにもかかわらず，あるいは，自らに帰属する経済的利益および危険に比例した議決権の数を超えて，当該株式の議決権を行使することを，エンプティ・ボーティングといい（共益権と自益権とが乖離している状況），持合解消信託もこれに該当する[24]。

　近年議論されているエンプティ・ボーティングの弊害，すなわち株主総会における議決権が株主の経済的利益および危険の帰属主と乖離することの弊害は，会社の価値の最大化につながらない議決権の行使を招くことだと考えられ，コーポレート・ガバナンスの観点からも議論されている。この弊害は，当該議決権の行使に関し会社の価値と相反する個人的利益を有する場合により深刻となる[25]。

---

[24]　井上・前掲注23) 161頁，同「共益権と自益権との乖離（Empty Voting)」岩原紳作＝小松岳志編『会社法施行5年　理論と実務の現状と課題』（有斐閣，2011年) 18頁。
[25]　法制審議会会社法制部会第3回会議（平成22年6月23日開催）において，金融庁より，「金融・資本市場の観点から重要と考えられる論点」として「エンプティ・ボーティング等／実質株主」がテーマアップされ，「経済的利益を有しない株主が議決権を行使することとなるスキーム（エンプティ・ボーティング等）は，会社の価値を増加させるインセンティブを持たない株主が議決権行使をすることにつながり，コーポレート・ガバナンス上問題がある旨の指摘がなされている」との問題提起がなされている。
　金融庁下の「第3回コーポレート・ガバナンス連絡会議（平成22年6月16日開催）」においても，エンプティ・ボーティングについて，同様の問題提起がなされており，「会社法上正当な議決権行使とは認められないとする余地があるのではないか」，「公開買付規制や大量保有報告規制との関係で問題が生じる可能性もある」との指摘がなされる一方，「エンプティ・ボーティングの具体

## (2) 事業承継における信託の活用[26]

### ① 中小企業庁「中間整理」における検討

既存の法体系に抵触しない中小企業の事業承継に活用可能な信託スキームについての一つの考え方が，中小企業庁下の「信託を活用した中小企業の事業承継円滑化に関する研究会」により，平成20年9月に「中間整理——信託を活用した中小企業の事業承継の円滑化に向けて」（以下，中間整理という）において整理された[27]。

中間整理において整理された考え方の1つに，他益信託を利用した事業承継目的の株式管理スキームが紹介される（スキーム図）。

本スキームにおいて，経営者（委託者）Aが議決権行使の指図権を保持する

---

的な弊害が明らかではない」，「（エンプティ・ボーティング的なものの）どこまで外縁を捉えて規制の対象にするのかについて慎重に議論しないと様々な経済活動に影響が出てくる。我が国だけ先走って立法することは妥当ではない」との反論もなされている。

武井一浩「ヘッジファンド・アクティビズムの新潮流〔上〕——ウルフパック戦術（群狼戦術）と金融商品取引法」商事法務1840号（2008年）74頁，スクランブル「エンプティボーティングに関する企業法の諸問題」商事法務1907号（2010年）66頁における議論もあわせて参照。

26) 平成25年8月開催の第38回信託法学会において，「事業承継目的の株式信託について」（発表者は山田裕子氏）が発表された。「オーナー経営者の主たる財産が自社株式で，後継者以外の相続人にも財産を残したいが，株式の議決権を与えるには不安があるという場合などに，信託は有効な解決策を提供し得る」として，「事業承継目的の株式信託について，指図者・受託者の負う義務と，過去の裁判例における株式信託の有効性にかかる議論を踏まえて，検討」された。詳細は，信託法学会HP http://www.shintakuhogakkai.jp/activity/38.html に掲載の資料および信研38号89頁（2013年）参照。

あわせて，平成26年6月開催の第39回信託法学会において発表された「信託を用いた株式の議決権と経済的な持分の分離」（発表者は白井正和氏。詳細は，信託法学会HP http://www.shintakuhogakkai.jp/activity/39.html に掲載の資料）および，白井正和「信託を用いた株式の議決権と経済的な持分の分離」公益財団法人トラスト60『商事法・法人法の観点から見た信託』（2014年）9頁参照。

また，事業承継における信託の活用を論ずるものとしては，例えば，中田直茂「事業承継と信託」ジュリ1450号（2013年）21頁，安藤朝規「事業信託による事業承継」新井誠＝神田秀樹＝木南敦編『信託法制の展望』（日本評論社，2011年）331頁，菊池学「財産承継と信託」新井誠編『新信託法の基礎と運用』（日本評論社，2007年）210頁などがある。

27) 信託法の改正により，事業承継に活用可能なスキーム（後継ぎ遺贈型受益者連続信託や遺言代用信託）が創設され，そのメリットについて数多くの指摘が存在する（例えば，①事業承継の確実性・円滑性，②後継者の地位の安定性，③議決権の分散化の防止，④財産管理の安定性など）ものの，事業承継の円滑化のために信託が実際に活用されている事例はそれほど多くはないと指摘される（中間整理1頁）。

13 従業員持株制度と株式信託契約の有効性

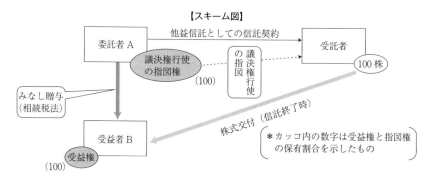

【スキーム図】

ことで，経営者は，引き続き経営権を維持しつつ，自社株式の財産的部分のみを後継者（受益者）Bに取得させることが可能となる。なお，本スキームと類似のものとの比較では，同様の効果を有する種類株式の発行と比較して手続が容易であり，また，拒否権付株式の発行では積極的に会社の意思決定を行うことはできないという難点がある。

② 中間整理における各種論点整理
(a) 会社法との関係
　受益者が受益権の割合に応じた議決権行使の指図権を有している場合には，会社法上の問題は生じない。
　非公開会社においては，会社法上，議決権について株主ごとに異なる取扱い（いわゆる属人的定め）を定めることが認められており（会社109条2項），剰余金請求権等の経済的利益と議決権を分離することも許容されているため，複数の受益者のうち特定の者に議決権行使の指図権を集中させても，会社法上の問題は生じないとされる。
(b) 議決権行使指図権の内容と信託目的および受託者の善管注意義務の整理
　事業承継の円滑化を目的とする信託において，議決権行使の指図の内容が円滑な事業承継の遂行と抵触する場合（会社の解散議案に賛成する等）は，受託者の善管注意義務・忠実義務との関係から適切ではない。このため，信託契約に受託者と受益者（指図権者）の協議条項を設けるのも一案と指摘される[28]。

③ 中間整理のさらなる検討——中田弁護士の見解

中間整理が公開会社や上場会社についても許容されるかは残された課題といえる。公開会社や上場会社には，株主平等原則（会社109条1項）の例外である，会社法109条2項の規定（いわゆる属人的定め）が適用されないので，議決権の信託で自益権と共益権の実質的分離を生じるものが，会社法（またはその趣旨）違反となるかが問題となる。

公開会社において，事業承継目的の株式管理信託で指図権を受益者以外，または特定の受益者のみに帰属させることの有効性につき検討すると，会社法上，私人間の（信託等）契約による自益権と共益権の実質的分属を直接的に規律し，無効とすることまで要求されていないと解される一方で，かかる取引が会社経営の安定等の観点から社会にとって有益たりうるし，その弊害が生じる恐れも持株会社を用いて同様の目的の取引を行った場合と比較して特に大きいわけでもないことを鑑みれば，会社法違反には当たらない。また，事業承継目的の株式管理信託は，発行会社の関与がなく，受益者（ひいては一般株主）の利益という観点から考察しても，当該信託を会社法違反と解釈するのは相当ではないと指摘する[29]。

## V 本決定の意義

本決定は，会社関与のもと創設された従業員持株制度のもと，共済会の理事と従業員株主との間で締結を強制される信託契約を無効であるとし，株主の検

---

28) 指図権に関しては，須田力哉「指図を伴う信託事務処理に関する法的考察」信研34号（2009年）3頁，中田直茂「指図権を利用した場合の受託者責任——分業による責任限定は可能か(上)(下)」金法1859号（2009年）30頁，金法1860号（2009年）40頁参照。
29) この点について，中田弁護士は，さらに，事業承継目的の株式管理信託につき会社法との関係で，信託期間の制限はあるかと問題提起したうえで，日米の議決権の信託の有効性・有効要件の議論を，事業承継目的の株式管理信託に当てはめただけでは解釈論として十分ではないのではないかとも指摘する（中田・前掲注26）25頁）。

ただし，中田弁護士の見解は，既存の法体系に抵触することのない信託スキームについて検討された中間整理の範疇を超えており，また，剰余金配当請求権等の経済的利益と議決権との分離は，少数株主権保護やコーポレート・ガバナンス上の観点からは，望ましくない場面が生じうる点には十分留意する必要があると考える。

査役選任請求権を認めた事例である。また，株式信託契約の有効性について判断した初めての裁判例である。

学説上，議決権の信託は有効であるが，議決権のみの信託は無効とするのが通説である。そして，どのような場合に，議決権の信託の効力が否定されるかの判断については様々な議論がある。この点については，「Ⅳ1」を参照頂きたい。

議決権の信託の現代的な活用例につき若干の検討をした。持合解消信託については，エンプティ・ボーティングの弊害により，コーポレート・ガバナンス等の観点から信託の効力につき慎重な議論が必要（主に信託法，会社法上の論点)30)であるとともに，開示ルールについての明確化に加え，開示強化を求める見解がある（主に金融商品取引法上の論点)31)。また，信託銀行（信託会社）が受託する際には，信託目的，スキーム全体像を含めて，委託者の目的が不適切でないかを十分に検証する必要がある（業規制等の論点)32)。

---

30) コーポレート・ガバナンスに関する法律問題研究会「株主利益の観点からの法規整の枠組みの今日的意義」金融研究31巻1号（2012年）1頁参照。
　わが国において，直ちに，一定の数値的基準を用いて議決権停止の条文を設けることは賛成できないとし，会社法上の利益供与の禁止（会社120条）などの一般法理の具体的事情に応じた適用に言及する見解がある（公益社団法人商事法務研究会「株主による議決権行使の在り方に関する会社法上の論点についての調査研究報告書」〔2013年〕)。
31) 佐藤勤「現代の議決権信託とその実質的効果であるエンプティ・ボーティング規制」小出篤ほか編『前田重行先生古稀記念　企業法・金融法の新潮流』（商事法務，2013年）74頁においては，大量保有報告書を提出している者が議決権行使を行う場合には，その者の申告により，経済的所有権を把握し，経済的所有権以上の議決権行使を認めないという規制方法が提案される。佐藤勤「議決権と経済的所有権の分離」南山法学第35巻第3・4号合併号65頁（2012年）もあわせて参照。
　エンプティ・ボーティングへの対応としては，大量保有報告制度等の情報開示規制を充実し，取引自体を抑制することが考えられる。一方，開示の対象とすべきは，議決権の保有のみならず，議決権の背後に経済的利益があるか否かであるため，そうした情報開示を全て開示させるコストへの考慮も必要との指摘がある（コーポレート・ガバナンスに関する法律問題研究会・前掲注30）43頁）。
32) 信託検査マニュアル（金融検査マニュアル別編〔信託業務編〕）（平成20年8月）Ⅱ．信託引受審査の適正性，1.共通項目，(4) 委託者の目的の検証，において，「当該信託契約が委託者の不適切な目的に基づくものではないこと及び当該目的とスキームとが合致している」かを検証することとされる。
　井上「共益権と自益権との乖離（Empty Voting)」前掲注24）18頁においても，エンプティ・ボーティングの弊害に会社法または市場規制では対応しきれない部分について，金融機関への業規制等による対応が言及される。

事業承継における信託の活用については，日本を支える中小企業の発展のため，信託の更なる活用が期待される分野である。中小企業庁による中間整理の公表や最近の議論を踏まえ，さらなる議論の精緻化が期待される[33)34)]。

---

33) 事業承継目的の信託の普及上の課題として，受託者確保の必要性が指摘され，信託銀行等が裁量権行使の役回りを積極的に引き受けることが期待されるとの指摘がある（中田・前掲注26) 27頁）。
34) 本稿脱稿後に，岡田孝介「議決権信託の効力」みずほ信託銀行＝堀総合法律事務所編『詳解信託判例――信託実務の観点から』（金融財政事情研究会，2014年）71頁に接した。

# 第3章
# 受託者の義務

## 本章の概観

　第 3 章は 7 件の判例を取り上げている。

　**14** は，著作権等管理事業法による信託受託者の義務について判示したものである。注意義務については，受託者が著作権の管理を実施するに当たっては別の著作権を侵害することがないように注意する一般的な義務が課されているが，著作権侵害か否かについて多くの音楽関係の専門家から異なる意見書等が提出された中にあって，最も相当な見解が選択されたものと推認されることから，著作権侵害が明白であったとはいえず，受託者が侵害の可能性について判断するのは困難な状況にあったとした。過失，債務不履行責任については，著作権侵害の疑いのある音楽著作物の利用許諾中止という措置は，後に侵害でないと判断された場合の利用許諾を中止された側の損害の回復が困難であることから，使用料分配保留措置をとりつつ利用許諾を続けた行為について不法行為責任または著作権信託契約上の債務不履行責任はないとした。いずれについても原審の判断を覆したものである。著作権管理信託受託者の義務の範囲を示した点に意義がある。

　**15，16** は年金信託における受託者の義務について判示したものである。

　**15** は合同運用義務に関するものであり，合同運用義務の有無につき，当事者間の明示，黙示の合意はなく，信託約款においても合同運用義務は認められず，合同運用しなかったことと基金の損害との間には因果関係はなく，また国内株式の割合がバランス・ミックスにおける国内株式の上限値を上回ったことをもって，バランス型アセット・ミックス（資金割合構成）遵守義務の懈怠とはいえないとした。15 の原審は，合同運用義務，アセット・ミックス遵守義務の双方を肯定していたのを覆して，両義務を否定した点において年金資産の運用方法に関する指針となるものである。

　**16** は，分散投資の助言義務に関するものであり，厚生年金保険法上，運用受託機関は，基金によって示された運用指針を遵守し，委託された範囲内で基金との協議に基づいて運用することが義務づけられているにとどまり，運用受

託機関に対し，委託された範囲を超えて基金資産全体の分散投資についての助言義務は課しておらず，助言義務が認められない以上，受託拒絶義務も認められないとした。16 は，運用受託機関にとっては運用の指針となる判示ではある。これによると，基金と運用受託機関のいずれも分散投資義務を負わないことになってしまうが，たとえば両者に受託者責任を課す米国のエリサ法上の「共同受託者の責任」論のような規制の我が国への導入が課題といえようか。

　17 は，受託者による貸金債権と受益債権との相殺の可否に関するものである。旧信託法 17 条は，信託財産に属する債権と信託財産に属しない債務との相殺を禁止する旨明文をもって規定していた（旧信託法 17 条）が，信託財産に属する債務と信託財産に属しない債権との相殺の可否については解釈に委ねられていた。17 は，受託者からの貸金債権を自働債権，受益債権を受働債権とする相殺は法定相殺の要件を充足しないが，信託終了後の銀行取引約定書に基づく合意相殺であれば許されるものと判断した。現行信託法上，受託者による貸金債権と受益債権との相殺が許されるかは今後の論点である。

　18，19 は，受託者の公平義務について判示したものである。18 は，各受益者が個別に信託契約を締結したもので，そもそも公平義務が生じる余地はなく，受益者は自らの判断により受託者の持分中途処分の声かけに応じ，受託者が公平義務に反して中途処分をさせなかったとは認められないと判示した。19 は，複数の信託契約における信託財産が合同して一体化された合同運用財産については，受託者が負う公平義務に基づいて受益者は他の受益者の信託財産の信託事務処理に関する書類閲覧請求権および説明請求権を有するが，それらが具体的に認められるためには受託者の公平義務違反の蓋然性が立証されなければならないと判示し，本件については蓋然性の立証はなされておらず，したがって書類閲覧請求権および説明請求権は結果的には認められなかった。

　20 は，共同受託者の義務について判示したものである。バブル期に企画・提案されたプロジェクトが地域の事情等のために失敗した事案について，他の受託者に対する代表受託者の責任の存否が争われている。バブル期に特有な事案であったにせよ，共同受託に際しては学ぶべき示唆が多く含まれているように思われる。

# 14

## 著作権管理信託における受託者の義務

東京高裁平成17年2月17日判決　判例集未登載

小　林　　　徹

## I　事実概要

　本事件に関し4つの訴訟が提起され，掲題信託受託者に係る訴訟は4番目である（以下「第4事件」）。また，第1事件と第4事件は地裁判決と高裁判決の結果が異なる。

　昭和41年に$X_2$が「どこまでも行こう（以下「甲曲」）」を作詞作曲し，翌年に当該著作権の譲渡を受けた$X_1$を委託者兼受益者，$Y_1$を受託者とし，著作権信託契約約款に基づく信託契約が締結され，これに基づき$Y_1$が甲曲の信託譲渡を受けて管理，利用許諾を行ってきた。

　また，平成4年に$Y_2$は「記念樹（以下「乙曲」）」を作曲し，同年，乙曲著作権の譲渡を受けた$Y_3$を委託者兼受益者，$Y_1$を受託者とする信託契約が締結され，同様に管理，利用許諾が行われてきた。

　これに対し，平成10年7月28日，$X_1$，$X_2$は$Y_2$に対し，$X_1$の著作権（複製権）および$X_2$の著作者人格権（同一性保持権，氏名表示権）を侵害したとして，東京地裁に訴訟提起し（東京地裁平成10（ワ）第17119号等），平成12年2月18日に東京地裁は$X_1$，$X_2$の請求を棄却する判決を言い渡した。そこで原告$X_1$，$X_2$が著作権法27条の権利（編曲権）侵害の主張を追加して控訴した結果，平成14年9月6日に東京高裁は一審判決を取消し，乙曲の創作が甲曲に係る編曲権を侵害したとして$X_1$，$X_2$の請求を一部認容する判決を言い渡した（東京高裁平成12（ネ）第1516号）。更に，$Y_2$が上告および上告受理の申立てをしたが，平成15年3月11日に最高裁は上告を棄却し不受理決定して上記控訴審判決が確定した（第1事件）。

なお，$X_1$ は $Y_3$ 等に対し，東京地裁に「乙曲を含む CD アルバムの製作等をした行為」等に基づく損害賠償請求訴訟を提起し（東京地裁平成 13（ワ）第 3851 号，$X_2$ は補助参加人：第 2 事件），さらに $X_1$，$X_2$ は乙曲を放送し，また系列局に放送させた放送局に対し編曲権の侵害に基づく損害賠償請求訴訟を提起したが（東京地裁平成 14（ワ）第 6709 号：第 3 事件），平成 15 年 12 月 19 日の東京地裁判決により，いずれも権利侵害，過失の存在が認められ，$X_1$ らの請求を一部認容した判決が確定している。

そして，平成 14 年 9 月 6 日の第 1 事件高裁判決を受け，$Y_1$ が HP 上の乙曲の作品詳細表示欄に「注：訴訟係属中（当初は「継続中」）」と表示した。

また，平成 14 年 11 月 20 日の $Y_1$ の通常評議員会で，常務理事らは，「最高裁で争われており確定判決ではない」こと，「乙曲の管理については，徴収は続けているが分配を保留している」こと等が述べられた。さらに，平成 15 年 2 月 19 日の $Y_1$ の通常評議員会でも理事長らは，係争中である限りは現在の状況を続けるつもりであることを述べた。その後，最高裁の第 1 事件上告棄却，不受理決定を受け，3 月 13 日に $Y_1$ が乙曲の利用許諾を中止した。

平成 15 年 4 月 16 日，$X_1$ は $Y_1$ に対し，「被告 $Y_1$ が継続的に乙曲の利用許諾をしてきた行為は不法行為または債務不履行に当たる」として，東京地裁に損害賠償請求訴訟を提起した（東京地裁平成 15（ワ）第 8356 号：第 4 事件）。

本事件の争点は以下であるが，原審は争点①②④について判断し，著作権法 28 条の権利侵害を認定した上で，$X_1$ の請求を一部認容した。一方，控訴審は争点②③について判断し，原判決中 $Y_1$ の敗訴部分を取り消し，$X_1$ の請求（控訴審で拡張した請求，付帯控訴を含む）を棄却した。

① 被告 $Y_1$ の行為により原告の著作権が侵害されたか。
② 被告 $Y_1$ に過失があるか。
③ 被告 $Y_1$ の行為は債務不履行といえるか。
④ 損害の発生の有無及びその額

## Ⅱ 判旨（第4事件）

### 1 争点① 原告の著作権侵害（原審の判断）

「法27条〔著作権法，以下同じ（筆者注）〕は，著作物の経済的利用に関する権利とは別個に，二次的著作物を創作するための原著作物の転用行為自体，すなわち編曲行為自体を規制する権利として規定されたものと解される。」「著作権法が法27条とは別個に法28条の規定を置いた意味を無にするものとなるから，法27条を理由とする $X_1$ の主張は，採用することができない。」一方，「本件において，甲曲について法27条の権利を専有する $X_1$ の許諾を受けずに創作された二次的著作物である乙曲に関して，原著作物である甲曲の著作権者は，法28条に基づき，乙曲を利用する権利を有するから， $X_1$ の許諾を得ずに $Y_1$ から利用許諾を受けて乙曲を利用した者は， $X_1$ の法28条の権利を侵害することになり， $X_1$ は，上記利用者に対し，法27条に基づくのではなく，法28条に基づいて権利行使をすることができると解すべきである。」

次に，著作権法61条2項は「二次的著作物の創作及び利用は，譲渡時に予定されていない利用態様であって，著作権者に明白な譲渡意思があったとはいい難いために規定されたものである。そうすると，単に『将来取得スルコトアルベキ総テノ著作権』という文言によって，法27条の権利や二次的著作物に関する法28条の権利が譲渡の目的として特掲されているものと解することはできない。」

「 $X_1$ は，編曲権を侵害して創作された乙曲を二次的著作物とする法28条の権利を有し，乙曲を利用する権利を専有するから， $X_1$ の許諾を得ることなく乙曲を利用した者は， $X_1$ の有する法28条の権利を侵害したものであり，上記利用者に乙曲の利用を許諾した $Y_1$ は，上記権利侵害を惹起したものというべきである。」

## 2 争点②③　被告 $Y_1$ の過失，債務不履行
### (1) 原審の判断
① 注意義務

「平成10年7月に別件訴訟が提起され，乙曲が甲曲に係る著作権等を侵害するか否かが問題になっていることは大きく報道されたのであるから……，$Y_1$ は，遅くとも平成10年7月以降は，乙曲が甲曲に係る著作権を侵害するものか否かについて真摯にかつ具体的に調査検討し，著作権侵害の結果が生じることのないようにする方策をとるべき注意義務があったというべきである。」「$Y_1$ は，その事業の目的及び規模からしても，著作権侵害に当たるか否かについての調査能力を十分有しており，音楽専門家の間でも侵害非侵害の両論があったのであるから，著作権侵害の結果が生じる可能性を予見すべきであり」，「乙曲の利用許諾を中止したり，利用者に訴訟が係属していることを注意喚起すること等によって，著作権侵害の結果を回避することができたものである。」

② 過失，債務不履行責任等

「別件訴訟が提起された後に，$X_1$ の依頼に基づき平成10年9月30日付けで著作物使用料分配保留の措置を執ったものの……，利用者に対して，格別に注意喚起すら行っていなかった」うえに，「平成15年2月19日開催の $Y_1$ の通常評議員会において，再度 $X_2$ から利用許諾を中止するよう要請があったが，$Y_1$ は係争中である限りは，現在の状況を続けるとして，利用許諾を中止しなかった」。そして「遅くとも，別件訴訟控訴審判決の後は，最高裁判所の判断が示されていないとはいえ，乙曲が甲曲の著作権を侵害している蓋然性が極めて高くなったのであるから，被告としては，管理を除外しあるいは一旦利用許諾を控える等，損害を拡大しないような措置を執るべきであった」が，「$Y_1$ は，これを怠り，別件訴訟の控訴審判決前に関しては，利用者に対して，格別に注意喚起すら行っておらず，控訴審判決後も漫然と乙曲の利用許諾をし続けたのであるから，過失があったといわざるを得ない。」

また，「被告は，著作権信託契約約款上，委託者に他の作品の著作権を侵害していないことの保証義務を課しているから……，このような措置を執っても，乙曲の管理を委託した $Y_3$ との関係において，信託契約上の債務不履行に当たることはない。」したがって，「乙曲の利用者に乙曲の利用を許諾した被告は，

第3章　受託者の義務

利用者による原告の有する法28条の権利の侵害を惹起した者として、その利用による損害を賠償すべき責任がある。」

**(2)　控訴審の判断**

① 注 意 義 務

「$Y_1$の上記の目的や業務の性質、内容に照らせば、著作権の管理を実施するに当たっては別の著作権を侵害することがないように注意する一般的な義務があるところ、著作権侵害の紛争には、事案ごとに種々の事情があることが想定されるので、$Y_1$としては、事案に応じて、合理的に判断して適切な措置を選択することが求められているものと解される」。本事件では、「第一、二審で……司法判断が分かれたものであった。そして、請求を一部認容した第二審判決をみても、……多くの音楽関係の専門家から意見書等が出され、種々の見解があった中から、最も相当な見解が選択されたことによるものであったことが推認される。これらの事情に照らせば、著作権侵害が明白であったとはいい難く、侵害の可能性についての控訴人の判断は、困難な状況にあったといえる」。

② 過失、債務不履行責任等

「著作権侵害の疑いのある音楽著作物の利用許諾中止という措置は、著作権を侵害されるおそれのある者に対しては、より手厚い保護手段であるといえるが、一方で利用許諾を中止される音楽著作物としては、利用者の判断を経ることなく、$Y_1$の判断で楽曲が表現されることが差し止められるのであり、極めて重大な結果をもたらすものであって、後に侵害でないと判断された場合の利用許諾を中止された側の損害の回復は困難である（後に判示する保留された分配金のように、実質的に担保となるものがない。）」。また、「先例も乏しい分野の争点であることなどにもかんがみれば、最高裁の判断を見極めようとした$Y_1$の対応を直ちに非難するのは困難である」。さらに、「$X_1$代表者自身が裁判所に対し、使用料分配保留措置が「適切な措置」であると評価する見解を表明しているのである」。したがって、「$Y_1$が乙曲の使用料分配保留措置をとりつつ利用許諾を続けた行為について、$Y_1$に不法行為責任又は著作権信託契約上の債務不履行責任があるとはいえない。」

## III 解　説

### 1　信託法に関する位置付け

本事件は著作権等管理事業法（平成12年11月29日法律131号。従前は「著作権に関する仲介業務に関する法律」〔平成12年法131号により廃止〕）による信託受託であり，著作権等管理事業法には信託受託者の注意義務規定が存しないので，注意義務については信託法により規律されることとなる（平成15年に提訴された第4事件については，旧信託法）。

### 2　争点①　原告の著作権侵害

様々な分野における各種契約で「将来取得スルコトアルベキ総テノ」に類した文言が多数利用されているなかで，これを否定する結論を出すことは社会の安定性の観点から他に与える影響が大きく，問題があると思われる。しかし，「通常著作権を譲渡する場合，著作物を原作のままの形態において利用することは予定されていても，どのような付加価値を生み出すか予想のつかない二次的著作物の創作及び利用は，譲渡時に予定されていない利用態様であって，著作権者に明白な譲渡意思があったとはいい難いために〔著作権法61条2項が〕規定されたものである」という著作権の特殊性からは，原審の，著作権法28条の権利が原告から譲渡されておらず，その著作権を侵害したとの判断に説得性があると考えられる。控訴審は原審の判断を前提に争点②③の判断を行っている[1]。

もっとも，原審において「原告は，……法28条の権利を有し，乙曲を利用する権利を専有するから，原告の許諾を得ることなく乙曲を利用した者は，原告の有する法28条の権利を侵害したものであり，上記利用者に乙曲の利用を許諾した被告は，上記権利侵害を惹起した」ことを理由に被告による原告の著作権侵害を認めている点には問題があると考えられる。

乙曲はY₂が実際に作曲して譲渡したのであるから，原告が「乙曲を利用す

---

[1] 諏訪野大「判評」発明102巻9号（2005年）118頁。

る権利を専有する」のは事実と乖離しており，更には，第三者が法28条の権利を侵害していることを受託者が発見した場合，受託者はこれを原著作権者に通報するだけで傍観せざるを得ず，差止等の機動的な対応が取れないということになり，多数の音楽著作権を管理し権利侵害から防御しているはずの信託受託者の責務が十分に機能しえず，著しく受益者の利益が損なわれるのではないかという問題が残る[2]。

### 3　争点②③　過失，債務不履行責任等
#### (1)　調　査　義　務

原審では，極めて多数の信託財産を管理する場合であっても「$Y_1$ は，自ら管理し著作物の利用者に利用を許諾する音楽著作物が他人の著作権を侵害することのないように，万全の注意を尽くす義務がある。」と過大な調査義務を強いる判断を示した。しかし，「最近では年間50万件以上もの作品届を受理している。……数百万曲もの作品と個別に付き合わせて調査・検討・判断を行うことは到底不可能であり，合理的かつ効率的な管理の要請に背向する」との $Y_1$ の主張は，現実的な視点から首肯できる。

また，委託者兼受益者の信託目的の中心は，当該著作権の利用許諾を適切に行って収益を得ることと，利用許諾を得ずに行われた演奏等の違反を取り締まることであると考えられ，膨大な費用をかけて，受託財産が他の受託財産の権利を侵害していないかを悉皆調査することは本末転倒かつ費用対効果の点でも無理があると考えられる。

次に，著作権侵害の訴訟提起等があった場合，受託者はその侵害の事実を確認する義務を負うと考えられるが，本事件のように第1事件の一審，二審の判断が分かれるような判断が困難な事案において，「$Y_1$ は，その事業の目的及び規模からしても，著作権侵害に当たるか否かについての調査能力を十分有しており」(原審)と断定することは無理があると考えられる。また，多数の情報

---

[2]　岡邦俊「続著作権の事件簿(69)管理曲が他人の著作権(編曲権)を侵害する場合のJASRACの責任」JCAジャーナル51巻7号(2004年)42頁，同『著作権の事件簿』(日経BP社，2007年)98頁以下。また，寺本振透「知的財産権信託における受託者による管理処分権限掌握の不完全さについて」信研34号(2009年)69頁以下では，共有構成による解決を試みている。

を管理するインターネット・プロバイダーの場合の法制度との整合性からも，原審の判断は厳しすぎると考えられる[3]。

したがって，控訴審の「多くの音楽関係の専門家から意見書等が出され，種々の見解があった……著作権侵害が明白であったとはいい難く，侵害の可能性についての控訴人の判断は，困難な状況にあったといえる」のが客観的な状況であり，「先例も乏しい分野の争点であることなどにもかんがみれば，最高裁の判断を見極めようとした控訴人の対応を直ちに非難するのは困難である」との控訴審の評価は妥当である。

**(2) 利用許諾停止の影響度比較**

第1事件において最高裁で「乙曲は著作権を侵害していない」との結論が出たならば，利用許諾を中止した受託者$Y_1$は，乙曲側に対する債務不履行があったとされる可能性が高くなる。したがって，著作権侵害が不分明な事案においては，甲曲側が勝訴した場合と乙曲側が勝訴した場合の双方についての影響度を比較すべきであると考えられる。

次にほとんどの音楽著作権の場合は利用許諾によって収益を得る特質から[4]，「乙曲の使用料相当の金額」が留保されていれば，第1事件において$X_1$らが勝訴した場合の実質的な著作権侵害の損害額が担保されているといえる。一方，第1事件において$Y_2$が勝訴した場合，利用許諾を中止していれば，留保された分配金のような実質的に担保となるものがないために収益を生む機会を逸し，利用許諾を中止された$Y_2$側の損害の回復は困難であるといえる。

したがって，著作権侵害が確定していなかった時点で，侵害していた場合だけを検討し，侵害していなかった場合の影響度についての検討を行わなかった原審の判断には問題があったと考えられる[5]。

さらには，一見して侵害が不分明な音楽著作権において，「著作権を有する楽曲が侵害された。」と主張される度に利用許諾を中止することになれば，「言ったもの勝ち」的な権利の濫用によって公益性の高い楽曲利用許諾制度が著し

---

3) 岡邦俊「『どこまでも行こう』JASRAC事件」著作権研究31号（2004年）80頁。
4) 紋谷暢男『知的財産権法概論〔第2版〕』（有斐閣，2009年）9頁。
5) 潮見佳男「無断編曲された音楽作品の利用許諾と著作権管理団体の注意義務」コピライト530号（2005年）30頁では，控訴審は「『表現の自由』と『著作権』という基本権相互の調整（衡量）を図ったのである」とする。

く阻害されることになり，この点からも著作権侵害未確定の状態で利用許諾を中止すべきではないと考えられる。

### (3) 自己責任

控訴審において，$X_1$ は第 1 事件訴訟提起後，$Y_1$ に乙曲に係る使用料分配留保措置を求めたが利用許諾中止は求めていなかったこと，第 1 事件控訴審で $X_1$ 側が「適切な措置をとってくれました。」と陳述していたこと，$X_1$ は $Y_1$ に対し，使用料分配留保措置が不当であることや利用許諾中止を申し入れた事実が認められないことが指摘された。

したがって，$X_1$ の申入れにより $Y_1$ が使用料分配留保措置をとったのだから，不法行為責任または債務不履行責任を負うものではないとの控訴審の指摘は，自己責任の観点からも是認できる。

## 4 信託法上の義務，責任

本判決では信託受託者の義務，責任の観点からの検討が希薄であったので，ここで検討しておく[6]。

### (1) 善管注意義務

信託法上の善管注意義務は民法上の善管注意義務によるとされており[7]，受託者が属する社会的・経済的地位や職業等において一般的・客観的に要求される注意能力を基準として判断されることになる[8]。したがって，社会的公共的ニーズの高い音楽著作権管理団体としての $Y_1$ の善管注意義務は相当高いと想定され，原則的には利用許諾が他の権利者の権利を侵害する結果を生じさせないように配慮すべき義務を負っている[9]。

ただし，具体的な義務基準は存しないので，種々の事案ごとに検討することになる。本件は多くの音楽関係専門家の種々の見解の中から最も相当な見解が選択された難易度の極めて高い事案であって，「最高裁の判断を見極めようと

---

[6] 諏訪野・前掲注1) 119 頁以下，李海青「著作権集中管理団体の注意義務」知的財産法政策学研究 19 号（2008 年）310 頁以下。
[7] 四宮〔新版〕247 頁。
[8] 新井〔第 4 版〕252 頁。
[9] 市村直也「JASRAC の音楽著作権管理」紋谷暢男編『JASRAC 概論』（日本評論社，2010 年）135 頁。

した控訴人の対応を直ちに非難するのは困難」な場合であり，信託法上の善管注意義務の観点からも同様の結論が得られると考えられる。

なお，本義務に関しては信託法改正において根本的な変更がないので，現行信託法上も受託者は本義務に抵触していないと解すべきである。

(2) **忠 実 義 務**

旧信託法に明文規定はなかったが忠実義務は存在するとされてきた[10]。本事件は利益相反関係になく旧信託法 22 条に該当しないものの，複数の委託者から信託受託している場合，これらが権利侵害を争うごとに，常に「双方に対する忠実義務」が問われる虞が生じることになるという構造的問題が存している[11]。

しかし，侵害の発生のたびに受託者が忠実義務に違反したとして債務不履行や不法行為責任を問われるのでは，多数から受託する受託者の信託事務の履行が困難になると考えられるし，音楽著作権管理・利用許諾システムに対する社会的意義や必要性を考えれば[12]，受託者の忠実義務には自ずから限度があると思われる。

また本事件での使用料分配留保措置は，いずれが勝訴した場合でも損害を担保でき，忠実義務を全うする最善の策であって，両者に対する忠実義務違反に該当しないと考えられる。さらに本事件では，$X_1$ が支払留保を要請した点からも忠実義務違反に該当しないと言える[13]。

次に，多数の音楽著作権を管理・利用許諾等することは現行信託法 31 条以下の具体的忠実義務規定に該当しないと考えられるが，旧信託法と同様に，常に「双方に対する忠実義務」が問われる虞が生じることになるという構造的問題が引き続き存していると考えられる[14]。ただし，本事件においては旧信託法の場合と同様に忠実義務違反に当たらないと考えられる。

---

10) 四宮〔新版〕232 頁，新井〔第 4 版〕258 頁。
11) 旧信託法において能見 81 頁，寺本・前掲注 2) 67 頁以下。
12) 作花文雄『詳解著作権法〔第 4 版〕』（ぎょうせい，2010 年）787 頁。
13) 諏訪野・前掲注 1) 120 頁。
14) 寺本振透「知的財産信託」新井誠＝神田秀樹＝木南敦編『信託法制の展望』（日本評論社，2011 年）306 頁。

第3章 受託者の義務

## Ⅳ 本判決の意義

多数の同種の財産を受託する場合，各委託者兼受益者間の知的財産権を巡る争いが生じる度に，受託者の善管注意義務や忠実義務が問われることが多いと考えられる。このため本来は，個別の特段の定め以外に明確な業務遂行基準や免責基準が必要である。

このような基準がなく，受託者の義務，責任が重く捉えられがちな中で，一つの基準を示して受託者の義務・責任の範囲や限界を示したところに本判決の意義がある。

# 15

## 年金信託における受託者の義務
## ——合同運用義務

大阪高裁平成 17 年 3 月 30 日判決　金判 1215 号 12 頁

楊　　林　　凱

## I　事実の概要

　X（原告・被控訴人＝附帯控訴人）は厚生年金保険法に基づいて設立された特殊法人（厚生年金基金）であり、Y（被告・控訴人＝附帯被控訴人）は信託業を営む銀行である。Xは、加入員又はその遺族に対する年金等の給付を長期にわたって確実に行うため、Yほか4社を共同受託者として年金信託契約を締結し、その後Y'（Yに吸収合併される前の信託銀行）を共同受託者に追加した。最終的にはXから30億円余りの運用をY'に委託していたところ、その信託契約が共同の信託契約から個別の信託契約に切り替えられた以後も、Y'とも新たな個別の信託契約を締結して、資産の運用を委託していた（第1の信託）。
　Y'においては、その委託された30億円資金のうち5億円をY'が受託者となって運営する年金投資信託金の一つ、本件にいう「19ファンド」に投入した（第2の信託）。19ファンドはIT関連企業の株式を集中的に購入するものであり、投入された資金はXの出資分のみであったところ、ITバブルの崩壊をうけ、19ファンドに組み込まれた企業の株価が下落したため大きな損失が生じた。
　そこで、Xは、X、Y'間の信託契約を解除し、Y'に合同運用義務違反及びアセットミックス遵守義務違反としてYに対して次の請求を行った。
　第1に、主位的には、債務不履行に基づき、Yに対して1億2302万6712円の損害賠償の支払を求める。
　第2に、予備的には、上記年金信託契約上の受益権に基づき、Yに対して

合同運用義務違反に係る損害相当額である8670万円の支払を求める。

　第1審（神戸地判平15・3・12金判1167号20頁）は，X，Y′には信託財産を合同運用する明示の合意が成立したと認定した上，19ファンドに関してY′には合同運用義務違反及びアセットミックス遵守義務違反があり，Yに対して8670万円の損害賠償の支払を命じた。そこで，Yが原判決を不服として控訴し，Xが附帯控訴した。

　本件訴訟においては，①明示の合意による合同運用義務違反の有無，②黙示の合意による合同運用義務違反の有無，③本件約款に基づく合同運用義務，④合同運用義務違反と損害との因果関係，以上4点による「合同運用義務違反による損害賠償請求の可否」と，「アセットミックス遵守義務違反による損害賠償請求の可否」が，争点となっている。

## II　判　　旨

　原判決を取り消し，Xの請求をいずれも棄却した。

### 1　合同運用義務違反による損害賠償請求の可否
#### (1)　明示の合意による合同運用義務違反の有無

「①平成11年11月当時，Y′は，Xに対して特化型，2資産準特化型，バランス型の3種類の基本アセットミックスを提案していたところ，これら3種類の提案は……単独運用と合同運用のいずれの方法で運用するかについては全く言及していなかったこと，②Xは，3年間毎年8％の運用利回りという目標の達成に強い関心を抱いていたところ，期待利回りは，上記3種類の基本アセットミックスのいずれを採用するかによって影響を受けるものの，単独運用と合同運用のいずれを選択するかによって左右されるわけではないこと等を指摘することができる」。

#### (2)　黙示の合意による合同運用義務違反の有無

「①年金信託契約に基づき信託された財産を単独運用と合同運用のいずれの方法で運用するかについては，法的規制はなく，年金信託契約上の定めや運用ガイドラインによる指示がない限り，受託者である信託会社の裁量に任されて

いること，②本件年金信託契約においては，……単独運用の制限や合同運用を原則とする旨等を定めた規定は存在しないこと，③一般的には，信託額が少額である場合には，合同運用の割合が高くなる傾向にあるものの，信託額が少額であっても，単独運用が行われることもあること，④現に，X自身，平成9年12月から約2年間，Y'に信託した財産をほぼ全額日経平均リンク債で単独運用してきたのみならず，東洋信託銀行に信託した財産の一部についても，国内株式による単独運用を行ってきたこと等を指摘することができるのであって，これらの諸点にかんがみると，年金信託契約では合同運用を行う旨の慣行が存在するとは到底認め難い。」

また，Y'がXに対して提案したバランス型アセットミックスは，「信託財産の投資先を国内債券，国内株式，外国債券，外国株式及短期資金に分散するというものであって，単独運用と合同運用のいずれの方法で運用するかに言及したものではなかった」ことは説諭したとおりであり，「Xがバランス型アセットミックスを選択したからといって，合同運用の方法で運用する旨の黙示の合意が成立したものということはできない」。

### (3) 本件約款に基づく合同運用義務

本件約款「8条1項において『この信託が契約されたときに，運用方法が同じである他の信託がまだ契約されていない場合は，1万円相当額を1口として，その整数倍の財産を信託財産の額として引き受けます。』と規定」しており，「本件約款は，特定の厚生年金からの受託財産のみが年金投資基金信託（株式口）において運用される事態が生ずることを予定していることは明らかであるから，……本件約款が，年金投資基金信託（株式口）では，常時，複数の厚生年金基金からの受託財産を運用していなければならないことまでを定める趣旨のものであるとは解し難い」。

また，「Y'は，X以外の厚生年金基金の間にも，IT関連の高度成長銘に絞り込んでハイリターンを追求する投資手法に対する要望があったことから，19ファンドを新設し，とりあえず，Xからの受託財産5億円のみで19ファンドの運用を開始したところ，19ファンドの新設直後にIT関連の株式銘柄の株価が急落し，IT関連銘柄に集中して運用する手法に対する需要も冷え込んだため，本件年金信託契約が解除されるまでの間，X以外の厚生年金基金の信託

財産が 19 ファンドで運用されることはなかったというのである。そうすると，本件においては，19 ファンドの下でX以外の厚生年金基金の信託財産の運用が行われなかったことには相応の理由があったというべきであり，Y′が他の信託財産と合同運用する意思がないにもかかわらず，あえて 19 ファンドを新設したというような背信的な事情を見出すこともできない」。

(4) **合同運用義務違反とXの損害との間の因果関係**

「単独運用と合同運用のいずれの方法を採るかは，委託者ごとに信託財産の分別管理を行うかどうかの問題であって，信託財産の投資先（株式銘柄等）の選択や期待利回りを左右するものでない」。そして，「19 ファンドの運用実績が他のファンドの運用実績を下回った原因が，19 ファンドにおいて IT 関連の株式銘柄への集中投資が行われたことにあることは明らかであり，Xが主張する合同運用義務違反と 19 ファンドの運用実績が他のファンドの運用実績を下回ったこととの間には，因果関係はないというほかはない」。

## 2　アセットミックス遵守義務違反による損害賠償請求

(1) **本件通知（バランス型アセットミックスを修正する旨の通知）の存否**

Xは，平成 11 年 11 月 24 日，Y′に対し，本件通知（バランス型アセットミックスを修正する旨の通知）をしたと主張しているが，「①厚生金基金が信託会社に対してアセットミックス（資産構成割合）を指示する場合には，運用ガイドラインと称される書面が信託会社に交付されるのが通常であるにもかかわらず，XはY′に対して書面の交付をしていないこと，②Xは，専ら合同運用義務違反を問題にして本件年金信託契約の解除に至ったものであり，上記解除までの間，XがY′に対して本件通知の存在やアセットミックス遵守義務違反を主張したことは一度もなかったこと，③Xが本件訴訟提起前に送付した内容証明郵便においても，専ら合同運用義務違反が主張されていたこと，④Xは，本件訴訟提起後も，専らY′の合同運用義務違反を主張していたものであって，本件訴訟提起から 1 年以上経過した後に初めてアセットミックス遵守義務違反を主張し，これを裏付ける証拠……を提出するに至ったこと　⑤Xが本件訴訟提起後の早い段階で提出した……報告書……には，バランス型のアセットミックスの修正を決定したことやY′に本件通知をしたこと等は全く記載されて

いないこと等を指摘することができる」。

(2) バランス型アセットミックスを前提としたアセットミックス遵守義務違反の有無

「Xは、バランス型アセットミックスにおける国内株式の割合を超える事態が生ずることを認識した上で、当時の運用実績を超える運用利回りを達成するため、とりあえず貸付金等で運用されていた5億5180万9358円を国内株式で運用することを了解していたものと認めるのが相当である」。

さらに、「①資産の種類によって時価の変動状況が異なる上、市場の急激な変動等が生ずることもあるため、信託財産の資産構成割合が指示された資産構成割合の許容範囲を超えることは珍しくないこと、②この場合の対処方法には、定期的な是正、許容範囲の上下限値までの是正、許容範囲の中心値への是正、相場の流れ次第等といった手法があるところ、これらの対処方法の選択は信託会社に一任されていることが多く、現に、XとY'との間でも、対処法の取り決めは存在しなかったこと、③5億円が19ファンドに投入された平成12年2月時点の国内の割合は、バランス型アセットミックスにおける国内株式の上限値を6.5％上回ったものの、翌月以降、国内株式の割合は低下し続け、本件年金信託契約解除の意思表示がされた同年7月末には、バランス型アセットミックスにおける国内株式の上限値である52％を下回る50.8％となっていたこと等を指摘することができるのであって、これらの諸点に照らすと、平成12年2月時点における国内株式の割合がバランス型アセットミックスにおける国内株式の上限値を上回ったからといって、直ちにY'がバランス型アセットミックスを遵守すべき義務を怠ったものと断ずることはできない」。

「そうすると、いずれにしてもY'に上記義務違反があるものということはできない」。

## III 解　説

**1　年金信託契約における資産運用の仕組み及び法規制等**

(1) 年金信託契約における資産運用の仕組み[1)]

本判決において、「年金信託契約に基づき信託された財産の運用方法には、

①受託財産を委託者ごとに株式，債券，貸付金等に直接投資して運用する方法（単独運用，直接投資）と，②個別委託者の財産を年金専用のファンド（年金投資基金信託）で合同して運用する方法（合同運用，合同口）」とがあり，年金信託契約に基づき信託された財産を年金投資基金信託で合同運用する場合には，年金信託の受託者たる信託会社が委託者兼受益者となって，年金投資基金信託の受託者としての信託会社との間で信託契約を締結する二重信託の形式をとるになる。」[2]と説明されているが，本件における「19 ファンド」は，この二重信託の形式をとった年金投資基金信託である。

**(2) 年金信託契約における資産運用に関する法規制等**

厚生年金基金等の運用割合については，昭和 57 年 4 月 1 日付蔵銀第 906 号「適格退職年金信託，厚生年金基金信託及び国民年金信託の信託財産の運用について」により規制されていたが，平成 9 年 3 月 31 日に廃止された。廃止後は，本判決によれば，「厚生年金基金は，年金給付等積立金の運用に関して，運用の目的その他厚生年金省令で定める事項を記載した基本方針を作成し，年金信託契約の相手方である信託会社に対して，協議に基づき当該基本方針の趣旨に沿って運用すべきことを，厚生省令で定めるところにより，示さなければならないものとされた（厚生年金保険法 136 条の 3 第 2 項参照）。そして，厚生年金基金規則（平成 12 年厚生省令 98 号による改正前のもの。以下同じ。）は，41 条の 2 において「厚生年金は，年金信託契約に係る資産について，長期に渡り維持すべき資産の構成割合を適切な方法により定めるよう努めなければならない。」旨を規定し（1 項 2 号），42 条において，厚生年金保険法 136 条の 3 第 2 項所定の基本方針に定めるべき事項の一つとして，年金信託契約に係る資産の構成に関する事項を挙げた上（1 項 1 号），「厚生年金基金は，信託会社に対して基本方針の趣旨に沿って運用すべきことを示す場合には，当該基本

---

1) 年金信託の仕組みや各当事者の責任関係を整理したものとして，山下陽久＝能見善久「企業年金信託」鴻常夫編『商事信託法制』（有斐閣，1998 年）87～107 頁，土浪修「企業年金制度における受託者責任」日本年金学会編『持続可能な公的年金・企業年金』（ぎょうせい，2006 年）221 頁以下，三菱 UFJ 信託銀行信託研究会編著『信託の法務と実務〔5 訂版〕』（金融財政事情研究会，2008 年）335 頁以下。
2) 二重信託を説明したものとして，田中和明『詳解 信託法務』（清文社，2010 年）41～46 頁，三菱 UFJ 信託銀行信託研究会編著・前掲注 1) 44 頁。

方針に係る事項を記載した書面を交付しなければならない。」旨を規定している（2項）。上記各規定に基づいて行われた厚生年金基金の指示は，一般に「運用ガイドライン」と称されている」。

また，「厚生年金基金の指示である「運用ガイドラインにより資産構成割合が指示された場合には，信託会社は，これを遵守しなければならないが，資産の種類によって時価の変動状況が異なる上，市場の急激な変動等が生ずることもあるため，信託財産の資産構成割合が運用ガイドラインで指示された資産割合の許容範囲を超える事態が生じることは珍しくない」。さらに，「年金信託契約に基づき信託された財産を単独運用と年金投資基金信託による合同運用のいずれの方法で運用するかについては」昭和57年通達廃止の前後を通じて何の規制もなく，年金信託契約上の定めや運用ガイドラインによる指示がない限り，受託者である信託会社の裁量に任されている」。と説明されている。

## 2　主な争点に対する考え方
### (1)　明示又は黙示による合同運用義務違反の有無

原審判決（神戸地判平15・3・12金判1167号20頁）においては，XとY'の担当者間の受け答えが，「日経リンク債を解消した後の原告の資産全額についての運用を決めるという局面でなされたものであること，」「厚生年金基金から信託されている資産のほとんどが他の基金からの信託金と合同されて多数の銘柄に分散投資されて運用されていることを熟知していたことが推認されること等を考慮」すると，上記のやりとりにおいて，Xの担当者が「全資産の合同運用を求める趣旨で資産運用についてバランス型運用を求めるとの提示を行い」，Y'の担当者も「これを十分理解しつつ了承したこと」は，「Y'にはXから受託した財産を合同運用方式で運用する義務が発生していたと認められる」と判示し，明示の合意による合同運用義務を認めた[3]。

この事実認定については，「本判決は，委託資産30億円に係る担当者のやりとりをもとに，全委託資産の合同運用義務を認定しているが，その認定課程が必ずしも，明確であるとはいえない」，また，「「合同運用義務」のそもそもの

---
3)　原審判決を支持する見解として，芳賀良「年金信託契約における受託運用機関の法的責任」金判1177号（2003年）67頁。

趣旨，およびそれが法令上の「分散投資義務」を担保する手段であるならば，本件において，「19ファンド」に単独運用したことが，いかなる点において「分散投資」を阻害したというのかが，いまひとつ明確ではない。年金ファンドへの「入」の問題である「合同運用」と，「出」の問題である「分散投資」とが渾然一体に議論されている印象を免れない。」との批判[4]があるが，そのとおりであろう。

本件判決においては，上記二の判旨に示したとおり，Y'は，Xに対して「単独運用と合同運用のいずれの方法で運用するかについては全く言及していなかった」との事実認定により，合同運用義務についての明示の合意を排除するとともに，「年金信託契約では合同運用を行う旨の慣行が存在するとは到底認め難」く，「Xがバランス型アセットミックスを選択したからといって，合同運用の方法で運用する旨の黙示の合意が成立したものということはできない」として，黙示の合意による合同運用義務違反についても否定している。妥当な判断であると考える。

### (2) 本件約款に基づく合同運用義務

原審判決においては，合同運用義務が現に他の基金の参加を必要とすることまでをY'に課していたか否かについては，「将来他の基金が参加することが可能であれば合同運用義務は果たされたことになるとのYの主張は，形式的には全ての委託財産を単独で運用することを可能とするものにほかならず，かくては合同運用を義務としてY'に課した趣旨を実質的に没却するものとしてXの了承するところでなかったことは容易に推認できるから理由がないものである」したがって，本件合同運用義務においては，現に他の基金からの資金の一部が参加していることも具体的に要求されていたのであるから，原告からの単独の資金のみで19ファンドを設立し，投資したY'の行為は，合同運用義務違反行為に該当するというべきである。」として，合同運用義務違反を認めている。

この点においても，学説では，受託した財産を合同運用方式で運用する義務が発生していたとしても，その具体的内容について，「『現に他の基金からの資

---

4) 池田秀雄「年金信託契約における受託銀行の債務不履行が認められた事例」銀行法務21 620号 (2003年) 53頁。

金の一部が参加していることも具体的に要求していた』と解釈することには問題がある。」との批判がある。すなわち，①「合同運用の具体的内容は，本件契約と他の受託者でも用いられている一般的な内容の約款に照らして，「運用方法を同じくする他の存在を条件として合同運用するに過ぎない」と限定的に解するべき」であり，②「本件でY'の提案した運用スタイルがバランス型運用であることは，合同運用方式を直接意味するものではない」，③「合同運用義務の具体的内容を限定的に解し得るかにかかわらず，Y'は信託事務を遂行する際に善管注意義務（信託20条）を負って」おり，「契約と約款上，運用方法が単独運用に明示に限定されていない本件の場合も，Y'は当初から他の基金の参加を期待できず，結果と的に単独運用のままになる危険を認識しながら19ファンドを設立することはできない。Y'は無謀に同ファンドを設立し得ないのである。そのため合同運用義務の具体的内容について，たとえ形式的にはすべての委託財産の単独運用を可能とする解釈を採用したとしても，同義務をY'に課した趣旨は実質的に没却されない」。そうすると，「少なくとも現に他の基金の参加を必要とするという意味でのY'の合同運用義務を認めた点で妥当ではない」という見解[5]である。

また，「本件約款の解釈として単独運用は立ち上げ時に例外的に認められ，立ち上げ後は速やかに合同運用を実現すべき義務」がY'にはあるとの見解[6]もある。

本件判決においては，「本件約款は，特定の厚生年金からの受託財産のみが年金投資基金信託（株式口）において運用される事態が生ずることを予定していることは明らかであるから，本件約款は，特定の厚生年金基金からの受託財産のみが年金投資基金信託（株式口）では，常時，複数の厚生年金基金からの受託財産を運用していなければならないことまでを定める趣旨のものであるとは解し難い」として，約款上の解釈においても，合同運用義務違反を否定している。本件約款の解釈としては，本件判決が，最も自然な解釈であろう。

---

5) 佐藤智晶「厚生年金基金信託受託機関が負う投資運用上の債務と注意義務」ジュリ1315号（2006年）206頁。
6) 井上健一「厚生年金基金信託契約における受託機関の債務不履行責任」ジュリ1347号（2007年）76頁。

### (3) アセットミックスの遵守義務の違反の有無

原審判決によれば,「XとY'との本件年金信託契約第5条1項によると,委託者には運用方針に関する提示権があること,平成11年11月24日にXの担当者からY'に対してアセットミックスの割合について提示されたこと,Y'の担当者からアセットミックスについての特別協議を求めたような事情が窺われないこと等を総合すると,同日,承継前被告には原告から指示された割合に積極的に反する投資を行ってはならない義務が生じたものと認められる。」,また,「19ファンドへの投資は国内株式の指示割合を大幅に超える結果となるものであり,このことはY'においても容易に認識しえたものであるから,アセットミックスの割合に積極的に違反する投資であったことが明らかである一方,アセットミックスに反する結果となる投資判断につき,裁量の範囲内であると考えられる事情は見あたらない。」と判示し,アセットミックス尊重義務違反に基づく債務不履行責任を認めている。

これらの点についても,学説上,「信託財産のアセットミックスの許容範囲を超えることは珍しくない」ことであり,また,「Xの要望にこたえるためにアセットミックスを一時的に超過する投資を実施せざるを得なかったY'の事情を全く検討していない点は,妥当ではない」との批判[7]があるが,妥当な見解である。

本判決においては,上記二判旨で示したとおり,「厚生年金基金が信託会社に対してアセットミックス(資産構成割合)を指示する場合には,運用ガイドラインと称される書面が信託会社に交付されるのが通常であるにもかかわらず,XはY'に対して書面の交付をしていない」として,通知の存在を否定した上で,「平成12年2月時点における国内株式の割合がバランス型アセットミックスにおける国内株式の上限値を上回ったからといって,直ちにY'がバランス型アセットミックスを遵守すべき義務を怠ったものと断ずることはできない。」として,アセットミックス尊重義務違反についても否定しているが,実務慣行を踏まえた妥当な判断であると考える。

この点について,学説において,「たとえ,瞬間的な上限超えであるにせよ,

---

7) 佐藤・前掲5) 207頁。

あるいは基金側からの強い要請があったにせよ，アセットミックスの『案』を作成するのは受託者である信託銀行であり，自分で作成したアセットミックスを自ら破ることは裁量としては許されないと考えるのが妥当ではなかろうか。」との批判[8]があるが，実務から乖離した酷な見解であろう。

## Ⅳ　本判決の意義

本判決は，信託銀行において一般に利用されている年金資産の合同運用の手法に関して，合同運用義務及びアセットミックス（資産構成割合）遵守義務について争われた実務上重要な裁判例である。本判決においては，義務違反が認定されていた原審の判決を覆して，いずれの義務違反をも否定し，信託銀行の実務慣行が認められた点で意義があり，理論的にも，実務においても，参考になる判決である。

---

8) 井上・前掲6) 77頁。

## 16 年金信託における受託者の注意義務
—— 分散投資助言義務

大阪地裁平成25年3月29日判決　金判1423号18頁

楊　　林　　凱

## I　事案の概要

　Xは，厚生年金保険法に基づき，九州地区のガソリンスタンド，石油販売事業を営む事業法人（適用事業所）426社を設立事業所として，昭和46年2月1日に設立認可された厚生年金基金である。Yは，銀行業および信託業等を営む株式会社であり，金融商品の販売等に関する法律所定の金融商品販売業者等である。Xは，昭和46年4月7日，Yほか6社（$Z_1$ないし$Z_6$）との間で，Xを委託者兼受益者，YおよびZらを共同受託者とする年金信託契約を締結した。これが「第1契約」である。Yは，第1契約締結以来，総幹事受託機関として，Xの業務運営に関与した。もっとも，Xにおいて，平成14年8月29日に年金運用コンサルタントとしてA社の代表取締役であるBを採用した以降，第1契約の共同受託者であった$Z_1$ないし$Z_6$との信託契約も解消したため，$Z_6$が受託していた信託財産がYに移管された平成16年8月月13日以降，Yが単独の受託者となっていた。Xは，単独の受託者となった間もない同年9月27日，Yとの間で，Xを委託者兼受益者，Yを受託者とし，信託財産を25億円とする年金信託契約を締結した。これが「第2契約」である。

【第1契約】

　Yは，平成14年8月頃までは，第1契約及びXが作成してYに提示した第1契約に係る運用指針に基づき，Xから受託した年金資産の運用として，国内債権，外国債権，国内株式及び外国株式のいわゆる「伝統四資産」への投資を行ってきた。しかし，XがBを年金運用コンサルタントとして採用した

以降，Xにおいて，資産構成割合（政策アセットミックス）を変更し，「オルタナティブ資産」の割合も増加させた上，平成15年9月29日，理事会及び代議員会において不動産ファンドへの出資を可決したため，Yとの間で，同年10月17日，第1契約の内容を変更する旨の契約が締結され，出資対象として不動産ファンドが含められた。そこで，Yは，同日，Xから受託した年金資産のうち，50億円をC社の組成する不動産ファンドに出資したが，さらに，Bに対して投資顧問業及び投資事業を行っているD社の担当者であるEを紹介した後，BがXにDが組成する私募不動産ファンド，すなわち，「Dファンド」への出資を推奨するようになったため，Xにおいても，Dファンドの1つである「オフィスファンドⅢ」への25億円の出資に同意し，Yにその旨の同意書を提出した。

【第2契約】

第2契約では，平成16年9月27日の契約締結後，出資金額が増額されていた。Xは，Yに対し，信託財産の運用に関する基本方針および運用ガイドラインを提示することができるものとし，提示があった場合には，Yは，Xとの協議に基づき運用すると定められていたが，YによるXの「基金資産」全体の分散投資についての助言義務は定められていなかった。第2契約に基づいて設定された信託は，受託者が運用裁量権を有する単独運用指定金銭信託いわゆる「指定単」であって，Xは，第2契約に係る運用指針において，資産構成割合について，商法の規定に基づき設立された匿名組合である不動産ファンドが100％と指定していた。

Yは，第2契約に基づき受託した資産から前記「オフィスファンドⅢ」に出資したほか，いずれもDファンドの1つである「3号ファンド」，「オフィスファンドⅣ」，「4号ファンド」，「コアファンドⅠ」へそれぞれ第2契約に基づきその後に受託した資産から出資した。その後，「5号ファンド」への出資も契約されていたが，同契約は，履行されないまま，解約されている。

Xは，Yに対し，①基金資産全体の分散投資のために，各増額契約又は増額指図の受託を差し控えるべき注意義務違反があるとして，債務不履行又は不法行為による損害賠償請求権に基づき，主位的請求として263億6191万0849円及びこれに対する遅延損害金の支払を求め，第2次予備的請求として209億

0352万3394円及びこれに対する遅延損害金の支払を求め，②安定運用すべき年金資産を，5年から8年の運用期間に投資対象不動産の価値が20％から30％程度下落しただけで，出資元本全額が毀損されるリスクがあるハイリスク商品であり，人的・資本的倒産隔離がされておらず，かつ，単一の運用マネージャーが運用している私募不動産ファンドに，基金の全資産の75％を出資した注意義務違反があるとして，債務不履行又は不法行為による損害賠償請求権に基づき，第1次的予備的請求として261億4732万0088円及びこれに対する遅延損害金の支払を求め，③第2契約締結時及び各増額契約締結時に，個別の私募不動産ファンドのレバレッジリスクを具体的に説明しなかった注意義務違反があるとして，不法行為による損害賠償請求権に基づき，主位的請求として263億6191万0849円及びこれに対する遅延損害金の支払を求め，第3次的予備的請求として197億0089万6242円及びこれに対する遅延損害金の支払を求め，第4次的予備的請求として140億1819万6242円及びこれに対する遅延損害金の支払を求めて，提訴したものである。

## II 判　　旨

Xの請求をいずれも棄却。

### 1　助言義務違反の有無
#### (1)　厚生年金保険法等の分散投資の助言義務

厚生年金保険法（以下厚年法という），厚生年金基金令および厚生年金基金規則は，「労働者の老齢，障害又は死亡について保険給付を行い，労働者及びその遺族の生活の安定と福祉の向上に寄与するという厚年法1条所定の目的を達成するために，基金に対し，基金資産の分散投資義務を課し，そのために，基金が自ら基金資産の構成割合及び運用受託機関の選任に関する事項等を定めた基本方針を定めるとともに，運用指針を作成して運用受託機関に交付し，運用受託機関に基本方針の趣旨に沿って運用すべきことを示すことを義務付けており，運用受託機関は，基金によって示された運用指針を遵守し，委託された範囲内で基金との協議に基づいて運用することが義務付けられているのであり，

運用受託機関に対し，委託された範囲を超えて基金資産全体の分散投資についての助言義務は課していない」とし，「厚生省ガイドラインでは，管理運用業務について，基金の理事に，理事として社会通念上要求される程度の注意を払うことを義務付け，特に理事長等は『管理運用業務に精通している者』が通常用いるであろう程度の注意を払って業務を執行しなければならないとして，基金の理事（特に理事長等）に高い注意義務を課した上，理事長等が自らに基本方針策定のための能力が不足していると考える場合，年金運用コンサルタント等に助言を求めることが考えられるとしているのである」。

**(2) 信託法，民法及び信託契約上の助言義務**

「第2契約においてYによるXの基金資産全体に対する分散投資義務についての助言義務の定めはないのであるから，旧信託法20条，第1契約17条，第2契約20条所定の運用受託機関であるYに課せられた善管注意義務は，Yに委託された範囲内において履行すれば足りるのであり，委託された範囲を超えて基金資産全体の分散投資についての助言義務を含んでいない」。

さらに，「民法上の委任においては，委任者の指示が不適切であった場合に，受託者はその指示に漫然と従うべきではないと一般的に解されているが，上記厚年法等の規定に照らすと，年金信託の場合にこれと同様に解すべき根拠はない。米国のエリサ法（従業員退職給付保障法……）においては，『共同受託者の責任』が定められ，基金の策定した基本指針が誤っていた場合（基金が受託者責任に反する行為を行っている場合），運用受託機関は，基金に対して問題点を指摘し，場合によっては基金に問題点を修正させる働きかけをしなければならないとされているが日本の厚年法等の規制は，これとは異なっている」。

**(3) 金融庁としての既存法令の解釈**

「また，金融庁において，いわゆるAIJ事件を契機に，①平成24年9月4日に，基金の運用受託機関となる信託銀行に対し，信託銀行が基金に分散投資義務違反が生ずるおそれを把握した場合，基金等への通知義務を課す方向で金融商品取引業等に関する内閣府令の改正を予定しており，同改正につき義務規定ではなく，努力規定とすべきであるとのパブリックコメントに対し，基金から各運用受託機関に総資産額等の通知をすることを前提に，一つの運用受託機関が当該基金から資産の相当部分を受託している場合，自らが運用している資

第 3 章　受託者の義務

産が分散投資義務に違反しているおそれがあるかどうかについて把握できるときは，基金に対して通知を行うことを義務付けることが合理的であることを理由に，行政処分の対象となる法的義務とする見解を表明しており，②兼営法〔金融機関の信託業務の兼営等に関する法律〕施行規則〔以下，兼営法施行規則という〕23条2項を改正して，指定単の受託者から基金に対する基金資産の分散投資に関する通知義務を法定することを予定し，さらに監督指針において，通知義務の履行にもかかわらず，基金の分散投資義務違反のおそれが解消しない場合，受託者に『協議義務』及び『受託者の辞任』を前提とした監督指針の新設を予定しているが，これらの改正は，監督指針だけでなく内閣府令の改正をも含んでいること，一般社団法人信託協会が厚生労働省に設置された有識者会議においてAIJ事件を契機として発覚した問題状況に対する対処として，基金資産全体の分散投資に係る助言を行うことを目指すべき対応として提案していること……からも，現行法下の規制を確認したものではなく，現行法下で上記助言義務が存在しないことを裏付けているものであることが明らかである。Xは，『新規オルタナティブ資産組み入れに際してのリスク特性についてのXとの十分な事前協議義務』を定めた運用指針……は，バランス型運用である第1契約において被告に示したものであり，私募不動産ファンド特化型である第2契約についてはこれを示しておらず，上記運用指針が第2契約には適用されないので，上記運用指針を根拠に上記助言義務を認めることはできない。なお，YがXの基金資産全体の資産構成割合を知り得たとしても，上記結論は左右されない」。

さらに，認定された事実によれば，「Xが，第2契約において，Yに対して，Xの基金資産全体の資産構成割合について相談をしたことはないし，Yが，Xの基金資産全体の資産構成割合について助言をしたこともなく，それを了承する立場にもなかったのであるから，Yに，信義則上の助言義務を認めることもできない」。なお，「仮に，例外的にYにXの基金資産全体の資産構成割合に関する助言義務が認められる場合があるとしても，厚生省ガイドライン上，分散投資をおこなわないことにつき合理的理由がある場合には，分散投資を行わなくても良いとされていることも考慮すれば，Xの基金資産全体の資産構成割合が当時の状況下で全く合理性を欠いた状況にあったということもできな

いので，そのような場合にも当たらない」。

## 2 受託拒絶義務違反の有無
「助言義務が認められない以上，Ｘがその延長として主張する受託拒絶義務も認められない」。

## 3 運用受託機関としての注意義務の有無
### (1) 運用受託機関の注意義務
「年金信託を受託した運用受託機関は，自らの判断と責任において資産運用を行うのであるから，その投資判断については裁量が認められ……，与えられた裁量の範囲を逸脱し，又は，その裁量権を濫用して投資判断を行わない限り，注意義務違反が認められないと解すべきである」。

### (2) 運用マネージャーの分散義務
「私募不動産ファンドに投資する際，同一の運用マネージャーの運営する不動産ファンドに投資をするのではなく，複数の運用マネージャーの運営する不動産ファンドに分散投資をしなければならない義務はないというべきである。同一の運用マネージャーであれば，類似の不動産が投資対象となる場合が多いという問題点があるとしても，それは投資対象不動産の分散の問題として検討すれば足りるというべきである」。

### (3) 他の私募不動産ファンドとの比較検討義務
「運用受託機関に，私募不動産ファンドへの投資に際し，他の具体的な私募不動産ファンドとの比較検討義務があると認めることができず，私募不動産ファンド一般と比べて当該私募不動産ファンドが特に不利益でないか否かの検討を行っていれば足りるというべき」であり，「Ｙは，Ｄファンドに出資するに当たり適切なデュー・ディリジェンスを行っていたということができる」。

### (4) Ｄファンドにおける倒産隔離の有無
Ｙは，「倒産予防措置につき，定款又は匿名組合契約上，SPV（特別目的事業体）の営業内容が制限されていること及び借入れ等の上限が定められていることを確認したこと及びSPVの親会社と運用マネージャーとの隔離（利益相反行為の防止）については，……私募不動産ファンドでは使われることが多い

第 3 章　受託者の義務

セームボート出資の仕組みを採用していることを確認したのであるから，倒産隔離が出資をするのに問題がない程度には達成されていると判断したことが不合理であると認めることができない」。

(5)　D ファンドがハイリスクである否か

X は，D ファンドは，「同時期に組成されていた他の私募不動産ファンドに比して極めてハイリスクな不動産ファンドであったと主張する」が，いずれも「D ファンドが同時期に組成されていた他の私募不動産ファンドに比して極めてハイリスクな不動産ファンドであったことを基礎付けるものということはできない」。

## 4　個別の私募不動産ファンドのリスクの説明義務違反の有無

### (1)　指定単において投資対象が決定している場合の説明義務

「顧客が信託金の運用の範囲を指定して，運用を運用受託機関に委ね，運用受託機関が指定された範囲内で，自己の判断で運用することを内容とする信託である指定単においては，個々の投資商品への投資は運用受託機関が自らの判断において行い，その判断について与えられた裁量の逸脱や裁量権の濫用があれば，運用受託機関がその責任を負う。このような指定単の仕組みからすれば，運用受託機関である Y は，顧客である X に対し，個々の具体的商品についての説明義務を負うことはないと解すべきであり，仮に，契約時点で個々の投資商品が決まっている場合であっても，変わるところはない」。

### (2)　私募不動産ファンドのリスクの説明義務

「X は，第 1 契約において，自らの主導の下，運用対象として私募不動産ファンドを指定し，少なくとも第 2 契約締結前には，私募不動産ファンドには，資金として出資者からの出資金以外に他からの借入金が導入されること，借入金の返済が出資金の償還よりも優先されることを認識していたことに加え，レバレッジリスク自体の理解は，一般人にとっても困難ではなく，平成 17 年から平成 19 年にかけて，一般にも購読されている投資金融情報紙……や各種ビジネス誌……においても，私募不動産ファンドについて，レバレッジリスクが報じられていたこと，……基金は，個々の投資商品の一般的なリスク特性を理解して自ら基金資産全体の資産構成割合を策定しなければならず，必要な場合

には，年金運用コンサルタント等の機関に助言を求めることが予定されており，現に，Xは，……Bを年金運用コンサルタントとして採用していたことに照らせば，Yは，Xに対し，第2契約において上記レバレッジリスクの説明義務を負わない」。

## Ⅲ 解　説

### 1 分散投資の助言義務[1]
#### (1) 厚生年金基金の分散投資義務

「基金は，年金給付等積立金を，特定の運用方法に集中しない方法により運用するよう努めなければならない」ことが規定されている（厚年令39条の15第1項）。厚生年金基金の運用財産については，「厚生年金基金」自身に対し，いわゆる「分散投資義務」を課しているわけである。

また，基金に対し，基金資産の運用の目標，基金資産の構成に関する事項，運用受託機関の選任等に関する事項等を記載した基本指針を作成すること及び基本指針に沿って基金資産の運用をすべきこと（厚年136条の4第1項，厚年基金規則42条1項）を義務付けている。さらに，基金に対し，その運用する年金資産について，長期にわたり維持すべき資産の構成割合を適切な方法により定めること，上記資産構成割合の決定に関して，基金に使用され，その事務に従事する専門的知識及び経験を有する者を置くことにより，年金給付等積立金の運用を行うよう努めることを求めている。すなわち，これらの点は，いずれも，「基金」に対する義務なのである（厚年基金規則41条の6）[2]。

#### (2) 信託受託者の義務

年金給付等積立金の運用方法については法定されており（厚年136条の3第1

---

[1] 一般論としては受託者に助言義務があると考えることはできない。しかし，例外がいくつかある。1つは，助言をすることが契約内容になっている場合である。もう1つは，助言義務が契約内容になっていなくても，信義則上，助言義務を負わされる場合が考えられる。能見善久「『企業年金の受託者責任』についてのコメント」同編『信託の実務と理論』（有斐閣，2009年）10頁。

[2] 本件に係る基金の資産運用関係者の役割及び責任については，厚生省年金局長通知「厚生年金基金の資産運用関係者の役割及び責任に関するガイドラインについて（通知）」（平成9年4月2日年発第2548号）に詳細が定められている。

項),その一つとして,「信託会社又は信託業務を営む金融機関への信託(運用方法を特定するものを除く。)」が認められている(同項1号)。

　基金が,信託銀行への信託を選択した場合,「基金」に対し,委託運用に際して,運用受託機関に対して,基本方針に整合的な運用指針を作成して交付し,協議に基づいて,基本方針の趣旨に沿って運用すべきことを示さなければならない(厚年136条の4第3項,厚年基金規則42条4項)。

　運用受託機関である信託銀行(受託者)は,法令および基金との間の委託契約を遵守し,基金のために忠実にその業務を行わなければならない(厚年136条の5)と定められているが,運用受託機関に対し,委託された範囲を超えて基金資産全体の分散投資についての助言義務は課されていない。

　また,運用受託機関である信託銀行は,厚年法とは別に,信託法の善管注意義務,忠実義務,分別管理義務等を遵守するとともに,信託業法を準用した兼営法の規制を受けているが,これらの法令においても,委託された範囲を超えて基金資産全体の分散投資についての助言義務は課されていない。

　したがって,本件においては「第2契約においてYによるXの基金資産全体に対する分散投資義務についての助言義務の定めはない」のであるから,本判決の「旧信託法20条,第1契約17条,第2契約20条所定の運用受託機関であるYに課せられた善管注意義務は,Yに委託された範囲内において履行すれば足りるのであり,委託された範囲を超えて基金資産全体の分散投資についての助言義務を含んでいない」との判断は,妥当である。

　また,本判決においては,民法上の委任について,「委任者の指示が不適切であった場合に,受託者はその指示に漫然と従うべきではないと一般的に解されている」として,米国のエリサ法(従業員退職給付保障法)の「共同受託者の責任」に言及しているが[3][4],「日本の厚年法等の規制は,これとは異なっている」として,そのような義務・責任を否定している[5]。

---

[3]　米国エリサ法405条(a)(b),エリサ法における受認者間の機能分担と共同責任については,石垣修一『企業年金運営のためのエリサ法ガイド』(中央経済社,2008年) 123頁参照。

[4]　また,他に,企業年金連合会「エリサの制定と受託者責任」ウェブサイト http://www.pfa.or.jp/jigyo/shuppanbutsu/handbook/gaiyo/gaiyo06.html 参照。

[5]　助言義務としては,最判平成17・7・14民集59巻6号1323頁において,「顧客の取引内容が極端にオプションの売り取引に偏り,リスクをコントロールすることができなくなるおそれが認めら

民法では、委任の善管注意義務については、「委任契約は当事者間の信頼関係を基礎とする契約であり、善管注意義務の内容も、当事者間の知識・才能・手腕の格差、委任者の受任者に対する信頼の程度などに応じて判断される」[6]と解されており、本件の状況をこれらに照らすと、受託者の責任は否定されるべきであり、この点についても、本判決は、妥当であると評価できる。

なお、もしも、助言義務が認められたとしても、本件においては、YはXに対して、再三にわたって運用指針についての助言や変更提案を行っていたことが認定されていることから、助言義務には違反していないといえるのではないか。

### 2 私募不動産ファンドのリスクの説明義務

本判決のⅡ4（1）の判旨で述べた「顧客が信託金の運用の範囲を指定して、運用を運用受託機関に委ね、運用受託機関が指定された範囲内で、自己の判断で運用することを内容とする信託である指定単においては、個々の投資商品への投資は運用受託機関が自らの判断において行い、その判断について与えられた裁量の逸脱や裁量権の濫用があれば、運用受託機関がその責任を負う」との判断は妥当であり、私募不動産ファンドそのもののレバレッジリスクの説明義務についても、Xが認識しているが故に否定しているが、そもそも、このような指定単の仕組みからすればこのような説明義務はないものと考えられる。

## Ⅳ 本判決の意義

本判決は、厚生年金保険法の規定を踏まえて、年金資産の出資に係る判断の責任が原則的に年金基金にあることを明確化したこと、さらには、個別の事案であるものの、現行実務における年金信託受託者の義務について、法令及び信託契約上、助言義務、受託拒絶義務、及び指定単における投資対象が決定して

---

れる場合には、〔証券会社が〕これを改善、是正させるため積極的な指導、助言を行うなどの信義則上の義務を負うものと解する」とのオロ裁判官補足意見があり、それ以降、証券会社の指導助言義務違反を認める判決例があるが、本件においては、状況がかけ離れている。
6) 内田貴『民法Ⅱ債権各論〔第2版〕』（東京大学出版会、2011年）273頁。

いる場合の説明義務，私募不動産ファンドのリスク一般の説明義務等を否定した上で，投資対象の分散義務についても，その義務違反が認められないとした点について意義があるものと考えられる。

また，AIJ事件の発生を契機として，法令等が改正されるに及び，その改正の検討の中で，既存の規制法令等の解釈が明確化され，その解釈を踏襲する形で判示されたことは，特筆される。

なお，本判決後，兼営法施行規則23条2項が改正され，同項6号において，信託銀行には，指定単の受託者から基金に対する基金資産の分散投資に関する通知義務が課せられることとなった。また，監督指針3-5-2においても，信託会社等の受託者に対し，通知義務の履行のための体制整備や，通知義務の履行にもかかわらず，基金の分散投資義務違反のおそれが解消しない場合に，運用指針の変更の検討を基金に求める協議を行い，さらには，当該協議を経てもなお分散投資義務に違反するおそれしないことが解消しない場合においては，最終的に受託者が辞任することを含めて検討することを求めるよう改正されるようになった。

これらの改正は，実務に大きな影響を与えている。

# 17

## 受託者による貸金債権と受益債権との相殺等

大阪高裁平成12年11月29日判決　金法1617号44頁

笹　川　豪　介

## I　事案の概要

　Aは，平成3年7月2日，信託銀行である被告（控訴人）Yに対して，合同運用指定金銭信託に，合計1億円を信託した（本件信託）。

　Aは，平成8年6月3日破産宣告を受けた。原告（被控訴人）Xはその破産管財人である。

　Xは，同日，Aが指定した本件信託の元本および収益配当金の入金先としていた普通預金口座を解約した。

　Yは，平成10年7月1日ないし2日に，Yの別段預金口座に，本件信託の元本，収益配当金を振り込んだ（平成10年6月30日までの収益配当金610万4224円について同年7月1日，元本1億円および同年7月の1日分の収益配当金3万6345円について同年7月2日）。

　Yは，Aに対し，同年7月2日時点で，貸付金債権を有していた。Yは，Xに対し，同月7日到達の書面で，貸付金債権の一部をもって，Xの信託元本および収益配当金交付請求権（本件受働債権）と，その対当額において相殺する旨の意思表示をした。

　これに対してXが，当該相殺は旧信託法17条に定める信託財産の相殺の禁止，同法22条に定める受託者の権限，旧破産法104条1号に定める相殺の禁止の規定に違反する無効なものであると主張して，本件信託契約の終了に基づき，AがYに信託した元本および収益配当金の一部の支払を求め提訴した。

　第1審（京都地判平成12・2・18金法1592号50頁）では，受託者の受益者に対する貸付金債権と受益債権とは別個の法主体間の債権債務であり，両債権の相

殺を認めることは，旧信託法17条の趣旨に反して許されないと判断され，請求を認容した。

これに対しYは，①原判決は旧信託法17条が別個の法主体間の債権債務の相殺を禁じた規定であるというが相当でなく，同条の趣旨から本件相殺が許されないとしているが誤りである，②本件受働債権を信託契約と切り離して単純な金銭債権と同視できないとした原判決は誤りであり，単純な金銭債権として相殺の期待利益は保護すべきである，③本件受働債権は銀行取引約定書7条1項による差引計算で合意相殺により消滅し，これは旧信託法17条の射程外であると主張して控訴した。

## II 判　　旨

原判決取消し，請求棄却。

受託者による貸金債権と受益債権との相殺の可否について，「受益者の受益金返還請求権と信託の受託者（信託銀行）の受益者に対する貸金請求権との相殺は〔旧〕信託法17条の射程外であって，これにより本件相殺を無効ということはできない。」また，「民法505条1項所定の債権の目的の種類の不一致，〔旧〕信託法36,37条の趣旨ないし反対解釈などにより，両条所定の費用，損害，報酬等以外の債権である貸金による相殺は許されない。」ただし，「信託終了後に受益者の預り金として別段預金口座に振り込まれた信託金，収益配当金の返還請求権に対しては当事者間に本件のような相殺の合意があれば相殺できる。」

信託終了時の信託財産の帰属については，受益者保護の趣旨の限りにおいて「なお原信託の延長としての性質を持つ」ものであり，「本件信託元本等は別段預金として保管されているにすぎない以上受益者に移転したとはいえず，元本，収益配当金を移転させるという限度でなお原信託が存続する」。

信託取引への銀行取引約定書の適用に関して，「満期後の金銭信託の元本，収益金とこれを引き当てとしてなされた貸付金につき，銀行取引約定書7条1項により相殺の合意をしていることを認識し，あるいは，十分認識し得たものと認められる」ためこの部分について信託取引に適用があり，「本件銀行取引

約定書7条はこの相殺合意（相殺予約）に当たる。」

## III　解　　説

### 1　旧信託法における受託者による貸金債権と受益債権との相殺の可否
#### (1)　旧信託法の規定
　旧信託法17条においては，信託財産の相殺の禁止として，「信託財産に属する債権と信託財産に属せざる債務とは相殺を為すことを得ず」との規定が設けられている。
　この規定は，実質的法主体性説からは，信託財産が受託者の固有財産及び他の信託財産とは独立した財産であるため，信託財産に属する債権とその信託財産に属しない債務とは民法505条に定める「二人が互いに……債務を負担する」という要件を充たさないと説明される。よって，相殺できないことが当然の帰結であるものの，信託においては，受託者が名義人となり，形式的には「二人が互いに……債務を負担する」ような外観を有していることから，確認的に規定したものであるといわれている。
　一方，債権説によれば，債権，債務自体はいずれも受託者に帰属するものの，信託財産に属する債権と信託財産に属しない債務の相殺を認めると，信託財産が毀損するおそれがあるため，特別に規定したものであると解されていた。
　この規定については，文言上は「信託財産に属する債権と信託財産に属せざる債務」の相殺に関する規定となっていることから，本件のように，その反対の場合，すなわち，「信託財産に属する債務と信託財産に属さない債権」についても相殺が禁止されるのか否か，その適用範囲等について問題とされてきた。
#### (2)　京都地裁判決
　京都地裁判決においては，まず，「信託財産の独立性……を表現するもの」として，旧信託法17条の相殺禁止規定が設けられていること，すなわち，同条は，「受託者が相殺によって信託財産を自己の用に供する不都合を避けるべく，」信託財産が「受託者個人の財産からは独立した存在であることを明らかにし，別個の法主体間の債権債務の相殺を禁じた規定である」として，概ね実質的法主体性説に依拠するという立場を明らかにしている。

そのうえで,「金銭信託においても,受託者が信託を引き受けた金銭は,受託者個人の財産から独立した存在であることに変わりはない。一方,受託者の受益者に対する貸付けは,金銭信託に当然に伴うものではなく,貸付金債権は受託者個人の固有の債権である。したがって,受託者の受益者に対する貸付金債権と受益債権とは別個の法主体間の債権債務であり,両債権の相殺を認めることは,〔旧〕信託法17条の趣旨に反して許されないと解するのが相当である」として,旧信託法17条の趣旨から本件における相殺が認められない旨判示している。

また,「受託者が負担している元本及び収益配当金の支払債務は,信託契約の終了に伴う当然の処理として受託者が負う債務であって,信託契約と切り離して単純な金銭債権と同視することはできない」として,金銭の支払請求権であったとしても,信託契約の終了に伴うものである場合には,通常の金銭債権とは目的を異にすることを述べている。さらに,この場合に相殺を認めることが,「受託者は,たまたま受託者の地位にあったために,そうでなければ行えなかった相殺という簡便な方法により,受託者個人の貸付金債権の満足を得る」としている。

#### (3) 大阪高裁判決

ア　受託者による貸金債権と受益債権との相殺に旧信託法17条の射程が及ぶか

大阪高裁においては,旧信託法17条の射程について,京都地裁の判決と逆の結論をとっている。すなわち,「信託財産に受託者の財産からの独立性が認められていることと,これに法人格を認めることとは別個の問題」であり,「現行法上,自然人,法人以外に法人格をたやすく認めることはできない」としたうえで,実質的法主体性説の立場からも,「解釈上,不完全な法主体性を仮定しているにすぎない」としている。そのうえで,結論として,「信託財産と受託者ないし受益者との別人格を論じて,本件相殺に〔旧〕信託法17条を類推適用し相殺を否定するのは相当でない」としている。

イ　信託存続中の法定相殺

(i)　大阪高裁は,以下のように,目的の種類の不一致,弁済期未到来,旧信託法36条,37条の趣旨から,信託存続中の法定相殺は認められないとした。

(ⅱ) 目的の種類の不一致

「信託財産は信託目的にしたがいこれを管理運用処分するもの」であるため，「これと受託者の委託者に対する金銭債権とは同種の目的を有するとはいえ」ない。

(ⅲ) 弁済期未到来

「受託者は委託者の指示に従って運用する義務があるから，その貸金回収の都合で金銭信託の返済義務を発生させ，その弁済期を到来させて受働債権とすることはできない。」

(ⅳ) 旧信託法36条，37条の趣旨

旧信託法36条では，受託者の信託財産に関し負担した租税，公課などの費用等について信託財産を売却して優先弁済を受けられる先取特権を有すると規定している。「信託は信託目的のため財産権を移転しそれを管理処分して運用し受益者にその財産及び信託の利益を享受させるもの」で，「信託財産に対しては，受託者ないし受益者個人の債権者はかかっていけず，受益者及び信託債権者のみが信託財産に対し権利を主張できる」ため，「信託関係上の債権債務は信託関係外では債権債務とならない」。「それにもかかわらず，受託者が信託関係外の固有の関係で取得した受益者に対する債権につき信託関係上の債務との相殺により満足を得るのは一般の債権者相互間では得られない利益を取得することになる。」

控訴人はこの点につき相殺の担保的機能ないし期待をいう。しかし，信託存続中の相殺の担保的機能ないし期待は，金銭信託の場合でも，「預金債権とはその性質を異にするから合理的でなく，相殺の制度によって法的に保護ないし尊重すべき場合に当たらない」。

ウ　信託終了後の法定相殺

本件において信託が終了していたとしても，後述のとおり旧信託法63条による法定信託が成立し，「弁済期未到来とはいえないが，それ以外の前示期限前の法定相殺を許さない事由はそのまま信託終了後信託財産移転前の相殺に当てはまる」ことから，法定相殺は許されない。

エ　信託存続中の相殺合意

法定相殺を認めない各事由は相殺合意の場合にも当てはまり，債権の同種性

を要件とする除外合意は「当事者がその目的である債権を個別的, 具体的に自覚して合意する必要がある」ところ,「信託が信託財産の管理, 運用, 処分を目的とするもの」である以上,「貸金債権をもって相殺すれば, 管理運用処分の余地は消失し信託は終了する」という重大な結果をもたらす信託存続中の相殺までAにおいて合意する意思があったと認めるに足りない。

弁済期未到来についても信託を途中で打ち切る明確な意思が相殺予約によってあるとは認められず, 同様に, 旧信託法36条, 37条による趣旨を回避して信託を維持しながら, 信託を否定しかねない相殺を許す合意があるともいえない。

以上のとおり,「信託存続中は, 特段の事情がない限りたやすく相殺合意による相殺を認めることはできない。」

オ　信託終了後の相殺合意

法定信託の目的は「元本等の移転という目的に限られるのであって, 原信託と同様の信託財産の管理, 運用, 処分の目的ないし義務が存続するわけではない」ため, 目的の種類の不一致はない。

(4)　学　　説

ア　旧信託法17条の趣旨と法定相殺の是非

旧信託法17条の通説的見解として債権説の立場から,「受託者の個人債務の弁済のために, 信託財産が減少することを防ぐところにあることは明らか」であり, この趣旨や,「受託者が信託から利益を享受していることにはならない」ことからは,「『信託財産に属する債務』と『信託財産に属しない債権』との間の相殺は, 禁じられる必要がな」いとされる[1]。

また, 法定相殺の是非の判断に関し, 破産法104条1号・2号との関係についても考えるべきとの見解がある。「〔同条項〕の解釈にあたっては, 破産宣告前に, あるいは, 危機時期を認識する前に, すでに, 相殺についての正当な期待をもっていたか否かを基準とする解釈が定着している」ことから,「信託銀行は, 顧客の信用悪化の徴表として同銀行の用いる銀行取引約定書5条に定められた事由が発生したとき, 信託銀行（受託者）が顧客（委託者兼受益者）に

---

[1]　道垣内弘人「最近信託法判例批評（2）」金法1592号（2000年）19頁, 22頁。

対して有する貸付金債権と，顧客が同銀行に対して有する受益債権とを相殺できる，という正当な期待を有する」[2]ため，信託における相殺の是非の判断においても，この考え方を踏まえた判断をすべきものと考えられる。

　イ　受益債権と貸付債権が「同種の目的」を有するか

　受益債権について，京都地裁判決では「信託契約の終了に伴うものである場合には，通常の金銭債権とは目的を異にする」とし，大阪高裁判決においても「信託財産は信託目的にしたがいこれを管理運用処分する」もの（目的）であることから，金銭債権とは同種の目的とは言えないとする。これに対しては，「本件において受働債権となったのは，受益権自体ではなく，受益権の支分権ともいうべき元本および収益金返還請求権であ」り，これらは，単純な金銭債権であり，同種目的を有している[3]との見解が示されており，また，株主権が議決権等の共益権と配当金支払請求権等に分けて考えられることからも，同種の金銭債権と考えるのが自然ではないかと考えられる。

　また，後の法定信託との関係でも対立する意見として，そもそも「本事例では信託勘定から銀行勘定の別段預金に振り替えられており，信託は終了しているから，受益債権の特殊性を持ち出すまでもない」[4]とする考え方も示されている。

## 2　旧信託法下での信託終了時の信託財産の帰属
### (1)　大阪高裁判決

　信託終了時の信託財産の帰属について，大阪高裁は，まず，信託財産がその帰属権利者に移転するまでは信託は存続するものとみなすという法定信託に関する旧信託法 63 条に触れたうえで，受益者保護の趣旨の限りにおいて「なお原信託の延長としての性質を持つ」としている。そのうえで，「本件信託元本等は別段預金として保管されているにすぎない以上受益者に移転したとはいえず，元本，収益配当金を移転させるという限度でなお原信託が存続する」とし

---

2) 道垣内弘人「最近信託法判例批評（3）」金法 1593 号（2000 年）18 頁, 19〜20 頁。
3) 角紀代恵「受託者による受益者に対する貸金債権を自働債権，受益者の受益債権を受働債権とする相殺の可否」金法 1652 号（2002 年）75〜78 頁。
4) 能見善久編『信託法の実務と理論』（有斐閣, 2009 年）185 頁［福井修］。

ている。
### (2) 学　説
　別段預金の性格について，「別段預金とは，銀行の債務の勘定処理上与えられた呼称で，勘定科目が決まるまでの預り金として利用される預金的性格の強いものから，保管や留保目的とする滞留勘定として利用されるものまで，その内容は極めて雑多である」ことを示したうえで，「Ａの破産によりその普通預金口座が解約され，本来Ａの当該口座に入金されるべき金銭が別段預金に保管されたという事情があり，これは当該別段預金が極めて預金的性格の強いものであったことを意味している」ため，「本件で問題となっている金銭が預金的性格を有していたという事情その他に鑑みると，法定信託を成立させ，受託者の相殺を制限すべき必要性があったとまでは考えにくい」[5]という考え方が示されている。

### 3　旧信託法における信託取引への銀行取引約定書の適用
### (1)　大阪高裁判決
　大阪高裁判決では，「期限の到来……その他の事由によって，貴社に対する債務を履行しなければならない場合には，その債務と私の預金その他の債権とを，その債権の期限のいかんにかかわらず，いつでも貴社は相殺……することができます。」という銀行取引約定書7条1項の約定が信託との相殺予約として効力があるかについて，以下のとおり述べている。
　すなわち，本件で元本，収益配当金が振り込まれている別段預金について，「別段預金は，いずれの種類の預金にも属さない保管金や預り金等を銀行の事務処理の便宜上一時的に整理するために設けられた預金勘定である」とし，「別段預金は主業の信託業務から本来の銀行業務である預金，保管金の処理に委ねられたものと認められ，別段預金の支払は銀行業務に当たる側面がある」ことを認めている。そして，信託銀行の銀行約定書7条1項では「普通銀行の約定書にはない『解約』又は『処分』を挿入している」のが，「信託銀行の貸出金の回収のため，金銭信託の信託金などについて差引計算をできるようにし

---
[5]　松井秀征「受託者の受益者に対する貸金債権と信託受益債権との相殺」ジュリ1237号（2003年）247頁。

たものである」としている。さらに，「そのことは当時の改正の解説においても広く公にされている」こと，Yは信託銀行，Aは信販会社であって，「いずれも商人で専門的金融機関であるから，……このような満期後の金銭信託の元本，収益金とこれを引き当てとしてなされた貸付金につき，銀行取引約定書7条1項により相殺の合意をしていることを認識し，あるいは，十分認識し得たものと認められ，両者を含む金融機関相互においてこれにより相殺があるという商慣習が存在する」ことから，合意相殺は有効であることを認定している。

## (2) 学　説

上記の大阪高裁判決のような考え方については，「取引相手方によって結論が異なる可能性を広く残す」という問題点が指摘されており，「当該条項がその制定経緯も含めて公になっており，取引相手にとって認識可能かつ理解可能であったこと，そして当該約定書が商人との間で用いられていることといった事情が肯定できるのであれば，金融機関に限らず相殺合意に関する商慣習の成立を認めることは可能」といった考え方も示されている[6]。

また，法定信託であることを前提に別段預金の性格を論じて相殺合意を認定したことについて，「そこで問題とされるべきであった真の争点は，受益債権との相殺の可否それ自体というよりは，信託終了の後になされた『別建預金』の性格や，受益債権をそのような預金債権に振り替える行為の可否ではなかったかと思われる。そして仮に，事前の合意（銀取約定も含め）が何もないとすれば，固有財産に属する債権によっては相殺することができなかったはずの受益権債権（信託に対する債権）を，後に相殺することを前提に，相殺可能な固有財産に対する債権（別建預金）に振り替えることは，受託者として，受益者に対する履行義務を尽くしたとはいえないと評価される危険があるように思われる[7]」との指摘がなされている。

本件においては普通預金が解約されていたことから別段預金を法定信託と認められたものであるが，普通預金が解約されておらず，普通預金への入金があった場合にはどのような考え方・結論をとり，それが普通預金の解約の有無により生じる差異として適切なものであるかについては，疑問が残る部分である

---

6)　松井・前掲注5) 250頁。
7)　能見編・前掲注4)［藤田友敬］207頁。

とも考えられる。

## IV 本判決の意義

### 1 旧信託法下における本判決の意義

旧信託法17条においては，信託財産に属する債権と信託財産に属しない債務との相殺を禁止する旨の規定があったものの，その反対解釈としての信託財産に属する債務と信託財産に属しない債権の相殺の可否については条文上明確でなかった。

本判決では，受託者からの貸金債権を自働債権とし，受益債権を受働債権とする相殺は法定相殺の要件を充足しないものの，信託終了後の銀行取引約定書に基づく合意相殺であれば許されるものと判断し，この点について旧信託法上の解釈を示したことに意義を有するものである。

### 2 現行信託法における受託者による貸金債権と受益債権との相殺の可否の考え方

(1) 信託法においては，信託財産に属する財産のみをもってその履行の責任を負う信託財産責任負担債務に係る債権を有する者は，当該債権をもって固有財産に属する債権に係る債務と相殺をすることができない旨規定されている（信託22条3項）。一方，受託者が，固有債権に属する債権を自働債権とし，受益債権を受働債権として相殺を行うことについては，これを制限する特段の規定はない。

本判決は，旧信託法下における判決ではあるものの，上記のとおり現行信託法で規定されていない部分について一つの見解を示したものであるという点で，なお意義を有する。

(2) この点，要綱試案補足説明においては，「このような相殺を認めても受託者の利益は損なわれないし，受益者に対する給付が現実にはなされないことにはなるものの，一方でその債務も消滅するのであり，相殺を認めることによって受益者の利益を損なうことにもならず，また，受益債権であるが故に現物給付の利益があるとは考えられないからである」[8]と説明されており，法定

相殺を認める考えをとるものとなっている。

　(3)　現在の信託法に関する学説においても,「信託の目的として,受益者に現実の受益を得させるという必要がある場合に,受託者自らがそれを妨げるような相殺を行うことは,受託者の義務に反するというべきであり,そうすると,原則としては相殺が許されるとしても,十分な自活能力のない受益者に一定の生活費を給付する目的などの他益信託においては,受託者には現実給付義務が課されているというべきではある（ただし,相殺の合意は妨げない）。」[9] あるいは,「受託者が,その固有財産に属する債権によって受益債権と相殺することについては,当該受益者に対して信託財産と固有財産の間に競合貸付状態が存在するといった例外的な場合を除いて,信託を害することはなく,原則として可能だということになる。もっとも,忠実義務の内容として,受益債権については,受託者は必ずいったんは受益者に履行しなくてはならないといったことまで含まれていると考えれば,受益債権との相殺は固有の問題があることになる。しかし,通常は,忠実義務にはそういう内容まで含むとは考えないのではないかと思われる。[10]」と述べられている。これらの見解からは,現在の信託法の規律においては,原則として,受益債権との相殺を肯定されていると考えてよいものと思われる。

---

8)　法務省民事局参事官室「信託法改正要綱試案　補足説明」30頁注30。
9)　米倉明編『信託法の新展開』（商事法務,2008年）164～165頁［道垣内弘人］。
10)　能見編・前掲注4) 206頁［藤田友敬］。

# 18

## 集団信託における受益者の中途処分と受託者の公平義務

大阪地裁平成 17 年 7 月 21 日判決　判時 1912 号 75 頁

金 森 健 一

## I　事　実　概　要

　X社は，平成 2 年 8 月 31 日，H社から新築ビル（以下「本件ビル」という）の共有持分 170 分の 1 （以下「本件商品」といい，Xが取得した共有持分権を「本件物件A」という）を 1 億 86 万 4000 円で購入し，これを信託財産とする管理処分信託契約（以下「本件信託契約」という）を，平成 3 年 4 月 1 日にY信託銀行との間で締結した。なお，本件物件Aの売買契約は，本件信託契約が締結されなかったときは失効するとされていた。

　また，本件信託契約は，Yが本件ビルをHに一括賃貸し，Yがその賃料から諸経費および信託報酬を差し引いた額をXを含む本件商品購入者に配当し，信託終了時には，本件ビルの売却代金から信託報酬等を差し引いた額を配当するという資産運用システムを図るものであった。

　本件信託契約の内容は，次のとおりである。信託目的を本件物件Aを含む本件ビルの一体的処分及び処分に至るまでの管理とし，信託期間を平成 3 年 4 月 1 日から平成 15 年 3 月 31 日までとし，管理処分方法につきHに一括賃貸し第三者に転貸などできる，Yは信託期間満了時までに一般に相当と認められる価格，方法により信託不動産を一体として売却するなどとし，一定の場合におけるYからの解除を除いて契約期間中の解除はできないとし，やむを得ない事情によりYの事前の書面による承認を得てする場合を除いては受益権の譲渡・質入れはできないとしていた。

　なお，Xは，Yとの間で本件信託契約と内容を同じくする信託契約を締結

していたC社（Cが購入した持分と本件物件Aとを併せて「本件物件」という）と，平成9年7月1日に吸収合併している。

平成5年3月31日から平成14年9月10日までの間に，本件商品の中途処分等が合計30件なされた。

平成15年3月31日に本件信託契約は期間満了により終了したが，Xは1159万317円の配当および売却代金から信託報酬等を差し引いた残額の812万9164円の配当支払通知を受けたのみであり，本件物件A購入代金との差額8,114万4519円の損失を被ったとして，本件物件による損失である合計1億6280万8000円の損害賠償を求めて本件訴訟を提起した。

Xは，YはX以外の30件のうち一部について本件商品の中途処分を認め損失の拡大を防止している一方，Xにはこのような中途処分をさせず，中途処分価格による金銭の回収を不能にしたので，本件信託契約上の管理義務違反および公平義務違反であるなどと主張した。これに対し，Yは，受託者はXも含めて全ての購入者に対して，相当額での本件商品の処分の斡旋の打診を行った，これに応じた者と応じなかったXとの関係では公平義務違反の問題はないと主張した。

本件の争点は，Yが，本件商品を，Xにおいて中途処分させず，X以外の受益者において中途処分させたことが，公平義務に反してXに本件物件を中途処分させなかったといえるか否かである。

## II 判　　旨

請求棄却。

裁判所は，Xの上記管理義務違反および公平義務違反の主張に対して，以下のように判示した。

「1　信託契約においては，受託者は，受益者に対して公平義務を負っていると解され，その具体的内容は，一つの信託に関して複数の受益者が存在する場合に，受託者は各受益者を公平に扱わなければならないものであるとされる。

本件信託契約は，各受益者が個別に信託契約を締結したのであって，一つの信託に関して複数の受益者がある場合ではなく，そもそも公平義務が問題とな

る場面には当たらない。

 2 仮に，公平義務が問題となるとしても，……Yは，平成10年10月ころから，専門部署を作り，Xも含めた信託契約の受益者に対して，信託期間の満了が近づいたが，地価が反騰する見通しもなかったため，1口1500万円程度での持分（本件商品）の処分の声かけをしたこと，……〔25件の一筆者〕本件商品の各処分はYの上記声かけに基づくものであること，そのうち〔4件一筆者〕……はいずれも1口1500万円で，〔1件一筆者〕……は1口1300万円で本件商品を売却したこと，Xも，Yから，他の受益者と同様に平成11年4月9日に，Xが保有する本件商品について，1口1000万〜1500万の価格での売買を斡旋できるとの声かけを受けたが，本件商品を処分しなかったことが認められる。

 そうすると，XはYの声かけに応じず本件商品……を処分しなかっただけのことであり，それは，X自身の判断によるのであって，何らYが公平に反してXの上記持分を処分させなかったとは認められない。」

## III 解　説[1)]

### 1 不動産小口化商品とは

 不動産小口化商品とは，不動産の所有権を多数の共有持分権に分割（小口化）した金融商品であり，そのうち信託型（以下「信託型小口化商品」という）とは，その共有持分権を購入した投資家がこれを信託銀行に信託し，信託銀行は，その不動産全体を賃貸して受け取る賃料から報酬等を差し引き配当を支払い，信託期間満了時に不動産を売却し，その代金を投資家に分配するものである[2)]。投資家は，当時の不動産価格の上昇によるキャピタルゲインを小口化によって手に入れる機会を得られ，また，所得税及び相続税制上のメリットもあったとされる[3)]。しかし，バブル崩壊により投資家に多大な被害を及ぼし社会的な問

---

1) 本判決の評釈として，浅井弘章「判批」銀行法務21第660号（2006年）43頁がある。
2) 不動産小口化商品には，ほかに，任意組合型，匿名組合型及び賃貸借型がある（岩原紳作「信託型不動産小口化商品　コメント」鴻常夫編『商事信託法制』〔有斐閣，1998年〕367頁）。
3) 岩原・前掲2) 366頁。

題となり，多数の訴訟を引き起こすことになった[4]。

信託型小口化商品は，最初に不動産を複数の持分権に分割して投資家に譲渡し，投資家がそれらの持分権を信託する方式（以下「持分権信託方式」という）をとる。これと異なり，不動産そのものを信託財産とし，その受益権を複数に分割する方式（以下「受益権分割方式」という）も考えられるが，受益権分割方式では，土地信託の税制通達（土地信託に関する所得税，法人税並びに相続税及び贈与税の取扱いについて」〔昭和61年7月9日直審5-6ほか4課共同〕）において信託受益権が不動産として取り扱われるためには受益権を分割する場合が厳しく限定されていたため同通達の対象外になり，投資家が上記税制上のメリットを享受できるかが不明確になるため，持分権信託方式が採用されたとされる[5]。

## 2　受託者が公平に扱うべき受益者の範囲

(1)　本件の争点は，一部の受益者のみに対して中途処分させたことが受託者の公平義務に反するか否かであるが，前提として，そこでいう「受益者」が，一つの信託における受益者に限られるか，同一の受託者が引き受けた個別の信託にそれぞれ属する受益者をも含むかが問題となる。

(2)　信託法にいう，受託者が負う公平義務とは，一つの信託に関して複数の受益者が存在する場合に，各受益者を公平に扱わなければならないという義務である[6]。

---

[4]　信託型以外は，平成6年に不動産特定共同事業法が制定されその販売は許可制とされている。信託型小口化商品に関する訴訟として，たとえば，約定された利益配分が行われなかったために解約と支払金員の返還を請求した東京地判平成4・7・27判時1464号76頁，その控訴審である東京高判平成5・7・13金法1392号45頁や，勧誘における信義則上の説明義務違反に基づく損害賠償を求めた東京地判平成14・1・30金法1663号89頁などや，錯誤無効に基づく原状回復請求などを求めた東京地判平成16・3・26判例集未登載などがある。

[5]　福井修「信託型不動産小口化商品　報告」鴻編・前掲注2) 352頁。さらに，後掲の平成16年判決によれば，それに加えて受益権を原則譲渡禁止とすべきことが行政指導によって付加されていたようである。

[6]　新井〔第4版〕279頁。公平義務について，旧信託法については，四宮〔新版〕249頁，能見88頁，中野正俊『信託法講義』（酒井書店，2005年）153頁，信託法については，寺本〔補訂版〕134頁，安永正昭「新信託法における公平義務」『信託及び資産の管理運用制度に関する法的規律のあり方』（トラスト60，2010年）1頁，村松秀樹ほか『概説　新信託法』（きんざい，2008年）106頁など参照。

公平義務は，旧信託法には明文規定がなかったが，英米法で確立した原則であること，及び整備法による改正前の担保附社債信託法68条1項が「受託会社ハ公平且誠実ニ信託事務ヲ処理スヘシ」とされていたことから，解釈上当然に認められる義務とされており[7]，信託法33条は，この解釈上の公平義務を明文化したものとされる[8]。

公平義務が一つの信託における複数受益者に対する受託者の義務であるならば，本件商品のように，持分権信託方式が採用されている不動産小口化商品においては，信託契約が委託者兼受益者の数（持分権の数）だけ複数存在するため，受託者はこの意味での公平義務を負わない。

本判決も，「本件信託契約は，各受益者が個別に信託契約を締結したのであって，一つの信託に関して複数の受益者がある場合ではなく，そもそも公平義務が問題となる場面には当たらない」と判示して公平義務違反の主張を退けている。

(3) しかし，受託者が公平に扱うべき受益者の範囲を信託契約の個数の問題にとどめるべきではない。不動産小口化商品における信託契約は多数の投資家から投資を募ることを前提として，投資による利益の享受という同一の目的の下，税制上のメリットを享受するために単一の不動産をあえて持分権に分割しその上で個別に信託したことで生じたもので，しかも各信託契約の内容も同一である。そのため，投資家（委託者兼受益者）相互間または各投資家と事業者（受託者）との関係については，信託契約の個数という形式ではなく，各信託契約間の関係をどのように考えるべきかという実質が検討されるべきである。この点に関して，個々の投資家と事業者との間で各々別個に成立していると考えるべきか，それとも，多数の投資家が法律上一体とした団体類似の関係を形成した後，事業者との間で一つの契約関係を形成していると考えるべきかという指摘がある[9]。また，共有持分権を委託する方法として，一つの信託とすることも複数の個々の信託とすることも可能であり，いずれにするかによって委託者兼受益者の地位が大きく違うのは多少違和感がある，実質その1個の不動産

---

[7] 四宮〔新版〕249頁参照。
[8] 寺本〔補訂版〕134頁。
[9] 星野豊「不動産小口化投資における『投資家の権利』」筑波法政28号（2008年）66頁。

を運用しているもので，それぞれによって異なる扱いは考えられていないと思う。そのような場合に信託法33条の類推適用やそれぞれの信託の善管注意義務の問題と考えるなどの方法が考えられる旨の指摘がある[10]。

　裁判例においても，東京地裁平成13年2月1日判決（判タ1074号249頁）（以下「平成13年判決」という）が，信託契約が複数であっても，複数の同種の受益者があり，信託契約の内容が同じであるときは，受託者が複数の受益者に対して公平義務を負う旨を判示した。

　また，商事信託法要綱435条も，複数の信託契約に基づいて成立した信託につき合同運用が行われているときは公平義務の規定を準用するとする[11]。

　もっとも，本判決は，「仮に，公平義務が問題となるとしても」として，本件において公平義務違反が問題になり得ることを示していることに注目すれば，単なる契約の個数の問題として解決したのではないとの見方もできると思われる。

## 3　複数の信託における各受益者を公平に扱うべき義務の根拠

　(1)　受託者が，複数の信託における各受益者に対して統一した対応をとるべき義務があるとして，その根拠は何か。

　本件信託契約は，委託者からの中途解約が禁止され，受益権譲渡はやむを得ない事情がありYの事前の書面による承諾があるときに制限されていた（以下「譲渡制限条項」という）。譲渡制限条項は，多数の解約や譲渡により，投資対象不動産からの取り崩しが必要になり事業の維持が困難になったり，修繕費の負担に協力しない資力のない者が出資者になったりするのを防ぐためといわれ[12]，また，前述のように税制上の優遇的取扱いを受けるために要求される要件でもあった。しかし，譲渡制限条項は，投下資本の回収手段を奪うもので，損切りを不可能にするものである[13]。そのため，複数の信託の受益者間であっても，

---

10) 能見善久＝道垣内弘人編『信託法セミナー（2）受託者』（有斐閣，2014年）79頁［沖野発言］。
11) 商事信託研究会『商事信託法の研究——商事信託法要綱及びその説明』（有斐閣，2001年）77頁。
12) 不動産特定共同事業について岩原・前掲注2) 383頁。
13) かかる契約条項自体の不当性を問題とすべきとするものとして星野・前掲注9) 57頁。なお，譲渡制限株式でも株式買取請求権（会社法140条以下）が認められている。

第3章　受託者の義務

信託型小口化商品の中途処分（受益権譲渡や商品の売却）について受益者ごとに異なる扱いをすることは各受益者の利益を大きく損なうものである。この点が問題となった裁判例として以下のものがある。

①　東京地裁平成14年7月26日判決（判タ1212号145頁）（平成14年判決）

受託信託銀行において，委託者兼受益者に対し，中途解約を望むか否かを確認し，望んだ場合には買主を探すサービスとして共有持分権を売却し信託契約を解約することを特定の者のみに認める一方で，他の者からの中途解約申出については買主を紹介しなかった事案について，受託信託銀行が，共有持分権の売却を求めてきた受益者のうち特定の者に対してのみ受益権の譲渡先を紹介し，条件がまとまれば，譲渡を承諾する恣意的な対応をとることは平等義務に反するが，譲渡を求めた時期により譲渡先を紹介できなかったり，買取価格が異なったりした場合は平等義務に反しないとした。

②　東京地裁平成16年8月27日判決（判時1890号64頁）（平成16年判決）[14]

受託信託銀行が，特定の受益者に対してのみ，その受益権の譲受人をあっせんし譲渡を承諾しながら，その他の受益者に対してはあっせんしなかったことが公平義務に反するという原告の主張に対して，他の委託者の権利行使に相当な影響を及ぼすような取扱いの変更をしたにもかかわらず，一部の委託者兼受益者との関係では従前の譲渡制限条項の取扱いを続けたり，譲渡がやむを得ない事情が認められるのに認められないものとして取り扱い譲渡先のあっせんをさせず又は譲渡先を特定した譲渡の承認を拒絶したりしたときは，信義則上の義務に違反することがあり得るとした。

平成14年判決は「平等義務」の根拠について何も触れておらず[15]，平成16年判決は，公平義務が一つの信託に関するものであることを示した上で，「複数かつ同種の信託契約について，同一の内容を定め，又は同一の取扱いを行っていた場合には，すべての委託者兼受益者との関係で，信義則上，統一した対応を取るべきものと解され，ある委託者兼受益者のみを特別有利に取り扱うこ

---

14) 評釈として，小野寺千世「不動産小口化商品に関する信託銀行の説明義務・公平義務」ジュリ1337号（2007年）108頁がある。
15) 能見＝道垣内編・前掲注10) 79頁［沖野発言］は，善管注意義務の問題として導いているようでもあると指摘する。

とは信義則上の義務に反することがあり得る」と判示した。

　(2)　「すべての委託者兼受益者との関係で」「統一した対応を取るべき」義務，本件に置き換えるならば「すべての委託者兼受益者に対して本件商品を中途処分させる機会を与える義務」の根拠としては，受託者の公平義務の類推に求める考え方，平成16年判決のように信義則上の義務に求める考え方，善管注意義務に求める考え方，忠実義務に求める考え方[16]などがあり得る。なお，平成13年判決は「公平義務」を根拠に挙げているが，引用する会社法の施行に伴う関係法律の整備等に関する法律（平成18年法律109号）121条による改正前の担保附社債信託法68条が平成17年に削除され，信託法33条に公平義務の内容が明文化された現行法下においては，そこで認められた内容の義務を（少なくとも用語法のレベルでは）「公平義務」と呼ぶことはできないと考える。

　(3)　本判決は「公平義務が問題となるとしても」とし，受託者が複数の信託の各受益者を公平に扱うべき義務を負う可能性があることを示した。しかし，「そもそも公平義務が問題となる場面には当たらない」ともしているため，その根拠を公平義務そのものに求めているとは考え難い。判決がいう「公平義務」は，信託法33条や旧法下の解釈上の公平義務とは異なる根拠を想定していると思われる。それが，公平義務の類推なのか，信義則等の別の根拠をもつものなのかは明らかでない。これは，Yは譲渡先についての声かけをXを含めた全ての受益者に対して行っており，これにXが応じなかったにすぎない，つまりは受益者ごとに異なる扱いがそもそも存在しない本件の解決のためには，公平に扱うべき義務の根拠を示す必要は無いと判断されたことによると思われる。

## IV　本判決の意義

　本判決は，公平義務が一つの信託における複数の受益者に対する受託者の義務であるところ，受託者は，信託型小口化商品という同一目的及び同一内容の

---

16) 異なる信託の受益者との関係は公平義務の問題ではなく，善管注意義務や忠実義務の問題となるとするものとして，新井誠編『キーワードで読む信託法』（有斐閣，2007年）107頁［新井誠］がある。

複数の信託における各受益者を公平に扱うべき義務を負うかという問題に対して，根拠は明らかでないものの，そのような義務について受託者の義務違反が成立しうることを示した判断の一つとして位置づけられる。

# 19

## 集団信託における受益者の書類閲覧請求権と受託者の公平義務

東京地裁平成13年2月1日判決　判タ1074号249頁

金井　憲一郎

## I　事案の概要

### 1　事実の経緯

Xらは，昭和62年10月頃からY信託銀行およびA販売会社との間で，Xを含む数十名が不動産の共有持分をYに信託し，その収益を受領するという不動産信託に関する基本協定を締結した。

その後，Xらは，基本協定締結と同時に，Aとの間で，本件不動産（マンション）の各個別持分の売買契約を締結した。さらに，Xら（委託者兼受益者）は本件不動産の引渡日である昭和63年12月15日頃，Y（受託者）との間で，不動産の共有持分を信託して，その収益を各自の共有持分割合に応じて受領する内容の不動産信託契約を締結した。Xら以外の者とYとの間における不動産信託契約の内容も同一であり，本件に直接関係する契約条項は以下のとおりであった。

・Xら（受益者）は受益権を譲渡することができない。ただし，受益者にやむを得ない事情がある場合には，事前にY（受託者）の書面による承諾を得て，次の手順により受益権を譲渡することができる（7条1項）。

①　Aが他に優先して受益権を譲り受ける権利を有するものとし，Aがその権利を行使するときは，Aは譲受価格を受託者を経由して受益者に提示する。

②　受益者が前号の提示価格を承諾する場合，受益者はAへ受益権を譲渡する。

③ 受益者が①の提示価格を承諾しない場合、受託者またはAが譲渡価格を設定し譲渡先を斡旋する。

④ 受益者が前号の譲渡価格及び斡旋先を承諾する場合、受益者は斡旋先へ受益権を譲渡する。

⑤ 受益者が③による斡旋先への譲渡を承諾しない場合、受益者が譲渡価格を設定のうえ譲渡先を選定し、受益者は譲受先へ受益権を譲渡する。

平成4年6月から平成9年5月にかけて、Yは、Xら以外の受益者の受益権譲渡（計6件、これらの譲渡には、Aの関連会社であるMファイナンス㈱も含まれていた）を承諾した。Xらは、Yに対し、平成12年5月15日、6件の受益権譲渡に関し、書類閲覧および説明の請求をしたが、いずれも拒否され、訴訟となったものである。

## 2 本件の争点と当事者の主張
### (1) 本件の争点

本件書類が信託法（平成18年法律109号による改正前のもの。以下、「旧信託法」という）40条2項の「信託事務の処理に関する書類」に該当し書類閲覧請求権の対象となるか、また、本件説明事項が同項の「信託事務の処理に付」いての事項に該当し説明請求権の対象となるかである。

### (2) 当事者の主張

当事者の主張は、以下の3つの観点からなされた。

① 本件不動産信託契約の本質と旧信託法40条2項の「信託事務の処理」の範囲

本件不動産信託契約の本質につき、Xは、集団的信託契約であり、各受益者が一種の運命共同体と主張し、Yは、各受益者が運命共同体となるような強固な関係を有しているものではないと主張した。

旧信託法40条2項の「信託事務の処理」の範囲につき、Xは、各受益者が有する受益権は全て同種であり、公平な取扱いがなされているかに関して、受託者に対し他の受益者の書類の閲覧及び説明を求めることができると主張した。Yは、受益権の譲渡に関する書類は可分であり、他の信託契約に基づく信託事務処理に関するものであるから、いずれも求めることはできないと主張した。

② Yの公平義務の存否

Xは，本件不動産信託契約書7条1項は，受益者間の不公平取扱いを防止する義務を負っているところ，6件の受益権譲渡承諾は，いわゆるバブル経済崩壊による不動産暴落後に各個別持分も市場価格より高額でなされており，一部受益者らをして特別に利益を享受せしめ，受託者の公平義務に違反すると主張した。Yは，受益権の譲渡は，受益者とAとの交渉に委ねられ，Yは関与していないので，公平義務違反の問題の余地はないと主張した。

③ Yの守秘義務の存否

Xは，同種の受益権を有する受益者は，受託者から信託契約上どのような取扱いを受けたのかについて他の受益者に秘匿する権利はないと主張した。

Yは，信託銀行であるYには守秘義務があるため，Xら以外の委託者との間の信託契約処理に関する内容につきXらには明らかにすることはできないと主張した。

## II 判　旨

請求棄却。

### 1　旧信託法40条2項の趣旨について

「〔旧〕信託法40条2項が委託者，その相続人及び受益者（以下「受益者等」という。）に書類閲覧請求権及び説明請求権を認めたのは，受益者等信託契約の当事者が受託者から情報提供及び顛末報告を受け，受託者のなす信託事務の処理が信託の本旨に従い適切に行われているかを知るとともに，自己の信託財産擁護のために必要な行動を起こす可能性を確保するためのものと解される。

このような趣旨に照らすと，同項の書類閲覧請求権及び説明請求権の対象は，当該受益者等が出捐して保有する信託財産について，受託者との間で締結した信託契約に基づく信託事務の処理に関する書類及び説明事項であって，他の受益者等が出捐して保有する信託財産についての信託事務の処理に関する書類及び説明事項は含まれないのが原則であると解される。このことは，〔旧〕信託法39条が，『各』信託について受託者の帳簿具備の義務を規定し，それを受け

て同法40条1項が，利害関係人に39条に規定する書類の閲覧請求権を認め，さらに同条2項が受益者等に限って，信託事務の処理に関する書類閲覧請求権及び説明請求権を認めているという具合に，同法39条と40条が一体のものとして規定されていることからも裏付けられる。

　ただし，複数の信託契約における信託財産が合同して一体化された合同運用財産として管理，運用，処分されるような場合には，事柄の性質上受益者等が右合同運用財産の管理，運用，処分の状況に関して書類閲覧請求あるいは説明請求をしようとすれば，他の受益者の信託財産についての信託事務の処理に関する事項もそこに含まれるが，そのような場合は，当然にそれらも含めて40条2項の書類閲覧請求権及び説明請求権の対象となるものと解すべきである。」

## 2　他の受益者の受益権譲渡に関する書類及び説明事項についても，Xらに書類閲覧請求権および説明請求権が認められるか否か

　「…Xら以外の受益者の受益権譲渡に関する事務の処理は，あくまで他の受益者の『信託事務の処理』にすぎず，Xらの『信託事務の処理』に該当するとは言えないのであるから，Xらに書類閲覧請求権及び説明請求権は認められないと言うべきである。

　もっとも，…受益権の譲渡をYの承諾にかからしめた理由が，受益者が最低限の団体的拘束を理解してもらえる人であるか否かを審査する点にあることからすると，少なくとも譲受人が誰であるかという点は，本件不動産全体の管理に関する事務に密接に関連するものと言えるから，その限度では書類閲覧請求権及び説明請求権の対象となると解する余地はあるとは言える。しかしながら，……Xによる本件書類閲覧及び説明の請求の主たる目的は譲渡価格の把握にあると言うべきであって，本件では，Xにおいて，譲受人が誰であるかの点は既に承知していることが明らかであるから，そのための書類閲覧請求権及び説明請求権の行使を認める必要はないと言うべきである。」

## 3 Mファイナンスらに関する信託事務であったとしても、Yが複数の受益者を公平に扱うという限度において、Xらの信託事務であると言えるとして、Xらに書類閲覧請求権及び説明請求権があるか否か

「本件不動産信託契約のように複数の同種の受益者があり、しかも信託契約の内容が同じである場合、受託者はそれらの受益者を公平に扱わなければならないという公平義務を負っていると解すべきである（担保附社債信託法68条参照）。

したがって、〔旧〕信託法40条2項でいう『信託事務の処理』は、当然に信託事務を同種の受益者間で公平に処理するということを前提にしていると解すべきであり、受託者であるYによる信託事務が公平に行われているか否かを判断するために必要な事柄については、たとえこれが他の受益者の保有する信託財産についての信託事務の処理に関するものであっても、同項でいう書類閲覧請求権及び説明請求権の対象となり得ると言うべきである（その意味では、前記〔1〕で指摘した〔旧〕信託法40条2項の趣旨の解釈の例外といえよう。）。」

「しかしながら、他方で、本件不動産信託契約は受託者であるYと個々の受益者（委託者）との間の信頼関係に基づくものであり、Yは、受託者の忠実義務（〔旧〕信託法20条参照）に基づき、個々の受益者（委託者）との関係で守秘義務を負っていると解されるところ、Mファイナンスらの受益権譲渡に関する事務は、これらの受益者のプライバシーにかかわるものであり、右守秘義務の対象となると解されるから、前記のような公平義務に基づく書類閲覧請求及び説明請求を認めることは、右守秘義務を貫くことといわば利害が相対立する関係にあると言える。そして、このような利害の対立する場面で、受託者たるYにおいて、そのいずれの義務を優先させるかは、それぞれの義務を履行することによって保護される利益を比較衡量することによって決するほかないと言うべきである。

そうであるとすれば、公平義務に基づく書類閲覧請求及び説明請求を求めるXらとしては、具体的に公平義務に反する行為を受託者であるYが行っている蓋然性を立証する必要があり、そのような立証がなされた以上は書類閲覧請求及び説明請求を認めると解するのが相当である。」

「Xらによる受益権譲渡の承諾の申入れに関して，Yがこれを拒絶し，あるいは，その譲渡価格を斡旋する等の関与をした事実は認められない。」

「結局6件の受益権譲渡との関係で，XらのYに対する書類閲覧請求及び説明請求を認めることはできないと言うべきである。」

## Ⅲ 解　説

本件の事実関係を踏まえると，受託者への責任追及であれば，公平義務違反を根拠に損害賠償請求等を主張するのが通常であろうと思われるところ，書類の閲覧および説明の請求をした点に本件の特殊性があるといえよう。

### 1　前　提
#### (1)　集団信託とは何か

本件不動産信託は，いわゆるバブル経済期において多く行われた典型的な投資商品の一つであった。本判決は，集団信託と明言してはいないものの，「複数の信託契約における信託財産が合同して一体化された合同運用財産として管理，運用，処分されるような場合」としており，本件信託を集団信託と把握していることは明らかである。

集団信託とは，「大衆から信託目的を同じうする財産を集めて一つの集団（合同運用団）として運用し，かようにして得られたものを受託元本に応じて按分的に配分する信託形態」[1]とされているからである。

#### (2)　公　平　義　務

本判決は，下級審判決ではあるが，旧法において明文化されていなかった公平義務の存在を認めたものである。公平義務とは，1つの信託に関して複数の受益者が存在する場合に，受託者は各受益者を公平に扱わなければならない義務とされている[2]。公平義務については，これまでの諸学説においてもその性質につき解釈に違いはありつつも，認められていた。善管注意義務[3]とするも

---
1)　四宮〔新版〕49頁。
2)　新井〔第4版〕279頁。
3)　四宮〔新版〕248頁，能見89頁等。

の，忠実義務の一形態[4]とするもの等に分解され，公平義務違反の効果とも関連するだけに難しい問題であるとされている[5]。本判決は，担保附社債信託法68条（平成18年法律109号による改正前のもの）を根拠として公平義務の存在を肯定しているが，その法的性質については必ずしも明らかではなかったところ，信託法33条において，公平義務が明文化されることとなった[6]。

## 2 受託者の情報提供義務[7]について
### (1) 受託者の情報提供義務の4つの内容

本件では，Xにより旧信託法40条2項に基づく書類閲覧および説明請求がなされている。

信託事務の情報に関連する受託者の義務はどのようなものがあるのであろうか。この点，4つのレベルで把握する見解[8]があり，有益である。第一に，受益者の書類閲覧請求の前提として，信託事務処理の記録をとっておく義務である。第二に，信託事務に関する情報を積極的に受益者に開示する義務である。第三に，旧信託法40条2項の，「信託事務の処理に関する書類」の閲覧に応じ，信託事務処理の説明をしなければならない義務である。第四に，特殊な状況で受託者に課される情報提供義務（受託者が利益相反となるおそれがある行為をする場合に，受益者としては，どのような利益が受益者の利益と相反しているか説明して同意を得る必要がある）である。

---

4) 新井〔第4版〕279頁等。
5) 橋谷聡一＝小川清一郎「受託者の公平義務の性質について」明海大学不動産学部論集19巻（2011年）61頁以下。本論文は，旧法時代の学説，新法における公平義務明文化への立法過程，比較法からの分析と3つの角度から網羅的に論じた唯一の文献である。
6) 寺本〔補訂版〕134〜136頁。なお，信託法33条への公平義務立法過程につき，田中和明『詳解信託法務』（清文社，2010年）240頁に簡潔な説明がなされている。
7) 樋口範雄『入門 信託と信託法〔第2版〕』（弘文堂，2014年）216頁は，情報の重要性につき，次のように述べている。「……公平義務などがいくら充実していても，実は情報がなければそれらが遵守されているか否かは誰にもわかりません。したがって，情報に関する義務は一種特殊な地位にあるものと考えるべきです。……情報提供義務は，……いわば信託のインフラ・ストラクチャーだと考えられます。」本判決も，旧40条2項の権利行使につき，後述する比較衡量による手法を用いたのは，情報をどう考えるかという難問と無関係ではないであろう。
8) 能見120〜122頁の整理に依拠した。

### (2) 本件の争点となった旧信託法40条2項の意義

(1)で述べた類型を前提にすれば，本件は，第三の場面に該当するといえる。これは受託者の義務というよりも，受益者の書類閲覧請求権・説明請求権と把握する学説が多く，その性質は受益者の信託事務に対する監督的権能とされている[9]。受益者の権利である本権利の行使により，受託者の公平義務違反の有無等が判明する場合を想定していることになろう。

### (3) 旧信託法40条2項を集団信託に拡張することの妥当性

本条は，その性質から個別信託を念頭に置いており，集団信託においては受託者の取り扱う情報量が膨大で個々の請求に応じることは容易でないことを理由としてその適用を想定していないとの見解がある[10]。

また，本件のような信託を個別信託であって，同一の目的を持った信託として重畳的に集合したものにすぎないとして，本条による書類の開示を否定する見解がある[11]。

しかし，この見解は本不動産信託のスキームを形式的に把握しており，その運用実態を軽視しているのではないかと思われる。

本件においてXは，本件不動産信託のいわば共同事業性を重視したのに対し，Yは個別信託であると主張したところ，本判決は，Xの主張を尊重して集団信託に本条の適用を認めた。妥当な判断であろう。

## 3 旧信託法40条2項行使の限界

### (1) 一般的限界

受託者としての義務ではなく，受益者の権利として書類閲覧請求権・説明請求権を解するとしても，いかなる場合にもその行使が認められるわけではなく，権利に内在する制約はある。個別信託以上に本件のような集団信託において，

---

[9] 四宮〔新版〕227頁，能見122頁，新井〔第4版〕301頁等。
[10] 植田淳「信託法40条の書類閲覧・説明請求権について」神戸外大論叢49巻2号（1998年）76頁。
[11] 中野正俊「信託受託者の公平義務－所謂受益者平等の原則の観点に立脚して」清水晄ほか編・遠藤浩傘寿記念『現代民法学の理論と課題』（第一法規，2001年）659頁は，「但し，受益権の譲渡を拒絶した理由の説明義務は免れることはできないであろう。」とする。同『信託法判例研究〔新訂版〕』（酒井書店，2005年）263頁。

本権利行使の濫用のおそれは大きいであろう[12]。

### (2) 受託者の守秘義務との衝突

本判決は，旧信託法の40条が集団信託に適用されることを前提としたうえで，受託者の忠実義務を根拠として守秘義務につき検討を加えている[13]。集団信託の受益者全員が受託者へ帳簿閲覧権を行使した場合には，純粋に受託者の利益と受益者の利益との利益衝突の問題となる。一部受益者の利益と受託者の利益との対立，後者の利益に残りの受益者の利益たるプライバシーが付加されるときにより大きな問題となる。

本件は，後者に属する。

### (3) 本件の判断枠組みと結論に対する評価

本判決は，受託者の守秘義務と受益者の閲覧請求権との間で比較衡量し，請求者に公平義務違反の蓋然性の立証を要求した。たしかに，受託者は一部受益者に対する守秘義務と一部受益者に対する閲覧請求に応答する義務のどちらを優先すべきか悩むことになろう。しかし，2で述べた閲覧請求権の性質からすれば，公平義務に反する行為の存否は本権利を行使して初めて知り得ることが多いであろう。その点で，受託者の側で公平義務違反ではないという立証すべき[14]との学説もある。加えて，本件においては，Y，そして基本協定当事者であるA，受益権譲渡が認められた一譲渡人と一部譲受人たる関連会社ファイナンス会社が，相互に密接な当事者関係にあるとも考え得る。Xらとの間に情報差別があったのではないかと考える余地があり[15]，Xの主張を認容する結論もあり得たのではなかろうか。

### (4) 信託法38条2項の趣旨と本件における適用可能性

旧信託法40条においては，受託者の拒否事由が規定されておらず，受託者

---

12) 植田・前掲注10) 79頁。
13) 受託者の守秘義務につき，その根拠をも含めて友松義信「信託受託者の開示義務と守秘義務の関係 (1) ——情報の利益相反に関する一考察」民商118巻6号 (1998年) 788～802頁に詳細な分析がなされている。
14) 清水幸雄「信託受託者の情報開示義務と守秘義務との関係」清和法学研究8巻2号 (2001年) 125頁。受益権の認められた譲渡価格がいくらであったのか等はその例であろう。
15) 清水・前掲注14) 126頁。ちなみに，新井〔第4版〕304頁は，公平義務違反の蓋然性の評価をやや厳格に過ぎるとし，守秘義務の対象である情報が保護に値するものかさらに検討の余地があったのではないかとするが，同趣旨の価値判断ではないかと思われる。

第3章　受託者の義務

の二つの義務のどちらを優先するべきかというジレンマへの対応が明確とはいえなかった。

そこで，信託法38条2項は，受益者の受託者に対する監督的権利の重要性と受託者の他の受益者に対する守秘義務負担等との調和を図ることにより，両者の衝突を回避する目的として，1号から6号まで個別具体的に列挙した[16]。

本判決は，信託法38条2項における拒否事由の明確化前，情報提供義務と守秘義務との調整のための過渡的対応として，比較衡量論を採用したといえる。

翻って，本件において信託法38条2項1号の「その権利の確保又は行使に関する調査以外の目的で請求を行ったとき」に該当する余地がある。しかし，Xの主張には，自身の受益権譲渡という権利の確保というよりも，その行使の調査目的という面が強いと思われ，少なくともその両者以外の目的は有していないと考えるのが穏当と思料する。

したがって，本条の適用はなく，Xの閲覧請求は肯定し得るのではなかろうか[17][18]。

### 4　本判決のその後

本判決の控訴審判決[19]は控訴を棄却し，上告審の判断も上告不受理とされている[20]。

前者は，「譲受人（新受益者）が旧受益者から市場価格を超える価格で受益権の譲渡を受けていたとしても，それは，受益権譲渡を被控訴人が拒絶すべき理由とはならない。すなわち，譲渡価格については，被控訴人は直接関わらな

---

[16]　寺本〔補訂版〕151頁は，権利の濫用という一般条項に委ねることを避け，明文の規定より基準を明確にしたとする。
[17]　新井〔第4版〕307頁は，本条と39条2項1号の二つの適用可能性を示唆している。しかし，後者の1項1号，同2号それぞれの内容につきXは知悉していたと考えられるので，本件においては，38条2項1号の適用を考えればよいと思われる。
[18]　ただ，そもそも38条1項を含めて同条2項につき，同一の信託の受益者に限り適用されるものであり，本件閲覧請求は，別の信託の受益者からの閲覧請求であるため，適用されないとも考えられる。
[19]　東京高判平成13年8月2日判例集未登載。
[20]　最高裁平成14年2月28日決定。

いのであって、被控訴人との関係で、譲渡価格が公平であるとか、不公平であるというのは無意味である。したがって、6件の受益権譲渡につき、被控訴人に公平義務違反があるなどということはできない。」と判示した。

ただ、Xは、一方で受益権譲渡を認め、他方で認めなかったという取扱いの公平性を問題にしているのに、控訴審判決は譲渡価格の公平性に議論をすり替えてしまっているように思われる[21]。旧信託法40条2項は、公平義務違反を前提にした受益者の権利ではなく、その違反状態の存否を監督するために行使する権利であり、公平義務違反を否定することで本条の行使を否定したのは妥当でなかったのではないか。

## IV 本判決の意義

第一に、本判決は、下級審判決ではあるが、旧信託法において明文化なされておらず、諸学説によって認められていたに過ぎなかった公平義務の存在を初めて認めた判決である。信託法では、公平義務が33条によって明文化された。

第二に、旧信託法40条2項の書類閲覧権・説明請求権を集団信託にまで拡張して適用した。信託法によれば、38条2項1号が適用される可能性がある。

第三に、本判決が最終的には事案に応じてケース・バイ・ケースで考えるほかはなく、受益者の有する書類閲覧請求の利益と受託者の有する守秘義務という二つの利益の比較衡量の解釈論法を用いた点である。

＊脱稿後、本件評釈として、岡田孝介みずほ信託銀行＝堀総合法律事務所編『詳解信託判例』（金融財政事情研究会、2014年）252〜268頁に接した。

---

21) 新井〔第4版〕304頁は、「受託者の公平義務の存否を譲渡価格の公平・不公平性の問題に矮小化してしまった判断であり、著しく妥当性を欠くように思われる」とする。

## 20 共同受託における代表受託者の義務

東京地裁平成 21 年 3 月 27 日判決　金法 1890 号 10 頁

川　　義　郎

## I　事　案　概　要

　合併又は商号変更前の三井信託銀行株式会社（以下「三井信託」という），中央信託銀行株式会社（以下「中央信託」という），日本信託銀行株式会社（以下「日本信託」という）及び東洋信託銀行株式会社（以下「東洋信託」といい，この4社を総称して「4信託」又は「4行」という）は，平成3年，大阪市との間で，大阪市が所有する約2万3500 m² の土地（以下「本件土地」という）を信託財産とする期間30年の信託契約（以下「本件信託契約」という）を締結した。4信託は，本件信託契約を締結するに当たり，東洋信託を代表受託者とする協定（以下「本件協定」という）を締結していた。

　当時，4信託は，本件土地で「フェスティバルゲート」と称する都市型立体遊園地を運営することを企図しており，平成9年，フェスティバルゲートは開業した。

　もっとも，フェスティバルゲートは当初から数年にわたって収益が上がらなかったため，4信託が裁判所に調停を申し立て，最終的に，4信託と大阪市との間で本件信託契約を合意解除するとともに，4信託が大阪市に対し解決金として180億円を支払う内容の調停が成立した。

　本件訴訟では，4信託のうち三井信託及び中央信託の地位を承継した原告（中央三井信託銀行株式会社。以下「中央三井信託」ということがある）が，東洋信託の地位を承継した被告（三菱UFJ信託銀行株式会社。なお，同社は従前の合併により，日本信託の地位も承継している）に対し，調停において原告が負担した16億0083万5109円の損害賠償及び遅延損害金の支払を求めた（図）。

## 20 共同受託における代表受託者の義務

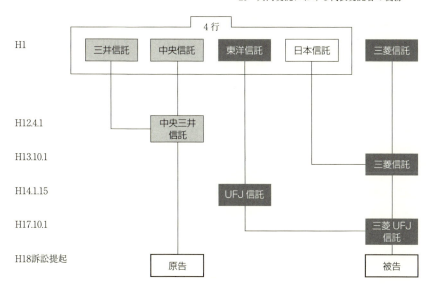

　原告が主張する法律構成の主たるものは，4信託間の協定で代表受託者とされた東洋信託が，信託事務処理を原因として他の共同受託者が損害を被る事態を防止する善管注意義務，及び大阪市その他第三者との折衝の結果等について共同受託者に対する報告義務を負っていたところ，その義務を怠り，信託財産から91億4762万9197円の不要な支出を招き，その結果，大阪市との調停事件において，4信託がその2分の1である45億7381万4598円を負担することとされたが，東洋信託の注意義務違反がなければ4信託が同額を負担することはなかったというものである。

## II　判　旨

　「東洋信託に原告の主張に係る注意義務違反があるということはできない」とされ，原告の請求が棄却された。

第 3 章　受託者の義務

## 1　東洋信託の権限及び東洋信託と推進室又は FG 社との関係について
### (1)　共同受託における「別段ノ定」(旧信託法 24 条 2 項) について

本件信託契約は，東洋信託を代表受託者と定めた上で，「代表受託者が信託事務の処理に関して，大阪市及び第三者に対して行った意思表示は，他の共同受託者に対してもその効力を生じると定めるところ，この規定は，代表受託者が単独で第三者に対して行った法律行為の効力が他の共同受託者に及ぶことを認めるものであり，旧信託法 24 条 2 項に規定する別段の定めと解される」とした。

### (2)　推進室又は FG 社が東洋信託の履行補助者に当たるか

4 信託からそれぞれ派遣された従業員によって設置された推進室，及び同じく 4 信託から派遣された専任者からなるフェスティバルゲートの管理運営会社であるフェスティバルゲート株式会社 (以下「FG 社」という。) は，「4 信託の方針に基づき，受託シェアに応じて構成されたものであり，4 行部長会の決定に基づいて業務執行を行っていたと認められるのであり，東洋信託に本件信託契約 6 項に基づき単独で事務処理を行う権限が帰属しているからといって，一般的に推進室及び FG 社が東洋信託の履行補助者に当たること解することはできない」とした。

## 2　東洋信託が他の 3 信託に対して負担する注意義務の有無について
### (1)　組合契約に由来する注意義務について

東洋信託が単独で信託事務の処理を行う権限を有している旨を認定しつつも，本件信託契約の規定，及び 4 行によって専任担当者が派遣された FG 社が 4 行部長会の決定に基づいて業務執行を行っていたなどの本件信託事業の遂行状況に照らし，本件協定の規定は，「4 信託が共同で業務執行をすることを原則とし，東洋信託が代表受託者として単独で事務処理を行う場合を限定している」として，原告の，「共同受託者間においては組合契約が妥当する」との主張の前提を欠くとした。

### (2)　先行行為から生ずる注意義務について

①　「東洋信託は，4 行部長会において，フェスティバルゲートの警備を受託した A 社にフェスティバルゲートの警備を委託することについては，実績

及びノウハウの点で不十分であるものの，A 社の起用により人権問題への対処が可能になるという利点があることから，駐車場警備の元請の委託先を B 社から A 社に変更する方針について報告をしているということができ，東洋信託以外の 3 信託はこれに異論を述べなかったのであるから，この方針に黙示的に同意した」といえる。そして，東洋信託以外の 3 信託も同和系企業の参入について少なくとも予想し得たと推認されることから，東洋信託が，A 社の起用に関する経緯及び A 社の実情を他の 3 信託に報告しなかったということはできず，先行行為に該当する事実を認めることはできないとした。

② また，東洋信託が，代表受託者名義で，A 社と関連する C 社に対し，他の 3 信託に報告することなく，当初 2 年間は，新会社から A 社に駐車場警備及び外周警備を発注し，3 年目以降は，B 社が元請であった施設警備業務についても A 社に発注し，A 社を警備業務全般の元請とすることを約束する確認文書を交付した行為については，「東洋信託が，他の 3 信託に報告することなく，C 社に対して本件確認文書を交付した行為をもって，4 信託又は信託財産に具体的な危険が生じたことを認めることはできず，東洋信託が，条理上，危険を除去すべき作為義務を負うということはできない」とした。

(3) 代表受託者としての地位及び共同受託者間の合意に基づく注意義務について

「東洋信託は，代表受託者として単独で信託事務の処理を行うに当たっては，4 行部長会における決定に基づく場合か，緊急を要する場合でなければならず，また，4 行部長会における決定に基づく場合においても，その決定の趣旨に従って事務処理を行うべき注意義務を負う」。そして，「東洋信託が，代表受託者として，4 行部長会に大阪市又は第三者との折衝の結果等本件協定の定める報告を行うに当たっては，正確な報告を行うとともに，4 行部長会が適切な判断を行うことを可能とするという観点から，適時に必要な報告を行うべき注意義務を負う」とした。

## 3 警備業務委託に関する東洋信託の注意義務違反の有無について

(1) 判旨は，次の各項目について検討した上で、いずれも東洋信託の注意義務違反を否定した。

(2) A社の選定に関する注意義務違反について
① 参入経緯について
「東洋信託以外の3信託も同和系企業の参入の可能性については少なくとも予想し得た」。「4行部長会がA社への警備業務委託を決定するに当たり，東洋信託の報告内容に不正確な点があるとか，4行部長会が適切な判断を行うことを可能とするという観点から東洋信託が必要な報告を怠ったということはできない。」また，C社に対して本件確認文書を交付したことについては，「東洋信託は，警備業務の委託に関するC社に対する回答内容については4行部長会の決定を受けていたのであり，」「本件確認文書の交付をもって，東洋信託が，4行部長会の決定の趣旨に反した事務処理を行ったとまでは解し得」ない，とした。

② 委託先としての適性について
「東洋信託以外の3信託も，A社に委託先として不適切な点があることを認識しながら，地元対策の観点から，A社に対して警備業務を委託するという方針に異議を述べず，黙示的に同意したものであるから」「東洋信託に代表受託者としての注意義務違反があるとはいえない。」とした。

③ 大阪市の指示書等の欠如について
A社に対して警備業務を委託するという「方針決定当時の4行部長会において，A社の資質に照らしてA社の選定については大阪市の指示書等を徴求すべきとの指摘があったことは認められないから，東洋信託に大阪市の指示書等を徴求すべき注意義務があったとはいえない。」とした。

(3) 開業時警備業務の委託に関する注意義務違反について
① 東洋信託とFG社との関係について
FG社が，「4信託の方針に基づき，フェスティバルゲート開業後の施設の管理運営業務を行う会社として設立されたもので，その資本及び人的態勢は，受託シェアに応じて構成されていたこと，FG社は，平成9年1月の設立後，C社やA社との交渉業務を行い，その結果を4行部長会において報告しながら，業務を進めていた」という「事実に照らせば，FG社の行為をもって，東洋信託の行為と同視することはできない。」とした。また，「FG社が，東洋信託の指示に基づき，東洋信託の履行補助者として，開業時警備業務の委託に関する

業務を行っていたと解すべき事情」もないとして、「A社に対する開業時警備業務の委託に関し、FG社の行為が東洋信託の行為と同視でき、又はFG社が東洋信託の履行補助者であることを前提とする原告の主張は、その前提を欠き、理由がない」とした。

② 委託の方式について

「東洋信託以外の3信託も、平成9年4月から6月にかけてFG社が中心となってC社やA社と交渉を継続していたこと、警察の指導等により警備は大がかりなものとなり、費用が増額し得ること、開業1か月前の時点においても、A社及びC社との交渉は難航しており、警備関係費用は固まっていないことを理解したことが認められ、また、未だ交渉中である以上、契約書の締結もなされていないことを認識し得た」。「これに対し、東洋信託以外の3信託から異議が述べられたり、契約書の締結を急ぐべきとの意見が提出された事実は認められない。」「そうであれば、東洋信託がFG社に対してA社の警備業務の発注に関して契約書の作成を促さなかったことをもって、東洋信託に代表受託者としての注意義務違反があるとはいえない。」とした。

また、「FG社が、平成9年8月19日、A社に対し、開業時特別外周警備を同月末日で終了させることを伝え、A社も、地元下請業者に対してこれを伝えたところ、地元下請業者から強い拒否反応があったこと、また、地元人権団体からFG社及び大阪市交通局に対して、解除は許されない旨の申入れがあったこと、これを受けて、大阪市交通局は、FG社に対し慎重な対応を要請するとともに、C社に仲介を依頼するよう指示をしたこと、その後、この経緯を知った東洋信託は、FG社に交渉の中止を指示するとともに、4信託での協議を行ったこと、4信託は、同年11月25日をもって特別外周警備を打ち切ることとし、大阪市交通局の了解を得ようとしたが、大阪市交通局は、段階的な削減を指示し、4信託としても大阪市の指示に従うことでやむを得ないとの結論になった」。これらの「経緯によれば、A社は、開業時警備業務に関するFG社との間の契約書の不存在にかかわらず、開業時特別外周警備の終了は争わず、地元下請業者に警備の終了を申し入れたこと、ところが、地元下請業者等から大阪市交通局に申入れがあり、これを受けた大阪市交通局の指示に基づき、特別外周警備は段階的に削減する方針となったことが明らかであり、FG社とA

第3章　受託者の義務

社との間において契約書が作成されていれば，地元下請業者が契約終了を争わず，紛争を回避し得た」とはいえない。「そうであれば，FG社が，A社との間で，警備業務の発注に際し，契約書を作成せず，下請の関係でも契約条件が担保されるように要求し，違約条項を盛り込むなどの方策を採らなかったことに関し，東洋信託がFG社に対してかかる措置を採ることを促さなかったことをもって，東洋信託に代表受託者としての注意義務違反があるとはいえない。」とした。

また，A社に対する警備業務の委託について稟議書は作成されていないが，「FG社の内部手続の瑕疵が直ちに東洋信託の注意義務違反を構成するものではないし，FG社の内部手続を理由として関係者から契約の効力に関する指摘がされていることも認められない。」とした。

③　警備業務の範囲について

「開業時特別外周警備の範囲は，フェスティバルゲートから数ブロック離れた地区まで及んでいるところ，平成7年当時は，施設の外周警備は監視カメラによる警備方式を前提としており，警備員の配置は計画されていなかったから，開業時特別外周警備は，当初予定されていたよりも著しく広範囲なものとなった。」

しかし，「A社に対する開業時特別外周警備の範囲については，フェスティバルゲート周辺地域の特性や夏休みという開業時期を考慮した上で，FG社が，隙のない警備態勢を敷く必要があるとの所轄警察署の指導を受け，A社と協議して決定したものである」。また，東洋信託が派遣したFG社社長は，「平成9年5月8日の4行部長会において，本件は警察とも打合せをして対応していくが，基本的には開業時と平常時とを区別し，計画する方針であること，所轄署やA社はFG社よりも大がかりに考えている様子であるので，警察OBの採用を急ぎ，所轄警察署及び関係署との調整等を進めていく方針であることを報告し，同年6月12日の4行部長会において，警備関係費用を詰めている段階で，やってみないと分からないところが多いので，最初は警備会社提案の仕様でやり，9月末に見直しをする方針であることを報告し」，東洋信託以外の3信託は，上記の4行部長会において，この方針に異論を述べなかった。さらに，平成9年5月23日までの間に浪速警察署から特別外周警備の警備場所「120

ポストを135ポストに増やすよう指導があった」。
　「そうであれば，4行部長会は，所轄警察署の指導に従い，地域の特性や開業時期を踏まえて，開業当初はA社提案の仕様で135ポストで特別外周警備を行うという方針に黙示的に同意したのであり，FG社はこの方針に従ってA社に開業時特別外周警備業務を委託したのであって，東洋信託がFG社に警備業務の範囲の見直しを促さなかったことをもって，東洋信託に代表受託者としての注意義務違反があるとはいえない。」とした。
　④　警備業務の金額について
　（i）A社へ発注した警備費用が平成9年度予算を上回ることについて
　「FG社がA社に対して支払った開業時警備業務の費用（駐車場警備については平成9年7月1日から同年8月25日まで，特別外周警備については同年7月18日から同年8月25日までの分）は，総額で約4億0500万円であり，そのうち特別外周警備分は約2億8700万円であるところ，平成9年3月に策定された平成9年度事業計画においては，開業費用のうち警備費用として計上されたのは1億5900万円であり，予備費として計上された5000万円を加算しても2億0900万円であった」。
　しかし，「東洋信託が，代表受託者として，大阪市交通局に対して提出した平成9年4月22日付け協議願には，本件については開業時の管理警備等について，再度見直しが必要と予想されるため，総額予算として計上している4億8766万7000円の範囲内で管理警備費の再検討を進める旨の記載があるところ，東洋信託以外の3信託も当該協議願の提出を承認していたこと，大阪市交通局は同日付けで協議願に異議がない旨の協議確認書を交付していることが認められ，」「東洋信託以外の3信託も，開業時の警備費用が平成9年度事業計画において予定された金額を超える可能性を認識していた」。また，同年5月8日の4行部長会において，C社との間で，予算的な乖離が埋まらず継続審議中であること，所轄署やA社はFG社よりも大がかりに考えている様子であるので，所轄警察署及び関係署との調整等を進めていく方針であること，同年6月12日の4行部長会において，警備関係費用を詰めている段階で，やってみないと分からないところが多いので，最初は警備会社提案の仕様でやり，9月末に見直しをすることが報告されていた。「上記の協議願の内容及び4行部長会への

報告内容によれば，東洋信託以外の3信託も，A社が提案している警備は，FG社が想定していたより大がかりなもので，その警備費用はFG社の予算と乖離しているところ，開業当初はA社提案の仕様で警備を行う方針であるので，警備費用は平成9年度事業計画に定められた予算を上回る可能性もあることを理解した」。「これに対し，東洋信託以外の3信託から，警備費用を平成9年度事業計画に定められた予算の範囲内に収めるべきとの意見は提出され」ていない。

「そうであれば，東洋信託がFG社に対してA社へ委託する開業時の警備費用を平成9年度事業計画に定められた予算の範囲に収めることを促さなかったことをもって，東洋信託に代表受託者としての注意義務違反があるとはいえない。」とした。

(ⅱ) 警備費用総額の認識可能性について

大阪市交通局に提出した協議願及び4行部長会におけるFG社の社長らの説明により，東洋信託以外の3信託が，警備費用は平成9年度事業計画に定められた予算を上回る可能性もあることを理解しており，東洋信託以外の3信託も，警備費用の額に関心があり，FG社の社長らの説明で不十分であると判断したのであれば，その時点においてFG社が把握している開業時警備費用総額の説明を求めることに何ら支障はなかったというべきである。

「そうであれば，東洋信託がFG社に対してA社に委託する開業時警備業務に要する費用の総額の説明を促さなかったことをもって，東洋信託に代表受託者としての善管注意義務があるとはいえない。」とした。

(ⅲ) A社に発注した単価がB社の単価より高額であることについて

A社の「1人当たりの単価は約53万3000円であるのに対し，B社の1人当たりは単価40万円であるので，これを上回っていること，実際に行われた特別外周警備は午前9時から午後11時までの14時間勤務であるので，A社に発注した警備業務の1ポスト当たりの単価は，2交代制を前提にして160万円であるのに対し，同じ勤務時間でのB社の単価は106万4000円」である。

しかしながら，「FG社は，A社と平成9年3月14日ころから警備費用の減額交渉を行っており，ポスト数及びポスト単価の両面から費用削減を求めていたこと，一人当たりの単価がB社と比較しても高いことも指摘して交渉を行

ったが，最終的には同年6月19日に折り合いが付かず物別れとなったこと，FG社としては，一人当たりの単価はやや割高であるが，地域特性を勘案すると約53万3000円でやむを得ないと判断した」。また，「B社が受託しているのは屋内で実施される施設警備であるのに対し，A社が受託しているのは屋外で実施される外周警備であり，勤務条件が異なること，大阪ドームの駐車場警備の単価は46万6000円であり，本件におけるA社の単価（交通費を控除すると51万4500円）と大きな違いはないことが認められ，また，警備業務委託先をB社からA社に変更した理由として，地元対策という趣旨が存在した」。

「これらの事実に照らすと，B社との単価に差があることをもって，A社への委託を行ったFG社の判断を不合理なものということはできず，東洋信託がFG社に対して単価の見直しを促さなかったことをもって，東洋信託に代表受託者としての注意義務違反があるとはいえない。」とした。

(iv) FG社に開業時特別外周警備費用総額の誤解があったか否かについて

「FG社は，A社から見積もりの提出を受け，A社の仕様によった場合の開業時警備費用の総額を把握し，それが事業計画に計上された予算を明らかに上回るものであることを認識したことから，A社に見直しを求めるとともに，大阪市交通局に協議願を提出した」。また，「東洋信託は，代表受託者として，平成9年8月5日，大阪市交通局に対し，C社から請求された約1億円の警備費用（駐車場警備については平成9年7月1日から同年7月25日まで，特別外周警備については同年7月18日から同年7月25日までの分）の支払のための借入れを行うことについての協議願を提出したところ，大阪市交通局は同日，異議がない旨の協議確認書を交付し」，「FG社があらかじめ大阪市交通局に行っていた警備費用に関する説明とA社からの請求内容に齟齬」はなく，実際の警備費用が約3億2000万円であったところ，「FG社が開業時特別外周警備費用総額について約1億6000万円と誤解していたと認めることはでき」ない，とした。

⑤ 警備業務の期間その他の条件について

FG社は，「A社との間で，開業後の警備業務委託に関し，警備期間，ポスト数，警備時間，ポスト当たりの警備員数，ポスト当たりの単価について合意していた」。「また，A社が，開業時警備業務に関するFG社との間の契約書の

### 第3章　受託者の義務

不存在にかかわらず，開業時特別外周警備の終了は争わず，地元下請業者に平成9年8月31日での警備の終了を申し入れたこと，ところが，地元下請業者等から大阪市交通局に申入れがあり，これを受けた大阪市交通局の指示に基づき，特別外周警備は段階的に削減する方針となったものであり，FG社とA社との間において契約書が作成されていれば，地元下請業者が契約終了を争わず，紛争を回避し得たとは認められない」。

「したがって，FG社とA社との間で，開業時警備業務の委託について，警備期間その他の契約条件を明示した合意がなかったということはできない。」とした。

⑥　東洋信託の指導監督義務違反について

「A社に対する開業時警備業務の委託に関して，FG社を東洋信託の履行補助者ということ」はできず，FG社の行為に関して「東洋信託に注意義務違反があるとはいえない」とした。

⑦　共同受託者との協議及び報告の欠如について

「FG社が，平成9年5月及び6月の4行部長会において，開業時警備業務に関する交渉経過について報告し，開業時と平常時とを区別すること，警備態勢については警察と協議して決定すること，もっとも，警察はFG社よりも大がかりに考えているので，FG社の開業時の警備に関する予算を上回る可能性があること，警備関係費用は協議中であるが，開業時はA社の仕様で行い，同年9月末に見直しを行う方針であることを説明したのに対し，東洋信託以外の3信託はFG社に異議を述べなかったのであるから，黙示的に同意したもの」である。

「また，FG社は，4信託の方針に基づき，フェスティバルゲート開業後の施設の管理運営業務を行う会社として設立されたもので，その資本及び人的態勢は受託シェアに応じて構成されていた」。「そのFG社が，平成9年1月の設立後，所轄警察署，A社及びB社と交渉を行いつつ，開業後の警備態勢について検討を進め，4行部長会に報告をしながら，A社に対する開業時警備業務の委託を行ったのであって，FG社により4行部長会へ報告された事項について，重ねて東洋信託が報告すべき注意義務を負うと解すべき根拠はない。」

「さらに，東洋信託が，開業時警備業務の委託に関し，4行部長会に対して，

A社との折衝の結果等に関し不正確な報告を行ったこと，又は，FG社から4行部長会へ報告のない重要な情報を把握したにもかかわらず，適時の報告を怠り，4行部長会が適切な判断を行うことを妨げた」とはいえない。

「そうであれば，開業時警備業務の委託に関し，東洋信託において，代表受託者として他の共同受託者へ報告するに際して負担する注意義務に違反する行為があったということはできない。」とした。

⑧　大阪市の指示書等の欠如について

「大阪市交通局は，A社に対する開業時警備業務の委託について，FG社から必要な報告を受け，これを了解していた」。

さらに，「平成9年4月から6月までの4行部長会において，FG社の社長らから，A社との開業時警備業務委託の交渉が難航していることが報告されたにもかかわらず，東洋信託以外の3信託から，A社への発注に際して大阪市の指示書等を徴求すべきとの指摘があった」とはいえ，「また，本件信託契約において，FG社からA社に対する警備業務の委託について，大阪市から書面による承認を得るべき義務が定められていた」ともいえないから，「東洋信託に，大阪市の指示書等を徴求すべき注意義務があったということはできない。」

「そうであれば，いずれの点から見ても，FG社からA社に対する開業時警備業務の委託に関し，東洋信託が大阪市から指示書等を徴求しなかった点について，東洋信託に代表受託者としての注意義務違反があるとはいえない。」とした。

(4)　本件各警備契約締結に関する注意義務違反について

①　契約内容の不当性について

「FG社が，平成9年8月19日，A社に対し，開業時特別外周警備を同月末日で終了させることを伝え，A社も，地元下請業者に対してこれを伝えたところ，地元下請業者から強い拒否反応があった」。「また，地元人権団体からFG社及び大阪市交通局に対しても，解除は許されない旨の申入れがあった」。「これを受けて，大阪市交通局は，FG社に対し，慎重な対応を要請するとともに，C社に仲介を依頼するよう指示をした」。「その後，この経緯を知った東洋信託はFG社に交渉の中止を指示するとともに，4信託での協議を行った」。

「4信託は，同年11月25日をもって特別外周警備を打ち切ることとし，大阪市交通局の了解を得ようとしたが，大阪市交通局は，段階的削減を指示し，4信託としても大阪市の指示に従うことでやむを得ないとの結論になった」。「そこで，4信託は，C社を通じて，A社及び地元下請業者と具体的な条件交渉を行ったが，交渉は難航し，大阪市交通局は，A社案の契約書で調印することを指示した」。「これを受けて，平成10年2月13日開催の4行部長会において，これに応じるか否かが議論され，委託者の最終判断，契約を行わなかった場合のリスクを考えた結果，A社案の契約書で調印手続に入ることはやむを得ないとの結論になった」。

「そうであれば，東洋信託は，4行部長会における決定に基づき，その趣旨に従って，代表受託者として，FG社とA社との間の警備業務委託契約の前提として，FG社との間で管理運営に関する業務委託契約を締結したということができるから，東洋信託に代表受託者としての注意義務違反があるとはいえない」とした。

② 共同受託者との協議の欠如について

4信託は，平成10年2月25日開催の4行部長会において，日本信託が作成した，契約原案で契約を締結すべきではなく，再度交渉を行うことを求める内容の意見書について協議を行ったところ，「危険性を含んだ契約を委託者である大阪市の指示で行ったことで，受託者は借入調達できない事態にあることを説明し，委託者として約500億円の債務が残ることを認める書面を取れないかという三井信託の意見を受けて，今後，受託者として，契約が大阪市の指示によることを確認する書面を徴求していくとの結論になった」。

これらの事実に照らせば，「本件各警備契約の締結が東洋信託以外の他の3信託の同意なく締結されたものということはできない。」とした。

③ 大阪市の指示書等の欠如について

「本件各警備契約の締結が大阪市交通局の指示に基づくものである」。

「そうであれば，本件各警備契約の締結について，受託者である4信託が委託者である大阪市に対し善管注意義務を負うことはないのであるから，東洋信託が本件各警備契約締結時に大阪市交通局から協議確認書の交付を受けていないことをもって，東洋信託に代表受託者としての注意義務違反があるとはいえ

ない。また，大阪市交通局による協議確認書の交付が，東洋信託以外の3信託の強い要望によるものであったとしても，このことは，本件各警備契約締結の締結が大阪市交通局の指示に基づくものであり，東洋信託に代表受託者としての注意義務違反があるとはいえないとの判断を左右するものではない。」とした。

## 4 その他の争点について

このように，本判決は，東洋信託の注意義務違反を否定したことから，その余の争点（共同受託者間の負担割合に関する合意の適用の有無，並びに損害及び因果関係）については判断しなかった。

# III 解　説

経緯について概説した上で，本判決の枠組みについて検討する。

## 1 本件に関する経緯の概略

（1） 平成元年，大阪市が，保有していた約2万3500㎡の市電・市バスの車庫用地の跡地の有効利用を企画したのに対し，4信託が「フェスティバルゲート」と称する都市型立体遊園地を提案して最優秀提案に選定された。

（2） 平成3年，市と4信託との間で上記土地を信託財産とする期間30年の信託契約（本件信託契約）が締結され，平成7年，フェスティバルゲートの建設が開始された。

（3） 平成9年，フェスティバルゲートが開場したものの，収益が上がらないため事業の継続が困難となり，以後大阪市と4信託との間で継続的に協議がなされた。

（4） 平成14年，旧4信託（東洋信託（商号変更後はユーエフジェイ信託銀行株式会社），中央三井信託に合併後の三井信託及び中央信託，並びに日本信託（合併後は三菱信託銀行株式会社）が，大阪市を相手方として裁判所に対し調停を申し立て，以後調停事件において大阪市と3信託との間で協議がなされた。

（5） 平成16年3月，大阪市と3信託との間で，本件信託契約を合意解除

し、大阪市から3信託に対する信託財産の債務（379億8738万9780円）の支払、及び3信託から大阪市に対し、解決金として180億円を支払う旨の調停が成立した。

(6) 上記調停において、4信託が平成9年にフェスティバルゲートの運営会社として設立したFG社が、警備業務を委託したA社に対して支払った警備費用の総額が91億4762万9197円であり、この2分の1である45億7381万4598円に、原告の受託シェアである35％を乗じた金額が請求額である16億0083万5109円である。

## 2 旧信託法24条2項における「別段ノ定」について

共同受託の場合、信託財産は合有となる（旧信託法24条1項、信託法79条。）。この場合、信託財産については「合手的行動の原則」により、原則として各受託者が共同して行うものとされており、「別段ノ定」がある場合は例外とされる（旧信託法24条2項本文、信託法80条6項）。

本件信託契約6条においては、「東洋信託を受託者とする。代表受託者は4信託を代表して信託事務の処理について大阪市と折衝するものとする。」（1項）、「大阪市が信託事務の処理に関し、代表受託者に対して行った意思表示は、他の共同受託者に対してもその効力を生じる。」（2項）、及び「代表受託者が信託事務の処理に関し、大阪市及び第三者に対して行った意思表示は、他の共同受託者に対してもその効力を生じる。」（3項）という定めがあり、代表受託者が単独で第三者に対して行った法律行為の効力が他の共同受託者に及ぶことを認めることから、「別段ノ定」とされた。

## 3 本判決の枠組みについて

### (1) 履行補助者性の否定

本判決は、東洋信託が代表受託者であることを前提とした上で、推進室及びFG社が東洋信託の履行補助者であるとする、原告の主張を否定した。

確かに、本件信託契約において、委託者である大阪市との関係では推進室及びFG社を履行補助者とみることもできるが、4信託間の関係では、推進室及びFG社が4行部長会の決定、ひいては4信託の方針に基づいて業務執行を行

っていたことからすると，本判決の結論は妥当である。

### (2) 注意義務違反の否定

本判決は，原告が主張した東洋信託の注意義務を抽象的には認めたものの，具体的な注意義務違反については一切認めなかった。

個別の内容は判旨に掲げたとおりであるが，いずれも4行部長会等を通じて4信託間でほぼ情報が共有されていた状況であり，かつ他の3信託も強く反対した事実が認められないことによるものといえる。

のみならず，警備契約の縮小を下請業者が拒絶し，それを委託者である大阪市が擁護するという特殊事情の下では，注意義務違反を認めないという本判決の立場も妥当であろう。

## Ⅳ 本判決の意義

### 1 事案に関して

本判決は，上記のとおり，バブル期に共同受託者によって企画・提案されたプロジェクトが地域の特殊性による警備費用の膨張などの事情により失敗したケースにおいて，他の受託者に対する代表受託者の責任の存否が問われた事案判例である。

一般に，共同受託者間の契約（本件でいえば協定）では，役割及び費用・収益の分担については見通しが立ちやすいことからある程度詳細に定められるものの，損失，特に企画時に想定できない偶発的な損失が生じた場合や，これにより事業を撤退せざるをえない場合の処理については別途協議事項とされていることが多い。そして，撤退に際しても，負担割合が小さい共同受託者は，損失も少額にとどまることから比較的早期に撤退の判断を行いやすいが，共同受託者のうち負担割合が大きい代表受託者は，損失が多額に及ぶとともに，他の共同受託者による負担というレバレッジが効くことから，撤退の判断が遅れる場合がある。

そのため，本件のように，損失が確定した時点で，負担割合が小さい共同受託者から代表受託者に対し，その判断に対する責任追及がなされることがある。この責任追及については，たとえば代表受託者が事実を秘匿し，損失の確定を

先送りしたことによって損害が拡大したということであれば代表受託者の責任が認められることになる反面，代表受託者が他の共同受託者に対して説明責任を果たしているのであれば，責任が認められないこととなろう。

本件では，原告は，代表受託者である東洋信託の責任追及について，4信託で設立した事業会社（FG社）の行為を東洋信託の行為又は同社の履行補助者の行為として主張したが，本判決はこれらを否定した上で，さらに東洋信託の固有の注意義務違反についても，4行部長会などにより報告がなされていることなどから，この点についても否定したものである。

もっとも，東洋信託は，受託割合による損失は負担していることから，結論としては「負担割合を超える責任を負わない」というものであったと考えられる。

## 2　関連判例について

本判決の事案に関しては，フェスティバルゲートの賃借人から賃貸人である4信託（合併後の三菱UFJ信託と中央三井信託）及び大阪市に対し，損害賠償を求めた訴訟が提起された（大阪地判平成20・3・18判時2015号73頁）。

一審判決では，4信託の責任について「受託銀行らは，開業当初は警備費用の金額についての文書上の明確な取り決めもなく，大ざっぱな合意のもとでただ求められるに任せて過大な警備費用を垂れ流すかのごとく支出し続け，後日になってから既成事実に見合った「特別外周警備業務委託契約書」（証拠略）を日付を遡らせて作成したものと考えられ，かかる杜撰な処理は，当初からの明確な契約に基づいて支出する場合以上に施設の運営を危機に陥らせる行為であり，背任的行為と評価されても致し方のないものである」とされ，「受託銀行らは，自ら杜撰な運営をし，本件事業の経営状況が芳しくなくなってきたら受託者を辞任する旨の許可申請をしておきながら，原告を含む賃借人にはそのようなことを秘匿していたものであり，このような行為は背信的行為といわざるを得ず」，「平成6年当時，バブル経済崩壊後に不況が長期化することが予測できていなかったため，本件事業計画の修正が甘かったとしても，本件事業計画から大幅に逸脱するような過大な警備費を支出することは，自ら本件事業計画を立てておきながら，それを自らの手で破る行為であって，適切な運用が望ま

れる市有地を受託した者として許されるものではなく，受託銀行らの杜撰な運営が本件事業の破綻の主要な原因となっていることは否定できない」として，原告について7割の過失相殺をしつつ，4信託の責任を認めている（大阪市の共同不法行為については否定。なお控訴審（大阪高判平成21・3・18判例集未登載）では一審判決が取り消されたとのことである）。

　本件事案の推移からして，開業時に予期していなかった警備費用の高額化をいつ，どのような方法で賃借人に告知すべきか，という点は，賃借人の募集及び維持に悪影響を及ぼすとともに，場合によっては事業の断念に直結することとなるため，極めて難しい経営判断であると言わざるを得ない。しかも，本件信託契約自体，期間が30年と長期にわたる上，委託者である大阪市の意向に反することも困難な状況にあった点も，4信託にとって酷な事情であったといえよう。

# 第4章 受託者の権利

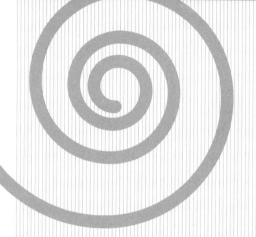

## 本章の概観

第4章は5件の判例を取り上げている。

21, 22, 23はいずれも受託者の費用償還請求権について判示したものである。

22は、大阪市が土地信託事業で開発した商業ビルをめぐり、事業を受託した信託銀行側が事業資金の立替分として計637億円の支払を市に求めた訴訟であり、市に全額の支払を命じている。争点は、旧信託法36条2項に基づき、信託銀行側が市に対して費用償還請求権を有するか否かであった。市側は、契約書には「銀行は借入金の返済などを信託財産から支弁する」との規定があり、費用償還請求は当初から排除されていると主張したが、裁判所は「旧信託法の規定を適用するのが原則であることが大阪市との共通認識であったというべきで、費用償還請求権を排除するとの合意も契約にはなかった」と判示した。

23は、兵庫県と信託銀行団との間で、県を委託者兼受益者、信託銀行団を受託者として、信託銀行団が建設資金を借り入れてスポーツ・レクレーション施設を建設し、これを管理運営することを目的とする土地信託契約を締結したものであるが、事業収支が悪化し、信託銀行団が借入金78億7900万円の支払を県に求めた訴訟であり、県に全額の支払を命じている。最高裁は、公有地の信託といえども旧信託法36条2項本文の適用があるのが原則であることが関係者の共通認識であり、本件契約書にも同項本文の適用を排除する文言はないこと、本件契約締結後も、信託事業が悪化し信託期間満了時に多額の借入金が残存する予定が明らかになっても、県は自己の費用償還義務を否定するような態度を示さず、かえって金融機関との間で損失補償契約をしてまで信託銀行団の資金調達を支援してきたことなどに照らし、本件信託契約において、同項本文の適用を排除する旨の合意が成立していたとはいえないと判示した。第1審は、最高裁とは逆に、旧信託法36条2項本文の費用償還請求権を排除する特約の存在を認定していた。第2審は、排除特約の認定とはやや異なり、自益信託においては、受益者は信託契約の当事者であり、信託財産から利益を享受す

るのであるから，不利益についても受益者がすべて負担すると解するのが公平の見地からして妥当であり，同項本文を制限的に適用する根拠はないとして，自益信託と他益信託との区分論を論拠にしているように思われる。

21は，大阪市が土地信託事業で開発した複合型商業ビルをめぐり，事業を受託していた信託銀行が事業資金の立替分として計276億4750万円の支払を市に求め，他方，市は信託銀行に対して，事業計画における事業配当金合計36億円の支払を求めた訴訟であり，市の請求は棄却された。裁判所は，費用償還請求権は旧信託法36条2項本文に基づく法定の権利であって，信託行為等によりこれを制限しまたは排除する別段の定めがされている場合などを除き，当事者間に償還請求権を排除する旨の合意が成立したものとは認められず，事業計画に基づいた一定の経済的利益が地方公共団体に与えられる旨の合意を含む基本契約が当事者間で成立したとは認められないと判示した。21は，23の最高裁判決と同様の事情に基づいて判断されたものと位置づけることが可能であり，23の最高裁判決後の最初の事例判決としての意義を有する。

いずれにせよ，これら3件の判例により公有地の土地信託契約における費用償還請求権の存否については判例が確立するに至ったと考えることができるであろう。

24は，権限分掌のある信託における受託者の権限者に対する費用償還請求権の有無が争われたものである。信託事務処理の権限分掌の有無にかかわらず，信託契約に別段の定めがない限り，信託財産にかかる費用の負担については，旧信託法36条1項・2項が適用されることが判示され，信託財産または受益者のみに請求できることが確認された。

25は，直接的には「一切を公共に寄与する」との遺言の有効性に関する事案を取り上げるものであるが，当該遺言が有効であるとしたうえで，遺言執行者，信託受託者の裁量権が検討されている。遺言執行者に受遺者選定権が認められることになれば，当然，信託受託者には受益者選定権が認められることになる。従来の信託実務においては裁量信託があまり用いられることはなかったが，超高齢社会においては裁量信託の活用が期待されている。25は裁量信託活用のための検討材料を提示しているように思われる。

## 21

## 受託者の費用補償（償還）請求権（1）
## ――「オスカードリーム」事件

大阪地裁平成23年12月9日判決　金法1940号112頁

橋　谷　聡　一

## I　事　実　概　要

　本件は，普通地方公共団体Y（大阪市〔交通局〕）を委託者兼受益者，信託銀行であるXを受託者，Yが所有していた大阪市住之江区所在の土地（以下，「本件信託土地」という）を当初信託財産として，当事者間で締結された土地信託契約に基づく公有地信託事業における費用の補償および事業配当（信託配当）をめぐる紛争である。

　第1事件は，Xが，信託勘定によるべき借入金債務等合計約276億4750万円を固有財産（銀行勘定）をもって弁済したと主張して，Yに対し，旧信託法36条2項本文に基づき，負担した費用の補償等の支払を求めた事案であり，第2事件は，Yが，Xに対し，事業計画において定められた平成6年度ないし平成17年度までの事業配当金等の支払を求めた事案である。

　Yは，平成元年11月，一定の信託銀行およびその連合体（以下，「信託銀行等」という）を対象とした旧車庫用地の有効利用提案競技（以下，「本件提案競技」という）を主催することを決定した。Yは，同年12月，本件提案競技に応募された有効利用提案（事業計画）の中から最優秀提案を選定することを目的とする旧車庫用地有効利用提案競技審査委員会（以下，「審査委員会」という）を設置し，同月，Yが作成した有効利用提案競技募集要項（以下，「本件募集要項」という）を信託銀行等に配布して，旧車庫用地の有効利用提案（事業計画）を募集した。

　Xは，本件募集要項を受け，平成2年3月までに，事業計画概要説明書等

から構成される旧車庫用地における事業計画（以下，「本件提案計画」という）を策定し，これをYに提出した。本件提案計画の内容は，大要，次のとおりであった。

① 事業の中核として，民間施設用地（信託区域内）上に，「オスカードリーム」という名称の複合型商業施設ビル（以下，「本件信託施設」という）を建設・開業する。

② 事業期間を平成2年10月から30年間とし，平成2年10月に土地信託契約を締結後，本件信託施設を竣工，開業させ，以後事業終了時まで管理・運用する。

③ ホテル事業者をキーテナントとして誘致し，本件信託施設の高層部分においてビジネスホテルを営業させる。また，他のキーテナントとして卸売業者を誘致して，本件信託施設の中層階部分において，会員制卸売店舗を営業させる等。

④ 資金計画につき，資金の使途，資金調達方法および本件信託施設の建設期間中の資金繰りを，資金計画書記載のとおりと設定する。

⑤ 収支計画につき，収入の前提条件および支出の前提条件ならびに本件信託施設開業時から事業終了時までの期間における年度別収支見積を，収支計画書記載のとおりと設定する（同期間中の賃貸料総収入総額約612億円，累積配当額合計約295億4688万円〔後に合計約263億4586万円に修正〕）。

審査委員会は，各応募提案（事業計画）の審査を行い，平成2年6月，Xが提案した本件提案計画を最優秀提案として選定した。

XとYは，平成2年9月，旧車庫用地の信託に関する基本協定（以下，「本件基本協定」という）を締結した。同協定3条には，「この土地信託に関して，議会の予算承認を経たときは，Y及びXは，この基本協定をもとに，速やかに土地信託契約を締結する。」と定められていた。

Xは，平成3年3月までに，本件提案計画の一部を変更・修正した旧車庫用地における事業計画をYに提出し，Y議会の予算承認を経た上で，同日，本件基本協定3条に基づき，土地信託契約（以下，「本件信託契約」という）が当事者間で締結された（以下，本件信託契約に基づく信託を「本件信託」，これに基づいてXが行う土地信託事業を「本件信託事業」という）。

Xは，平成4年2月，本件信託契約8条に基づき，建設共同企業体との間で，本件信託施設の建設請負契約を締結した。本件信託施設は，平成7年3月に開業した。Xは，現在に至るまで，本件信託契約に基づく信託事務の処理として本件信託事業の管理・運営を行っている。

なお，Yは，現在に至るまで，本件信託事業に関し，Xから一度も事業配当を受けていない。

XとYは，平成14年12月，Yを委託者兼受益者，Xを受託者，信託財産をYの大阪市交通事業基金50億円，信託期間を1年間，運用方法をXが運用する本件信託事業の事業資金として同期間本件信託の受託者たるXに貸し付ける特定金銭信託契約（以下，これに基づく信託を「本件特定金銭信託」という）を締結するとともに，「特定金銭信託に関する覚書」および「土地信託に関する覚書」（以下，「本件覚書」という）を作成した。

Xが本件信託契約の受託者として本件信託に関して負担した借入金債務等は，平成18年6月，Xが別に受託する合同運用指定金銭信託財産から借り入れた合計約218億7378万円，同月，Xが別に受託する合同運用指定金銭信託の信託財産から借り入れた2億円，同年7月，Xが別に受託する合同運用指定金銭信託の信託財産から借り入れた2億円，同年6月，Xが別に受託する特定金銭信託の信託財産から借り入れた合計2億円，平成17年12月，本件特定金銭信託の信託財産から借り入れた50億円，損害保険料，修繕費，固定資産税（以下，総称して「本件借入金債務等」という）であり，これにつき，Xは，固有財産（銀行勘定）をもって弁済した（以下，総称して「本件弁済」といい，これに要した費用を総称して「本件弁済費用」という）。Xは，本件弁済の各実施同日，Yに対し，同日の弁済に係る費用相当額の補償を書面により請求した。

本件訴訟に先立ち，XおよびYはそれぞれ他方を相手方とする調停を大阪地裁に申し立てたが，平成20年5月，いずれも調停不成立により終了した。

本件の争点は，(1)旧信託法36条2項本文に基づく補償請求権は信託財産の価額に限定されるか，(2)本件弁済費用は旧信託法36条2項本文にいう「費用」に当たるか，(3)基本契約の成否，(4)旧信託法36条2項本文に基づく補償請求権を排除する旨の合意の成否，(5)相殺の抗弁，である。

このうち特に争点(3)の，旧車庫用地における事業の結果としてYに借入金

債務等の負担を及ぼさない旨の合意を含む基本契約の成否，について，Ｙは，法的拘束力のある基本契約（以下，「本件基本契約」という）において，Ｘが本件提案計画に基づく事業を行うこととなった場合，事業の結果としてＹに借入金債務等の負担を及ぼさないこと等が合意されているから，ＸはＹに対し，旧信託法36条2項本文に基づいて費用補償を求めることはできないと主張した。これに対し，Ｘは，Ｙ主張の本件基本契約が成立していないことは，明らかとして，否認した。

また，争点(4)について，Ｙは，本件排除合意の解釈・認定指針として，信託財産の価額を超えた予想外の損失を受益者に負担させることは，信託制度が全く予定せず，その趣旨や信託当事者の公平を著しく害するものであるため，自益信託か他益信託かという形式的区分によるのではなく，Ｙが委託者たる地位及び受益者たる地位に基づきそれぞれいかなる負担を引き受けたのかにつき，本件契約書の最終的な条項のみならず，契約の趣旨・目的，契約締結に至る交渉過程その他契約を取り巻く諸般の事情を考慮しつつ，個別具体的な契約解釈を通じて確定されるべきとし，本件提案競技との連関，地方自治法の趣旨，公有地信託の特殊性，本件契約書の条項およびその確定経過等から，本件信託契約において，旧信託法36条2項本文に基づく補償請求権を排除する旨の合意が成立していたと主張した。これに対し，Ｘは，本件排除合意の解釈・認定指針を受託者の受益者に対する補償請求権は同項本文により当然に認められる権利であるから，これをあえて排除する旨の明示又は黙示の合意は，積極的に認定できる明確なものでなければならず，営利追求型の自益信託である本件信託では，これを広く認める方がむしろ合理的等とし，本件契約書の条項およびその確定経過，Ｙ議会における幹部職員等の発言・答弁，本件覚書の位置づけ等，交通局霞町車庫跡地開発プロジェクトとの関係から，本件排除合意の成立を否認した。

## II 判　旨

第1事件認容，第2事件棄却（控訴）。

大阪地裁は，争点(1)について，旧信託法36条は，「信託により生じる利益を

享受する信託財産ないし受益者が，信託から生じる損失や費用も全て負担するのが原則であるとの考え方を基礎としている」とし，「同条2項本文は，受託者が行使し得る補償請求権の範囲を条文上何ら限定しておらず，受託者が信託財産から上記費用等の補償を受けられない場合……特段の事情がない限り，受益者が最終的に信託財産の負担を担うべき」として，Yの主張を否定した。

争点(2)について，旧信託法36条2項本文にいう「費用」は，「同条1項が定める『信託財産ニ関シテ負担シタル租税，公課其ノ他ノ費用』と同義であると解されるところ，同項は，損害に関しては『自己ニ過失ナクシテ受ケタル』との限定を加えているのに対し，費用に関してはそれが生じた原因などにつき何らの限定も加えていない」こと，同法27条ないし29条及び38条によれば，「受託者の管理失当により信託財産に損失を与えた場合等であっても，その損失塡補義務ないし信託財産復旧義務を履行すれば，36条が規定する補償請求権等を行使し得る」ため，「36条1項及び2項本文にいう『費用』とは，受託者が信託事務を処理するに当たり信託財産に関して負担した債務等のために要した費用であれば足り，当該債務等を負担するに至った原因を問わない」として，本件弁済費用は，いずれも，同項本文にいう「費用」に当たるとした。

争点(3)について，本件提案競技に鑑み，その法的拘束力の存否について検討し，これを肯定の上で，その内容について，「本件提案計画に基づいた本件信託土地の信託の仮契約及び本契約が速やかに締結できるよう相手方と誠実に協議・交渉すべき義務を相互に負担させるにとどまる」とし，本件募集要項，本件提案競技，本件提案計画，ヒアリング回答書，本件基本協定（仮契約），本件信託契約（本契約）等の検討を通じ，「信託事業の結果としてYに借入金債務等の負担を及ぼさない旨の合意を含む基本契約（あるいは法律関係）がXとY間で成立したとは認められない」とした。

争点(4)について，旧信託法36条は任意規定であり，信託行為等の別段の定めにより排除あるいは制限を行うことが可能であるため，この点について，契約解釈の一般的準則に従い，本件契約書の条項のほか，本件信託契約に関して認められる個別具体的な諸事情を総合的に勘案して判断すべきとする。その上で，本件契約書で定められた条項において，「旧信託法36条2項本文に基づく補償請求権を排除する旨を文言上明確に定めた条項は存在しないのみならず，

旧信託法36条1項に基づく補償請求権の行使方法について定めた条項（45条）が設けられている一方で，同条2項本文に基づく補償請求権について何らかの言及をした条項もない」，「同権利に関しては，当事者間で何ら合意が成立していないか，あるいは旧信託法が定めるデフォルト・ルールに従う旨の合意があったものと考えるのが最も自然かつ素直な解釈」とする。その一方，本件契約書の条項全般を俯瞰すると，本件排除合意の存在を排除するほど明確なものとまではいえないとし，さらに，本件契約書の条項が確定されるに至った当事者間の協議・交渉の経過等について検討し，「本件契約書の条項をめぐるYとの協議・交渉過程において，Xは，本件信託事業に係る信託事務処理費用等の固有財産（一般財源）による負担・支弁を委託者兼受益者たるYに求めるかどうかについては，何ら態度を表明しなかったというほかなく，Xが同費用等について信託財産による負担・支弁とは別にYの固有財産（一般財源）による負担・支弁を求めないとの意向・態度を表明し，あるいは，Yの上記方針を受容したものとは認められない」とした。また，その余の事情として，「本件信託は，営利追求型の自益信託の一種であり，受託者たるXは，あくまでも委託者兼受益者であるYのために信託事務の処理として本件信託事業を遂行するものであるが，そのことから直ちに，委託者兼受益者であるYが，信託財産の価額の範囲内におけるリスクにとどまらず，その範囲を超えるリスクも無制限かつ当然に負担すべきであるとの帰結が論理的に導かれるわけではない」こと，「本件信託が民間の土地信託とは異なる側面を有していることのほか，Yが交通事業の経営改善を目的として本件信託を設定したことなどに照らせば，受益者たるYが信託財産の価額を超える費用をも負担することにつながりかねない旧信託法36条2項本文に基づく補償請求権を制限・排除する本件排除合意……は，必ずしも不合理なものではない」としながらも，「それ以上に本件排除合意をすることが当事者双方にとって当然であるかあるいは通常であるとまでは認められない」として，本件排除合意の成立を否定した。

このほか，相殺の抗弁，Yのその余の主張についても，認めなかった。

第 4 章　受託者の権利

## Ⅲ　解　　説

### 1　受託者の費用補償請求権の範囲と「費用」の意義

以下では，第 1 事件，なかでも旧信託法 36 条 2 項の受託者の費用補償請求権を中心に解説する。

裁判所は，受託者の費用補償請求権の範囲について，「信託により生じる利益を享受する信託財産ないし受益者が，信託から生じる損失や費用も全て負担するのが原則」とする報償責任の観点や旧信託法 36 条 2 項本文の文理および同条 3 項と併せて規定されていること，そして，任意規定であることから，信託財産の価額に限定されるものではないとした。

また，旧信託法 36 条 2 項本文の「費用」は，同条 1 項の「費用」と同義だが，同項の「損害」については「自己ニ過失ナクシテ受ケタル」と限定されている一方，「費用」については何らの限定も加えられていないこと，そして，同法 27 条ないし 29 条および 38 条の規定から，「36 条 1 項・2 項の『費用』とは，受託者が信託事務を処理するにあたり信託財産に関して負担した債務等のために要した費用であれば足り，当該債務等を負担するに至った原因を問わない」とした[1]。

### 2　受託者の費用補償請求権の行使

受託者の費用補償請求権の行使については，本件類似の公有地信託に関する最高裁平成 23 年 11 月 17 日判決（金判 1384 号 21 頁。本書 **23**）および大阪地裁平成 25 年 3 月 7 日判決（判時 2190 号 66 頁。本書 **22**）においても重要な争点と

---

[1]　この点については，従来，委任の場合の費用補償請求との異同について検討がなされており，信託と委任とで規定ぶりは多少異なるが両者でその範囲が異なるべき理由はないとの見解が示されていた。能見 199 頁参照。ほか，中務嗣治郎「判批」金法 1940 号（2012 年）92〜93 頁参照。なお，受任者による費用等の償還請求等における「必要と認められる費用」（民 650 条 1 項）および「必要と認められる債務」（同条 2 項）については，純客観的に決定される受任者による費用の前払請求（同法 649 条）における「費用」とは異なり，これにより委任者に実益が生じたか否か，目的を達したか否かを問わないとされる（幾代通＝広中俊雄『新版　注釈民法(16) 債権(7)〔初版〕』（有斐閣，1989 年）271〜272 頁，274 頁参照）。

され，いずれの判決においてもこれが肯定された[2]。本判決は，特に前掲最判平成23年11月17日とほぼ同じ時期に示されたものであり，旧信託法36条2項に基づく費用補償請求権について，排除する合意がなされていない以上，同法が定めるデフォルト・ルールに従う旨の合意があったものと解している点において，その判断の枠組みも同様と考えられる。このような結論は，同項が受託者の費用補償請求権の行使に当たり何らの制限をも加えていなかったことからすれば，予見可能性が高い点において評価できる。

その一方，他益信託等に旧信託法36条2項本文を適用した場合，受益者が予想外の負担を強いられ，妥当な結論とならない場合があり得る。この点，いくつかの学説は，同項を制限的に適用すべきとの解釈を示していた[3]。

本判決は，Xによる受託者の費用補償請求権を排除する合意は，積極的に認定できる明確なものでなければならず，営利追求型の自益信託である本件信託では，これを広く認める方が合理的との主張につき，本件信託を「営利追求型の自益信託の一種」と認定しながらも，「そのことから直ちに，委託者兼受益者であるYが，信託財産の価額……の範囲を超えるリスクも無制限かつ当然に負担すべきであるとの帰結が論理的に導かれるわけではない」と述べている。このことと，争点(1)に関し，旧信託法36条2項が同条3項と合わせて規定されていること等の指摘がなされていることに鑑みれば，裁判所は，自益信託か他益信託かという性質の相違が直截的に受益者のリスクの引受けに影響するものではないとの前提の下に，受益権の放棄を規定する同項により，解決が図られるべきであることを示唆しているものと考えられる[4]。この点については，特に前掲最判平成23年11月17日との比較において興味深い。

---

2) 公有地信託の概要については，本書**23**の最判平成23・11・17の解説を参照されたい。

3) 受託者の費用補償請求権の行使を制限的に解する学説としては，①契約が存在しない限り受益者には補償の義務がないとする説（小山賢一「日本信託法における受益者の補償義務」大阪経大論集61号（1968年）206〜209頁参照），②補償請求権の行使を不相当とする特別の事情がある場合にこれを制限する説（四宮〔新版〕293頁参照），③自益信託か他益信託かにより区分する説（新井〔第4版〕324〜325頁参照），④総合的な判断により区分する説（能見196頁参照），がある。学説の詳細については，本書**23**の最判平成23・11・17の解説を参照されたい。

4) 受託者の費用補償請求権について，信託が自益信託か他益信託かというメルクマールを否定する見解については，本書**23**の最判平成23・11・17についての評釈である樋口範雄「判批」NBL 937号（2010年）12〜13頁，段磊「判批」ジュリ1445号（2012年）114〜116頁を参照されたい。

## Ⅳ 本判決の意義

　本判決は，前掲最判平成23年11月17日とともに，今後，旧信託法に基づく土地信託において，受託者の費用補償請求権の行使が問題となった際，より具体的な解釈の指針を示すものであると考えられる。加えて，下級審判決ではあるものの，その範囲と「費用」の意義について明らかとしていることから，解釈上，参考となろう。

## 22

# 受託者の費用補償（償還）請求権（2）
## ——「ORC（オーク）200」事件

大阪地裁平成 25 年 3 月 7 日判決　判時 2190 号 66 頁

橋　谷　聡　一

## I　事　実　概　要

　本件は，いずれも銀行業務および信託業務等を営む株式会社である X₁（A が吸収合併及び商号変更），X₂（B が C を吸収合併し，商号変更により D となり，E が D 等を吸収合併），X₃（F が吸収合併および商号変更）（以下，合併及び商号変更の前後を通じて，X₁，X₂，X₃ をあわせて「X ら」ということがある）が普通地方公共団体である Y（大阪市）との間で，Y を委託者兼受益者，X らを共同受託者，大阪市港区所在の弁天町駅に隣接する Y 所有の土地（以下，「本件信託土地」という）を信託財産として締結した信託契約に関し，同信託契約の終了時に残存する債務を Y が承継することの確認を求め（本件確認の訴え），信託事務の遂行のために負担した借入金を自己の固有財産をもって弁済したとして，信託法（平成 18 年法律 109 号による改正前のもの。以下，「旧信託法」という）36 条 2 項本文に基づき，受益者である Y に対し，負担した費用の補償を請求する（本件給付の訴え）事案である。

　本件の主たる争点は，(1)本件確認の訴えの適法性，(2)信託契約の終了時における残債務に関する Y の承継義務発生の停止条件の合意，(3)受益者に対する費用補償請求権を定めた旧信託法 36 条 2 項本文の適用を排除する旨の合意，(4) X らの債務不履行の有無，(5)受益権の放棄の可否，である。

　Y は，本件信託土地を含む弁天町地区の開発を検討していたところ，昭和 61 年法律 75 号による地方自治法の改正の結果，地方公共団体における普通財産である公有地の信託が可能となったこと（以下，「公有地信託」という）等から，

本件信託土地につき、公有地信託を採用して、開発することとし、港区弁天町駅前市有地開発プロジェクト土地信託事業計画提案競技審査委員会（以下、「審査委員会」という）を組織した。昭和61年12月、Ｙが応募資格を一定の要件を満たす信託銀行およびその連合体として、本件信託土地を対象とした土地信託事業計画提案競技を実施することとし、信託事業の計画案を募集したところ、Ａ，ＣおよびＦの3行からなる連合体（以下、「三行連合体」という）、ならびにＥ等の信託銀行が応募し、計画案をそれぞれ提出した。審査委員会は、審査の結果、昭和62年6月6日、三行連合体およびＥの2つの案（以下、「本件各案」という）を優秀提案に選定し、三行連合体およびＥが共同して事業に取り組むことを望む旨の意見を付した。Ｙは、審査委員会の意見を踏まえて、三行連合体およびＥに対し、共同受託につき、打診した。これに対し、Ａ，Ｃ，ＦおよびＥは、共同受託することを決定し、受託割合などを内容とする協定を締結した。

　Ｘらは、Ｙに対し、昭和62年11月18日、本件各案の合体案として、概ね、次のような事業（以下、「本件信託事業」という）を内容とする事業計画書及び施設計画書を提出した（以下、「本件事業計画」という）。

　その内容は、大要、本件信託土地をＡゾーンとＢゾーンに区分し、Ａゾーンには賃貸することを目的とした建物（A-1ないしA-3棟及びアトリウム等）を、Ｂゾーンには分譲することを目的とした建物（B-1棟）を建設する（以下、まとめて「本件信託建物」という）。本件信託事業の総事業費約646億7079万円を賃貸不動産からの敷金、譲渡不動産の売上金、B-1棟の処分剰余金で賄い、残額を借入金により賄う。信託期間中の収支見積りは、賃料等の収入により全ての支出を賄うほか、借入金を全額返済し、かつ、Ｙに対し、信託配当を交付する、というものであった。

　ＹとＸらは、昭和63年3月29日、Ｙを委託者兼受益者、Ｘらを共同受託者、信託期間を同日から30年として、Ｙが本件信託土地をＸらに信託譲渡し、Ｘらにおいて、本件事業計画に基づいて、本件信託建物を建設し、これを管理運営することを目的とする土地信託契約（以下、「本件信託契約」という）を締結し、同日、Ｙは、Ｘらに対し、本件信託契約に基づき、本件信託土地を信託譲渡した。本件信託契約において、Ｘらが、本件信託事業のために借り入

れることができる借入限度額は650億円（後に850億円に変更）であった。

　Xらは、本件信託契約に基づき、建設資金等を借り入れた上で、本件信託土地上に本件信託建物を建設し、平成5年3月20日、「ORC（オーク）200」という名称で、グランドオープンさせた。ところが、その後、予定より建築費がかさみ、分譲予定建物が多数売れ残り、賃料相場も低く推移するなどしたため、本件信託事業の業績が悪化し、Xらは、Yに対し、平成6年9月、信託配当は見込まれず、信託終了時に債務が残存する旨報告した。

　そして、現在に至るまで、Yに対する信託配当は一切支払われておらず、借入金の返済も目途が立たない状況が続いている。ただし、平成8年度以降、単年度では黒字決算となっている。

　Xらは、本件信託契約に基づき、金融機関やXらが受託者である他の信託財産から本件信託建物の建設資金等本件信託事業を遂行するための費用を借り入れ、また、同借入れに対する弁済のための借入れや借換え等によって、多額の借入金債務を負っていたが、Xらの固有財産から上記借入金債務の一部を弁済した。

　すなわち、訴外G銀行からの、平成19年11月15日に行われた46億円の借入、平成20年3月14日に行われた115億円の借入について、Gは、平成21年1月、Xらに対し、借換えに応じることはできないとの意向を示したため、同年3月12日、上記各借入金合計161億円を弁済し、同月13日、XらがYに対し、これを支払うよう催告した。

　このほか、昭和63年3月29日に行われた、$X_1$が受託している他の信託の信託財産からの3460万円の借入れ、同年5月31日に行われた、Xらが受託している他の信託の信託財産からの合計487億6540万円の借入れ、平成4年3月31日に締結された金銭消費貸借契約に基づき、Xらが受託している他の信託の信託財産からの合計48億1540万円の借入れの各借入金（以下、「本件各借入金」という）は、弁済開始日の変更や元本の弁済猶予が繰り返されており、平成22年3月31日当時、本件各借入金のうち、一部につき、弁済期が到来していた。しかし、Xらが、本件信託契約における信託財産から本件各借入金を弁済することは困難な状況にあり、かつYが本件信託契約終了時に残存する債務を承継することを否定する立場を示していたことから、本件各借入金に

つき，再度の元本返済猶予措置を受けることはできない状況にあった。そのため，Xらは，平成22年3月31日，同年9月30日，平成23年3月31日，同年9月30日，平成24年2月28日に本件借入金合計476億円を弁済し，Yに対し，各立替金を支払うよう催告した。

Yは，平成24年2月28日に市会の議決を経て，同年5月17日，本件弁論準備手続期日（第11回）において，本件信託契約における受益権を放棄するとの意思表示をした。

なお，争点(3)について，Yは，地方自治法及び公有地信託の趣旨，契約書作成の経緯等から補償請求排除合意がなされたと主張し，Xらは，旧信託法36条2項本文により受託者の費用補償請求権が認められているから，これを排除するのであれば，その旨の明確な合意が必要等と主張した。

また，争点(5)について，Yは，旧信託法36条3項が受益権の放棄について何ら制限していないことや同条2項本文は同条3項により合理性を担保できること，信託契約においても受益権の放棄について明示的合意がないこと等を主張し，Xらは，自益信託の受益者は，受益権放棄ができないこと，信義則違反であること等を主張した。

## II 判　　旨

一部却下，一部認容（控訴）。

大阪地裁は，争点(1)について，訴えの利益を欠くため，不適法として，却下した。

争点(3)については，事実認定の上で，昭和61年の地方自治法の改正に先立つ同年1月17日に取りまとめられた旧自治省「公有財産の有効活用等に関する調査研究会」の報告書，同年5月30日，自治事務次官が各都道府県知事及び各指定都市市長に宛てて発した通知，同年11月19日，本件信託契約に先立つYの市会決算特別委員会にけるY経理局次長兼管理部長の回答，Yの職員らが作成した本件信託契約に関する資料及び本件信託契約締結後のYの委員会での質疑やYからのXら宛の書面等から，「本件信託契約においても，旧信託法の規律に従い，受益者に対する費用補償請求権を定めた旧信託法36条

2項本文の適用があるのが原則であることがXら及びYの共通認識であった」とする。その上で、「本件信託契約において同項本文の適用を排除しようとするのであれば、そのための交渉が重ねられてしかるべきであり、また、補償請求権排除合意がなされたのであれば、本件契約書において、その旨明記するのが自然である」にもかかわらず、「XらとYとの間において、本件信託契約の締結に至るまでの間、同項本文の適用排除に関する具体的な協議はなされていない」こと、Yの職員らが作成した資料の記載によれば、「信託勘定に不足が生じた場合、本件信託契約においても旧信託法36条の適用があることを前提としつつ、XらとYとの間の事前協議によって、Yの予算措置による支払、信託不動産の売却又は借入限度額の変更のいずれかの方法をとる旨の決定をするよう検討していたことが窺われる」とした。さらに、本件契約書の契約文言について、「22条は、信託事務の処理に必要な費用は信託財産から支弁することを、40条2項4号は、信託終了に要する費用は信託財産から支弁することを、それぞれ定めているけれども、いずれについても旧信託法36条2項本文の適用を排除する趣旨の文言はないし、本件契約書全体をみても、同項本文を排除する旨を明示する規定は一切ない」ものであり、「本件契約書23条は、同22条が本件信託に必要な諸費用はまず信託財産から支弁するという当然の扱いを定めていることを前提として、信託財産に属する金銭が不足する場合、信託不動産を売却してしまっては本件信託契約の目的達成に支障を来しかねないことから、XらとYとの間で、その処理方法について、事前に協議することを定めたもの」で、Yの職員らが作成した資料の記載と合わせて読めば、「本件信託契約に旧信託法36条2項本文の適用があることが前提となっている」との解釈を示した。その上で、「本件契約書40条2項3号は、信託の終了時に借入金等の債務が残存する場合、XらとYとの間で、その処理方法について、事前に協議することを定めたものであるが、同16条が、信託の元本として、積極財産のみならず借入金債務等の消極財産をも含めて規定していること、同40条2項本文が、信託期間満了時において、信託財産をYに引き渡さなければならない旨規定した上で、その各号において、その具体的な『処理方法』を規定していることに照らせば、残存した債務については、最終的にYがこれを負担する義務を負っていることを前提に、その具体的な処理方法等について

*251*

事前協議を必要としたものと解することができる」こと，加えて，「本件信託契約締結後，昭和63年11月15日，平成10年11月18日，平成18年10月18日にそれぞれ開催されたYの市会特別委員会において，Y市長やY職員が，本件信託契約に係る本件信託事業や同事業を含むYの信託事業に関し，信託期間満了時に債務が残存する場合，Yが同債務を引き継ぐことになる旨答弁しているほか，Y職員が作成した論稿，及びY財政局財産活用推進担当部長がXらに対して平成15年9月30日に交付した文書においても，同様の記載があ」り，これらから推認されるYの本件信託契約についての解釈は，補償請求権排除合意と矛盾するとした。このほか，平成16年3月29日，XらとYが締結した覚書において，「本件信託契約の信託期間満了時における債権債務につき，旧信託法及び本件信託契約に基づく処理を行い，Yが債権債務を承継することを確認しているが，同内容も，補償請求権排除合意と矛盾する」とし，本件信託契約において，補償請求権排除合意が成立していたとは認められないとした。

　争点(5)については，旧信託法36条3項の立法過程を検討し，大正7年11月1日の草案及び大正8年8月16日の草案と同年12月9日の草案との比較を通じ，「旧信託法の起草者は，一貫して，受益の意思を有する受益者については，受託者からの費用補償請求を認めるのが相当であり，このような意思を有しない受益者については，利益であれ，損失であれ，一方的に押しつけることは相当ではないとの観点から，受託者からの費用補償請求を認めるべきではないという考えを有していたとみるべき」とする。そして，「受益者が受益の意思を表示しなくても，当然に信託の利益を享受する旨の規定との整合性の観点から，受益の意思表示を積極的要件として規定するのではなく，受益をしない旨の意思表示，すなわち受益権の放棄を消極的要件として規定することとしたと解するのが相当」との解釈を示す。この上で，「旧信託法36条3項は，受益者が，受益の意思がないにもかかわらず，同法7条の規定に基づき当然に信託の利益を享受し，また信託事業のリスクを負担することから解放し，保護するための規定であり，受益の意思を有していた受益者が，事後的に，信託事業の経過等を検討した上で，受益権を放棄して，信託事業のリスクを回避することまで想定した規定ではない」として，「少なくとも，委託者と受益者が同一の信託す

なわち自益信託については，信託契約締結当初から，委託者兼受益者が受益の意思を有していたことが明白であるから，旧信託法36条3項は適用されず，事後的に，同条項に基づき，受益権を放棄することは許されない」のであり，「本件信託契約の委託者兼受益者であるYは，旧信託法36条3項に基づき，本件信託契約における受益権を放棄することは許されない」とした。さらに，「仮に，旧信託法36条3項が，自益信託についても適用されると解される場合であっても，本件信託契約において，Yが受益権を放棄して，その結果費用補償義務を免れることは，信義則に反し，許されない」とする。その理由として，本件信託契約は，Yが，本件信託事業を推し進めてきたこと，本件信託事業において，税収が増加する等，Yにとって，一定の目的が達成されていること，本件信託契約においては，XらとYとの間の協議に基づき本件信託事業が進められてきたこと，本件信託契約締結から十数年が経過した平成16年3月29日に，Yは，本件覚書において，本件信託契約の期間終了時に残存する債務を承継する旨確認していること，Xらが受領している信託報酬は，本件信託財産の管理等の対価にとどまると解されること，Xらが別の信託勘定から本件信託財産に貸し付けた金員について得る利息も，資金提供の正当な対価であることを挙げた。

その上で，その余の争点については，判断せず，本件給付の訴えは，いずれも理由があるとして認容した。

## III 解　説

### 1　受益権の放棄について

以下では，本件の争点のうち特に受託者の費用補償（償還）請求権が行使された場合の受益権の放棄について解説する[1]。

旧信託法36条3項は，同条2項に基づく受託者の費用補償請求権について，受益者が受益権を放棄した場合，同項を適用しない旨を規定していた。だが，同条3項は受益権の放棄について，特段の制限を設けておらず，主な学説も受

---

1) 公有地信託および受託者の費用補償請求権については，本書**23**の最判平成23・11・17の解説を参照されたい。

益者がその権利を強制されるべきではないとして,受益権の放棄を行うにあたり制限はないと解していた[2]。

しかし,実務家から,土地信託等を念頭に,受託者の債務負担行為や工作物責任から信託財産が債務超過となる場合が想定されることが指摘され[3],利益を受けるはずであった受益者が一方的に損失を逃れ,無過失の受託者が損失を被るとの結論は,「利益の帰するところに損失もまた帰するべきだ」という原則に照らし,公平妥当とはいえないのではないかとの問題意識から,旧信託法36条3項に基づく受益権の放棄について,制限的な解釈が提案されていた[4]。

また,近時の状況としては,旧信託法36条3項について,他益信託において受益権の放棄をあまり制限すべきでなく,自益信託においても民法が共有持分権の放棄を認めることを指摘する学説もある一方[5],その適用を制限的に解する学説が展開されていた。

このような学説としては,①旧信託法36条2項および3項の適用について自益信託か他益信託かにより区分し,後者についてのみ同項の適用があると解する学説,②同条3項の適用についてのみ自益信託か他益信託かにより区分し,後者についてのみ同項の適用があると解する学説,がある。

①説においては,自益信託と他益信託を区分し,旧信託法7条が他益信託の規定であることから,同条と表裏の関係にある同法36条3項も他益信託を対象とした規定であるとし,他益信託において受益権放棄の将来効を認める一方,自益信託について同項の適用を排除し,受益権の放棄自体を認めるべきでないとする[6]。

②説においては,他益信託において受益者は,自らの意志的関与がないまま,受益者の地位を有することがあり得,そのような場合に,制限のない義務を受

---

2) 池田寅二郎「信託法案説明書」法曹記事32巻3号(1922年)27頁,青木徹二『信託法論 全』(財政経済時報社,1926年)186頁参照。このほか,旧信託法36条2項の適用について制限的に解する四宮説においても,同条3項の適用については,先に挙げた学説と同様に無制限にこれを適用すると解していた。四宮〔新版〕295頁参照。
3) 北村恵美「信託財産に帰属する債務に関する一考察」信研18号(1994年)7~8頁参照。
4) 北村・前掲注3)12~20頁参照。
5) 能見207頁参照。
6) 新井〔第4版〕326頁参照。

益者に課すことが適当か否かは疑わしいものの，旧信託法36条3項にもとづく規律に委ねることが適当とする[7]。そして，同項の趣旨について，「他益信託で受益者の意志的関与がない場合を念頭におき，そのような場合に生ずる不都合を回避するために，受益権を放棄した場合には，既に成立している補償義務から免れる旨であると解することができる」[8]とする。

## 2 検　討

　大阪地裁は，旧信託法36条3項の趣旨が「受益の意思を有する受益者については，受託者からの費用補償請求を認めるのが相当」というものであり，同法7条との関係から，「受益の意思を有していた受益者が，事後的に，信託事業の経過等を検討した上で，受益権を放棄して，信託事業のリスクを回避することまで想定した規定ではない」とする。そこで示された「受益の意思」というメルクマールを展開すると，同法36条3項は，他益信託において自らの意思によらずして受益者となった場合に，信託からの利益あるいは不利益から免れることができることを規定するものであると考えることができる一方，委託者兼受益者が自ら信託の利益を享受する意思的関与がある自益信託の場合，受託者や第三者を害し受益権の放棄を行うことはできないこととなる[9]。

　先の①説および②説は，旧信託法36条2項の適用に制限を設けるか否かという点と既に発生している債務についてまで放棄が可能か否かとの点において相違があるものの，ともに信託が自益信託である場合と他益信託である場合でその損益帰属および「受益の意思」について構造的な差異があることを前提としているものと考えられ，本判決で示されたメルクマールとも整合的であると考えられる。

　もっとも，たとえ外形的には他益信託であったとしても，当初，自益信託として設定された信託において，委託者としての地位の移転を伴わず受益権のみ譲渡されたといった場合には，必ずしも自益信託か他益信託かという観点のみ

---

[7]　山田誠一「いわゆる受託者の補償請求権」米倉明編著『財団法人トラスト60　創立20周年記念論文撰集』（財団法人トラスト60，2007年）102頁参照。初出，安永正昭ほか『資産の管理運用制度と信託』（財団法人トラスト60，2002年）。

[8]　山田・前掲注7) 103頁。

[9]　中務嗣治郎「判批」金法1940号（2012年）93〜94頁参照。

では判断することができない可能性がある。しかし，受益権の取得にあたり，対価が支払われていれば，受益者の意思に基づいて受益権が取得されていることから，受益者が受益権を放棄して補償請求を免れることはできないとの解釈が可能である[10]。また，当初，被相続人が自益信託として設定した信託において，相続により相続人が受益権を取得する場合，なお，受益権の放棄の余地が生じることとなるが，このような場面では，相続放棄（民938条）を行うか否かにより，「受益の意思」の有無を判断することとなると思料する。

ところで，受益権の放棄に関しては，これにより遡及的に既に発生した債務についても免れることができるのか，将来発生する債務についてのみ免れることができるのかも問題となる。この点，受益権放棄について，その将来効のみを認める学説[11]，遡及効を認める学説[12]，そして，受益者の意志的な関与の有無を基準として，その前であれば，過去の債務についても遡及的に責任を免れるが，その後は，受益権放棄の将来効のみを認める学説が，存在する[13]。この点，本判決の示す「受益の意思」を基準とすれば，これにあたっては，過去の債務が認識されていることが通常と思われることから，受益権の放棄については将来効のみを認める学説が合理的であると思料する[14]。

## Ⅳ　本判決の意義

本判決は，旧信託法36条3項について，「受益の意思」の有無をメルクマールとして，受益権放棄の可否を判断すべきとし，受益者が機会主義的に受益権を取得するか否かの選択権を持つ趣旨の規定ではないとの理解から，少なくと

---

10) 福井修「判批」富大経済論集59巻2号（2013年）226頁参照。さらに，受益権の売買の媒介が金融商品取引業者により行われる場合，原則として，契約締結前の書面の交付（金融商品取引法37条の3），契約締結時の書面の交付（同法37条の4）が行われることとなるため，受益者の費用補償に関する予見可能性が否定される場面は限定的なものとなろう。
11) 新井〔第4版〕326頁参照。
12) 能見207頁，山田・前掲注7) 103頁，中務・前掲注9) 94頁参照。
13) 福井・前掲注10) 227頁参照。
14) もっとも，費用の発生時期や「受益の意思」をいつと見るかは問題となる。特に前者については，本書23の最判平成23・11・17についての評釈である，星野豊「判批」ジュリ1464号（2014年）123頁を参照されたい。

も自益信託において同項の適用を否定することを原則的な立場とし，仮にこれが認められるとしても本件においては信義則に反し許されないとの判断を示したものである。

　今後も旧信託法に基づく土地信託において債務超過が生じた場合に受益者が受益権を放棄することができるか否かが争点となることが想定され得るが，旧信託法36条2項本文と同条3項の解釈上の一貫性については疑問が残るものの，結論において妥当な判断基準を示した点において評価できる。

　また，このような基準は信託法との関係においても，同法99条1項が受益権の放棄の意思表示を認めることを規定する一方，同条ただし書が実質的に自益信託の場合，受益権の放棄を認めない立法となっていることとも整合するものであると考えることができる。

　本文および注釈で紹介したもののほか，本判決の評釈として，藤池智則＝松本亮一「判批」みずほ信託銀行＝堀総合法律事務所編『詳解信託判例』（金融財政事情研究会，2014年）285〜300頁がある。

# 23

## 受託者の費用補償（償還）請求権（3）
―「青野運動公苑」事件

最高裁平成23年11月17日判決　金判1384号21頁

橋　谷　聡　一

## I　事　実　概　要

　Y（兵庫県）といずれも信託銀行であるA（後に，商号変更，吸収合併及び商号変更によりX₁となった）およびX₂（以下，X₁およびX₂をあわせて「Xら」という）は，兵庫県議会の議決を経た上で，昭和62年12月1日，Yを委託者兼受益者，Xらを共同受託者とする土地信託契約（以下，「本件信託契約」という）を締結し，Yが所有する土地（以下，「本件信託土地」という）をXらに信託譲渡した。本件信託契約は，信託期間を契約締結の日から28年間とし，Xらにおいて，本件信託土地上にゴルフ場を中核とするスポーツ・レクリエーション施設（以下，「本件信託施設」という）を建設し，これを管理運営することを目的とするものであり（以下，本件信託契約に基づきXらが行うこととなる信託事業を「本件信託事業」という），Xらが，73億円（後に94億円に変更）を限度として建設資金等を借り入れた上で本件信託施設を建設し，これを管理運用して得られる収益から借入金を返済し，その完済後は剰余金を信託配当としてYに支払うものとされていた。

　本件信託契約に係る契約書（以下，「本件契約書」という）には，次のような条項があった。

　　①　信託財産に関する公租公課及び登記費用，設計監理費用，造成・建設工事等請負代金，借入金の返済金及び利息，本件信託土地及び本件信託施設の修繕・保存・改良の費用，損害保険料その他信託事務に必要な費用は，信託財産から支弁する（18条本文）。

② Xらは，信託の収支に不足金が生じる場合には，その処理方法について，あらかじめYと協議しなければならない（25条）。

③ Xらは，信託の終了時に借入金債務その他の債務（信託終了後支払を要する費用を含む）が残存する場合には，Yと協議の上，これを処理する（32条2項3号）。

④ 信託終了に要する費用は，信託財産から支弁する（32条2項4号）。

Xらは，本件信託契約に基づき，建設資金等を借り入れた上で，本件信託土地上に本件信託施設を建設し，平成3年8月，その営業を開始した。ところが，阪神・淡路大震災が発生した平成7年以降，その入場者数は落ち込み，事業収支は悪化するに至った。Xらが作成し，平成13年11月20日にYに提出した中期経営健全化計画においては，信託配当が見込まれなくなるどころか，信託期間満了時に約81億円もの借入金が残存する予定である旨の記載がされており，YとXらは，平成15年3月以降，本件信託事業に資金不足が生じた場合の処理方法について協議を重ねるようになった。

Xらは，借入金の金利負担を軽減するため，Yの承認を得た上で，借換えをするなどしていたところ，平成13年4月2日，B銀行から融資を受け，これを借入金の弁済に充てた。Yは，XらがBから受けた上記融資につき，Bとの間で損失補償契約を締結し，Xらの債務につき事実上保証した。その後も，Xらは，Bからの借入れにつき弁済期が到来する都度，Bとの間で借換えをして借入れを継続し，Yもこれにつき損失補償契約を締結した。

Yは，平成17年秋頃，Xらに対し，平成18年4月3日を弁済期とするBからの借入れの借換えについては損失補償契約を締結しない旨の意向を示した。Xらは，平成17年11月18日付け文書により，Yに対し，上記借換えについてYの損失補償契約を得ることができなければ，Xらがその固有勘定でこれを弁済せざるを得ない旨通知したところ，Yは，同年12月26日付け文書により，Xらに対し，信託期間中に資金不足が生じた場合は，受託者の責任で対応すべきであり，損失補償契約を締結することはできない旨の通知をした。

Xらは，Bからの借入れを継続することができず，他の金融機関からも融資を受けることができなかったため，平成18年3月31日および同年4月3日，本件信託事業の遂行のために借り入れていた合計78億7900万円をB銀行等

に返済した。

　Xらは，Yに対し，旧信託法36条2項本文に基づき，Yに対し，本件借入金相当額の補償を求め提訴した。

　第1審判決（神戸地判平成21・2・26金判1324号42頁)[1]は，「本件信託契約に費用補償請求権を排除する明示的な規定がない以上は法律上当然に費用補償請求権が認められると解することは相当ではな」いとした上で，地方公共団体の基本的使命，地方自治法の規定との整合性，本件信託契約締結に至る経緯等から，本件信託契約18条並びに32条2項3号及び4号の規定は，「新たな財政支出を伴う形でYが信託事務費用や信託残債務を負担することを避ける趣旨の規定と理解するのが最も素直である」とし，これらがXらの費用補償請求権を排除する特約と結論付けXらの請求を棄却した。Xら控訴。

　原審判決（大阪高判平成22・5・14金判1380号36頁)[2]は，受託者の費用補償請求権を「受託者と受益者との関係においては，受託者は，実質的にみると受益者のための財産管理人に過ぎないものであるから，信託財産から生じる利益又は不利益は受益者が享受することになるところ，このうちの不利益な結果を受託者から受益者に移転することを制度的に保証するために受託者の受益者に対する権利」とする。そして，「いわゆる他益信託……の受益者は信託契約の当事者ではなく，かかる受益者が信託行為の定めにより債務を負担させられることは，受益者に予想外の損失を被らせることになりかねないため，他益信託については，〔旧〕信託法36条2項の適用は制限的になされる」が，「いわゆる自益信託……においては，受益者は信託契約の当事者であり，信託財産から生じる利益を享受するのであるから，不利益についても受益者がすべて負担すると解するのが公平の見地からして妥当であり，〔旧〕信託法36条2項を制限的に適用する根拠はない」とし，本件信託契約が自益信託であるとして，「本件信託契約に費用補償請求権を排除する特段の定めがない限り，Xらは，〔旧〕信託法36条2項に基づき，Yに対し，費用補償請求権を行使することができ

---

1) 本判決の評釈として，佐藤勤「判批」金判1324号（2009年）2～6頁，伊室亜希子「判批」法律科学研究所年報27号（2011年）413～419頁がある。
2) 本判決の評釈として，樋口範雄「判批」NBL937号（2010年）10～17頁，段磊「判批」ジュリ1445号（2012年）113～116頁がある。

る」とする。そして,「本件信託契約においては,費用補償請求権を排除する旨の明示的な規定はない」こと,昭和61年1月の「公有財産の有効活用等に関する調査研究会」の報告,同年5月に発せられた各都道府県知事,各指定都市市長宛の旧自治省の事務次官通知,X1と合併したAがYに提出した「土地信託制度の利用による兵庫県公有地の有効活用の御提案」,昭和62年9月の兵庫県議会におけるYのC副知事の答弁から,Yは,「残存債務を受益者たるYが負担するに至る可能性があることを十分認識していたと推認するのが相当」とし,Yが残存債務を負担しないという明確な規定は設けられておらず,YがXらに対しこれを設けるよう求めた形跡もないこと等の事実と本件信託契約が自益信託であることから,本件信託契約18条及び同32条2項4号の「信託財産から支弁する」との文言は,費用補償請求権の行使順位を明らかにする趣旨の規定であり,受益者たるYに対する費用補償請求権を排除する規定ではないとした。このほか,YがBとの間で損失補償契約を締結していたこと等から,「本件信託契約に費用補償請求権を排除する特段の定めはないというべきであり,Xらは,〔旧〕信託法36条2項に基づき,Yに対し,費用補償請求権を行使することができると解するのが相当」と結論付け,第1審判決を取り消し,Xらの請求を認容した。Y上告。

## II 判　旨

上告棄却。

最高裁は,本件信託契約において,旧信託法36条2項本文の適用を排除する旨の合意が成立していたか否かが争点となっているとする。そして,自治省の研究会が昭和61年1月に取りまとめた報告書及び同年5月の自治事務次官通知,A信託銀行が同年4月にYに提出した文書,YのC副知事による昭和62年9月の兵庫県議会における答弁を理由に,「公有地の信託といえども,旧信託法の規律に従い,受益者に対する費用補償請求権を定めた旧信託法36条2項本文の適用があるのが原則であることが公有地の信託に関わる関係者の共通認識であり,……本件信託契約において同項本文の適用を排除しようとするのであれば,そのための交渉が重ねられてしかるべきところ,YとXらとの

間において，本件信託契約の締結に至るまでの間に，かかる交渉がもたれたことは全くうかがわれない」とする。また，本件契約書18条本文及び同32条2項4号にも旧信託法36条2項本文の適用を排除する趣旨の文言はないとし，本件契約書32条2項4号については，その置かれた位置等から，「信託終了に際し，Xらが本件信託土地や本件信託施設をYに引き渡し，その登記名義を変更するなどの事務が伴うことから，これに要する費用の負担について定めたもの」とする。そして，本件契約書の他の条項について，「旧信託法36条2項本文の適用を排除する旨を文言上明確に定めた条項はなく」，本件契約書25条及び同32条2項3号は，「Xらが負担した費用については，最終的にYがこれを負担する義務を負っていることを前提に，その具体的な処理の方針等についてYがXらと協議する機会を設けるべきことを定めたもの」とした。

さらに最高裁は，本件信託契約締結後の事情として，本件信託事業の収支が悪化し，信託期間満了時に借入金が残存する予定となり，YとXらは，資金不足が生じた場合の処理方法について協議を重ねるようになったが，そこでも，「Yが，Xらに対し，自己の費用補償義務を否定するような態度を示したことはうかがわれず，かえって，Yは，複数回にわたって損失補償契約を締結してまでXらの資金調達を支援してきたのであって，Yは，平成17年12月26日付け文書において，初めて自己の費用補償義務を明確に否定するに至った」とし，「本件信託契約において，受益者に対する費用補償請求権を定めた旧信託法36条2項本文の適用を排除する旨の合意が成立していたとはいえないというべき」と結論づけた（宮川光治裁判官の補足意見がある）。

## III 解　説

### 1　公有地信託について

公有地信託とは，昭和61年の地方自治法の一部を改正する法律（昭和61年法律75号）等の施行によって，普通地方公共団体の普通財産である土地（およびその定着物）について信託を設定することが認められたことにより導入され

---

3)　中務嗣治郎「判批」金法1940号（2012年）88頁参照。なお，国有地信託制度も導入されたが，本格化しなかったとされる。

たものである[3]。そのしくみは，普通地方公共団体が，その普通財産である土地（その土地の定着物を含む）を，自らを受益者として信託するものであり，その信託目的は，当該土地に建物を建設し，または当該土地を造成し，かつ，その管理または処分を行うというものである（自治238条の5第2項，自治令169条の6第1項）[4]。

公有地信託において，建物の建設等の際に借り入れた資金を信託事業により返済することとなるところ，本件のように，借入債務が信託財産の価値を上回り債務超過となった場合等の債務の処理が問題となる。

## 2 旧信託法36条について

受託者が信託事務を処理する際，固有財産で負担した費用または過失がないにもかかわらず受けた損害を負担する場合が想定されるところ，旧信託法36条は同法22条の例外として，同法38条の要件を満たしていれば，受託者の補償請求権に基づき，優先的に信託財産からその補償を得（同法36条1項），あるいは受益者に対しこれを請求すること等ができるが（同条2項），受益者が受益権を放棄した場合，受益者はその義務を免れることができるとしていた（同条3項）。

受託者の費用補償請求権は，受託者は対外的には無限責任を課されているが[5]，本来，信託事務の処理のためにその固有財産で負担した債務は信託財産で負担すべきものであること，また，いわゆる報償責任に基づき，過失がないにもかかわらず受けた損害は，「利益の属する者に危険も属する」と解されるべきであり，総じて，事務処理関係において一般的に認められる「結果の移転」であると説明される[6]。また，特に旧信託法36条2項本文については，イギリスの判例理論から[7]，「財産権からの利益すべてを享受する者は，特別の事情がないかぎり，信託財産の負担をになうのが，正義の要求に適する」[8]と説かれる。

---

4) 中務・前掲注3) 89～90頁参照。
5) 新井〔第4版〕320頁参照。
6) 四宮〔新版〕289～291頁参照。
7) 小山賢一「英国信託法における受益者の補償義務」大阪経大論集60号（1967年）83頁以下参照。
8) 四宮〔新版〕293頁。

第 4 章　受託者の権利

## 3　受託者の費用補償（償還）請求権行使に関する学説

かつては，受託者の費用補償請求権について，無制限に行使できるとする理解が通説であった[9]。

しかし，比較的近時，この受託者の費用補償請求権の行使を制限的に解する学説が有力に主張されていた[10]。ただし，このように解する主要な学説も，軌を一にしているわけではなく，①契約が存在しない限り受益者には補償の義務がないとする説，②補償請求権の行使を不相当とする特別の事情がある場合にこれを制限する説，③自益信託か他益信託かにより区分する説，④総合的な判断により区分する説，がある[11]。

①説は，受益者は信託財産を限度として利益を受けること（旧信託19条），自益信託であっても信託財産を上まわる費用・損失について委託者が保証する合意が成立しているわけではないこと，信託財産が受託者を保証するのに不十分でありその意思がない場合は，信託を管理する義務がないと考えられるべきこと等から，受託者と受益者間に明示または黙示の契約が存在しない限り，受益者には補償の義務がないとする[12]。

②説は，「受益者に対する補償請求を不相当とするような特別の事情は何か」[13]との観点から検討する。この点，他益信託の受益者に対する補償請求権否定の理由として，設定者が受益者にマイナスの財産を与えることを欲せず，積極財産を超える費用をかけなければならないような事態が想定できない贈与型信託であることを挙げる一方，営利追求型信託では，信託事務処理に伴うリスクをそこから利潤を享受する受益者に負担させるべきとし，他益信託の形を

---

[9]　池田寅二郎「信託法案説明書」法曹記事32巻3号（1922年）27頁，青木徹二『信託法論　全』（財政経済時報社，1926年）285頁参照。

[10]　学説については，本判決の評釈である沖野眞已「判批」金法1940号（2012年）69～72頁が詳しい。

[11]　このほか，旧信託法36条2項については，制限的に解さず，同条3項の問題とする学説がある。山田誠一「いわゆる受託者の補償請求権」米倉明編著『財団法人トラスト60　創立20周年記念論文集』（財団法人トラスト60，2007年）102頁参照。初出，安永正昭ほか『資産の管理運用制度と信託』（財団法人トラスト60，2002年）。

[12]　小山賢一「日本信託法における受益者の補償義務」大阪経大論集61号（1968年）206～209頁参照。

[13]　四宮〔新版〕293頁。

とる場合にもこれが当てはまるとする14)。

③説は，旧信託法36条1項と同条2項の優先関係において，自益信託では，信託成立後も委託者は受益者として信託関係に関与すること，受託者は委託者兼受益者の利益のために信託事務処理を行うことから自由選択説を適用し，他益信託では，信託成立後には委託者は基本的に信託関係から離脱し，受託者は第三者たる受益者のために信託財産の範囲内で信託事務処理を行うことから，1項優先適用説を採るとする15)。そして，他益信託については，信託財産への求償（同条1項）を大原則とし，受益者への求償（同条2項）は，例外的に認められるにすぎないとする16)。

④説は，どのような場合に補償請求権を認めることに合理性があり，あるいはこれを制限することが適当かの基準を示すことは難しく，受託者の性質，受託者の権限，発生するリスクや責任の性質等を総合的に考慮して判断する必要があるとする17)。

以上の学説は，受託者の費用補償請求権が行使されることが相当でない場合について，解釈上の制限を試みるものであると考えられるが，①説は，旧信託法36条2項が受託者の費用補償請求権を明文で規定していたことを踏まえれば難がある。また，信託の性質をメルクマールとする②説及び③説においても，本件信託が②説の述べる営利追求型信託に該当することに異論はないが，営利追求型信託という判断基準自体が不明確であること，同様の信託であれば他益信託でもその行使を認めるという結論には疑問を覚えるし，③説は予測可能性は高いが，自益信託として設定された信託が後に受益権の譲渡等により他益信託に転換された場合に問題が残る。④説が示す総合的な解釈基準は，妥当な結論を導きやすい一方，抽象的であり，法的安定性を維持することが可能か疑問が生じる。このように，学説が示す要件を多様な利用形態が見られる信託に適用し，受託者の費用補償請求権の行使の可否を切り分けることは難しく18)，そ

---

14) 四宮〔新版〕294頁参照。
15) 新井〔第4版〕324～325頁参照。
16) 新井〔第4版〕325頁参照。自益信託と他益信託を区分する学説への批判としては，樋口・前掲注2）12～13頁，段・前掲注2）114～116頁を参照されたい。
17) 能見196頁参照。ほか，佐藤・前掲注1）4頁参照。
18) 吉永一行「判批」民商146巻6号（2012年）592頁，山下純司「判批」ジュリ1453号（2013

の要件が明確で予測可能性が高ければ例外への対応という困難な問題が生じ，具体的妥当性を追求すると予測可能性が低下することとなる。

### 4 検 討

本判決は，本件信託契約の解釈及びその他の事実関係から受託者の費用補償請求権を排除する合意の成立を否定したにとどまるものであり，その行使について，制限的に解すべきか否かという点について，明確な言及があったとはし難い。だが，その判断の枠組みとして，少なくとも本件土地信託契約のような事案において，デフォルト・ルールとしての旧信託法36条2項本文を排除するには信託契約等において合意がなされる必要があるとの理解が前提となっているとも考えられる[19]。

## Ⅳ 本判決の意義

信託法48条5項は，旧信託法36条2項とは異なり，受託者が信託事務処理に必要と認められる費用を固有財産から支出した場合等において，受益者との合意に基づき受益者から費用等の償還等を受けることを妨げないことのみ規定している。そのため，同法施行後に締結された信託契約において，受託者の費用補償請求権が争点とされる場面は，相対的には減少する可能性が高いと考えられる[20]。

しかし，土地信託はその信託期間が長期に渡ることが想定されるため，今後も旧信託法に基づく土地信託において同様の紛争が顕在化する可能性があり，本判例はその際の契約解釈のあり方の指針を示すものとなろう。

---

年）84頁参照。
19) この点については，宮川裁判官の補足意見に示唆されるところである。
20) 信託法における受益者の黙示の費用償還合意について検討を加えるものとして，木村仁「受託者の費用償還請求権をめぐる一考察」法時82巻11号（2010年）135～136頁，伊室亜希子「受託者の費用償還請求権の新信託法による変容」明治学院ロー13号（2010年）10頁参照。
※ 本文および注釈で紹介したもののほか，本判決の評釈として角紀代恵「判批」金法1953号（2012年）67～70頁，星野豊「判批」ジュリ1464号（2014年）120～123頁，藤池智則「判批」みずほ信託銀行＝堀総合法律事務所編『詳解信託判例』（金融財政事情研究会，2014年）269～284頁がある。

# 24

## 権限分掌のある信託における受託者の権限者に対する費用等償還請求権

東京地裁平成 21 年 6 月 29 日判決　金判 1324 号 18 頁

佐　藤　　　勤

## I　事　実　概　要

　平成 10 年 6 月 30 日および同年 12 月 1 日，Y（投資信託委託会社。以下「委託会社」という）と X（信託銀行）は，Y を委託者，X を受託者とした同じ内容の追加型投資信託契約（以下「本件信託契約」という）を，二つ締結し，投資信託 2 本（以下併せて「本件ファンド」という）を設定した[1]。

　本件ファンドは，受益者および帰属権利者を投資家とするが（本件信託契約 5 条 3 項），受託者が委託会社の指定する預金口座に払い込むことによって，受託者の信託財産交付義務は免責される旨規定され（本件信託契約 42 条 1 項，2 項），エンロン社のコマーシャルペーパー（以下「CP」という）を含めた，海外の債券に運用されていた。

　平成 13 年 10 月下旬頃から，エンロン社の株式等の価格が急落し始め，同月 26 日，ウォール・ストリート・ジャーナル紙などにおいて，エンロン社の格付けの引き下げまたはその可能性が存在することや，同社が銀行融資枠を用いて借入れを行った上で発行済みのエンロン社の CP の買取りに着手したことが報道された。

　Y の担当者は，Y の助言委託先である親会社の担当者と連絡をとり，親会社自身が委託先となっているアメリカの投資信託で保有するエンロン社の CP

---

[1] 本事案では，本件ファンド設定と同時に，本件ファンドの資金を合同で運用するため，マザーファンドが設定されている。本事案の問題を考察するにおいて影響がないこと，および事案を簡略化するため，マザーファンドの存在は，省略している。

を同社に買い取ってもらったことを教えられた。そこで，Yの担当者は，エンロン社と直接交渉し，同社発行のCPを購入価格相当額で買い取ることを確認し，そのことを前提に，リーマン社に対し，本件ファンドで保有するCP（以下「本件CP」という）の買取りを依頼した。

　平成13年12月2日，エンロン社は，米国連邦破産法第11章に基づき，法的倒産手続を申請した。

　平成14年11月19日および同年12月3日，Yは，Xに対して，本件ファンドを全部解約する旨の依頼書を送付し，Xは，同年12月19日および翌年1月16日に，本件ファンドを解約し，Yの指図に従い，販売会社に償還代金（総額247億7,063万2,990円）を送金した。

　平成15年12月1日，エンロン社は，Xに対し，米国連邦破産法に基づき，本件CPの期限前買取りを否認する訴え（以下「米国否認訴訟」という）を提起し，平成19年2月14日，Yに対しても同訴えを提起した。Xは，米国否認訴訟に応訴するため，弁護士費用等応訴に必要な費用（以下「応訴費用」という）として，総額7億2,617万4,028円を支出した。

　平成19年8月14日，Xは，Yの同意をとり，米国否認訴訟について和解契約に基づく和解金（以下「否認訴訟和解金」という）として，エンロン社に対し，729万4,042.2ドルを支出した。

　Yは，米国否認訴訟に応訴するため，弁護士費用等応訴に必要な費用として，平成19年6月30日までに159万6304.70ドル支出した。平成19年8月14日，Yは，米国否認訴訟について和解契約に基づく和解金として，エンロン社に対し，200万ドルを支出した。

　Xは，Yに対して，応訴費用および否認訴訟和解金の相当金額（16億2,552万9,409円）の支払を求め，訴訟を提起した。

　Xが，Yに支払を求めた根拠は，①XとYとの権限分掌に関する合意により，Xは，Yの権限に属する費用を，Yに対して償還請求できること（主張①），②Xは，Yの運用指図に従って，事務処理を行うという委任に類似する関係が存することから，Xは，その事務処理に必要な費用を，Yに請求できること（民650条1項・3項）（主張②），③信託終了後は，受託者であるXは，帰属権利者であるYに対し，信託の費用等について補償を請求できること

（旧信託36条2項）（主張③），④Yには，Yの指図の結果，Xが不測の損害を被ることのないよう注意すべき義務があり，Yは，それに違反したこと（主張④），⑤Xは，信託事務の処理に要する費用を信託財産から控除することなく，償還金を支払い，Yが，受領したのであるから，Xは，Yに対して不当利得返還を請求できること（主張⑤），である。

裁判所は，Xの主張のうち，④による請求の一部を認めた。

## II 判　旨

### 1　主張①について

本件信託契約において，「信託事務の処理に関する諸費用は，受益者の負担として，信託財産中から支弁されることが明確に規定されており，これに何らかの留保が付されていることを窺わせる規定は見当たらない。そして，信託法上も，受託者は，委託者が信託財産に関して負担した費用等については，信託財産から優先的に補償を受けることができることなどが定められていること（〔旧：引用者注〕信託法36条1項，54条，64条）も併せて考えれば，X及びYは，信託事務の処理に関する費用については，本件各契約〔本件信託契約：引用者注〕の規定どおり，信託財産から支払われることを想定していたというべきであり，Xが主張する本件権限分掌に対応した費用償還を当然の前提としていたと認めることはできない。」

### 2　主張②について

「信託法は，受託者が信託財産に関して負担した費用等について受益者に対しその補償を請求することができること（36条2項）や，その費用等について，信託財産から優先的に補償を受けることができること（同条1項）等を規定しているのであり，信託法が，これとは別に，委任に関する民法650条の重畳的な適用を認め，受益者だけでなく委託者に対しても費用償還請求を認める趣旨であると解することはできない。」

Xは，信託終了後に限って，委任の規定が適用されるという解釈も示唆するが，「そもそも，民法650条1項及び3項が，委任契約について，受任者の

委任者に対する費用償還請求権等を定めている趣旨は，委任事務が委任者のため，かつ委任者の計算において遂行されるため，生じた費用等の償還を委任者にさせるのが相当である点にあると解される」。

ところが，「信託は，受益者のために，受益者が拠出した原資を元に構成される信託財産の計算において行われるものであり，委任契約における委任者と受任者との関係を前提とする費用償還の場面と利益状況が類似しているわけではなく，信託における委託者と受託者との費用償還について委任の規定を適用することは……相当とはいえない」。

### 3 主張③について

本件ファンドにおける償還金は，「XからYに，Yから販売会社にそれぞれ送金され，その後，受益者」に償還された[2]。

「このように，Yが，現時点で，信託財産を保持していない以上，Xは，Yに対し，同法〔信託法：引用者注〕36条1項に規定する補償請求を行使することはできない」。

### 4 主張④について

「受託者は，信託業務に関して費用等が生じた場合は，信託財産から支弁を受けるべきであるが（信託法36条1項），本件各投資信託〔本件ファンド：引用者注〕のような場合，信託が終了し，信託財産が多数の受益者に償還されてしまうと，受託者は，当該費用等を回収することが事実上不可能になる。そこで，受託者においてかかる費用等が生じると見込まれるときは，上記補償請求権〔費用等償還請求権：引用者注〕を保全するため，信託財産の全部又は一部を留置する必要がある。他方，委託者は，受託者に対して運用等の指図をする立場であり，運用方針の決定の際に，受託者と比べて多くの情報を取得し，また，取得し得る。」

「このような双方の立場及び事情などを総合して考えれば，委託者であるYには，本件各契約〔本件信託契約：引用者注〕に基づき，受託者であるXが上記

---

[2] 村岡佳紀「投資信託における契約関係」金法1796号（2007年）16頁。

のような手段〔受託者が旧信託法で認められた費用償還請求権を行使できるための手段：引用者注〕を行使するために必要な情報を提供する信義則上の附随義務」がある。

そして，「本件コマーシャルペーパーの売却について否認訴訟が提起されれば，受託者であるXはその応訴費用等の支出を余儀なくされるから，かかるリスクに関する情報は」，Xが費用等償還請求権を行使するための機会を与えるための重要な情報であり，「本件各ファンド〔本件ファンド：引用者注〕の全部解約依頼時において，委託者であるYがそのような情報を有しながら（当然有すべき場合も含む。），Xに告知しないことは，委託者の債務不履行になる」。

Xは，Yによる指図が適正か否かについて調査義務を負うか否かにかかわらず，否認訴訟の「可能性を疑い，Yに対し，リーマン社への売却についてより具体的な事実関係について情報提供を求めるなどした上で，（少なくとも念のため）信託財産に対する補償請求権の保全を講じなかったことに，相応の落ち度があった」。

以上のことから，この落ち度について，3分の1の過失相殺が認められ，Xの請求金額の3分の2が認められた。

## III 解　説

### 1　委託者指図型投資信託の関係者の法的関係

投資信託は，委託会社が信託財産の運用を行い，その指図により，信託銀行が，受託者として信託財産の管理を行う信託である。この委託会社の権限がどこから生ずるのかが問題となる。委託会社と信託銀行との間に，代理関係があり，委託会社が信託銀行の代理人として，信託財産の運用を行っているというのが，一般的な見方である[3]。

投資家は，委託会社の取得の申込みに応じ，金銭を交付することをもって，信託の受益権を取得する。以後，投資家と信託銀行との間には，信託の受益者

---

3) 友松義信「受託者以外の者が運用指図する信託における責任関係」信研24号（1999年）21頁。

と受託者という関係が生じる。

## 2 費用等償還請求権
### (1) 信託財産からの償還

受託者は，信託財産の所有者として，責任を負わなければならない。すなわち，受託者は，信託事務処理のため，第三者との契約に入った場合，その履行義務を負い，受託者が，信託事務処理に関して第三者に損害を与えた場合，第三者に対して損害賠償の責任を負う。いずれの場合も，受託者は，信託財産に関し，受益者または委託者の代理人としてではなく，本人として行為しているので，受益者および委託者は，何ら責任を負うことはない。

しかし，信託事務処理が適切に行われている限り，その費用や負担した債務は，内部的には受託者個人ではなく，信託財産に帰属すべきものといえることから[4]，信託法は，受託者が，適切な信託事務処理に係る費用や負担した債務について，信託財産から償還を受けることを認めている（旧信託36条1項，信託48条1項）。

### (2) 受益者等に対する償還請求

信託財産を超える部分または信託財産への償還請求とは別に，受益者等に請求できるかが，問題となる。

現行の信託法（平成18年法律第108号）施行前の信託法（大正11年法律第62号）（以下「旧信託法」という）は，受託者が受益者に対して請求できると定めていた（旧信託36条2項）。ただし，この定めの適用範囲については，解釈が分かれており，条文の文言どおり，受益者への補償請求を認める通説以外にも，信託財産からの補償を受けるのが本来であり，信託財産では補償に不足するか，信託財産からの補償では信託目的を達成できない場合に限り，受益者に補償請求が認められるとする見解，受託者の受益者に対する補償請求を認めることが相当でない場合を，信託の目的，当事者の属性，信託財産を上回る費用のリスクの想定・可能性等から判断していく見解，信託行為の当事者でない他益信託の受益者には補償請求できないとして，旧信託法36条2項の規定の適用範囲

---

[4] 四宮〔新版〕289頁，293頁。

を自益信託に限定する見解，および受益権の内容は信託財産を限度とすること（同法19条）などを理由として，信託財産を上回る費用・損失については受益者が無限責任を負ういわれはないことから，受益者には償還義務はないとする見解などがあった[5]。

信託法の制定の議論においては，旧信託法の規定を踏襲し，原則として，受益者に償還請求ができる旨の案と，受益者は，償還義務を負わない案が提案されたが[6]，(i) 信託行為に関与しない受益者であっても常に費用負担のリスクを負うことになるのは，当該受益者の合理的な意思に反すること，(ii) 受託者が受益者と個別に合意することにより，費用負担のリスクを合理的に分配することも相当程度可能であること，(iii) 英米の信託法制[7]では，受益者に対する費用の償還請求権は認められていないこと等から，信託法は，受託者が個別に受益者と合意した場合のみ，その受益者から費用等の償還または費用の前払を受けることができる旨規定された（信託48条5項）[8]。

これら我が国信託法の立法経緯に鑑みれば，現行信託法のもとでは，受託者は，信託財産からのみ，費用の償還を受けることが原則ではあるが，発生するリスクを誰に負担させることが妥当であるか，すなわち信託行為（契約）の作成への関与度合，受託者の信託事務処理の裁量の範囲およびリスクの程度，実質的な裁量権は誰が有しているか，最終的に利益を享受する者が誰か，などの諸要素を総合的に判断し，すなわち合意を補充，または黙示の合意の存在を探求して，受託者の費用等償還請求権の成否，および請求先，決すべきであると考える[9]。

---

5) 四宮〔新版〕293頁および沖野眞已「公有地信託における受託者の受益者に対する費用補償請求の可否」金法1940号（2012年）70頁参照。

6) 法務省民事局参事官室「信託法改正要綱試案　補足説明」第32。

7) アメリカのリステイトメントは，受益者の合意のない限り，受益者へ費用の償還を求めることができないと定めている（Restatement of Law (Second) of Trusts §249 (1) (1959)）。イギリスの2000年受託者法は，受託者が信託財産から費用の償還を受ける権利のみを規定している（Trustee Act 2000, §31 (1)）。

8) 寺本〔補訂版〕176頁。

9) 旧信託法に関する論稿ではあるが，佐藤勤「判批」金判1324号（2009年）4頁参照。信託事務の費用の負担に関する近時の見解には，委託者＝受益者の信託事務に関するコントロールの程度の強い場合などには，合意がなくとも，受益者が費用償還義務を負うことがありえる」とする見解（伊室亜希子「受託者の費用償還請求権の変容：信託財産が債務超過の場合を念頭において」明治

ただし，受益者保護の観点から，信託会社は，受益者との間において，費用等の償還に関する合意を行うときは，当該合意に基づいて費用等の償還または前払を受けることができる範囲を説明しなければならないという規制が信託業法（同法29条の3）にあることから[10]，受益者との間で黙示の合意の存在が問題となることは少ないであろう。

## 3　XからYに対する費用等償還請求権の合意の存在
### (1)　権限分掌からの合意を補充することの可否

本判決は，投資信託であっても，信託法の信託であることには，何ら変わりはないことを前提に，信託法の補償請求権（現費用等償還請求権）の規定（旧信託36条）を適用している。すなわち，本件信託契約の何ら特則のない以上，XとYとの間に，権限分掌に対応した償還請求の合意があったと認めることはできないとして，Xの主張を認めなかった。

さらに，本判決は，XもYも，本件信託契約締結時，このような費用の発生が生じることを予想できなかったことや，たとえ予想して規定を設けるとしても，権限分掌および信託財産から支払を受けることができなかった原因（帰責事由の有無を含む）等も要件として取り込まなければならないことなどを理由に挙げ，権限分掌だけを基準とした黙示の償還請求の合意を認めなかった。

しかしながら，投資信託では，締結前に投資信託契約に係る信託契約の内容

---

学院大学法科大学院ローレビュー13号〔2010年〕10頁），信託の目的，信託行為への関与の程度（自益信託か他益信託か），信託当事者の性質と交渉力の差，費用の発生原因とリスクに関する当事者の認識可能性（信託目的に照らして予期し得た費用であるかどうか），問題となる信託事務処理に対する受託者の権限の範囲（受託者が費用発生リスクをコントロールできる程度），信託報酬の額，受益者の受ける利益の内容などを総合的に勘案して，受益者が費用を負担することが，受託者と受益者間の意思解釈として明らかに合理的である場合に限り，受益者が費用償還義務を負うとする見解（木村仁「受託者の費用償還請求権をめぐる一考察」法時82巻11号〔2010年〕135頁），信託事務に関する「費用負担の正当化は，財産の実質的な所有よりもむしろ，誰の活動であるのか，事業活動に対する相当な関与・支配に求めるべき」であるとする見解（沖野・前掲注5) 82頁），などがある。

10) 信託会社は，信託契約を締結するときに，委託者に対し「信託財産に関する租税その他の費用に関する事項」を明らかにした書面を交付および説明する義務を負う（信託業26条1項12号，25条）。「信託財産に関する租税その他の費用に関する事項」とは，どのような費用が生じ，どの程度の金額であるかの見積りの記載である（高橋康文『詳解　新しい信託業法』〔第一法規，2005年〕124頁）。

を，規制当局（内閣総理大臣）に届け出なければならないこと（投信4条）から，委託会社は，信託契約作成に多大な影響力を有していること，「信託財産を委託者の指図（……）に基づいて主として有価証券……に対する投資として運用することを目的とする信託」であること（同2条1項），委託会社は，投資信託の運用報告書を作成し投資家に交付する義務を負うこと（同14条），委託会社は，運用の指図の行使に関する任務懈怠に対し投資家に直接損害賠償義務を負うこと（同21条）などから，委託会社が運用責任を負い，運用成績の結果の評判リスクを通じて，間接的ではあるが運用リスクを享受していること，および信託銀行には運用裁量権がないこと，などを総合的に判断すれば，信託銀行は，委託会社に対し，運用に関する費用の償還を請求できるという黙示の合意があると指摘する見解もある[11]。

　しかしながら，その費用や負担した債務は本来信託財産に帰属すべきことが根拠となり，受託者に対して費用等償還請求権が認められていることから鑑みれば，信託事務処理が適切に行われている限り，この費用等償還請求権をもって，受託者が費用の発生原因を作った行為者に，その費用負担を求めることを認めることは難しい。

　これに対しては，費用負担者の決定においては，費用発生の原因がどこにあり，いずれかの当事者の帰責性が認められないか等が考慮要素となり得るのではないか，と指摘する見解もある[12]。また，前述のとおり，受益者への償還請求が認められないアメリカにおいても，受託者へ指図をした場合には，指図者として，受託者の費用を負担すべきとの見解がある。

　これらの見解を踏まえれば，本事案においても，信託財産の実質的支配，経済的利益の享受，帰責事由などを総合的に判断して，契約条項に合意の存在を認定または補充することも可能であったのではないかと考える。

**(2) 受託者と委託会社との関係から合意の推定することの可否**

　それでは，権限分掌の存在から，受託者と委託会社間に，費用償還の合意を補充するのではなく，受託者と委託会社間の法律関係から，費用償還の合意を

---

11) 福井修「証券投資信託（委託者指図型）における委託会社と受託者の責任分担」銀行法務21・738号（2011年）27頁。
12) 久保野恵美子「判批」判評623号（2011年）197頁。

第4章　受託者の権利

推定することはできないかについて，検討する。

　前述のとおり，信託という法制度のもとでは，受託者と委託会社との間の関係は，代理関係であり，委託会社が信託銀行の代理人として，信託財産の運用を行っていると考えるのが，一般的である。

　委任について，民法では，受任者は，委任者に対し，委任事務の処理に関して，報告義務を負うと定めている（民645条）。この報告義務の目的は，委任終了後の顛末報告義務とともに，委任の途中においても，委任者が適宜情報を得て，自己の事務の処理について適切な判断・指図を行うことができるよう，受任者に経過報告を課すものである。

　これを受託者と委託会社との間の関係にあてはめれば，信託事務の一部の権限の委任を受けた委託会社は，その委任事務を処理する際，委任者である受託者の信託事務遂行に関して，重要な情報を得た場合，受託者に報告する義務を負うことになる。

　本事案に即すれば，委託会社の本件CPの売却について，否認リスクが存在し，委託会社は，その事実を認識し，または当然に認識すべきであった以上，委託会社が委任事務の受任者への報告義務の履行として，この内容を受託者に報告すべきことになる。そして，この義務を怠れば，債務不履行責任を負うことになる[13]。

## Ⅳ　本判決の意義

　本判決の意義は，信託事務処理の権限分掌の有無にかかわらず，信託契約において別段の定め（明示，黙示を問わない）のない限り，信託財産にかかる費用等の負担については，旧信託法の明文規定（同法36条1項・2項）を適用して，信託財産または受益者にのみ請求できることを確認し，受託者の主張①を否定したことである。

　ただし，本判決は，受託者と委託会社との間の基礎となる法律関係を具体的に明示することなかったが，委託会社は受託者に対して運用等を指図する立場

---

[13] 委任事務（フランチャイズ契約）の受任者の報告義務が，契約解釈によって認められた事案として，最判平成20・7・4判時2028号32頁がある。

にあるという抽象的な関係を根拠に，委託会社の受託者に対する情報提供義務を認め，その債務不履行責任として，委託会社の費用等の償還義務を認めて，双方の利害を調整し，結果として妥当な解決を図ったものである[14]。

今後は，受託者と委託会社との法律関係を明らかにし，その法律関係から，委託会社の情報提供義務の範囲などを明確化し，受託者と委託会社間の利益の調整が図られることが望まれる。

---

14) ただし，受託者は，本件CPが実質的に期限前に償還されるに等しい事態であることを疑い，「委託会社に対し，リーマン社への売却についてより具体的な事実関係について情報提供を求めるなどした上で，(少なくとも念のため)信託財産に対する補償請求権〔費用等償還請求権：引用者注〕の保全を講じなかったことに，相応の落ち度があった」として，3分の1の割合による過失相殺が認められた。

## 25

# 受託者の裁量権の検討

最高裁平成5年1月19日判決　民集47巻1号1頁

星　田　　寛

## I　事案の概要

　被相続人は，昭和58年2月28日，X（原告・控訴人・被上告人，遺言執行者として指定された者）に遺言の執行を委嘱する旨の自筆による遺言証書を作成した上，これをXに託した。また被相続人は同年3月28日，同人の求めに応じて同人宅を訪れたXの面前で，「一，発喪不要。二，遺産は一切の相續を排除し，三，全部を公共に寄與する。」という文言記載のある自筆による遺言証書を作成して，これをXに託し，自分は天涯孤独である旨を述べた。被相続人の法定相続人はY（被告・被控訴人・上告人，妹）だけであり，遺言時には同人らは長らく絶縁状態にあったという。

　被相続人は昭和60年10月17日に死亡したので，Xは昭和60年2月に2つの遺言書の検認の請求をする。Yは昭和61年3月に相続による所有権移転登記を申請する。Xは4月には検認を受け同月23日に就職通知を発するとともに移転登記の抹消を求め訴え，またYはXが遺言執行者の地位を有しない旨の確認請求を反訴した。

　第1審判決（東京地判昭和61・12・17民集47巻1号27頁）は，公共への寄与は包括遺贈として有効であるが，公共が移転登記を求めれば足り，遺言執行者の相続登記の抹消は請求できないと判示し，第2審判決（東京高判昭和62・10・29判時1258号70頁）では，公共に寄与するとは国，地方公共団体に包括遺贈する意思表示で，受遺者選定を遺言執行者に委託する趣旨を含み，受遺者たり得べき者の範囲を明確に定めており，遺言者の意思と乖離する虞もなく，民法902条他の法意に照らし遺言を有効と判示してXの請求を認容した。そこで，

「遺言者の意思を確定し難い」、「受遺者の範囲は極めて広範囲にわたっており、…、依拠すべき事項が示されない限り、その実現は極めて困難である。」、「受遺者が誰であるかは遺言者が決すべきことであり、遺言執行者に受遺者の決定を委託することは、遺言の代理を許すのと異ならない」、「かかる法理は、大審院判決昭和14年10月13日判決（民集18巻17号1137頁）の示すところ」、を理由として上告がなされた。公共に寄与するとは漠然として遺言者の真意は明らかでないといえるか、また受遺者の選定を委託することは遺言代理に相当するか否か、遺言執行者に委託する旨の遺言の有効性が争われた。

## II 判　旨

上告を棄却する。

### 1　遺言の解釈の考え方

「遺言の解釈に当たっては遺言書に表明されている遺言者の意思を尊重して合理的にその趣旨を解釈すべきであるが、可能な限りこれを有効となるように解釈することが右意思に沿うゆえんであり」とした。

### 2　遺言「公共に寄與する」の趣旨の認定

「遺産が公共のために利用されるべき旨の文言を用いていることからすると……、右目的を達成することのできる団体等（原判決の挙げる国・地方公共団体をその典型とし、民法34条に基づく公益法人あるいは特別法に基づく学校法人、社会福祉法人等をも含む。）にその遺産の全部を包括遺贈する趣旨であると解するのが相当である」とし、「遺言執行者に指定した被上告人に右団体等の中から受遺者として特定のものを選定することをゆだねる趣旨を含むものと解するのが相当である〔り〕、受遺者の特定にも欠けるところはない」とした。なお、第2審の事実認定は、「財団法人の目的、……に関する規定等の記載を全く欠いていること……、その他叙上認定説示の諸事情のもとにおいては、公益財団法人の寄附行為を遺言したもの、或いは信託法にいわゆる公益信託を遺言したものとは認めがたく」、「国、地方公共団体に包括遺贈する意思〔略〕

を表示したものであり」と判示していた。

### 3 本件遺言の有効性の当てはめと判断
「遺言者自らが具体的な受遺者を指定せず，その選定を遺言執行者に委託する内容を含むことになるが，遺言者にとって，このような遺言をする必要性のあることは否定できないところ，本件においては，遺産の利用目的が公益目的に限定されている上，被選定者の範囲も前記の団体等に限定され，そのいずれが受遺者として選定されても遺言者の意思と離れることはなく，したがって，選定者における選定権濫用の危険も認められないのであるから，本件遺言は，その効力を否定するいわれはないものというべきである」とした。第2審は，国，地方公共団体に包括遺贈する意思につき，「受遺者たり得べき者の範囲を確定に定めているし，遺言執行者が受遺者を選定するのに困難もなく，その選定が遺言者の意思と乖離する虞もなく，また……，有効なものというべきであって，本件遺言を無効とする法理・合理的理由を見出すことはできない」と判示していた。

なお，「所論引用の大審院判例は，事案を異にし木件に適切でない」とした。

## III 解　　説

### 1 本判決における論点
論点は次の3点である。
　① 受遺者の選定を委託することは遺言代理に相当するか否か
　② 遺言執行者に委託する旨の遺言は有効か
　③ 公共に寄与するとは漠然として遺言者の真意は明らかでないといえるか

### (1) 受遺者の選定を委託することは遺言代理に相当するか否か
信託では，受益者の生活・心身状況の変化に柔軟に応じて，必要な（又はより豊かな，若しくは通常の）支援・給付をいつ，どの程度，どのようにするかの裁量スキームが家族のための信託（以下「家族信託」という）の一つの機能として期待されている[1]。「家族信託」への活用を念頭に，受益者，受益内容等に

ついて，すなわち未来のこと，専門性が必要なこと，自分ができないことについて受託者等に託することが，最も合理的な手段であるならやむを得ぬ有用な選択である。民法の相続分の指定の委託（民902条），分割方法の指定の委託（民908条）等も事情変更に適切に対応できるための定めであり同旨である[2]。

委託者の真意を探求して分配に係る受託者の裁量権，または受益者の指定権等（信託89条）を行使して受益者を選定及び分配額を決めることは実務として容易でない。受託者等の分配に係る裁量権等の行使が，民法上の遺産処分として，受託者等に受益者の選定，受益の給付内容の一切を委ねる，つまり遺言代理に該当しないといえるほどの，有効とみなされる客観的な判断基準，要件を本判決等から検討したい。

本判決では，遺言者の意思を尊重して合理的にその趣旨を解釈すべきであり，可能な限り有効となるよう解釈するのが遺言者の意思に沿うとし，本事案では，遺言執行者に特定の者を選定することを委ねた趣旨を含むと解するのが相当とし，公益目的に限定され，かつ選定の範囲も公益関係の団体等に限定されているので，どのように選択しても遺言者の意思に沿うもので受遺者の特定に欠けるところはなく，かつ選定の濫用の危険もないとして遺言の効力を否定していない。後述の昭和14年判決では，受遺者の選定及び遺贈額の割当ての標準を遺言書に相当の方法を定めないから，受託の範囲は著しく広範囲で遺言者の意思に乖離する可能性があり，遺贈の内容を確定すべき方法がないので，遺言の代理になるという。

選定等の委託は民法902条等が定める「指定の委託」のように事情変更に対応するための合理的な方法であるので遺贈の内容を確定する方法として認められる[3]が，遺言者の意思に乖離せず濫用のリスクもないと解されるほどの受任

---

1) 寺本〔補訂版〕316頁。
2) 「新版注釈民法（27）相続（2）」有地亨194～196頁，伊藤昌司387・388頁（有斐閣，1989年），同〔補訂版〕有地亨＝二宮周平163～166頁，伊藤昌司419～421頁（2013年）に「委託された第三者が指定する分割方法は，906条の基準に従わねばならない」などの参考となる記述がある。
3) 西謙二「最高裁判所判例解説民事編平成5年度（上）」7～10頁，14～16頁（1996年）。「（包括）遺贈における受遺者の選定については，遺言によってこれを第三者に委託することができる旨の規定がない」，「不都合が生じなければ，受遺者の選任を第三者に委託する旨の遺言をこれを認める規定が存しないゆえをもってすべて否定するのはかえって遺言者の利益に沿わない」と述べられ，有効となる場合の判断基準・指針を示唆しているが委託できる場合の要件を判断していないと評され

者としての客観的な判断基準，特定方法の意思表示がないと遺言代理の余地があると解される。受遺者の選定を委託することにより遺贈は特定され，その選定の結果が遺言者の意思に沿い選定権の濫用のおそれもないなら，遺言代理禁止の原則に抵触しないものと解される。

**(2) 参照すべき他の判決**

① 大審判昭和14年10月13日（民集18巻1137頁（以下「昭和14年判決」という））

本判決の論点である遺言代理の禁止について，昭和14年判決の判旨は次のとおりである。なお，遺言には，「遺贈分配その他寄附行為等一切を処分することを委任す」と定めていた。

大審院は，遺言も法律行為の一種である以上，内容が確定し，又は確定しうるものであることが必要であるとし，受遺者の選定及び遺贈額の割当ての標準につき遺言書に相当の方法を定めずに，遺言執行者2名が相当と認める方法によるとすれば，受託の範囲は著しく広範囲でその実現は極めて困難で，両名の意見が異なるときはどうするか，受託者の行為は遺言者の意思に乖離せざるを得ず，遺贈に関する部分はその内容を確定すべき方法がないので，遺言を代理させることを招来するから許されないとして「遺言代理の禁止」の判例法理を示した。

② 大阪高判昭和48年7月12日（判タ304号166頁（以下「昭和48年判決」という））

本判決に類似する事例として昭和48年判決がある。

「贈与財産の配分方法を受託者〔兼遺言執行者。筆者加える〕の裁量に委ねることを定めているが」，「受贈者が特定している以上，受贈者相互間の配分率の決定を受託者に委ねたからといって，信託の目的の確定を欠くものとはいえない」と判示している。遺言には，(a)海星病院，(b)結核病院，(c)癩病院等，8つの社会施設を指定して，遺産のほんの一部を除き大部分の残余を贈るその選定と配分は，遺言執行者兼受託者の裁量に委ねる旨の条項の定めがある。しかし，具体的に指定する施設は海星病院だけである。

---

ている。

## (3) 遺言執行者に委託する旨の遺言は有効か

　本判決では，遺言執行者として指定した者に，受遺者として特定の者を選定することを委ねた趣旨を含むと解するのが相当として，このような遺言をする必要性があることは否定できないという。第2審判決では，委託について「民法902条その他関連法条の法意に照らして考量しても有効なもの」としている。昭和48年判決では，遺言執行者及び信託の受託者に指定しているからその地位にあるものというべきであるとし，本判決，昭和14年判決及び民法902条等の委託について誰に委託すべきか，また遺言執行者に託することについて特段言及していない。

　しかし，死亡している委任者の意思を実現させることから，委任に係る責務だけでよいのであろうか。受遺者の権利を守り選定の客観性・公正性を担保して実現させるために，遺言執行者又は受託者の職務からその役割を担う合理性はある[4]が，さらに誠実にかつ公平に行うためにその説明責任等の義務を明確に定めるべきと解される。

　なお，新井誠教授は，新信託法89条に定める受益者指定権等の規定について，受遺者の選定と同一の信託機能としてその権利濫用防止が課題となることを指摘されている[5]。

## (4) 公共に寄与するとは漠然として遺言者の真意は明らかでないといえるか

　本判決では，公益目的に限定されている上，選定の範囲も公益関係の団体等に限定され，団体等にその遺産の全部を包括遺贈する趣旨と解し，いずれを選択しても遺言者の意思と離れることはなく，選定の濫用の危険も認められないので遺言の効力を否定できないと判示する。昭和14年判決は，遺言執行者に委ねる範囲は個人または法人への遺贈若しくは寄附行為等も含まれ著しく広範

---

[4]　新井誠「受遺者の選定を遺言執行者に委託する旨の遺言が有効とされた事例」民商109巻3号496〜503頁のうち499頁ほか「遺言執行者という職務自体がその中立性に基づいて一定の選定権濫用防止機能を有することを暗黙の前提としつつ（略），さらに……，とするのが本判決のロジックであるように思われる」と述べられている。西・前掲注3) 15頁では，遺言執行者の義務（民1012条等），家庭裁判所の監督下（民1019条）にあることが「濫用につき事実上抑止力が働く」と述べられている。

[5]　新井誠「受遺者の選定を遺言執行者に委託した遺言の効力」家族法判例百選〔第7版〕（2008年）174頁。

囲でその実現は極めて困難であるから「遺言者ノ意思ニ乖離スルノ虞ナキヲ保セス」とし，昭和 48 年判決は，慈善事業に係る特定の種類の施設に限っているが具体的な施設の名称は指定されていない。しかし，受遺者の選定を委任したものでなく「受贈者が特定している」とし，その範囲での分配・割当てが委託されたものとし，「贈与すべき財産の額が確定しうべきものであり」と示している。誰もが分かる特定の種類の施設の範囲内なら特定していると認識されている。

　本判決について，新井誠教授は，選定の範囲は公益団体すべてを包摂し無数にあり，遺言者の意思に沿わない可能性もあり，「公益目的への限定を選定権濫用防止機能としてやや過大評価していることは否めない」，無限定で漠然としすぎていると述べられている。西譲二裁判官は，「公益を目的とする団体という点で共通性を有し，いわば等質のものということができるから，その範囲は量的にみてやや広範にわたるとはいえ，質的には限定されたものというべき」，「どの団体にどういう割合で配分するかといったことはそのさしたる関心事ではないので」，「質的に限定された国・地方公共団体等の中から受遺者を選定する限り，……意思から離れる余地はなく，……選定権の濫用のおそれもない」と述べられている[6]。

### (5) 本判決の射程

　本判決，昭和 48 年判決のいずれも事例判決として，あえて無効にして相続人に帰属させるか，それとも社会一般に帰属させるかにつき，遺言者の意思を推し量れば，あえて無効にするほどのものでないとの判断は首肯できる。受託者として公正な実務ができるように，これらの判決から次のように解する。

　① 　昭和 14 年判決は，共同相続人のほか，他の個人，法人及び寄附行為等に法人設立若しくは信託の設定を含むあらゆる財産の処分の方法を委託している事案ゆえ，遺言者の意思が明らかでないまま遺言代理を認めると遺言者の最終意思の実現が図れなくなる。

　② 　しかし，本判決等が示唆することは，遺言者の意思と乖離しない，濫用のおそれがないといえるほどに，財産の処分について委ねられた者が許される

---

[6] 　新井・前掲注 4) 501 頁。西・前掲注 3) 15 頁。

受益者等の特定する方法・基準，すなわち受遺者の選定及び遺贈額の割当ての基準とは，受遺者が特定していると言えるほどの遺贈の内容を確定すべき目的・方法の相当の客観的な定めにより，一定の手続きにより具体的な受遺者及びその受遺の内容を決めることができる程度のものと解される。

③　遺言者の意思をできるだけ尊重して解釈する考え方から，遺言執行者・受託者に受遺者・受益者の選定及びその分配額を委ねることの必要性・合理性があるものと解される。

④　遺言代理に当たらないものと解する受遺者・受益者の選定の範囲に係る要件の一つとして，一定の等質なものであること，または包括遺贈と解することがあげられる。例として，共同相続人を受益者としその相続分の指定の委託があげられる。

⑤　遺言執行者または受託者に委託することの意義についていずれの判決も触れていないが，誠実にかつ公平に行うために，その責務として善管注意義務だけでなく忠実義務，公平義務等による説明責任を負うなどの定めが合理的と解される。

## 2　分配に係る受託者，受益者指定権等を有する者の裁量

新信託法は，受託者の受益者への分配・受益の給付内容に係る裁量権，受益者の選定等に係る受益者指定権等の行使についてどの程度認め，またどのように制約しているかを確認する。

### (1)　受益者が1人の場合の分配に係る裁量権

新旧の信託法には受託者の裁量権を明確にしていないが，受託者は信託目的の達成のために必要十分な行為をするための相当の権限と義務をもって信託事務を処理する（信託2条1項・5項，8条，26条，29条1項）。家族信託なら受益者の日常生活に資する給付などを信託の本旨又は信託目的とすることから，目的のための合理的な範囲において受託者の分配に係る裁量権が当然に権利として有し，また裁量に係る義務を負うものと解すべきことになる。たとえば，特定贈与信託（相税21条の4第2項）の非課税要件として，契約に「支払は，……生活又は療養の需要に応じるため，定期に，かつ，その実際の必要に応じて適切に，行われることとされていること」（同法施行令4条の12第3号）と定

めて，受託者の裁量を求めているのである。

なお，受益者が1人でも，信託目的から残余財産受益者又は帰属権利者と利益が相反する場合があり，次の公平義務が適用又は類推適用されるものもあると解する。

### (2) 複数受益者の場合の公平義務

寺本昌広立法担当参事官は，受益者が複数の場合の信託法33条について，「公平義務の『公平』とは，…信託行為の定め等に従って実質的にとらえられるべき概念である。」，「受益者の利益と他の受益者の利益とが相反する場合である公平義務違反の行為については，…（受託者は，信託事務を処理するに当たって，善管注意義務を負うが，受益者が複数の信託においては，さらに，公平義務をも負うことになる。）」と記述されている[7]。

能見善久教授は，「公平義務は，受託者の裁量権と緊張関係にある。…。公平義務は受託者が裁量権を行使する場合の指針のようなものである。…，裁量権が与えられていても公平義務違反の責任が問われる可能性はある。信託行為で明確に受託者の公平義務を免除することは可能である。」と記述されている[8]。ただ，家族信託の目的，本旨から，白紙委任的な裁量権には限界があるものと考える。

### (3) 受益者指定権等の定めについて

第三者が，受益者指定権等を付与された場合，それを行使するか否かは自由とされ，またその権利を受けるか否かも自由と解されている。受益者指定権等の濫用的行使を制限する規定はなく，またその指定または変更する権利義務，その受益者の範囲については定めがなく解釈に委ねられている。

受託者が指定権等を有する場合の行使に際して受託者の義務が課されるか，新受託者がその権利を承継するかなど信託の趣旨しだいと解されている[9]。

英米での指名権の行使は，生涯権受益者の後の残余権に係る受益者を指定する場合が多いようであるが，日本ではどのような場面で受益者指定権等の権限

---

[7] 寺本〔補訂版〕135頁。しかし，公平義務は他の受益者の守秘義務等の定めに留意する（信託38条4項2号，39条2項3号）。
[8] 能見92・93頁。
[9] 村松秀樹＝冨澤賢一郎＝鈴木秀昭＝三木原聡「概説新信託法」（金融財政事情研究会，2008年）210～212頁。

が活用されるか不明である。

　信託法89条に定める変更権を行使する者は委託者の代わりなので，91条の趣旨解釈から死亡類似の贈与等の事由を起因とする受益権の取得にも91条に定める相当の期間の制約が類推して適用されるものと解される。

　また，信託の変更について，単独受益者権（信託92条），受益権取得請求権（信託103条1項）により受益者の保護が図られている[10]ので，一定の制限もなく信託行為に別段の定めをすることができる（信託149条4項）と解されている。しかし，委託者の趣旨である信託目的の変更をも意図すると認められるほどの特段の信託行為がない限り，目的を超えた行使は信託目的遂行を逸脱する行為として濫用と解され，信託目的の範囲内での指定権等の行使にとどまるものと解される。

### (4)　家族信託においての遺言代理の禁止，本判決の適用

　遺言代理の禁止または本判決は，遺言者の意思に乖離する，濫用の虞から，家族信託においても適用されるものと解されるので，当てはめを検討する。

　①　受託者は善管注意義務，公平義務等の義務に服し損害賠償責任を負い，受益者は受託者がその裁量権を適切に考慮の上行使するように請求する権利および不誠実な裁量行為の取消しを求めることができる。

　また，信託監督人等の受益者保護の定めを付すこともできる。このような義務等の定めからも濫用のリスクは判断されるものと解する。

　②　委託者が，将来の受益者の状況に配慮すること，また特定の団体等の中から受益者として一定の者を選定することを受託者等に委ねることは，合理性がありその必要性を否定できない。

　しかし，受益者を客観的に「特定する」ための判断基準となる明確な信託目的，特定の範囲の定め方は慎重に取り扱わねばならない。

　③　家族信託の場合には，信託目的にかなう特定の受益者候補者群への包括遺贈と解せるほどの特定の集団，たとえば民法が認める相続分の指定の委託（民902条1項）に係る共同相続人の範囲，直系卑属，3親等親族などのグループが考えられる。

---

10)　寺本〔補訂版〕342頁（注3）。

しかし，生活弱者が含まれる場合等，等質とはいえない場合があるが，受益者の特定とは遺言者の意思である信託の目的と解することができ，客観的な目的及びその特定できる範囲・基準を定めれば意思の乖離はないものと判断されると解される。

また，その受益の内容を特定する方法または基準の定めとして，分割方法の指定の委託（民908条）に係る分割の基準（民906条）の適用のような又は準ずる範囲・基準の定め，また英米のように扶助・教育等の具体的な基準が求められるものと解する。

④　受益権の評価が難しいので，法的安定性，予測可能性，説明責任・情報提供義務，濫用リスクの疑義の観点から，遺留分を侵害していないこと等の相当程度の客観的な受益権の内容の基準を示せる定めが必要となる。

## Ⅳ　意　義

家族信託が，未来に対する委託者の意思を反映させるための受益者の選定等の委託のニーズをできるだけ尊重し，柔軟に対応させることができる有用なツールであることを否定すべきでない。とはいえ，分配に係る裁量権または受益者指定権等の行使について，信託法の解釈から制約されることもあり，さらに財産処分としての遺言代理の禁止に該当しないよう留意しなければならない。家族信託を有効に活用するために，本判決は事例判決ではあるが，認められるための判断基準の一つとして意思の乖離と濫用のリスクが示されたことの意義は大きいと考える。

# 第5章 受益権の性質

## 本章の概観

　第5章は7件の判例を取り上げている。受益権の差押え，受益権からの債権回収，受益権との相殺，受益証券への質権設定・買取代金との相殺に関する事案である。

　**26**は，MMF（マネー・マネジメント・ファンド）解約実行請求時の販売会社に対する解約金支払請求権の性質に関するものである。最高裁は，販売会社は，受益者に対し，委託者から一部解約金の交付を受けることを条件として，一部解約金の支払義務を負い，受益者は販売会社に対し，上記条件の付いた一部解約金支払請求権を有し，受益者の債権者は，受益者の販売会社に対する上記条件付きの一部解約金支払請求権を差し押さえたうえ，販売会社に対する解約実行請求に基づく委託者の一部解約の実行により，委託者から一部解約金が販売会社に交付されたときに，販売会社から上記一部解約金支払請求権を取り立てることができると判示した。MMFにおける当事者の法律関係を明確にして，一部解約金支払請求権の差押債権者が取立権の行使として解約実行請求できることを明らかにしたことの実務上の意義は大きい。

　**27**にはいくつかの論点があるが，銀行が債務者の民事再生手続開始後，旧銀行取引約定書ひな型4条4項と同様の規定に基づき，債務者の保有していた投資信託を受益者の了承を得ずに解約し，融資金に充当した事案について，再生手続開始後も準委任契約は終了せず，同項による任意処分権は存続するとして，民事再生手続における任意処分権の消長について判示している点に注目しておきたい。

　**28**は，投資信託受益者につき民事再生手続が開始した場合における販売会社たる銀行が受益者に対して有する債権と解約金支払債務の相殺の可否が争われたものである。判決は，民事再生法93条1項3号の「債務を負担したとき」とは，停止条件付債務については，その停止条件が成就したときと解すべきであり，本件受益権の解約が受益者の支払停止後にされ，停止条件の成就が支払停止後であって，銀行が支払停止を認識していたことは明らかであるから，本

件解約金返還債務を受働債権とする相殺は，民事再生法93条1項3号に該当するとし，解約金返還債務の負担が，銀行が受益者の支払の停止を知った時より前に生じた原因によるものと認めるのが相当であるから，民事再生法93条2項2号の相殺除外事由が存在し，相殺は有効であると判示した。本判決はMMFの事案であるが，MMFに限定されるものではなく，証券投資信託一般に適用があり，また証券投資信託の解約金返還債務に限定されるものではなく，停止条件付債務一般にも適用があるものと思われる。

29は，28と類似の事実関係である事案について27を踏まえた事例判決と位置づけることができる。

30，31は，投資信託受益権の一部解約金との相殺が争われたものである。同種の事案ではあるが，受益者である破産者から解約実行請求を受けた場合には，投資信託の販売会社が受益者に対して負担する一部解約金支払債務を，委託会社から一部解約金の交付を受けることを条件とする停止条件付債務と構成したうえで，30は販売会社による一部解約金支払債務を受働債権とする相殺を肯定したのに対して，31はこれを否定した。30においては，委託会社からの一部解約金の交付がまず販売会社名義の口座に振り込まれ，その段階で相殺がなされたのに対して，31においては破産者名義の預金口座に解約金が入金された段階で相殺がなされた点が両者の違いを生じさせたものと思われる。

32は，貸付信託受益証券担保貸付について民法478条類推適用の可否が争われたものである。貸付信託を担保とする貸付は，貸付信託が定期預金に類似しており，定期預金の期限前解約による払戻しないし定期預金を担保とする貸付と同視することができるので，民法478条の類推適用が相当であると判示した。

33は，投資信託受益権の共同相続人の一部による解約請求・買戻し請求の可否が争われたものである。共同相続人全員の同意がない以上，投資信託の解約等を認めて，持分に応じた支払請求を認めることはできないと判示した。従来の金融実務に則した妥当な判断であると評価できる。

# 26
## 証券投資信託の差押え

最高裁平成 18 年 12 月 14 日判決　民集 60 巻 10 号 3914 頁

### 三村藤明 = 神林義之

## I　事案の概要

### 1　はじめに

本稿では，① 証券投資信託である MMF（マネー・マネジメント・ファンド）の受益者が解約実行請求した場合と，受益者の受益証券を販売した会社（販売会社）に対する一部解約金支払請求権について，② MMF の受益者が販売会社に対して有する一部解約金支払請求権を差し押さえた債権者が，取立権の行使として受益者に対し解約実行請求をして同請求権を取り立てることの可否について，が問題となった事例について，(i)事案の概要，(ii)争点と当事者の主張，(iii)裁判所の判断，(iv)執行方法の順で検討する。

### 2　事案の概要
#### (1)　関係者

原告は，受益者に対して債権を有し，当該債権に債務名義を有する差押債権者であり，被告は販売会社（みずほ銀行）であり，差押えの第三債務者である。また，MMF の委託者は，投資信託委託業者（第一勧業アセットマネジメント），受託者は，信託銀行（みずほ信託銀行），そして受益者は，投資信託受益証券購入者である。

#### (2)　本件投資信託の仕組み
① 概　要
ア　目　的

本件投資信託は，受益者が販売会社から購入した MMF であり，投資信託

26 証券投資信託の差押え

【スキーム図】

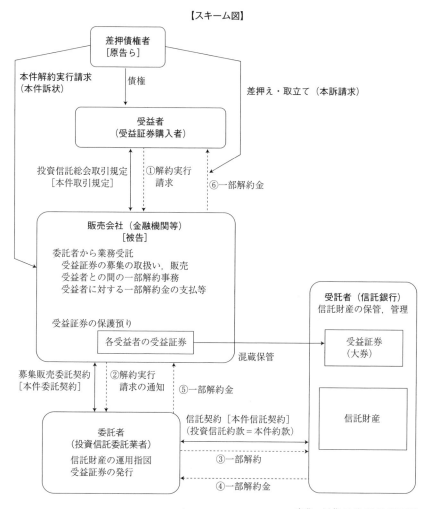

出典：民集60巻10号3916頁

委託業者を委託者，信託会社を受託者として，両者の間で締結された信託契約（本件信託契約）に基づき設定されたものである。投資信託及び投資法人に関する法律（以下「投資信託法」という）に基づき設定され，その受益権を均等に分割して複数の者に取得させることを目的とするもので，小口資金での投資や分散投資を可能にするものであること，専門家によって管理・運営され，運用実

293

績に応じて収益または損失が投資家に帰属することなどがその特徴として挙げられる。

　イ　販売方法

　本件投資信託受益証券（以下「受益証券」という）の販売は、委託者又は委託者が指定する証券会社または登録金融機関（販売会社）が行い、販売会社が販売した受益証券は当該販売会社に保護預かりされている[1]。

　ウ　換金方法

　受益者による受益証券の換金は、原則として、委託者に本件信託契約の解約を請求する方法（解約実行請求）による。

　②　関係者間の契約関係

　以上につき、関係当事者ごとの契約関係に分けると以下のようになる。

　ア　委託者と受託者との間で締結される投資信託契約

　委託者と受託者は、投資信託契約を締結するが、信託契約の内容は投資信託約款に規定される。解約実行請求は、受益者が、委託者又は販売会社に対して、受益証券をもって行う。委託者は、受益者から解約実行請求があったときには、本件信託契約の一部を解約する（一部解約）。ここで、一部の解約にとどまるのは、本件信託契約は多数の投資家の権利が束になっているものであるので、当該解約実行請求に係る受益証券に相当する部分のみを解約することになるためである。

　一部解約に係る解約金（一部解約金）は、原則として解約実行請求を受け付けた日の翌営業日に、販売会社の営業所等において受益者に支払われるが、その前提として、受託者は、販売会社の営業所等において受益者に支払を行う日に、委託者に一部解約金を交付することになる。

　イ　販売会社と委託者との間で締結される募集販売委託契約

　販売会社と委託者は、募集販売委託契約を締結して、委託者は、販売会社に対し、受益証券の募集の取扱いおよび販売、受益者との間の一部解約事務、受

---

[1] 後述のように、従来から受益証券は発行又は交付されない扱いが一般的であったが、本判決が出されたより後の平成19年1月4日から株式会社証券保管振替機構による投資信託振替制度が制度化されており、同制度の対象となる投資信託の受益証券は電子化された。その結果、受益証券は発行されず、投資信託の設定、解約、償還等はコンピュータ上の帳簿の記録によって行われるようになっており、この振替受益権が受益証券の代わりになっている。

益者に対する一部解約金の支払等の業務を委託する。

販売会社は，受益証券の購入を申し込んだ者から受領した申込金を委託者に払い込む。

販売会社は，受益者からの解約実行請求を受け付け，当該一部解約に係る受益証券を委託者に引き渡し，一部解約金を委託者から受け入れて，これを受益者に支払う。販売会社から受益者に対して一部解約金が支払われるまでは，委託者はその支払について免責されない。

ウ 受益証券の購入を申し込んだ者（本件では受益者）と販売会社との間で締結される投資信託総合取引規定

受益証券の購入を申し込んだ者（本件では受益者）と販売会社は，投資信託総合取引規定に従った合意をする。当該取引規定は，投資信託に係る受益証券等の購入，解約等の取引について，受益者と販売会社間の法律関係を規定するものである。

実際の手続として，投資信託に係る受益証券等の購入および解約の申込みは，販売会社の取扱店等が受け付け受益者に対して支払われる解約金は，受益者の指定預金口座に入金される。このように，販売会社は受益者と委託者の間に立って各種事務を行うが，販売会社は信託契約の当事者ではなく，取引規定は販売会社と受益者の間の権利関係を明確にするものとして締結しているものにすぎず，販売会社が委託者を代理して締結しているものではない。また，受益者に対する関係で，販売会社は，当然には委託者と同一の権利義務を負うことにはならない。

## Ⅱ 争点と当事者の主張

### 1 争　点

① 受益者は販売会社に対し本件投資信託の解約金等の返還請求権を有するか。

② 受益者の差押債権者が販売会社に対し本件投資信託の解約実行請求をしたとき，本件投資信託は解約されるか。

第5章　受益権の性質

## 2　当事者の主張
### (1)　原告（差押債権者）の主張
①　約款によれば，受益者は販売会社に対し，いつでも本件投資信託の解約の実行請求をすることができ，販売会社は，解約がなされた場合，受益者に対し所定の解約金を支払うと規定される。したがって，差押債権者は，受益者の販売会社に対する解約金等返還請求権を差し押さえ，その取立権に基づき，販売会社を相手方として本件投資信託の解約の実行請求をした上で，本件解約金等の返還請求をすることができる。

②　約款によれば，解約権の行使については，受益証券をもって行うこと，解約の実行請求の相手方は委託者または販売会社のいずれかであると規定される。したがって，差押債権者が販売会社に対して解約実行請求をすることによって本件投資信託について直ちに一部解約の効力が生じる。

③　販売会社が販売会社としての義務に反して本件解約実行請求があったことを委託者に通知せず，もって解約手続を妨げたのに，解約返戻金の交付がない以上支払に応じられないとする主張はクリーンハンドの原則に違反する。また，販売会社の対応は故意に解約の実行を妨げたものであるとして，民法130条の法意に照らし，販売会社が本件解約実行請求があったことを委託者に通知したものとして扱うことができる。

### (2)　被告（販売会社）の反論
①　販売会社は委託者に対し支払事務を委託したにすぎず，一部解約金の支払義務を負うのは委託者であり，販売会社は受益者に対し解約金等の支払義務を負うわけではない。

②(i)　販売会社は本件投資信託契約の当事者ではない。
　(ii)　販売会社は，受益者から解約実行請求を受けたことを委託者に通知するが，これは本件投資信託の解約権を有することを意味するものではない。
　(iii)　仮に一部解約の効力が生じているとしても，販売会社が解約権を有する委託者から一部解約金の交付を受けていないので，受益者に一部解約金を支払う原資がない。

以上から，本件投資信託の一部解約権を有しているのは販売会社ではなく委

託者であり，差押債権者が販売会社に対して解約実行請求をしても，委託者によって一部解約が実行されない限り一部解約の効力は生じない。

## Ⅲ　裁判所の判断について

### 1　各審級の判断の概要
(1)　**東京地判平成16年3月29日金判1192号15頁**
請求認容。
　販売会社は受益証券を発行する主体ではなく，信託契約の当事者ではないので，本件投資信託契約の解約を行う主体ではない。
　しかし，約款上受益者が解約実行請求しようとする場合には販売会社に対して請求することも認められているので販売会社に対し解約実行請求することは約款の趣旨に沿うこと，また，販売会社は受益者から解約実行請求を受け，その解約の意思表示を委託者に通知する義務を負い，委託者も当該通知に応諾する義務があることなどから，受益者の販売会社に対する解約実行請求により，一部解約の効果が直ちに生じる。
　したがって，第三債務者をMMFの受益証券の販売会社として解約金支払請求権を差し押さえた債権者が，その取立権に基づき販売会社を相手方としてMMFの解約実行請求を行うことにより解約の効果が発生し，差押債権者は販売会社に対し解約金等の返還を請求できる。

(2)　**東京高判平成17年4月28日判時1906号54頁**
1審判決取消し，請求棄却。
　一部解約権は，販売会社ではなく委託者が有し，受益者から解約実行請求されただけでは一部解約金支払請求権はいまだに発生しない。
　販売会社は，解約返戻金の支払等の事務を行う義務を負っているが，それは委託者に対してであって，受益者に対するものではないので，一部解約実行請求があっても，販売会社が一部解約金の支払義務を負うものではない。販売会社は，委託者に対して解約実行請求を通知するとともに一部解約金が委託者から交付されたときに受益者に対する交付義務を負うにすぎず，信託契約を解約する適格に欠ける。

第 5 章　受益権の性質

したがって，受益者は販売会社に対して解約金支払請求権を有するものではないので，原告が差押債権として受益証券に係る解約金請求権を取得することはできず，差押えの権能として委託者に対して解約の意思表示をすることも販売会社に対して解約実行請求することもできない。

**(3)　最高裁判決**

原判決破棄，差戻し。

本件信託契約に基づき，受益者は，委託者に対し，解約実行請求をすることができ，委託者は，解約実行請求があった場合には，受益者に対し一部解約を実行した上，販売会社等の営業所等において一部解約金を支払う義務を負うが，この義務は，本件信託契約の委託者であり，本件受益証券の発行者である委託者が負うものであって，本件信託契約の当事者ではない販売会社の義務ではない。

一部解約の効力は，委託者が一部解約を実行することによって初めて生じるものであり，受益者による解約実行請求の意思表示によって当然に生じるものではない。

本件委託契約は，本件受益証券に係る解約実行請求の受付や一部解約金の支払等に関する業務を引き受けることを，販売会社が委託者との間で合意したにすぎないので，これによって販売会社と受益者との間に一部解約金の支払いについての権利関係が生じるものではない。

しかし，本件取引規定と本件約款上での販売会社の役割に照らし，販売会社は受益者から本件受益証券について解約実行請求を受けたときは，これを受け付けて委託者に通知する義務およびこの通知に従って一部解約を実行した委託者から一部解約金の交付を受けたときにこれを受益者に支払う義務，換言すれば，<u>販売会社は，受益者に対し，委託者から一部解約金の交付を受けることを条件として，一部解約金の支払義務を負い，受益者は販売会社に対し，上記条件の付いた一部解約金支払請求権を有する</u>と解するのが相当である（下線筆者）。

また，本件受益証券は受託者に大券をもって混蔵保管されており，受益者に本件受益証券が交付されることは予定されていないことから，約款上は受益者が委託者に対して解約実行請求を行う方法も認められているものの，事実上解約実行請求は販売会社を通じて行う方法に限定されているという実態に照らし

ても，販売会社と受益者との間に上記のような権利義務関係があると解するべきである。

そして，金銭債権を差し押さえた債権者は，取立権（民執155条1項）の内容として，自己の名で被差押債権の取立てに必要な範囲で債務者の一身専属権利に属するものを除く一切の権利を行為することができ（最判平成11・9・9民集53巻7号1173頁。以下「平成11年最判」という），解約実行請求をすることは，一部解約金支払請求権の取立てのために必要不可欠な行為であり，取立ての範囲を超えるものではないことから，受益者の債権者は，受益者の販売会社に対する上記条件付きの一部解約金支払請求権を差し押さえた上，民事執行法155条1項に定める取立権の行使として，販売会社に対して解約実行請求の意思表示をすることができ，この解約実行請求に基づく委託者の一部解約の実行により，委託者から一部解約金が販売会社に交付されたときに，販売会社から上記一部解約金支払請求権を取り立てることができると解するのが相当である。

以上のように判示した上で，販売会社が通知をしないことについて民法130条の要件が充足されるのであれば，販売会社は受益者に対し解約金支払義務を負う余地があるものとして，原審に差し戻した。

## 2 本事案の前提となる平成11年最判

平成11年最判は，生命保険契約の解約返戻金請求権を差し押さえた債権者が，これを取り立てるため，債務者の有する解約権を行使することができるか否かが問題となった事案である。

確かに，信託契約の一部解約権は，受益者が有するものではないから，差押債権者が一部解約権それ自体を行使できるものではない。しかし，金銭債権の差押債権者は，民事執行法155条1項による取立権の内容として，自己の名で被差押債権の取立てに必要な範囲で債務者の一身専属的権利に属するものを除く一切の権利を行使することができるところ，生命保険契約の解約権は身分法上の権利と性質を異にして，その行使を保険契約者の意思に委ねるべき事情はないから一身専属的権利ではなく，また，解約権を行使することは解約返戻金請求権を現実化させるために必要不可欠な行為であって，差押債権者が解約権を行使することができなければ解約返戻金請求権の差押えを認めた実質的意味

が失われることを理由に，解約返戻金請求権の差押債権者が，取り立てのため債務者の有する解約権を行使することを肯定した。

この判断を前提として，本判決は，受益者の債権者は，受益者の販売会社に対する条件付きの一部解約金支払請求権を差し押さえた上，民事執行法155条1項に定める取立権の行使として，販売会社に対して解約実行請求の意思表示をすることができるとしたものである。

### 3 検　討
#### (1) 東京地裁判決について

東京地裁は，委託者，受託者，販売会社の一体性に着目し，各業者間の各手続は受益者からみたら内部処理にすぎないと考えるものであるが，投資信託契約において，投資信託の解約権が委託者に帰属し，受益者は委託者に対する解約実行請求をなしうるにすぎないとされていることと整合しない。

すなわち，信託契約の一部解約の権限を有するのは委託者であるから，受益者または販売会社が解約実行請求をしたことをもって信託契約の一部解約の効力が当然に生ずるものと解すべき根拠はなく，受益者に対する関係で，販売会社は委託者に解約実行請求を通知する義務を，委託者は受託者に対して一部解約を実行すべき義務をそれぞれ負っているが，それは受益者に対する債権的な義務にとどまる。

また，販売会社が一部解約金を受領していない時点で受益者に対して一部解約金の支払義務を負うとするのも妥当でないばかりか，委託者および受託者は個々の購入者（受益者）のことを把握していないので，受益者が販売会社に対して行った解約実行請求によって委託者および受託者が直接に解約金支払義務を負うとすることもできない。

#### (2) 東京高裁判決及び最判について

一方，東京高裁は，関係者の各契約関係を厳格に捉え，一審とは異なり，受益者との関係で販売会社と委託者とを一体とはみない構成をとり，被差押債権の存在自体を否定したものであり，論旨は明快である。

しかし，委託者・受託者・販売会社の間で直接の接触関係があるのは販売会社のみであるにもかかわらず，受託者から委託者を通じて販売会社に解約金の

交付がなされない限り受益者は販売会社に対し何らの権利も取得しないというのは，販売会社の役割を消極的に評価しすぎており，解約がなされない限り解約金支払請求権に対する差押えができないことになってしまう。そこで，投資信託の実務において販売会社が果たす役割や，委託者・受託者が個々の受益者を具体的に把握していない実情，受益者の権利利益の確保と販売会社の支払原資や二重払いリスクの回避の見地などを考慮した最高裁の判断が妥当であると思われる。

なお，平成11年最判とは異なり，投資信託の解約権が債務者ではなく第三者（委託者）に帰属していることから，本判決は，解約権の行使を直接の条件とするのではなく，委託者からの一部解約金の交付を条件として解約を認めている。

民法130条に基づく法的構成も高裁で論点となったが，同条が適用されるには条件成就妨害行為が故意に基づくものだけでなく信義則に反することも要件とされており，要件が厳しいため，同条によって保護を図ることが果たして適切かについては疑問の余地があろう（差戻審では和解が成立している）。

また，高裁では，受益者を救済するために債権者代位権の行使を示唆しているが，迂遠であるし，執行債権者が債務名義を取得したことを過小評価しているといえる。

## Ⅳ　執行方法の変遷

### 1　従前の方法

従前は，受益証券が常に発行されていたので，投資信託の受益者は，当該受益証券を自らの手元で保管するかまたは販売会社に預託（保護預り）していた。

この状況の中で，受益者の債権者が，受益証券を取得した受益者に対して強制執行を行う際には，①受益者が受益証券を販売会社に預けていない場合は，無記名式のときは動産執行（民執122条以下）の方法により，記名式のときは債権執行（同143条以下）又はその他の財産権の差押えの方法（同167条以下）により，それぞれ受益証券を差し押さえることになる。また②受益証券が販売会社に預託されている場合には，受益者の有する受益証券返還請求権などを差し

押さえ，その上で販売会社に対して投資信託契約の解約の実行を請求し，当該販売会社から解約金を受け取るという債権執行（同143条以下）又はその他の財産権の差押えの方法（同167条以下）によっていた。

### 2　銀行窓販開始以後

平成10年12月より，銀行など登録金融機関での受益証券等の販売が開始された（以下「銀行窓販」という）。これ以後，受益者の債権者が，受益証券を取得した受益者に対して強制執行を行う際には，証券会社や登録金融機関（以下，総称して「販売会社」という）に対し，受益証券ではなく解約金支払請求権等の金銭債権を差し押さえるという方法がでてきた。これに対し，登録金融機関等は，自らは委託会社の代理人の立場に過ぎないこと，また現実に解約金を受領していない（もしくは解約権の実行がなされていない）ため，支払う立場にないことなどを理由として支払を拒否したことから，次には委託者を第三債務者とした差押えの申立て事案が生じてきた。

委託者を第三債務者とする差押事案は，解約金支払請求権等の金銭債権を差し押さえる申立てである。しかし，投資信託の約款上，受益者が解約実行請求するためには受益証券の提示を必要とするが，委託者は当該証券の保護預りを受けていないため解除の効力が生じておらず，解約金の支払をすることができないのである。

この状況を考慮して，東京地裁民事執行センターでは，販売会社を第三債務者として，受益者の販売会社に対する受益証券返還請求権，解約を申し出る地位，解約代金請求権等を一括して「その他の財産権」（民執167条）として，信託受益権そのものを差し押さえる取扱いを採用した。この方法は，受益者としての地位に基づく権利を一括して差し押さえる点で有用な方法であったが，一方で，差押債権者が解約の申出を行った場合に販売会社の応諾義務はないとされ，販売会社が差押債権者に対する支払に応じないケースもあったことから，差押え方法がさらに混乱することとなった（執行方法の変遷全般につき，新家寛＝西谷和美＝村岡佳紀「投資信託にかかる差押え――最一小判平18.12.14の射程」金法1807号〔2007年〕8頁が詳しい[2]）。

## 3 投資信託振替制度導入後の差押手続

### (1) 投資信託振替制度の開始

平成19年1月4日から，投資信託振替制度（以下「振替制度」という）が開始された。振替制度とは，信託受益権の管理を，証券保管振替機構（以下「振替機構」という）や証券会社，銀行等の金融機関に開設されたコンピューターシステム上の口座（振替口座簿）において電子的に行う制度である。これにより，原則として受益証券は発行されず，信託受益権の帰属は，全て振替機構および金融機関等の口座管理機関（以下，併せて「振替機関等」という）が管理する振替口座簿の記載・抹消により定められる（社債等の振替に関する法律・以下「社債等振替法」という。東京地方裁判所民事執行センター実務研究会編著『民事執行の実務〔第3版〕債権執行編（下）』〔金融財政事情研究会，2012年〕230頁参照）。

### (2) 振替制度移行後の解約

振替制度移行後における解約の一般的な事務フローは，以下のとおりである。まず，①受益者が販売会社に解約実行請求を行う。②販売会社は，複数の受益者からの解約実行請求をまとめて投資委託会社に通知する（受益者名は通知されない）。③委託者は，この通知に従って信託会社等との間で信託契約を一部解約する。④解約の結果，信託会社等は対応する解約金を信託勘定名義の口座から同社の自己名義の交付用口座に振り替える。⑤信託会社等は，委託者からの連絡に基づき，当該解約金を交付用口座から販売会社名義の口座に振り込む。⑥販売会社が受領した解約金は，投資家（受益者）に対して交付（受益者名義の預金口座等に振替え）される。⑦販売会社は，口座管理機関として振替口座簿の抹消等の手続を行う。⑧当該口座管理機関は，証券保管振替機構における振替口座簿の抹消等を申請し，これに従って抹消されることにより受益権の帰属は完全に消滅し，解約金の支払手続は完了する。

### (3) 振替制度移行後の本判決の射程（本判決の意義）

顧客（受益者）と販売会社間の契約である「取引規定」の内容は，振替制度移行後も大きな変更はない。すなわち，販売会社は，顧客（受益者）から解約実行請求を受けたときは，これを受けて委託者に通知する義務および解約金の

---

2) みずほ投信投資顧問株式会社の村岡佳紀氏には，社債等振替法に基づく差押えの実務上の運用や問題点など貴重なご教示を多数頂戴した。

第5章　受益権の性質

交付を受けたときは顧客（受益者）に解約金を交付する義務を負う。

また，最判平成18年12月14日は，実務では受益者に受益証券が交付されることが予定されておらず，事実上，解約実行請求は販売会社を通じて行う方法に限定されているという実態に照らしても，販売会社と顧客（受益者）の間には，条件付解約金支払の権利義務があると認めるのが相当であると判示した。

したがって，本判決の射程は振替制度移行後も及び，債権者は，顧客（受益者）の販売会社に対する条件付解約金支払請求権を差し押さえた上，取立権の行使として，販売会社に対し，解約実行請求の意思表示をすることができ，委託者によって解約が実行されて販売会社が解約金の交付を受けたときは，販売会社から解約金支払請求権を取り立てることができると解される。

(4)　差押方法

以上より，本判決を前提とした，振替制度移行後における権利の実行には，第三債務者を販売会社とする二つの差押えが必要であることに注意を要する。

①　一つは，第三債務者を販売会社，差押債権を条件付解約金支払請求権とする債権差押えである。これにより，債権者は，販売会社に対し，取立権の行使として解約実行請求を行い，販売会社が解約金を信託会社等から受領した場合には，解約金の支払を受けられる。その後の手続としては，販売会社に対し取立権（民執155条1項）の行使として解約実行請求を行い，それを受けた販売会社が委託者に解約実行請求を通知し，委託者が受託者に対して信託契約の解約を指示し，受託者が解約金を販売会社の口座に振り込み，販売会社が差押債権者に対し解約金を支払うという流れになる。

②　次いで，①と同時に，第三債務者を振替機構[3]又は金融機関等の口座管理機関とし，差押債権につき振替受益権及び抹消の禁止などを内容とする差押

---

[3]　もっとも，以下のような理由から，振替機構を第三債務者とすることには実務上問題がある。すなわち，振替機構の振替口座簿は口座管理機関ごとかつファンドごとに設けられており，口座管理機関からの抹消請求に基づき振替機構の振替口座簿は記載内容が抹消される。そのため，口座管理機関にある振替口座簿を差し押さえ，口座管理機関にある振替口座簿の抹消を禁止してしまえば，口座管理機関としては当該抹消をすることなく振替機構に抹消請求することはありえないので，実務上は口座管理機関のみを第三債務者とすれば足りるものと解される。また，振替機構は受益者毎の振替口座簿を保有していないので，振替機構を第三債務者としても差押えの実効性に乏しいものと考えられる。

手続が必要となる。この差押手続を実行することによって，受益者が，振替機構または金融機関等の口座管理機関に対して口座抹消請求することを禁止することが出来るのである。

　なお，振替受益権は，信託受益権の管理を，振替機構や証券会社，銀行等の金融機関に開設されたコンピューターシステム上の振替口座簿に記載されることによって発生するものであるが，振替制度移行前の信託受益権と，この振替受益権との関係については，必ずしも議論が定まっているわけではない。そして，そのことが例えば第三債務者の名宛人を定める場合にも影響していると思われる。投資信託会社（委託者）が「発行者」（社債株式振替13条1項）とされていることから，振替受益権の差押えの第三債務者は委託者とも考えられる。とすると，委託者を第三債務者として振替受益権の差押えを行えば足りるようにも思われる。しかし，振替口座簿を保有しているのは振替機関（販売会社）であるが，振替機関は委託者に対して個々の受益者に対する情報を通知しないため，委託者は個々の受益者に関する情報を保有していないのである。そのため，委託者は仮に差押えを受けたとしても差押債権を特定することができず，資金移動を止めることも差押債権者に対して弁済することもできないため，委託者を第三債務者として振替受益権を差し押さえても実効性に欠けるものと考えられる。ここに，差押制度の混乱が見られる根本原因があるとも考えられる。今後の更なる研究が期待されるところである。


**【参考文献】**
本文中に掲げたもののほか，以下のものなどがある。
・金融財政事情研究会編『預金の差押え』（金融財政事情研究，2012年）249頁
・奥国範「投資信託に関する財産権の差押え——最一小判平18.12.14」金法1833号（2008年）37頁
・上原敏夫「債権執行手続①」法教346号（2009年）66頁
・志谷匡史「証券投資信託（MMF）における受益者が解約実行をした場合の法律関係」私法判例リマークス36（2008（上））86頁
・下村眞美「証券投資信託の執行方法」平成19年度重判解（ジュリ1354号）149頁

第 5 章　受益権の性質

- 森下哲朗「投資信託受益証券にかかる解約返戻金についての差押えの効力」ジュリ 1343 号（2007 年）107 頁
- 奈良輝久「投資信託受益証券に係る解約返戻金債権に対する差押え」金判 1276 号（2007 年）14 頁

# 27

## 民事再生手続における投資信託受益権からの債権回収（1）——銀行取引約定書に基づく投資信託受益権の解約と弁済充当

大阪地裁平成23年1月28日判決　金法1923号108頁

尼子　まゆみ

## I　事案の概要

　A株式会社は，平成20年6月5日，民事再生手続開始を申し立て，同月18日，再生手続が開始され，Xが管財人に選任された。Bは銀行業を営む株式会社であり，Aと銀行取引約定を締結して銀行取引を継続してきたところ，平成19年11月30日，Aに対し，6億円を貸し付けた。その後，Y銀行がBを吸収合併し，Bの権利義務を承継した。

　AがBとの間で平成16年5月25日に締結した銀行取引約定書（以下「本件約定書」という）には，次の定めがある。

（4条2項）「AがBに対する債務を履行しなかった場合には，Bは必ずしも法定の手続によらず一般に適当と認められる方法，時期，価格等により担保を取立または処分のうえ，その取得金から諸費用を差し引いた残額を法定の順序にかかわらずAの債務の弁済に充当できるものとします。」

（4条3項）「AがBに対する債務を履行しなかった場合には，Bはその占有しているAの動産，手形その他の有価証券についても前項と同様に取り扱うことができるものとします。」（以下「本件条項」という）

　Bは，平成16年9月，Aとの間で締結した投資信託受益証券等の保護預り約款に基づき，A名義の保護預り口座を開設し，平成17年3月4日，Aに対し，販売会社として本件投資信託受益証券3202万口余を代金3000万円で販売し，Aの保護預り口座簿に権利者である旨を記録した。なお，本件受益権は，

資産運用会社Cを委託者，信託銀行Dを受託者とする証券投資信託契約に基づく分割された投資信託受益権である。

平成19年1月4日，投資信託振替制度の開始に伴い，Bは，振替機関・口座管理機関となり，前記保護預り契約から改められた投資信託受益権振替決済口座管理規定（以下「本件管理規定」という）に基づき，Aの振替決済を行うための振替口座を開設し，同振替口座簿にAが本件投資信託受益権3202万口余の権利者である旨を記録した。

Aの再生手続開始後である平成20年6月30日，BはCに対し，Xから本件投資信託受益権に係る本件投資信託についての解約実行請求を受けることなく，Aに属する投資信託受益権全ての解約を通知し，本件振替口座簿から同受益権を抹消した。その後，Bは，同年7月4日ころ，Dから交付された解約金2329万余円を本件貸付金の弁済に充当した。

本件訴訟は，Xが，Bが振替口座で管理していたAの投資信託受益権につき，Xの解約実行請求によらず無断で解約したことが不法行為に当たると主張して，Bの権利義務を承継したYに対し，不法行為責任に基づき，投資信託受益権に係る解約金相当損害金の賠償を求める事案である[1]。

## II 判　　旨

一部認容（以下の項目及び下線は執筆者が付したものである）。

### 1　銀行取引約定書に基づく任意処分権と弁済充当権

本件約定書4条は，「A〔再生債務者〕がBに対する債務の履行をしない場合に，Bに対し，その占有するAに属する動産，手形その他の有価証券を，担保目的財産であるかどうかを問わず，必ずしも法定の手続によることなく一般に適当と認められる方法，時期，価格等により取り立て又は処分する権限（任意処分権）及び取立て又は処分によりBが取得した金員をAの債務の弁済に

---

[1] 本訴訟では，Bが，Aに対する貸付金を自働債権，Aの保有するBの普通株式に係る剰余金配当請求権を受働債権として行った相殺の有効性についても争われていたが，紙幅の関係上，この点については割愛する。

充当する権限（弁済充当権）を授与する旨の定めである。」「本件約定書5条において，Aに法的倒産処理手続の開始の申立てがあったことがAの期限の利益の喪失事由として定められていることなどに照らすと，法律に特別の定めがある場合を除き，Aについて法的倒産処理手続が開始した前後を問わず，本件条項によりAに属する占有財産の任意処分権及び弁済充当権がBに授与されるものと解するのが相当である。」

## 2　銀行取引約定書4条3項（本件条項）の意義

「本件条項は，Bの『占有しているAの動産，手形その他の有価証券』との文言を用いて，本件条項の適用対象となるAの財産を表示しているところ，権利とこれを表章する有価証券とが私法秩序全体において截然と区別された財産客体であることは，有価証券表示権利とこれが表章される有価証券を明確に区別している金商法の規定等からも明らかである。しかしながら，そもそも本件条項が定められた趣旨は，Aが債務の履行を怠る事態（期限の利益を喪失した場合が含まれる。）が生じたときに，予め提供されていた担保財産にとどまらず，Bが自ら事実上管理・支配しているあらゆるAの財産についても，Bが主導的かつ速やかに取立て又は処分して上記債務につき優先的な弁済を受けられるようにすることで，Bの優先的な債権回収を図ることにあったものと解される。そのような趣旨に照らすと，Bが物理的に占有しているAの有体財産とBが観念的に準占有しているAの無体財産は，いずれもBが自ら事実上支配・管理しているAの財産である点において共通するものであり，取立て又は処分の対象となる財産をBが物理的に占有している有体財産に限ることとする合理的な理由はない」。「投資信託振替制度開始以前は，Aに属しBが保護預りしていた本件投資信託受益証券は，B自身の保管に係る直接占有又は受託会社の混蔵保管に係る間接占有により……本件条項の適用対象に含まれていたと認められること，投資信託振替制度の開始前後において，本件投資信託受益権……をめぐるB・A間における実際の取扱いにはほとんど変化がなく，双方とも同制度の開始に伴って本件条項の適用範囲に変動が生じることを想定していたとは考え難いこと，本件約定書が締結された平成16年5月25日時点では，未だ各種有価証券の振替制度への移行……が順次開始された段階であっ

たから，『動産，手形その他の有価証券』という文言がなお継続的に用いられたことも無理からぬところがあると考えられること，本件投資信託受益権が投資信託及び投資法人に関する法律及び金商法において有価証券とみなされていること（投信法2条5項，金商法2条2項）などに照らすと，本件投資信託受益権……は，Bによる準占有が認められる限り，本件条項が適用ないし準用されるものというべきである。」

### 3　Bによる本件投資信託受益権（A社分）の準占有について

「民法205条にいう『財産権の行使』とは，当該財産権がその者の事実的支配内に存すると認められるべき客観的事情があるかどうかにより判断されるべきものであるところ，Bは，本件解約手続当時，Cとの募集・販売等に関する契約（委託契約）に基づき，本件投資信託受益権の販売会社として，自己の名において同権利の募集の取扱い及び販売，一部解約に関する事務並びに一部解約金・収益分配金及び償還金の支払に関する事務等を行うとともに，Aとの本件管理規定に基づき，本件投資信託受益権（再生債務者分）の振替機関・口座管理機関として，本件振替口座の振替口座簿の記録を通じて，自己の名において同権利の振替業務等を行っていたのであるから，同権利を自らの事実的支配内に置いていたものであり，上記客観的事情が認められるものというべきである。」

「また，Bは，本件投資信託受益権……の販売会社として，また，振替機関・口座管理機関として，上記業務を自行の名において独立して行っていたのであるから，上記の……財産権の行使につき，『自己のためにする意思』を有していたものと認められる。」

### 4　再生手続における本件条項による任意処分権の消長について

「本件条項のうち，AがBにAに属する占有財産の取立て・処分権限（任意処分権）を授与する部分は，AがBに対しBが占有するAの財産の取立て又は処分という事務を委任する旨の準委任契約（民法656条）であると解されるところ，破産の場合と異なり，再生手続の開始は委任契約の当然終了事由ではないから（同法653条2号参照），Aにつき再生手続が開始した後も，上記

準委任契約は終了せず，本件条項部分によりBに授与された任意処分権は，なお存続しているものと解される。」

「本件条項に基づく占有財産の取立て又は処分とこれによる取得金の弁済充当は，Bが優先的な債権回収を図る目的の下に連続的に行われるものであり，占有財産の取立て又は処分が，その後の取得金の弁済充当の前提あるいは準備行為であることは明らかである。しかしながら，占有財産の取立て又は処分とこれによる取得金の弁済充当は，それぞれ異なる権限に基づいて行われ，異なる法的性質を有する行為であって，占有財産の取立て又は処分のみを行うことも可能であるから，上記のような関係であるからといって，直ちに両者が法律上不可分一体の関係にあるということはできない。」「そして，占有財産の取立て又は処分は，債務消滅行為そのものではなく，Aや管財人に属する再生財団の管理処分権を不当に制限するものでもないから，民再法85条1項等の規定ないしその趣旨に必ずしも反しないというべきである。」「また，仮にBが本件条項に基づく弁済充当権を行使することは認められず，本件弁済充当をすることは許されなかったとしても，これにより先立って上記任意処分権に基づいて行われた本件解約手続までもが違法性を帯びるものとは認められない。」「したがって，……Bは本件解約手続を理由とするA（再生財団）に対する不法行為責任を負わない」。

## Ⅲ 解 説

本件は，再生債務者であるAの管財人Xが，Bが振替口座簿で管理していたAの投資信託受益権につき，Xの解約実行請求によらず無断で解約したことが不法行為に該当すると主張し，Bの権利義務を承継したYに対し，不法行為責任に基づき同受益権に係る解約金相当損害金の賠償を求める事案である。

### 1 本件銀行取引約定書4条3項（本件条項）の合意内容及び適用範囲

本件条項は，平成12年4月18日に廃止された全国銀行協会による銀行取引約定書ひな形4条4項と同様の内容である[2]。本条項の趣旨については，一般に，任意処分権と弁済充当権を授与した旨の定めであると解されている（最判

昭和63・10・18民集42巻8号575頁）。しかしながら，同条項は「動産，手形その他の有価証券」を対象とするとされていることから，本件の投資信託受益権のような権利が含まれるか否かが問題となる。

投資信託受益権は，平成19年1月4日以降，社債，株式等の振替に関する法律による振替受益権としてペーパレス化され，口座管理機関が受益者の振替口座簿を設置し，これに記録する方法で管理することとなった。

本判決は，本件条項が定められたそもそもの趣旨が，Aが債務不履行の事態に陥った場合にBの主導的な任意処分により優先的な債権回収を図ることにあったとし，物理的に占有している有体財産であっても，観念的に占有している無体財産であっても，Bが事実上支配・管理している財産である点で共通するとし，任意処分の対象となる財産を前者に限る合理的理由はないと判示している。また，本件約定書が締結された当時は各種有価証券の振替制度への移行が順次開始された段階であり（投資信託受益権については移行前），約定書の文言が継続的に用いられたとしてもやむを得ない状況であること，振替制度移行前も本件の投資信託受益証券はBが保護預りしており，Bの直接占有又は受託会社の間接占有によって本件条項の適用対象に含まれており，振替制度移行の前後でA・B間の実際の取扱いに変化がなく，両者とも振替制度開始により本件条項の適用範囲に変動が生じることを想定していたとは考え難いこと，など本事案の特殊性を考慮して，Bの準占有が認められる限り本件投資信託受益権に対する本件条項の適用または準用を認めている。

本条項が設けられた趣旨は本判決が判示するところであり（Ⅱ2参照），本件投資信託受益権が投信法及び金商法では有価証券としてみなされていること（投信法2条5項，金商法2条2項）からも上記の解釈には一定の合理性が認められよう。

## 2　本件受益権の準占有の有無

民法上，「自己のためにする意思」をもってする「財産権の行使」には準占有が成立し（205条），占有者と同様の権利が認められる。財産権の内容をなし

---

2) 各都市銀行における銀行取引約定書とひな型との対照表につき，「資料銀行取引約定書新旧対照表」銀行法務582号（2000年）16頁以下を参照。

ている利益を事実上支配している場合にも占有制度による保護を与える必要があるためである。財産権の行使とは，占有における所持に相当するものであり，通説は，外形上その権利がその人に属していると認められる客観的事情があれば準占有が成立するとする。また，財産権の範囲について，通説は，著作権・特許権・商標権等の無体財産権も対象とするが，本件のように，振替制度移行後の有価証券上の権利についての議論は見当たらない。

本判決は，Bの業務の実態に着目し，Bが本件解約手続当時，委託者との募集・販売等に関する契約（委託契約）に基づいて，自己の名において受益権の募集の取扱い等の事務，一部解約に関する事務，一部解約金等の支払いに関する事務等を行い，また，A（再生債務者）との本件管理規定に基づき，受益権の振替機関・口座管理機関としてAの振替口座簿の記録を通じて，自己の名において受益権の振替業務等を行っていたことから，受益権を自らの事実的支配内に置いていたとして客観的事情が認められるとする。そして，上記の業務を自己の名において独立して行っていたことをもって，自己のためにする意思をも認め，準占有の成立を認めている。

## 3 民事再生手続における任意処分権の消長

前記のとおり，本件条項に基づく受益権に対するBの任意処分権が肯定されるとしても，その行使時期がAの民事再生手続開始後であり，かつ，取立て等の行為は弁済充当の前提となるものであるから，開始後の再生債権の消滅行為を禁ずる民事再生法85条1項に反するのではないかが問題となる。

破産の場合には，銀行取引約定書上の任意処分権及び弁済充当権は，民法656条，653条2号により消滅するとされる（前掲最判昭和63・10・18参照）。これに対し，民事再生の場合は，本判決で判示されているとおり，再生手続の開始は委任契約の当然終了事由とされていない（民653条2号参照）ので，開始後も準委任契約は終了せず，本件条項によってBに付与された任意処分権はなお存続しているといえよう[3]。この点については特段異論はないと思われる。

---

[3] 山本和彦教授は，さらに，本件約定が「双方未履行の双務契約でないとすれば，再生債務者の側から解除もできないことになる」ことからも取立権の有効性を指摘する（「民事再生手続における手形商事留置権の扱い」金法1864号〔2009年〕10頁）。

第 5 章　受益権の性質

　ところで，民事再生法85条1項が禁止する行為は，弁済，代物弁済，更改，相殺等再生債権を消滅させる行為一切とされる[4]。しかし，これらの前提たる行為（または準備行為）についても同条項により制限されるとの見解は見当たらない。

　本判決は，本件条項中のBに取立て・処分権限を授与する部分は，AがBに対し，Bが占有するA社の財産の取立てまたは処分という事務を委任する旨の準委任契約であると解し，再生手続開始は委任契約の当然終了事由ではないから，任意処分権はなお存続すると判示したうえで，占有財産の取立てまたは処分という債務消滅行為の前提行為と，取得金の弁済充当という債務消滅行為そのものとは法的性質を異にし，法律上不可分一体の関係にあるとはいえないとする。また，A社や管財人の再生財団の管理処分権を不当に制限するものではないとして，同条項の趣旨には反しないとした。

　なお，Bが本件条項の弁済充当権に基づき，取得金を弁済充当したことの適否については，Aの主張する不法行為の責任原因が本件解約手続に限定されていることから，本判決では判断されていない。これについては，投資信託受益権に対する商事留置権の成否に関する議論と相俟って[5]，見解の対立が予想されるところである。

---

[4] 園尾隆二＝小林秀之編『条解民事再生法〔第2版〕』（弘文堂，2007年）358頁〔山本弘＝山田明美〕，才口千晴＝伊藤眞監修『新注釈民事再生法（上）〔第2版〕』（金融財政事情研究会，2010年）448頁〔森恵一〕。

[5] 投資信託受益権に対する商事留置権の成否につき，肯定説をとるものとして，弥永真生「商法521条にいう『自己の占有に属した債務者の所有する物又は有価証券』とペーパーレス化」銀行法務744号（2012年）32頁，坂本寛「証券投資信託において受益者に破産ないし民事再生手続が開始された場合の債権回収を巡る諸問題」判タ1359号（2012年）22頁，福谷賢典「再生債務者保有の投資信託受益権からの販売銀行の債権回収」事業再生と債権管理134号（2011年）15頁，森下哲朗「証券のペーパーレス化と商事留置権」金判1317号（2009年）1頁，中野修「振替投資信託受益権の解約・処分による貸付金債権の回収」金法1837号（2008年）50頁など。否定説をとるものとして，片岡宏一郎「銀行取引約定書の今日的課題（上）」金法1845号（2008年）50頁，岡正晶「倒産手続開始時に停止条件未成就の債務を受働債権とする相殺」田原睦夫先生古稀・最高裁判事退官記念『現代民事法の実務と理論（下）』（金融財政事情研究会，2013年）148頁，天野佳洋「振替証券と銀行の債権保全・回収」前掲田原古稀『現代民事法の実務と理論（上）』777頁，藤原彰吾「債権者代位権」金法1874号（2009年）119頁など。

## Ⅳ 本判決の意義

　本件は，名古屋高判平成 24・1・31（本書 **28**）や名古屋地判平成 25・1・25（本書 **29**）と異なり，投資信託受益権の販売会社たる銀行が，自己の貸付金債権を自働債権，受益権の解約金を受働債権として相殺を行った事案ではない。しかしながら，上記 2 つの裁判例にみられる販売会社たる銀行の相殺の担保的機能に対する合理的な期待と同様，本判決では，銀行取引約定書の定めに基づき，受益権の解約金の弁済充当によって優先的に弁済を受け得るという銀行側の合理的な期待を保護した点に特徴がある。商事留置権の実行としての換価をめぐる問題が残されてはいるが，受益権に対する販売会社の事実上の管理・支配を認めた論旨からは，商事留置権の成立も認める方向性になるのではないかと思われる。

　**【参考文献】**
　本文および注釈に掲げたもののほか，本判決の評釈として，小梁吉章 NBL 986 号（2012 年）88 頁がある。

# 28

## 民事再生手続における投資信託受益権からの債権回収（2）——停止条件付債務を受働債権とする相殺①

名古屋高裁平成24年1月31日判決　金判1388号42頁

尼子　まゆみ

## I　事案の概要

　Y銀行は，A社との間で銀行取引約定を締結し，銀行取引を継続してきた。Xは，昭和59年12月，A社の代表取締役に就任し現在に至っている。Xは，平成19年1月30日，A社がY銀行との銀行取引により将来負担する一切の債務につき，6億円を極度額として連帯保証契約を締結した。Y銀行は，A社に対し，平成20年11月25日，手形貸付の方法で7000万円を貸し付けた。平成21年3月31日時点での貸付残高は5954万2964円である。

　他方，Xは，Y銀行との間で投資信託総合取引規定を締結し，平成12年1月6日から平成19年3月28日までの間，Y銀行から投資信託にかかる受益権（以下「本件受益権」という）を購入した。

　A社は，平成20年12月10日に民事再生手続開始を申し立て，同月24日，手続が開始された。A社が申立てをした数日後，Xは支払不能の状態になり，同月29日に支払停止，平成21年4月28日民事再生手続開始を申し立て，同年5月12日民事再生手続が開始された（監督委員はZ）。

　Y銀行は，平成21年3月23日，Y銀行のXに対する連帯保証債務履行請求権を被保全債権として債権者代位権を行使し，X名義で委託者に対して本件受益権を解約する旨の通知をした。当該通知の結果，Y銀行は，同月26日，受託者から本件解約金として合計717万3909円の振込入金を受け，同月31日，本件解約金返還債務と前記連帯保証債務履行請求権とを対当額で相殺する旨の

意思表示をした（以下「本件相殺」という）。

　Xは，Y銀行の本件相殺が民事再生法93条1項2号・3号に該当し，かつ同条2項2号に該当しないので無効であると主張し，前記解約金の支払を求めて訴えを提起し，またZは，本件相殺は民事再生法127条の3第1項1号イ，2号に該当するので，これを否認すると主張し独立当事者参加の申立てをした。X，Zいずれの主張においても本件解約金返還債務をめぐる相殺の効力が争われたが，原審は，Xの請求を認容し，Zの請求を棄却した。Y銀行控訴。

　なお，投資信託に関する委託者，受託者，販売会社，受益者（受益証券または受益権の購入者）の4者の権利義務関係については，①委託者と受託者との関係は両者の間に締結された投資信託約款による信託契約により，②委託者と販売会社との関係は両者間に締結された投資信託の募集販売の取扱い等に関する契約により，③販売会社（Y）と受益者（X）との関係は，両者間に締結された，投資信託総合取引約款等に基づく投資信託受益権の管理等を目的とする委託契約（本件管理委託契約）により，それぞれ規律されている。

## II　判決要旨

　原判決取消し（Y敗訴部分のみ），Xの請求棄却（以下の項目および下線は執筆者が付したものである）。

### 1　解約実行請求権の法的性質と債権者代位権行使の可否

　「本件受益権分の解約は，本件投資信託の一部解約であり，この一部解約権は，投資信託の当事者である委託者が受託者に対して有する権限として，委託者に属すること，したがって，受益権者が委託者に対してする一部解約実行請求は，その行使により，委託者に対して上記の一部解約権を行使すべき義務を負担させる権利であり，そのような法的効果を生じさせるものとして一種の形成権であることが認められる。

　このような形成権も民法423条の債権者代位の対象となり得るところ（最高裁平成11年9月9日第一小法廷判決・民集53巻7号1173頁参照），上記の一部解約実行請求権は，資産運用を目的とする投資信託に係る権利として財産上

の権利に過ぎず，これをもって一身専属的な権利と見ることはできないから，債務者が無資力である場合，債権者代位権による行使が許されることは明らかである。」

## 2　民事再生法93条1項2号前段該当性

2号前段該当性を否定。

「Y銀行のXに対する本件解約金返還債務の負担は，……本件解約金がY銀行に交付されたことを原因として負担するに至ったもの……であるから，再生債権者であるY銀行が再生債務者であるXとの間で，Xの財産を処分する内容の契約を締結することによりY銀行が負担するに至った債務ではない。」

## 3　民事再生法93条1項3号該当性

3号本文該当性を肯定。

### (1)　破産法67条2項後段との対比

「民事再生法においては，破産法67条2項後段のように，停止条件付債務を受働債権とする相殺を許容する明文規定がないのであって，平成17年判決[1]にいう主要な根拠が存在しない。これは，民事再生手続が，……いわゆる再建型の倒産手続であって，相殺による決済をゆるやかに認める理由が，破産と比較して乏しいことに起因するものと解されるが，いずれにせよ，このような明文規定を設けていない民事再生手続においては，停止条件付債務につき再生手続開始後の停止条件成就による相殺は許容されていないと解され，停止条件付債務については，停止条件成就時が，民事再生法93条1項1号にいう『債務を負担したとき』に当たり，結果，相殺が禁止されることになるものと考えられる（最高裁昭和47年7月13日第一小法廷判決・民集26巻6号1151頁）。そして，民事再生法93条1項1号と同条1項3号とで『債務を負担したとき』につき特段異なる解釈をすべき理由はない。」

### (2)　民事再生法93条1項1号と同条1項3号との対比

「もっとも，〔1号と3号とでは〕その基準時が，前者は再生手続開始後で後者

---

1)　最判平成17・1・17民集59巻1号1頁。

は支払の停止後という相違があり，一般的には前者の方が債務者の経済状況がより悪化しているといえるとともに，基準としても前者の方が明確であるといえ，後者の場合，これをそのまま形式的に適用すれば，再生債権者の相殺による担保への期待を不当に害するおそれがあるとはいえなくはない。しかし，そうであるからこそ，民事再生法93条1項3号については，同条1項1号とは異なり，同条2項の相殺禁止の例外規定を設けて調整を図ったものと解されるから，同条1項1号と同条1項3号とで『債務を負担したとき』につき異なる解釈をする必要はないというべきである」。

(3) 解約金返還請求権が停止条件付債権として停止条件成就前から債権差押えの対象となることとの関係

「民事執行手続上，停止条件付債権であっても差押えの対象になるとされることから，本件解約請求権が停止条件付債権とされる以上，差押えの対象となることは当然といえるも，再生債権者による相殺権行使による利益と他の再生債権者を害することなく債権者平等を実現することとの調和を図るものというべき民事再生法上の相殺禁止にかかる規定の解釈は，その観点を異にするといえるから，停止条件付債権が差押えの対象となることをもって，民事再生法93条1項3号にいう『債務を負担したとき』の解釈も，停止条件の成就時にはならないと帰結するものとはいえない」。

(4) 結　　論

「民事再生法93条1項3号の『債務を負担したとき』とは，停止条件付債務については，その停止条件が成就したときをいうと解すべきである。そして，本件受益権の解約がXの支払停止後にされ，停止条件の成就が支払停止後であり，Yが支払停止を認識していたことは明らかであるから，本件解約金返還債務を受働債権とする相殺は，民事再生法93条1項3号に該当する」。

4　民事再生法93条2項2号該当性

本判決は，「当裁判所は，Y銀行のXに対する本件解約金返還債務の負担が，Y銀行がXの支払の停止を知った時より前に生じた原因によるものと認めるのが相当であるから，民事再生法93条2項2号の相殺除外事由が存在し，……本件相殺は有効であると解する」とする。

その理由として，まず，Y銀行が解約金返還債務を負担するに至った経緯について，

「Y銀行が本件解約金返還債務を……条件付きのものとして負担することとなったのは，XがYから本件受益権を購入し，購入した本件受益権をYとの間に締結した本件管理委託契約に従ってYの管理に委ねることとしたからにほかならない。すなわち，……本件解約金返還債務は，本件受益権の換金方法としての本件投資信託の一部解約により，委託者から受益者であるXに支払われるべき一部解約金に由来する債務であるが，XとY銀行間の本件管理委託契約の内容となっている本件取引規定により，上記一部解約金は，委託者から直接にXに支払われるのではなく，いったんY銀行に交付された後，Y銀行からXに対して支払われる約定となっているため，本件受益権が本件管理委託契約に従ってY銀行の下で管理されている限りは，本件受益権分の解約金である本件解約金は，必然的に上記のような流れでY銀行からXに支払われる関係となるものである」と判示した。

そして，本件解約金の支払方法の仕組みを，本件の投資信託総合取引規定の定めを基に詳細に事実認定し，「本件受益権に係る本件投資信託の解約に関する……X（受益者），Y銀行（販売会社），委託者及び受託者間の関係によると，Xが，本件管理委託契約に従って本件受益権の管理をY銀行に委託している場合においては，本件受益権分について解約実行請求をして解約金の支払を得ようとしても，本件受益権を受益証券の保護預り又は振替受益権としてY銀行が管理しているため，Y銀行を通じてしか同解約金の支払を受けることができない仕組みとなっているものと認められるのである。」

「以上によれば，Y銀行のXに対する本件解約金返還債務は，Xが支払の停止をする前に締結された本件取引規定を内容とする本件管理委託契約に基づき，Y銀行が本件受益権を管理していることにより，本件受益権分の解約によって解約金がY銀行に交付されることを条件として発生し，Y銀行は，かかる停止条件付きのものとして本件解約金返還債務をXの支払の停止前に負担したのであるところ，Xの支払の停止後に本件解約金がY銀行に交付されたため，上記停止条件が成就して，Xに対して本件解約金返還債務として負担するに至ったものであるが，当時なおXとY銀行の間には本件管理委託契約が

存続し，これに従って本件受益権はＹ銀行によって管理されていたのであり，Ｙ銀行は，本件管理委託契約を包含する上記仕組みに従って，上記停止条件成就によりＸの支払の停止後にＸに対して本件解約金返還債務を負担したものであるから，本件解約金返還債務の負担は，Ｙ銀行がＸの支払の停止を知った時より前に生じた本件管理委託契約等という原因に基づく場合に当たるものというべきである。」

「Ｙ銀行の本件解約金返還債務は，本件受益権が本件管理委託契約に従ってＹ銀行により管理されている限りは，本件管理委託契約とこれを包含する本件投資信託の仕組みにより，いったんは本件停止条件付きの債務として発生してＹ銀行が負担し，次いで，本件停止条件の成就により現実の返還義務としてＹ銀行の負担となるものであるから，単に，Ｙ銀行が本件投資信託の信託契約の当事者でないことや，同信託契約上の解約金支払義務者が委託者であって，Ｙ銀行でないとのことにより，Ｙ銀行がその有する本件連帯保証債権（再生債権）をもって本件解約金返還債務に対応するＸの債権を相殺することについて合理的な期待を有しないということはできない。」

「本件管理委託契約が存続し，これに従って本件受益権がＹ銀行によって管理されている限りは，本件受益権について他の換金方法があるとしても，Ｙ銀行がその有する本件連帯保証債権（再生債権）をもって本件解約金返還債務に対応するＸの債権を相殺することについて合理的な期待を有しないということはできない。」

と判示した。

## Ⅲ 解 説

### 1 投資信託における法律関係

本件は，投資信託の販売会社であるＹ銀行が，当該投資信託の購入者たるＸに対し，Ｘの支払停止後，民事再生手続開始決定前に債権者代位権を行使して受益権を解約し，入金を受けた解約金のＸに対する返還債務を受働債権，Ｙ銀行のＸに対する貸付金債権を自働債権として相殺の意思表示をし，貸付金債権の回収を図った事案である。

第5章 受益権の性質

　投資信託の基本構造は，一般的に，委託者（投資信託委託会社）が受託者（信託銀行等）に金銭を信託して組成した投資信託の受益権を分割して複数の者に取得させることを目的としており，投資家（受益者）は，分割された受益権を販売会社を通じて取得する。この基本構造における委託者，受託者，受益者（受益証券または受益権の購入者）および販売会社の契約関係は，①委託者と受託者との間における投資信託約款による信託契約，②委託者と販売会社との間における投資信託の募集販売委託契約のほか，③販売会社と受益者との間における投資信託総合取引規定等の規定（本件取引規定）に基づく投資信託受益権の管理等を目的とする委託契約（本件管理委託契約）により，それぞれ規律されている。

　なお，平成19年1月4日に投資信託振替制度が開始される前は，投資信託の受益証券が発行され，販売会社は受益者との間で保護預り契約等を締結して受益証券を保有していたが，同制度開始後の投資信託では，受益証券は発行されていない。

## 2　解約返戻金の法的性質

　Y銀行の相殺の意思表示は，本件受益証券の解約金返還債務を受働債権とするものであるが，一般的に，信託契約上，投資信託の解約請求権を有する者は投資信託委託会社であり，受益者は，投資信託委託会社に対して，受益権の解約実行請求権を有するにすぎない。委託者は，受益者から解約実行請求があったときは信託契約の一部を解約し，一部解約金は販売会社である金融機関の店舗にある受益者の指定預金口座に入金され，受益者に支払うことが定められている。このような仕組みの下での解約金返還請求権の法的性質については，販売会社が投資信託委託会社から一部解約金の交付を受けることを停止条件として発生する停止条件付債権であると解される（最判平成18・12・14民集60巻10号3914頁参照）。

## 3　民事再生手続における停止条件付債務を受働債権とする相殺の許容性と受働債権の発生時期

　Y銀行が債権者代位権に基づき本件解約実行請求権を代位行使して解約返

戻金を受領したことにより停止条件は成就したが，その成就の時期は再生手続開始前の危機時期，すなわちXの支払停止後であることから，相殺禁止に関する民事再生法93条1項3号の適用に関し，Xが「債務を負担した」時期をいつと解するかが問題となる。

これについては，停止条件付債務の成立時とする見解（本件におけるY銀行の主張）と，停止条件が成就して債務が具体的に発生した時とする見解が対立している。

本判決，原判決ともに後者の立場を採るが，これを導く前提として，民事再生手続における停止条件付債務を受働債権とする相殺の可否につき，これを否定する見解に立つことを明らかにした。すなわち，停止条件付債務を受働債権とする相殺を許容する破産法67条2項後段のような明文規定のない民事再生手続では，そのような相殺は許容されず，民事再生法93条1項1号の「債務を負担したとき」とは停止条件成就時を意味すると解した上で，同条項3号の「債務を負担したとき」についてもこれと異なる解釈をすべき理由はないとして，上記の結論を導いている（前記Ⅱ3参照）。

この点，破産手続においては，旧破産法104条1号（破71条1項1号）を前提として，旧破産法99条後段（現行破産法67条2項後段）の明文規定があることを理由に，破産手続開始決定後に停止条件付債務の停止条件が成就した場合であっても相殺は許されるとするのが確立した判例（最判平成17・1・17民集59巻1号1頁。以下，「平成17年最判」という）であり，学説上も多数説を占める状況にある[2]。しかし，民事再生手続において，再生手続開始決定後に停止条件が成就した場合の相殺の可否については，上記平成17年最判および同じ再建型倒産手続である会社整理（現在は，廃止されている）に関する最判昭和47年7月13日民集26巻6号1151頁（以下，「昭和47年最判」という）の射程距離の問題も絡み，従来から争いのあるところである。相殺を否定する立場は，民事再生法には，破産法67条2項後段（旧破産法99条後段）のような規定がない以上，

---

2) 山木戸克己『破産法』（青林書院，1974年）167頁，伊藤眞『破産法・民事再生法〔第2版〕』（有斐閣，2009年）369頁，青山善充「倒産法における相殺とその制限(1)」金法910号（1979年）4頁，同「倒産法における相殺とその制限(5)」金法920号（1980年）4頁，新堂幸司「保険会社の貸付金と解約返戻金との相殺(上)」金法1437号（1995年）15頁など。

反対債権は手続開始時において現実化している必要があり，停止条件付債権では足りないとする[3]。その実質的な根拠は，本判決及び原判決が述べるように，再建型手続においては相殺による決済を広範囲に認めるべきではないという点に求められる。これに対しては，肯定説の立場から，開始された手続が破産手続か再生手続かによって手続開始時における相殺の合理的期待の有無に変わりはなく，再生手続においては相殺適状および相殺の意思表示の期間が制限され，相殺の認められる範囲が限定されていることからすると，債権届出期間満了までに停止条件が成就し相殺適状に達したときはなお相殺が認められるべきであるとの見解や[4]，条件に関する利益の放棄は民法上妨げられるものではないとの批判が述べられている[5]。

## 4　相殺禁止除外事由の有無

(1)　Y銀行の相殺が93条1項3号に該当し禁止されるとしても，さらに同条2項の例外規定に該当するがどうかが問題となる。ここでは，Yの本件解約金返還請求権に係る債務の負担が，民事再生法93条2項2号の「前に生じた原因」に基づくものとして，相殺が許されるかという点であり，本判決と原判決とで，その判断が大きく分かれた点である。

(2)　民事再生法93条2項2号は，再生債権者が，再生債務者に対して債務を負担したのが，支払不能，支払停止，または再生手続開始の申立てを再生債権者が知った時より前に生じた原因に基づく場合には，同条1項2号ないし4号の相殺禁止の規定は適用されない旨を規定する。その趣旨は，再生債務者の危機発生前にすでに生じていた合理的な相殺期待の保護，すなわち，再生債権の実質的価値が名目額どおりにあった時点で債務負担の原因があれば，その

---

[3]　園尾隆司＝小林秀之編『条解民事再生法〔第3版〕』（弘文堂，2013年）479頁〔山本克己〕，伊藤・前掲注2) 709頁。なお，伊藤教授の見解については，「再生手続廃止後の牽連破産における合理的相殺期待の範囲」門口正人判事退官記念『新しい時代の民事司法』（商事法務，2011年）207頁以下を参照。

[4]　山本和彦ほか編『倒産法概説〔第2版〕』（弘文堂，2010年）264頁〔沖野眞已〕，才口千晴＝伊藤眞監修『新注釈民事再生法（上）〔第2版〕』（金融財政事情研究会，2010年）504頁〔中西正〕，福谷賢典「判批」事業再生と債権管理134号（2012年）18頁。髙山崇彦＝辻岡将基「判批」金法1944号（2012年）9頁も同趣旨と思われる。

[5]　松下淳一『民事再生法入門』（有斐閣，2009年）113頁。

時点で危機時期以前からの両債権の対立およびそれに基づく担保の設定があったのに準じて考えることができ，債権者平等原則の例外を認めてよい程度に相殺の担保的効力に対する合理的な期待を認めることができるという点にある。したがって，その「原因」は，債務の負担ひいては相殺期待を直接かつ具体的に基礎づけるものである必要がある[6]。

　合理的な相殺期待を認定する際の考慮要素としては，相殺を確保するための債権保全手段として行われる振込指定，代理受領の場合[7]には，①債務者・第三債務者に課せられている拘束の強さ，②相殺の対象となる受働債権の発生原因の特定性（受働債権の発生の確実性）といった点が重視されている。また，本来は債権保全の手段ではないが，手形の取立委任に関する前掲昭和63年最判では，銀行（再生債権者）が支払停止等を知った後に手形を取り立て，再生債務者に対し取立金債務を負担した場合，支払停止等を知る前に，再生債務者との間で，再生債務者が債務の履行をしなかったときは再生債権者（銀行）が占有する再生債務者の手形等を取り立てまたは処分して，その取得金を（再生）債権の弁済に充てることができる旨の条項を含む取引約定が締結され，それに基づき再生債務者から当該手形の取立委任を受け裏書交付を受けた場合には，「前に生じた原因」に当たるとされている[8]。これは，本来，手形の取立委任が特定債権の保全を目的としてされるものではないこと等から，合理的な相殺期待を生じさせる要因として，銀行取引約定に基づく換価処分・弁済充当権が重要であることを示したものとして理解しうる。

　(3)　本件投資信託の構造上，受益権の返還義務を本来的に負っているのは受託者たる信託銀行であり，販売会社であるYは受益権の解約金返還義務そ

---

[6] 園尾＝小林編・前掲注3）497頁［山本克己］，伊藤・前掲注2）374頁，福永有利監修『詳解民事再生法——理論と実務の交錯』（民事法研究会，2006年）339頁［松下淳一］。
　なお，本件の原判決は，最判昭和63・10・18民集42巻8号575頁が，旧破産法104条2項ただし書について破産債権者の期待が保護に値するかという観点から解釈を行うとの指摘をしている点をとらえ，「同趣旨の規定である民事再生法93条2項2号においても同様と解される。その趣旨に照らすと……『前に生じた原因』というためには，具体的な相殺期待を生じさせる程度に直接的なものである必要がある」との一般論を展開している。

[7] 振込指定に関する名古屋高判昭和58・3・31判時1077号79頁。

[8] 園尾＝小林編・前掲注3）498頁［山本克己］。なお，福永監修・前掲注6）339頁［松下淳一］も手形の取立委任契約，振込指定特約，代理受領の合意等を例として掲げている。

のものを負っているわけではない。XY間の本件取引規定を内容とする本件管理委託契約上、解約金がYに支払われる構造であることから、解約金がYに入金されることによりその返還義務を負うという関係にある。そこで、当該管理委託契約等が民事再生法93条2項2号にいう「原因」足り得るかが問題となる[9]。この点、Xは、本件投資信託において、Yは解約金支払義務者でないから、Yは、再生債権である本件連帯保証債権と本件解約金返還債務に対応する債権との相殺について合理的な期待を有しないとし、「原因」たりえないと主張していた。

相殺の担保的機能に対する期待が保護される趣旨からすると、本件においても、前記の事例から窺われるような①本件投資信託の仕組みにおける関係者の拘束力、②解約金返還請求権の発生の確実性、③Y銀行が他に固有の換価権限を有していたかどうかなどが判断の要素となるものと思われる。

①について、原判決では、他の口座管理機関への振替可能性があり、その意味でYが解約金を受領することは確実であるとはいえないこと、XY間の銀行取引約定が抽象的、包括的な内容の合意であり[10]、解約金返還債務を相殺して担保とすることを期待していたとはいえないことを重視して相殺期待を否定する理由とするのに対し、本判決は、「Xは、……本件管理委託契約をいつでも解約することができるものとされているが、そうであるからといって本件管理委託契約が存続し、これに従ってY銀行が本件受益権を管理している限りは」相殺期待を有するものというべきとする。

一般的に金融機関の与信実務においては、将来の一定期間内に与信供与者が負担すると予測される債権債務を踏まえてキャッシュフローを検討し、相殺による担保として把握していると思われる。たしかに、Xの受益者としての権利行使方法は本件管理委託契約で規定されているため、他の口座管理機関に振り替える場合以外にXが当該管理委託契約を将来的に解除することは想定しづらく、また、投資信託の取扱先が限定されている状況では、振替えが行われ

---

9) 原判決では、本件受益権の購入自体を「原因」と捉えている。
10) XY間の銀行取引約定には、「期限の到来、期限の利益の喪失その他の事由によって、Yに対する債務を履行しなければならない場合、その債務とXの預金その他の債権とを、その債務の期限のいかんにかかわらず、いつでもYは相殺することができる」旨の条項がある。

ること自体がそもそも例外的であろうと思われる。そうであるとすれば，相殺適状までの間に本件管理委託契約に基づく受益権の管理が終了する可能性はきわめて低いと考えられ，本判決の結論には賛同しえよう。

　また，本判決は，②について，受益者Ｘが解約以外の方法で本件受益権を換金できるとしても，受益権の換金方法としては解約によることが一般的であることから，相殺することについて合理的な期待を有しないとはいえないとする。さらに③については，販売会社が受益権の解約権や弁済充当権を有するかが相殺期待の合理性を判断する要素となることが考えられるが，原判決は昭和63年最判の事案との相違を示して合理的な相殺期待を否定しているのに対し，本判決ではこの点には触れていない。

## Ⅳ　本判決の意義

　本判決は，MMFに係る受益証券の購入者に再生手続が開始された場合において，購入者（再生債務者）の支払停止後に，販売銀行（再生債権者）が債権者代位権の行使により購入者に代わって受益権の解約実行を請求し，入金を受けた同解約金の返還債務を受働債権として行った相殺の民事再生法上の効力が争われた事案であり，相殺を無効とした第1審判決を取り消し，相殺を有効とした控訴審判決である。今後，両判決の判断の対立する部分について，最高裁がどのような判断を示すか待たれるところである[11]。

　なお，MMFに係る受益権の解約金返還債務を受働債権とする相殺の効力については，破産手続の事案においても争われた裁判例がある。

　民事再生手続における停止条件付債務を受働債権とする相殺の可否につき，これを否定する見解に立つことを明らかにした点は，先例のない問題点について一つの判断を示したものとして実務上の関心が高いと思われる。

---

11)　本稿脱稿後に，本件の上告審である最判平成26・6・5金判1444号16頁（破棄自判）に接した。

# 29

## 民事再生手続における投資信託受益権からの債権回収（3）——停止条件付債務を受働債権とする相殺②

名古屋地裁平成 25 年 1 月 25 日判決　金判 1413 号 50 頁

尼子　まゆみ

## I　事案の概要

　X 株式会社と Y 銀行は，両者間の銀行取引につき平成 18 年 1 月 31 日付け銀行取引約定書を締結していたところ，X は，同年 2 月 28 日，Y との間で投資信託に係る管理委託契約を締結し（本件管理委託契約），トヨタグループ株式ファンド（本件投資信託）の受益権を購入した。

　Y は，X に対し，平成 22 年 5 月 28 日付け金銭消費貸借契約に基づき 5000 万円を貸し付けた。

　X は，平成 24 年 1 月 26 日，民事再生手続開始および弁済等禁止の保全処分を申し立てたところ，再生裁判所は，同日，同保全処分を発令し，同年 2 月 9 日，民事再生手続開始決定をした。

　Y は X から本件投資信託受益権に係る本件投資信託について解約実行請求を受けることなく，再生手続開始決定に先立つ 2 月 1 日に本件投資信託受益権の解約手続を行い，同月 6 日，解約金 865 万 8424 円を受領し，同日，Y が X に対して有する本件貸付金残元金 2362 万 8000 円の債務の弁済に充当または相殺した。

　本件訴訟は，X が Y に対し，本件管理委託契約上の債務不履行に当たるとして解約金相当額の損害賠償を，また，仮に解約手続が有効であるとしても，弁済充当，相殺は無効であるとして，解約金の返還を求める事案であるが，その債務不履行の内容として，X は，①Y が，XY 間の銀行取引約定の「本件

条項」に基づき，本件投資信託受益権の解約手続をした上，同解約金をYのXに対する貸付債権に弁済充当又は貸付債権と相殺したと主張している点，②Yにおいて商事留置権を有し，前記銀行取引約定と併せ担保権の実行として優先弁済を受けたと主張している点，③Yが，本件投資信託受益権につき，Xに対する債権者代位権の行使として解約手続をした上で，①と同様の弁済充当または相殺したと主張している点を挙げ，選択的な請求としている。

なお，本件投資信託に関する委託者，受託者，販売会社，受益者（受益証券または受益権の購入者）の4者の権利義務関係については，①委託者と受託者との関係は両者の間に締結された投資信託約款による信託契約により，②委託者と販売会社との関係は両者間に締結された投資信託の募集販売の取扱い等に関する契約により，③販売会社（Y）と受益者（X）との関係は，両者間に締結された，投資信託総合取引約款等に基づく投資信託受益権の管理等を目的とする委託契約（本件管理委託契約）により，それぞれ規律されている。

## II 判　　旨

請求棄却（以下の項目および下線は執筆者が付したものである）。

### 1 銀行取引約定に基づく回収にあたり，本件投資信託受益権が本件銀行取引約定第4条③（本件条項）における「占有」および「有価証券」に該当するか

(1) 占有について

「Yは……本件投資信託受益権の振替機関・口座管理機関として，振替口座簿の記録を通じて自己の名において同権利の振替業務等を行っていたのであるから，同権利を自らの事実的支配内に置いていたといえ，また，自己のためにする意思を有しているといえるから，Yは，本件投資信託受益権を準占有しているものといえる。したがって，Yは，本件解約時において，本件投資信託受益権につき，本件条項にいう『占有』を有していたと解すべきである。」

(2) 有価証券について

本判決は，「本件においては，投資信託受益権につき受益証券が発行されて

いたが，ペーパレス化によって，これが振替口座簿により帳簿上の管理に切り替えられ，受益証券が存在しなくなったものであるところ，従前発行されていた受益証券は，本件条項にいう『有価証券』に当たると解されること，ペーパレス化によって，受益証券の盗難や紛失の危険が削減されるなど，受益者たるXにも利益があると解されることからすると，従前において本件条項の対象たり得た投資信託受益権が，ペーパレス化によって，その対象から外れ，販売会社たるYが，その不利益を甘受すべきとするのは妥当とは解し難いことなどを考慮すれば，本件投資信託受益権は，本件条項にいう『有価証券』に該当するというべきである」と結論付けた上，「Xにおいても，同受益証券が本件条項にいう『有価証券』として取り扱われると認識し得たといえるし，当初は当然に本件条項の対象であったものがペーパレス化によって変容したという経過等からすると，本件条項にいう『有価証券』を民商法上の有価証券と限定すべき理由はな」いと判示した。

## 2　本件条項の権利内容及び再生手続開始申立て等による効力の変容の有無
### (1)　本件条項の内容

「〔本件銀行取引約定4条〕3項は，『担保』との文言を用いていないことや本件条項の定める内容，他の多くの金融機関が用いている同旨の取引約定書の文言・内容等を考慮すると，本件条項は，XがYに対する債務の履行をしない場合に，Yに対し，……任意処分権及び……弁済充当権を授与する旨の定めであると解するのが相当」でありとし，「法律に特別の定めがある場合を除き，Xについて法的倒産処理手続が申し立てられた前後を問わず，本件条項によりXに属する占有財産の任意処分権及び弁済充当権がYに授与されるものと解するのが相当である（大阪地裁平成23年1月28日判決参照）」。

### (2)　再生手続開始申立て及び本件弁済禁止保全処分との関係
#### ア　任意処分権について

「本件条項のうち，XがYに，Xに属する占有財産の取立て・処分権限（任意処分権）を授与する部分は，……準委任契約（民法656条）であると解されるところ，再生手続開始の申立ては，準委任契約の終了原因とされていない。そうすると，再生手続開始申立後，再生手続開始決定前までの間に……行われ

た……本件解約は，本件条項に基づく任意処分権として行われたものといえ，……Ｙが，本件銀行取引約定に基づき，本件解約を行うことは許される」とした。

イ　弁済充当権について

「任意処分としての本件解約により取得した金員について，Ｙは，本件条項に基づき弁済充当権を有する」が，「その一方で，本件解約がされた時点で，本件弁済禁止保全処分がされているから，その制約を受けることはあり得る」とし，Ｘは，Ｙに対し，平成24年1月26日，「本件弁済禁止保全処分を受けたことを通知しているから，Ｙは，本件解約時において，本件弁済禁止保全処分がされたことにつき悪意であったといえる。そうすると，弁済充当は，民事再生法30条6項にいう，『債務を消滅させる行為の効力を主張する』ものであるといえるから，Ｙによる本件条項に基づく本件弁済充当は，民事再生法30条6項に反し許されない」。

## 3　再生手続申立てにより弁済充当権のみが失われる場合における相殺の可否

### (1)　民事再生法93条1項該当性

「Ｙは，本件管理委託契約に基づき，受益者であるＸから解約実行請求があったときは，本件投資信託受益権の解約金をＸに返還する義務を……負うことは明らかなところ，当該返還債務は，販売会社たるＹが委託者から一部解約金の交付を受けることを条件とする停止条件付債務であって，Ｙは，Ｘに対し，平成24年2月6日に委託者から入金されるという停止条件の成就により，同返還債務を負担するに至ったといえる」。

「再生手続に関し，再生債権者が相殺の主張をする場合，民事再生法92条以下による規律を受けるが，再生債権者が停止条件付債務を受働債権として相殺の主張をする場合においては，相殺禁止を規律する民事再生法93条1項4号の『債務を負担した』とは，停止条件が成就した時点をいうものと解するのが相当である（名古屋高裁平成24年1月31日判決参照）。そうすると，本件における停止条件成就時は，再生手続開始申立て後であることは明らかであり，また，停止条件成就時にＹが再生手続開始の申立てがされたことを知ってい

たことも明らかである以上，本件相殺は，民事再生法93条1項4号に該当する」。

(2) 民事再生法93条2項2号該当性

「本件の解約金返還債務は，本件投資信託受益権の換金方法としての本件投資信託の一部解約により，委託者から受益者であるXに支払われるべき一部解約金に由来する債務であるが，XとY間の本件管理委託契約の内容となっている本件取引規定により，上記一部解約金は，委託者から直接にXに支払われるのではなく，いったんYに交付された後，YからXに対して支払われる約定となっているため，本件投資信託受益権が本件管理委託契約に従ってYの下で管理されている限りは，本件投資信託受益権分の解約金は必然的に上記のような流れでYからXに支払われる関係となるものである。」「加えて，本件管理委託契約において定められている上記のような解約金の支払方法は，ひとりXとY間の本件管理委託契約上の取決めというだけでなく，本件投資信託の委託者と受託者間の権利関係を定める信託契約及び委託者と販売会社間の権利関係を定める投資信託の募集販売委託契約においても同内容の合意がされている。」「そして，Xは，本件投資信託受益権を購入する際にYから交付された目論見書……により，本件投資信託が上記のような内容のものであることを承知した上で本件投資信託受益権を購入したものであることが認められるから，Xにおいて，委託者に対し，本件投資信託受益権分の解約金について上記と異なる支払方法（例えば，上記解約金を被告を通さず，直接Xに支払うこと）により支払うよう求めることはできないことの認識もあるものといえる。」「したがって，……Xが，本件管理委託契約に従って本件投資信託受益権の管理をYに委託している場合においては，……本件投資信託受益権を振替受益権としてYが管理しているため，Yを通じてしか同解約金の支払を受けることができない仕組みとなっているものと認められる」。

「……YのXに対する本件解約金返還債務は，Xが再生手続開始申立てをする前に締結された本件取引規定を内容とする本件管理委託契約に基づき，Yが本件投資信託受益権を管理していることにより，本件投資信託受益権分の解約によって解約金がYに交付されることを条件として発生し，Yは，かかる停止条件付きのものとして本件解約金返還債務をXの再生手続開始申立て前

に負担したのであるところ，Xの再生手続開始後に本件解約金がYに交付されたため，上記停止条件が成就して，Xに対して本件解約金返還債務として負担するに至ったものであるが，当時なおXとYの間には本件管理委託契約が存続し，これに従って本件投資信託受益権はYによって管理されていたのであ」るから，「本件解約金返還債務の負担は，YがXの再生手続開始申立てを知った時より前に生じた本件管理委託契約等という原因に基づく場合に当たるものというべきである。したがって，本件相殺は，民事再生法93条1項4号に該当するも，同条2項2号にも該当するので，有効といえる。」

## Ⅲ 解　説

### 1 本判決の意義

本件は，信託受益権の解約実行請求を銀行取引約定に基づく権利実行として捉えている事案である。この点，同種事案である名古屋高裁平成24年1月31日判決（金判1388号42頁。本書28。以下，「平成24年名古屋高判」という）及びその原審である名古屋地裁平成22年10月29日判決（金判1388号58頁）が債権者代位権の行使に基づく解約実行請求の事案であるのと異なり（ただし，本件でも，予備的に，債権者代位権としての解約実行請求を主張している），また，最高裁平成18年12月14日判決（民集60巻10号3914頁）が取立権行使として受益証券の販売会社に対して解約実行請求をして同請求権を取り立てた事案とも異なる。解約金返還債務を発生させる解約実行請求の捉え方に差はあるが，本判決は平成24年名古屋高判の枠組みによる事例判断と位置付けられる。

### 2 本件銀行取引約定中の本件条項が，本件投資信託受益権に適用されるか

この問題は，当初，本件投資信託受益権につき受益証券が発行されていたところ，平成19年1月からペーパレス化によって振替口座簿による管理に切り替えられ，受益証券が存在しなくなったことから問題となる。

本判決が引用している大阪地裁平成23年1月28日判決（金法1923号108頁。以下，「平成23年大阪地判」という）は，顧客に投資信託受益権を販売しその口座管理機関となっている銀行が，顧客の民事再生手続開始後に顧客の了解を得

ずに受益権の解約を行った場合において，顧客が債務を履行しないときは銀行が占有している顧客の動産，手形その他有価証券を取り立て又は処分して債務の弁済に充当できる旨の銀行取引約定書の条項は，受益権にも適用ないし準用されるとした。

銀行が物理的に占有する再生債務者の有体財産と，銀行が観念的に準占有する再生債務者の無体財産は，いずれも銀行が自ら事実上支配・管理している再生債務者の財産である点で共通することから，再生債務者，銀行ともに無体財産を含むあらゆるＡの財産が当該条項の適用対象に含まれるとの認識を有していたと認定し，投資信託振替制度開始以前は当該受益証券をＢが保護預りし直接占有または間接占有していたこと，同制度の開始の前後で当該受益権をめぐるＡ・Ｂ間の実際の取扱いにほとんど変化がなく，Ａ，Ｂとも同制度の開始により条項の適用範囲に変動が生じることを想定していたとは考え難いこと等の理由から，Ｂの準占有が認められることを前提として受益権に対する銀行取引約定の規定の適用ないし準用を認めた判決である。本判決も，基本的にこの判断枠組みと同様の考え方をとっているものと思われる。

### 3　本件信託受益権の解約の有効性および弁済充当の有効性

まず，本判決は，解約の前提となっている本件条項の合意内容につき，任意処分権及び弁済充当権を授与する旨の定めであると判示した。また，この権限が授与される時期を限定するような手がかりとなる記載がされていないことから，Ｘについて法的倒産処理手続が申し立てられた前後を問わないとする。これらの点についても，前記平成23年大阪地判で示された判断と同様の考え方をとっている。

本件条項の合意内容をこのように捉えれば，一般的にはＹが本件投資信託受益権を任意処分し，これによって得た金員をＸに対する債権に充当することができるが，本件では法的倒産処理手続という有事に至っていることから，再生手続において発令された弁済禁止の保全処分との関係を考慮しなければならない。ここでも本判決は，平成23年大阪地判を踏まえて，①当該条項により銀行に付与された任意処分権は準委任契約であること，②破産と異なり民事再生手続開始申立ては委任の終了事由に該当しないから（民653条2号参照），

再生手続が開始された後も任意処分権はなお存続すると解している。

しかし，弁済充当権については，本件解約がされた時点で，弁済禁止保全処分がされているから，その制約を受けることがありうるとした。そして，Xが保全処分を受けたことを債権者に通知していることから，Yの悪意を認定し，本件弁済充当は民事再生法30条6項に反するとした。

### 4　本件解約金返還債務の負担時期

本件弁済充当の効力が再生手続上の弁済禁止保全処分に抵触して効力が否定されるとした場合，次に，本件相殺の民事再生法上の効力が問題となる。

停止条件付債務に関し，民事再生法93条1項3号の「債務を負担した」時期をいつと解するかについては，停止条件付債務の成立時とする見解と，停止条件が成就して債務が具体的に発生した時とする見解が対立している。

本件は，平成24年名古屋高判で示された後者の立場をとることを明らかにし，93条1項4号の相殺禁止規定の該当性を肯定している。前者の見解をとった場合には，相殺禁止の例外規定（93条2項）が適用される場面がなくなり，当該規定が空文化してしまうことも考えられ，本判決の見解は妥当と思われる。なお，本論点については，本書**28**を参照。

### 5　相殺禁止除外事由の有無

ここでの問題は，Yの本件解約金返還請求権に係る債務の負担が，民事再生法93条2項2号の「再生手続開始の申立て等があったことを再生債権者が知った時より前に生じた原因」に基づくものとして，相殺が許されるかという点であり，平成24年名古屋高判の事案では，1審判決と控訴審判決とで，その判断が分かれた点である。

「前に生じた原因」による相殺が許容されるのは，再生債権者が危機状態（支払不能であること，または，再生手続開始の申立て等があったこと）またはその徴表（支払停止があったこと）を知る前から有していた合理的な相殺の期待を保護することに求められる[1]。すなわち，再生債権の実質が名目額どおりにあった

---

1) 園尾隆司＝小林秀之編『条解民事再生法〔第3版〕』（弘文堂，2013年）497頁［山本克己］。

第5章　受益権の性質

時点で債務負担の原因があれば，その時点で両債権の対立およびそれに基づく担保の設定があったのに準じて考えることができ，相殺の担保的効力に対する合理的な期待を認めることができるという点にある。したがって，その「原因」は，債務の負担ひいては相殺期待を直接かつ具体的に基礎づけるものである必要がある[2]。

　この点について，平成24年名古屋高判の事案における1審判決は，93条2項2号の趣旨について，「民事再生法93条2項2号が，「前に生じた原因」を相殺禁止の例外とするのは，相殺禁止の要件が満たされる時期以前に再生債権者が正当な相殺期待をもっていたといえることにその根拠がある」とし，同項同号の解釈について，最高裁昭和63年10月18日判決（民集42巻8号575頁）が，旧破産法104条2号ただし書について，破産債権者の期待が保護に値するかという観点から解釈を行うとの指摘をしている点をとらえ，同趣旨の規定である民事再生法93条2項2号においても同様とする。その趣旨に照らすと，民事再生法93条2項2号にいう「前に生じた原因」というためには，具体的な相殺期待を生じさせる程度に直接的なものである必要があるとの一般論を展開した上，①Xの本件受益権は，Y銀行以外の他の金融機関・証券会社への振替の可能なものがあることを前提として，仮に他の金融機関への振替が行われれば，将来的に解約金につきY銀行が受領できることは確実であるとはいえず，Y銀行が解約金の受領を行うことにつきXを拘束するほど強い指定があるとはいえないこと，②XY間における銀行取引約定[3]のような抽象的，包括的な内容の合意をもって，解約金返還債務を相殺して担保とすることを期待していたということは困難であるというべきであり，具体的な相殺期待を生じさせる程度に直接的なものであるとはいえないこと，を捉えて，相殺禁止の除外事由には当たらないとした。

　これに対し，平成24年名古屋高判は，「Xが，本件管理委託契約に従って

---

[2]　園尾＝小林編・前掲注1）497頁［山本克己］，伊藤眞『破産法・民事再生法〔第2版〕』（有斐閣，2009年）374頁，福永有利監修『詳解民事再生法──理論と実務の交錯』（民事法研究会，2006年）339頁［松下淳一］。

[3]　XY間の銀行取引約定には，「期限の到来，期限の利益の喪失その他の事由によって，Yに対する債務を履行しなければならない場合，その債務とXの預金その他の債権とを，その債務の期限のいかんにかかわらず，いつでもYは相殺することができる」旨の条項がある。

本件受益権の管理をY銀行に委託している場合においては，本件受益権分について解約実行請求をして解約金の支払を得ようとしても，本件受益権を受益証券の保護預り又は振替受益権としてY銀行が管理しているため，Y銀行を通じてしか同解約金の支払を受けることができない仕組みとなっている」点を重視し，この仕組みにより，「いったんは本件停止条件付きの債務として発生してY銀行が負担し，次いで，本件停止条件の成就により現実の返還義務としてY銀行の負担となるものであるから，単に，Y銀行が本件投資信託の信託契約の当事者でないことや，同信託契約上の解約金支払義務者が委託者であって，Y銀行でないとのことにより，Y銀行がその有する本件連帯保証債権（再生債権）をもって本件解約金返還債務に対応するXの債権を相殺することについて合理的な期待を有しないということはできない」と判示した。

　本判決では，前記Ⅱ3(2)記載のとおり，XY間の本件管理委託契約に従って本件投資信託受益権の管理をYに委託している場合には，当該受益権をYが振替受益権として管理しているため，Yを通じてしか同解約金の支払を受けることができない仕組みとなっていることを重視し，加えて，本件投資信託の法律関係において，販売会社と受益者との関係においてだけではなく，委託者と受託者間，委託者と販売会社間においても同内容の合意がされている点も併せて，関係者の拘束力が強いことを示しており，除外事由該当性を肯定している。

# 30

## 破産管財人が解約実行請求した投資信託受益権の一部解約金との相殺の可否（1）——積極

大阪高裁平成22年4月9日判決　金法1934号98頁

細　川　昭　子

## I　事　案　概　要

**1**　本件は，破産者であるA株式会社（以下「破産会社」という）の破産管財人Xが，破産会社の取引銀行でありかつ投資信託の販売会社であるYに対し，破産会社がYから購入した投資信託の解約の意思表示を行ったとして解約金（以下「本件解約金」という）の支払を求めたところ，Yが，破産宣告時に自己が破産会社に対して有していた貸金債権（以下「本件貸金債権」という）を自働債権とし本件解約金を受働債権とする相殺を主張して争った事案である。

**2**　事案の概要は以下のとおりである。

（1）　破産会社とYは，平成18年3月，投資信託委託業者である訴外B社（以下「委託者」という）を委託者とし，信託銀行である訴外C社（以下「受託者」という）を受託者とする証券投資信託である累積投資取引契約（以下「本件契約」といい，「本件契約」に係る投資信託を「本件投資信託」，受益権を「本件受益権」という）を締結した。本件契約においては，当初，本件契約における破産会社の有する本件受益権を表示する受益証券が発行され，Yが保護預りしていたが，社債等の振替に関する法律の施行を受け，平成19年1月4日以降，本件受益権は，振替機関および口座管理機関（Y）が備え置く振替口座簿の記録によって管理されていた。

なお，本件投資信託においては，委託者及び受託者間で証券投資信託約款（以下，「本件証券投資信託約款」という）が締結され，①受益権は，振替口座簿に

記載又は記録されることにより定まること，②受益権の換金は，受益者が委託者に対して信託契約の解約の実行を請求する方法によること，③この解約実行請求を受益者がするときは，受益権を販売した販売会社に対して振替口座簿に記載または記録された振替受益権をもって行うこと，④委託者が解約実行請求を受け付けた場合には信託契約の一部を解除し，一部解約金は販売会社の営業所等において受益者に支払うこと，などが定められていた。

また，委託者及びY間においては，投資信託の受益権の募集販売の委託等に関する契約が締結され，Yはこれに基づいて受益権の販売を行うほか，受益者からの一部解約の請求の受付とその委託者への取次業務や，委託者からの解約金の受取りとその受益者に対する支払業務などを担当することとされていた。

さらに，破産会社がYから本件受益権を購入する際，破産会社およびY間において締結された本件契約は，「投資信託取引約款」，「投資信託受益権振替決済口座管理規定」および「累積投資約款」により構成され，①Yが，受益権の販売のほか，解約実行請求の受付および一部解約金の代理受領や受益者への支払等の業務を行うこと，②Yの振替口座簿で管理されている受益権は，受益者からの申出により他の口座管理機関に振替ができること，③受益権の購入および解約の申込みは，Y所定の手続により行うものとされていること，④解約金は，受益者が届け出たYの指定預金口座に入金されること，⑤解約は，受益者から解約の申出があった場合のほか，やむを得ない事情によりYが解約を申し出たときにもなされ得ること，などが定められていた。

(2) 平成20年6月13日，破産会社が破産手続開始決定を受け，破産管財人Xが選任された。

(3) 平成20年7月11日，XはYに対し，書面で本件契約について清算金の支払を受けたい旨を伝えその手続の教示を求めた。同日時点の本件契約の残高は，851万1900円であった。これがX主張の本件解約金である。

(4) Yは，破産会社に対し，平成19年8月に1億5000万円，同年9月に5000万円を貸し付けていたが（弁済期は平成20年8月），破産会社が平成20年6月に破産を申し立てたことから弁済期が到来し，破産会社および連帯保証人のYに対する預金を相殺した残金1億9976万1031円の貸金債権を有してい

た。
　(5)　平成21年1月14日，XはYを被告として本件訴訟を提起した。
　(6)　平成21年4月27日，Yは委託者に対して本件契約にかかる信託契約の解約手続を行い，同年5月1日に委託者から621万3754円の解約金を受領した。
　(7)　平成21年5月13日，Yは本件第3回口頭弁論期日において，Yが破産会社に対して有する前記（4）の1億9976万1031円の貸金債権を自働債権とし，前記（6）の本件契約の解約金621万3754円の支払債務を受働債権として対当額で相殺する旨の意思表示をした。

## II　争　　点

### 1　争点1　本件契約の解約の意思表示の時期及び解約金額

　Xは，事案の概要(3)のとおり，平成20年7月11日付けの書面で本件契約を解約したため，本件契約の解約金は，事案の概要(3)記載の851万1900円であると主張した。Yは，かかるXの書面は，本件契約の確定的な解約の意思表示ではなく，Xの将来の意向を表明し，そのための手続を照会したものにすぎず，Xの解約の意思表示が本訴の提起により確定的になされたものとみて，事案の概要(6)のとおり，本件契約にかかる信託契約の解約手続を行い受領した621万3754円であると主張した。

### 2　争点2　相殺の可否

(1)　解約金支払債務の法的性質

　第1審において，Xは，「受益者からの解約実行請求を受けることを前提とするものであり，そもそもYが受益者である破産会社やXの意思を無視して一方的に解約することは予定されていない」と主張し，Yは，「被告が委託者から解約金の交付を受けることを条件とした停止条件付債務である」と主張した。

(2)　債務者破産後に当該債務の条件が成就した場合における破産法67条2項の適用の可否

　①　第1審において，Xは，以下の通り破産法67条2項は適用されず相殺

は許容されないと主張した。「本件契約の解約金支払債務は，……条件成就の機会の放棄が可能であることを前提とする破産法67条2項の適用場面ではな」く，破産法71条1項1号が適用されるため許容されない。」

② 第1審において，Yは以下のとおり破産法67条2項が適用され，相殺が有効である旨主張した。「本件契約の解約金支払債務は，Yが委託者から解約金の交付を受けることを条件とした停止条件付債務と解されであり，かかる停止条件付債務を受働債権とする相殺は，破産法67条2項により有効になしうる。」

(3) **破産法67条2項の適用がある場合の同条項に基づく相殺の可否**

① 第1審において，Xは以下のとおり相殺に対する合理的期待がないとしてYによる相殺を否定した。「仮に，解約金支払債務が条件付債務である〔破産法67条2項が適用される〕としても，同債務は，……原告による解約実行請求がなされない限り現実化せず，相殺に対する合理的期待を欠いている。」

更にXは控訴審において以下の補充主張を行った。

「銀行取引約定書上の取扱いにおいても，投資信託については，任意処分条項，差引計算とも適用がない。任意処分条項，差引計算の適用がない結果，被控訴人は投資信託について自ら解約して権利を実現することはできないのであるから，これを目的とした回収を期待することは本来できない」。

「投資信託の解約金は，合理的な相殺期待の対象であることに争いがない銀行預金とは全く異なる。投資信託契約の販売会社は投資信託の委託会社と契約して，受益証券の募集・売出し，解約・買取りの取扱いや収益分配金や償還金の支払いを代行する者にすぎない。このような単なる取次的立場にすぎない販売会社が，投資信託取引と直接関係のない自己の貸付債権について，投資信託の解約金について，相殺の合理的期待を有するとは考え難い。」

「破産手続が開始され，破産管財人が選任されれば，投資信託の解約金については現実化することになるが，破産事件の大半を占める同時廃止事件や法的整理に至らない多くの事件においては，解約がなされずに終わることになり，金融機関は，解約金からの回収が図れないのである。それにもかかわらず，たまたま破産管財人が選任された場合に限って現実化する解約金について金融機関が回収の期待を有するとは到底考えられない。」

② 第1審において、Yは以下のとおり相殺の合理的期待を有しているとして相殺が可能と主張した。「受益者の解約実行請求は換金のための手続に過ぎず、投資信託は解約前であってもそれ自体客観的な財産的価値があり、解約金は、客観的な基準価格により機械的に決定されるものである。また、受益者自身による解約のみならず、第三者が差押、取立することも認められているものである。そうすると、Xの指摘をもってしても、Yの相殺の合理的期待が否定されるものではない。」

「Yと破産会社間で締結された銀行取引約定書においては、破産会社がYに対する債務を履行しなかった場合に、Yは自ら占有する破産会社の動産、手形その他の有価証券を法定の手続によらず一般に適当と認められる方法、時期、価格等により処分したうえで、破産会社のYに対する債務の弁済に充当することができることを明記している。本件契約では振替制度により有価証券が不発行となっているものの、振替制度による受益権は、金融証券取引法では有価証券とみなされ、その帰属、譲渡、解約金の受領等は、振替口座の管理機関であるYにより管理、支配されており、被告が受益証券を保護預りしていた当時と比較し、その状況は異なっておらず、Yは、破産会社に対する貸金債権と、本件契約の解約金の支払債務との相殺に対する合理的期待を有している。」

更にYは控訴審において、Xに対し以下のとおり反論した。

「銀行取引約定書中の任意処分条項、差引計算に関する規定とも投資信託への適用を排除するものではない。」

「販売会社は、口座管理機関として、振替制度前は有価証券である受益証券を管理し、振替制度によって受益証券が発行されなくなった後も、振替口座簿によって受益権を管理する立場にあり、販売会社の管理する振替口座簿振替の手続がなされない限り受益権の譲渡は認められず、受益者からの一部解約請求も振替口座簿に基づく受益権の行使としてなされる必要があるのであるから、有価証券を占有しているのと同様に、換価に至るまで受益権を実質的に支配・管理しているといえ、販売を取り次ぐだけではない。」

「控訴人は、破産事件の大半を占める同時廃止の事案では投資信託の解約の可能性がないと主張するが、相当額の投資信託が存在する以上、破産手続上換価されるのが当然で、これと異なる同時廃止事件の存在は何ら参考にはならな

い。なお，破産手続に至らない場合にも，債権者は差押えをして当該投資信託を解約することができるのであるから，債権者が存在する以上，投資信託は解約されるのがむしろ通常で，本件の投資信託からの回収を見込むのは何ら不合理ではない。」

## III 判　　旨

### 1　大阪地判平21・10・22（金法1934号106頁）
(1)　争点1について

裁判所は，当該書面の文面が確定的に解約の意思を表示したものとは認められないものとして，Y主張のとおり，本訴提起によって明確になされたものとし，Y主張の解約金を認めた。

(2)　争点2について

裁判所は，以下の構成によりYの相殺を有効とし，Xの請求を棄却した。

①　争点2 (1) について

最高裁平成18年12月14日判決（民集60巻10号3914頁。以下，「平成18年判例」という）を引用し，本件契約の内容に照らし，「Yは，解約実行請求がなされること及び委託者から一部解約金の交付を受けることを条件として解約金の支払義務を負い，原告は，被告に対し，前記条件の付いた解約金支払請求権を有するものと解するのが相当である」と判示した。

②　争点2 (2) について

最高裁平成17年1月17日判決（民集59巻1号1頁。以下，「平成17年判決」という）を引用し，「破産債権者であるYは，破産者の破産宣告時において破産者に対して停止条件付債務を負担している場合においては，特段の事情のない限り，停止条件不成就の利益を放棄したときだけでなく，破産宣告後に停止条件が成就したときにも，破産法67条2項後段の規定により，破産財団所属の停止条件付債権を受働債権として，破産債権を自働債権として，相殺をすることができるものと解される」とした。

③　争点2 (3) について

以下の理由から，Yによる相殺権の行使を否定すべき特段の事情は存しな

いとした。「本件契約においては，解約実行請求が誰からも永遠になされないことにより条件不成就となることは，利殖を目的に運用される投資信託の性質上およそ考えにくいことに加えて，解約実行請求があったにもかかわらず解約金が委託者からYに全く支払われないことにより条件不成就となることも，運用の結果が解約金に反映されることはともかく，受益権が信託財産として分別管理・運用される投資信託においてはおよそ考えにくいことなどに照らせば，本件契約の解約金請求権が停止条件付債務であるとしても，条件不成就により被告がその債務を免れることは，まず考えられない性質のものである」。

逆に，「Yとしては，いつでも破産者から本件契約の解約申出を受ける可能性があったのであり，その場合は，所定の手続により，委託者から被告に対して解約申出当時の基準価格により形式的機械的に算出される解約金が支払われ，被告がこれを破産者に支払う義務を負う高度の蓋然性を有していたといえる。」

「Yが破産者に負っていた債務は，停止条件付とはいっても，その条件不成就がほとんど考えられず，その債務額も基準価格により，いかなる時期においても容易にその算定をなし得る性質のものである。したがって，Yとしては，破産者の破産宣告時において，容易に現実化する一定額の債務を負担していたものであって，Yの破産者に対して有していた破産債権との関係においては，相殺の担保的機能に対する合理的な期待を有していなかったとまでは言えない。そして，このような事情に照らせば，前記の判断は，少なくとも受益者の破産宣告後における相殺の可否を検討するに当たっては，単なる債務不履行のみによって受益権に対するYの処分権が認められるかどうかに関する銀行取引約定の解釈や議論によって左右されるものではないものと解される。」

## 2　大阪高判平成22・4・9

控訴審の判断は第一審判決と同様，Xの請求は棄却すべきものと判断した。その理由としては，第一審判決を引用するほか，争点2(3)につき，以下を追加した。

「本件契約において，Yは，破産会社の受益権を管理する口座管理機関であり，Yを通してのみ他の口座管理機関への受益権の振替及び信託契約の解約による換金が可能であって，また，解約があった場合に，その解約金は被控訴

人の指定預金口座に入金されることが明らかである。したがって，Yの立場は，受益者である破産会社と委託者であるB社を取り次いで投資信託の販売を行うことで終了するものではなく，その後も，解約若しくは他の口座管理機関への振替がなされるまで，本件契約に基づく受益権をその管理支配下に置いているということができる。したがって，このような受益者である破産会社と口座管理機関であるYとの関係は，信託契約の解約金について，被控訴人の知らない間に処分されることがなく，また，その支払は被控訴人の預金口座を通じての支払となることからして，相殺の対象となると被控訴人が期待することの相当性を首肯させるものというべきである。」

「破産会社とYとの間の銀行取引約定書……には，破産会社がYに対する債務を履行しなかった場合には，Yがその占有している破産会社の動産，手形その他の有価証券について，必ずしも法定の手続によらず一般に適当と認められる方法，時期，価格等により，当該動産又は有価証券を取立て又は処分の上，その取得金から諸費用を差し引いた残額を法定の順序にかかわらず破産会社の債務の弁済に充当できるとの任意処分に関する規定（4条3項）及びYが，破産会社のYに対する債務と破産会社のYに対する預金その他の債権とをいつでも相殺し，又は払戻し，解約，処分のうえ，その取得金をもって債務の弁済に充当することができるとの差引計算に関する規定（7条1項）が存在することが認められる。これらは，直接Yに対する権利でないものであっても，Yが事実上支配管理しているものについては，事実上の担保として取り扱うことを内容とする約定であって，このような約定の存在は，本件契約に基づく投資信託の解約金についてもYの相殺の対象と期待することが自然であることを示しているというべきである。」

「破産者を受益者とする投資信託が存在し，かつ口座管理機関である金融機関が破産者に対して債権を有する場合において，このような破産者が同時廃止となり，自由財産として破産者に管理処分が許される分のほかに，その有する投資信託が換価されずに破産者の下に残ることは，破産者の説明義務や重要財産開示義務，財産隠匿に対する罰則規定等からして，破産制度上容易に考え難いものである。また，投資信託を有する債務者について法的な整理手続が行われない場合であっても，口座管理機関である金融機関が債務名義を取得して投

資信託の受益権を差し押え，換価することが考えられるのであって，控訴人の主張は理由がない。」

## Ⅳ 解　説

### 1　受益者の破産手続開始後に解約がなされた場合における解約金支払債務の法的性質

(1)　平成18年判決は，「(1) 投資信託約款において，受益証券の換金は受益者が委託者に対して信託契約の解約の実行を請求する方法によること，この解約実行請求は委託者又は受益証券を販売した会社に対して行うこと，委託者は受益者から解約実行請求があったときは信託契約の一部を解約し一部解約金は上記会社の営業所等において受益者に支払うことが定められ，(2) 販売会社と委託者間の契約において，販売会社が，委託者から，受益証券の販売のほか解約実行請求の受付及び一部解約金の支払等の業務の委託を受け，販売会社が受益証券を保護預りされており，(3) 上記会社と受益者との間の投資信託総合取引規定において，受益証券等の購入及び解約の申込みは上記会社の店舗等において受け付けること，解約金は取扱商品ごとに定められた日に受益者の預金口座に入金することなどが定められているものについては，販売会社は解約実行請求をした受益者に対し，委託者から一部解約金の交付を受けることを条件として一部解約金の支払い義務を負い，受益者は上記会社に対し上記条件のついた一部解約金支払請求権を有する」と示している。

(2)　上記の通り，本判決は，平成18年判決を引用し，第一審及び控訴審ともYは「解約実行請求がなされること及び委託者から一部解約金の交付を受けることを条件として解約金の支払義務を負う」とした。なお，投資信託解約金の相殺の民事再生法上の効力に関する判例（名古屋地判平成22年10月29日，およびその控訴審名古屋高判平成24年1月31日）においても，平成18年判決が引用され，同様の整理がなされている。この点，本判決の投資信託約款，投資信託総合取引規定は，平成18年判決理由で示された契約の内容と類似の特徴を有している。

もっとも，本件ではYが社債等の振替に関する法律の施行後は，振替機関

及び口座管理機関としてその備え置く振替口座簿の記録によって管理されていた点は異なるが，本判決は，「振替口座簿によって受益権を管理する立場にあり，(略)有価証券を占有しているのと同様に，換価に至るまで受益権を実質的に支配・管理している」として，特段影響を与えるものではないと示している。

## 2 債務者破産後に条件が成就した解約金支払債務を受働債権とする破産法67条2項の適否

破産法67条2項後段に基づき停止条件付債権の債務者が停止条件未成就の時点で条件不成就による利益を放棄して自己の破産債権と相殺することができることは争いがないが，停止条件が破産手続開始後に成就した場合において成就後に相殺をすることが許されるかという点については，破産手続開始後に負担する債務を受働債権とする相殺禁止（破71条1項1号）に抵触するかが問題となる。この点，学説では，停止条件付債務とはいえ破産手続開始時に「合理的な相殺期待」が存在するかぎり67条2項による相殺を認める立場[1]が有力である。また，平成17年判決は，「旧破産法99条後段（現行67条2項後段）は，破産債権者の債務が破産宣告の時において期限付又は停止条件付である場合，破産債権者が相殺をすることは妨げられないと規定している。その趣旨は，破産債権者が上記債務に対応する債権を受働債権とし，破産債権を自働債権とする相殺の担保的機能に対して有する期待を保護しようとする点にあるものと解され，相殺権の行使に何らの限定も加えられていない。そして，破産手続においては，破産債権者による相殺権の行使時期について制限が設けられていない」として，破産債権者は，「その債務が破産宣告の時において停止条件付である場合には，停止条件不成就の利益を放棄したときだけでなく，破産宣告後に停止条件が成就したときにも，同様に相殺をすることができる」と判示している。本判決も，平成17年判決を引用して破産法67条2項の適用を判示した。

---

1) 伊藤眞『破産法・民事再生法〔第2版〕』（有斐閣，2009年）365頁，伊藤眞ほか『条解 破産法』（弘文堂，2010年）522頁以下。

## 3 破産法67条2項の相殺禁止事由

### (1) 「合理的期待」と「特段の事情」

上記のとおり，学説においては，破産手続開始時に「合理的な相殺期待」がある場合は破産法67条2項による相殺を認めるべきとする立場が有力である。この場合の「合理的な期待」について，条件成就の可能性が高い場合には合理的な相殺期待が認められるとする見解も考えられるが，条件成就の可能性が低い場合には相殺の可能性も低いとしても，債務にかかわる請求権を破産管財人が回収できる可能性も低いのであり，条件成就の可能性の大小を相殺禁止の適用の有無の考慮要因とすべきでないとして，破産債権者が破産手続開始時に停止条件付債務を負担している場合には原則として認めるべきとする見解もある[2]。

これに対し，平成17年判決においては「特段の事情」がないかぎり67条2項による相殺を認めるべきとしている。この場合の「特段の事情」の解釈については，判示の事由として，「旧破産法99条後段の趣旨が，破産債権者が上記債務に対応する債権を受動債権とし，破産債権を自動債権とする相殺の担保的機能に対する期待を保護しようとする点にあると解され，相殺権の行使に何らの限定も加えられていない」「破産手続きにおいては，破産債権者による相殺権の行使時期について制限が設けられていない」点をあげたうえで，特段の事情がないかぎり相殺が許されると示していることから，「合理的期待」があるときに限って相殺が許されるという立場ではなく，「特段の事情」があるとして相殺が制限される場面はかなり限定的と解されるとの見解がある[3]。

かかる立場からは，「特段の事情」の例示としては，「相殺権の行使が相殺権の濫用に当たる場合」[4]，「破産債権者が，危機時期において，それを知りながら，破産者との間で期限付債務又は停止条件付債務を負担する原因となる契約を締結し，破産宣告後に期限が到来し又は停止条件が成就した場合」[5]が指摘されている。また，同様の立場からは，投資信託における「特段の事情がない

---

2) 伊藤ほか・前掲注1) 523頁。
3) 金法1934号 (2011年) 101頁。
4) 三木素子「判解」ジュリ1298号 (2005年) 164頁。
5) 三木素子・最判解民事篇平成17年度 (上) 22頁 (注22)。

と考えられる場合」として,「債務者が支払不能となった後において投資信託を購入した場合や，他の口座管理機関から当該債務者の保有する投資信託受益権の振替を受けた場合が，それに該当」する[6]との見解が示されている。

この点，本判決の第一審及び控訴審の理由をみると，本件投資信託の制度や約款を認定したうえで，販売会社が「相殺の合理的期待を有していなかったとまではいえない」「相殺の対象と期待することが自然」と示していることから，特段の事情の有無の判断においても，相殺の合理的期待を斟酌していると考えられる。

(2) **他の口座管理機関への振替可能性との関係**

なお，名古屋地判平成22年10月29日判決は，「受益者からの申し出により他の口座管理機関に振替ができる」ことを重視し，合理的期待がないものとして相殺を否定した事案である。この点，投信の実務においては，その取引規定において，原則として自由に，他の振替決済口座への振替をすることができるが，他の口座管理機関への振替は，振替の申出があった銘柄のとりあつかいをしていない等の理由がある場合を除き，受け付ける運用である。前掲地裁判決の控訴審は，地裁と異なり，かかる振替の自由があったとしても，現に解約がされていない限りは相殺の合理的期待はあると整理している。

もっとも，前掲地裁判決をうけた今後の破産管財人の対処として，解約実行請求ではなく，破産者が借入れをしていない他の口座管理機関への振替請求をして，他の口座管理機関から解約金の支払を受ける方策を選択することになろうとの指摘もある[7]。今後，破産管財人がかかる方法をとった場合，販売会社である金融機関は，債権者代位権の行使により自ら解約の上相殺したり，商事留置権の行使により対抗して債権回収を行うことが許容されるか，という点が問題となりうると考える。

## 4 投資信託受益権と商事留置権の成立の可能性への影響（投資信託と預金との類似性）

ペーパレス化した投資信託受益権についての銀行取引約款の約定の処分・弁

---

6) 三井住友信託銀行法務部「投資信託に基づく債権回収」銀行法務743号（2012年）13頁。
7) 伊藤尚「判批」金法1936号（2011年）52頁。

済充当条項や商事留置権の成立の可否については，今後の判例の集積が待たれるところである。前者については，民事再生の事案ではあるが，ペーパレス移行後の投資信託の解約金返還債務について銀行取引約定書に基づく任意処分権の行使としての相殺を認めた名古屋地裁平成25年1月25日判決や大阪地裁判平成23年1月28日判決が参考になる。

## V 意 義

投資信託の解約金の支払債務の法的性質について判示する平成18年判決，条件付請求権を受働債権とする破産手続上の相殺権の行使の許否について判示する平成17年判決の各判旨を踏まえた本判決（その引用する原判決の判断を含む）の判断に特に異論はないのではないかと思われるので，その事例的な判断に意味があるにすぎない裁判例という位置付けと解されている[8]。もっとも，振替制度が導入され受益権がペーパレス化した後も，これらの判例の適用を認めた先例であり，また，受益者の破産後の解約事例としても特色を持つことから，金融機関による投資信託からの債権回収実務について，その手段の適否の判断にあたり，今後の指針としての意義を有する。

---

8) 金判1382号（2012年）51頁。

## 31 破産管財人が解約実行請求した投資信託受益権の一部解約金との相殺の可否（2）——消極

大阪地裁平成23年10月7日判決　金法1947号127頁

細 川 昭 子

## I　事 案 概 要

### 1　はじめに

本件は，破産者の破産管財人である原告が，破産者が投資信託受益権を購入した販売会社である被告（信用金庫）に対し，当該投資信託の解約を請求して一部解約金の支払を求めたところ，被告に開設された破産者名義の預金口座に当該解約金が自動入金された後に，被告が当該解約金返還債務と自己が破産者に対して有する連帯保証債務履行請求権とを相殺する意向を伝えて原告への支払を拒んだので，原告がこの相殺が許されない旨主張して，被告に対し，主位的には預金返還請求権又は預金返還債務の不履行に基づく損害賠償請求権に基づき，予備的には被告の投信取引約款上の返還請求権に基づき，投資信託受益権の一部解約金ないし同相当額の金銭の支払を求める事案である。

### 2　事案概要

事案の概要は以下のとおりである。

（1）　破産者は，被告との間で預金取引を行っていたところ，平成15年11月21日以来，投信取引約款（以下「本件取引約款」という）に基づき，破産者が被告に開設している普通預金口座（以下「本件預金口座」という）を，投資信託取引により被告が支払うべき金銭の振込口座（以下「指定預金口座」という）に指定して，投資信託（以下「本件投資信託」という）に基づく受益権（以下「本件受益権」という）を，販売会社である被告から購入していた。

(2)　本件投資信託の取組みは，概ね次のようなものである。

①　委託会社であるＡ社（以下「本件委託会社」という）は，受益権の発行・募集，投資信託財産の運用指図等を行う。

②　受託会社であるＢ信託銀行（以下「本件受託会社」という）は，投資信託財産の保管・管理，投資信託財産の計算等を行う。本件受託会社と本件委託会社との間では，追加型証券投資信託約款が締結されている。

③　販売会社は，信金中央金庫（以下「信金中金」という）と，被告を含む各信用金庫等である。信金中金は，本件委託会社との間の「投資信託受益権の募集・販売の取扱い等に関する契約」に基づき，顧客（受益者）に対する受益権の募集の取扱い，一部解約金の支払等を行う。

④　被告は，信金中金との間で，「証券投資信託受益証券の取次業務に関する基本契約」を締結し，これに関連する「投資信託受益権の取次業務に関する規程」及び「投資信託受益権の募集の取扱い等に関する事務手続」を定めている。これらの規程により，取次会社である被告は，投資信託の取次業務に当たり，株式会社しんきん情報システムセンターの提供する投信窓販共同システム（以下「本件システム」という）を利用しなければならず，信金中金との資金授受は，原則として，信金中金における被告名義の普通預金口座（以下「信金中金の被告口座」という）を通じて行うこととされている。

(3)　本件投資信託における受益者が受益権の一部解約をする手続は，上記(2)の諸規程に従い，次のとおり行われている。

①　受益者に帰属する受益権についての信託契約の一部解約の実行請求に関する業務は，本件委託会社から信金中金に委託され，被告がその取次業務を行っていることから，受益者による一部解約の実行請求は，被告に対して行う。

②　被告は，受益者から一部解約の実行請求を受けると，信金中金にその旨の通知をし（受益者の投信取引口座番号も通知する），信金中金は，本件委託会社に他の信用金庫分とまとめて一部解約実行請求の通知をし，本件委託会社は本件受託会社に信託契約の一部解約を指図する。

③　本件受託会社は，一部解約金を本件委託会社に交付し，本件委託会社は，これを信金中金の預金口座に振り込む。これを受けて，信金中金と被告の間における勘定処理としては，受渡日に信金中金の被告口座に一部解約金が入金さ

れ，被告は同日に一部解約金を受益者の指定預金口座に入金する形が取られているが，本件システム上，受渡日前日に投信窓販振込明細データが被告に送信されると，特段の事情がない限り，受渡日に受益者の指定預金口座に一部解約金が自動入金されることになっており，被告がこれを留保することはできない。

破産者は，平成21年8月25日，破産手続開始決定を受け，同日，破産管財人として原告が選任された。破産者は，破産手続開始決定時点で，本件受益権を82万5187口保有していた。

原告は，平成22年3月15日到達の書面により，被告に対し，本件受益権の解約処理を行い，一部解約金を原告が指定する破産管財人口座に振り込み返金するよう求めた。取引終了時に残っていた本件受益権は合計82万5187口で，同年3月19日時点の一部解約金額は合計60万5192円であった。

被告が上記の申出を受けたことに伴い，同年3月19日付けで本件受益権の解約処理が行われ，本件委託会社から信金中金に本件受益権に係る一部解約金60万5192円（以下「本件解約金」という）が入金され，破産者の指定預金口座である本件預金口座に同額の金員が入金された。

被告は，同年4月7日差出の書面により，原告に対し，被告が破産者に対して有する連帯保証債務履行請求権（元金8638万5346円）と本件解約金の返還債務を相殺（以下「本件相殺」という）する意向を伝えた。

被告は，同年10月25日の本件第1回口頭弁論期日において，被告がZ社に対して平成19年9月21日に貸し付けた1000万円につき同日破産者が連帯保証したことに基づく貸金残元金685万6593円についての連帯保証債務履行請求権の内金60万5192円をもって，本件解約金の返還請求権と対当額で相殺する旨の意思表示をした。

## II 争点

本件の争点は，被告による本件相殺の有効性である。

### 1 被告の主張

(1) 「被告は，破産者に対し，破産手続開始時点で，本件受益権につき本

件委託会社から信金中金を通じて一部解約金の支払を受けることを停止条件とする一部解約金の返還債務を負っていた。すなわち，本件投資信託において，一部解約金の支払請求権は受益権のうち最も中核的な権利であり，受益者の立場からは，本件委託会社の本件受託会社に対する信託の一部解約という手続を経る必要があるのみで，実質的には預金の払戻請求権と大差なく，受益者に融資する側から見ても，受益権を預金と大差ないものとして貸付等の信用供与を行っている。本件投資信託においては，受益者が本件委託会社に対して直接に一部解約金の支払を請求することはできず，受益者との関係で一部解約金の支払義務を履行する関係に立つのは，被告のような販売会社以外にない。また，破産法67条2項後段の停止条件付債務について規定上何ら制限はなく，条件成就前に債務額が確定していることを相殺の要件とする理由はない。したがって，本件相殺は，破産債権者である被告が，破産手続開始の時において破産者に対し負担していた条件付債務に対応する債権を受働債権とする相殺であり，破産法67条2項後段によって有効である。」

(2) 「なお，本件解約金が，信金中金から一旦信金中金の被告口座に入金され，同額の金員が破産者の本件預金口座に振り込まれたのは，本件システム上，本件委託会社から一部解約金が入金されると自動的に受益者の指定預金口座に入金される仕組になっているために過ぎず，信金中金から被告に入金された本件解約金を被告が引き出して，本件預金口座に入金したわけではない。したがって，被告が破産者に対し負っていた債務は，あくまで本件取引約款に基づく一部解約金返還債務であって，預金返還債務ではない。」

(3) 「仮に，被告が負っていた債務が預金返還債務であるとしても，上記(2)のような本件預金口座への入金の経緯に照らせば，その実質は一部解約金返還債務であることに変わりはないといえる。そうでないとしても，被告の債務は，本件システムによって本件解約金相当額の金員が自動的に本件預金口座に入金されて生じたものであるから，破産者が本件取引約款に基づき本件受益権を購入したこと，すなわち破産手続開始前の原因に基づいて発生した債務というべきであって，振込指定における『強い指定』がある場合と同様，本件相殺は，破産法71条2項2号によって有効である。」

## 2 原告の主張

(1) 被告が本件相殺時に負っていた債務は，破産手続開始決定後に本件解約金が本件預金口座に振り込まれたことにより発生した，預金返還債務である。したがって，本件相殺は，破産法71条1項1号により無効であり，被告は，原告に対し，預金契約の履行又は預金返還債務の不履行に基づく損害賠償として，本件解約金相当額の支払義務を負っている。」

(2) 「仮に，被告の返還債務が本件取引約款に基づく一部解約金返還債務であるとしても，返還額は原告が解約するまで定まらないことからすると，破産法67条2項後段が予定している条件付債務には該当しない。また，本件解約金は被告が出捐したのではなく，本件委託会社が信金中金に支払った金員が原資になっているに過ぎないこと，本件受益権は，被告の同意なく破産者が自由に他の金融金庫等の口座管理機関へ振り替えることが可能であること，本件受益権の換価方法は解約に限らず買取請求，信託期間終了時の償還等の方法があること等に照らすと，本件取引約款に基づく破産者と被告との関係は，一部解約金返還債務につき相殺への具体的な期待を生じさせる程度に直接的なものではなく，破産法67条2項後段の適用はないというべきであるから，本件相殺は，同法71条1項1号により無効である。」

# Ⅲ 判　旨

**1** 「本件投資信託の仕組みの概要及び解約の手続を踏まえると，被告は，本件取引約款に基づき，受益者である破産者から解約実行請求を受け，本件委託会社から一部解約金の交付を受けることを条件とする一部解約金の返還債務を負っていたと解するのが相当である（最高裁平成18年12月14日第一小法廷判決・民集60巻10号3914頁参照）。しかし，本件においては，前記前提事実(6)のとおり，平成22年3月19日に被告から破産者の本件預金口座に本件解約金が入金されたことにより，本件取引約款に基づく一部解約金返還請求権は消滅し，本件解約金相当額の預金返還債務を負担したと認めることができる。」

**2** 「上記1を前提にすると，本件相殺は，弁済により既に存在しない債務を受働債権とする相殺として無効であるか，被告が破産手続開始後に負担した債

務を受働債権とする相殺として破産法71条1項1号により無効であると解するほかない。」「被告は，本件システムの仕組みにより，自動的に本件解約金が本件預金口座に振り込まれたことから，同入金後も依然として本件取引約款に基づく一部解約金返還債務を負っていたことに変わりがなく，また，仮に負っていたのが預金返還債務であったとしても，本件取引約款に基づく一部解約金返還債務としての性質に変わりはない旨主張するが，前記前提事実……のとおり，本件システムは被告と信金中金の間で設定された仕組みに過ぎず，本件預金口座に入金された金員について被告が預金返還債務を負うという破産者と被告との間の法律関係に影響を及ぼさないし，そうである以上，同返還債務は本件取引約款に基づく一部解約金返還債務とは異なる債務と認めるほかないから，被告の上記主張は採用し難い。」

3 「以上のとおり，本件相殺は無効であるから，被告は原告に対し，預金返還債務として60万5192円の支払義務を負っており，その返還を求める原告の主位的請求は理由がある。」

## Ⅳ 解　説

### 1　受益者の破産手続開始後に解約がなされた場合における解約金支払債務の法的性質

(1)　本件において，原告は，本件相殺が許されない旨主張して，被告に対し，主位的には預金返還請求権又は預金返還債務の不履行に基づく損害賠償請求権に基づき，予備的には被告の投信取引約款上の解約金返還請求権に基づき，投資信託受益権の一部解約金ないし同相当額の金銭の支払を求めた。これに対して，裁判所は，平成18年判決を引用し，「本件投資信託の仕組みの概要及び解約の手続を踏まえると，被告は，本件取引約款に基づき，受益者である破産者から解約実行請求を受け，本件委託会社から一部解約金の交付を受けることを条件とする一部解約金の返還債務を負っていたと解するのが相当である」としたうえで，本件においては，「被告から破産者の本件預金口座に本件解約金が入金されたことにより，本件取引約款に基づく一部解約金返還請求権は消滅し，本件解約金相当額の預金返還債務を負担した」と認め，「本件相殺は，

弁済により既に存在しない債務を受働債権とする相殺として無効であるか，被告が破産手続開始後に負担した債務を受働債権とする相殺として破産法71条1項1号により無効であると解するほかない」と判示した。

　(2)　本判決は，大阪高裁平成22年4月9日判決（金法1934号98頁。以下，「大阪高裁平成22年判決」という。）と同様に，平成18年判決を引用したうえで，受益者である破産者から解約実行請求を受けた場合に，投資信託の販売会社が受益者に対して負担する一部解約金支払債務を，委託会社から一部解約金の交付を受けることを条件とする停止条件付債務と構成した。しかしながら，結論として，大阪高裁平成22年判決は販売会社による一部解約金支払債務を受働債権とする相殺を肯定したのに対し，本判決は否定している。

　かかる違いが生じた理由は，大阪高裁平成22年判決においては委託会社からの一部解約金の交付がまず販売会社名義の口座に振り込まれ，かかる段階で相殺がなされたのに対し，本判決事案においては，被告に開設している破産者名義の預金口座に解約金が入金され，かかる段階で相殺がなされた点を裁判所が重視したことによるものと考える。すなわち，本判決事案において，被告が「本件システムの仕組みにより，自動的に本件解約金が本件預金口座に振り込まれたことから，同入金後も依然として本件取引約款に基づく一部解約金返還債務を負っていたことに変わりがなく，また，仮に負っていたのが預金返還債務であったとしても，本件取引約款に基づく一部解約金返還債務としての性質に変わりはない」旨主張したのに対し，裁判所は，かかる当事者間の仕組みは，本件預金口座に入金された金員について被告が破産者に対して預金返還債務を負うという法律関係に影響を及ぼすものではないとした。したがって，本判決と大阪高裁平成22年判決は相殺の有効性の可否という結論が異なっているものの，本判決は，受益者の破産手続開始後の解約であっても，販売会社の受益者に対する解約金支払債務の法的性質が，委託者から一部解約金の交付を受けることを条件とする停止条件付債務であるとする大阪高裁平成22年判決の結論を否定したものではない。もっとも，一部解約金返還債務と預金返還債務との関係についての本判決の裁判所の判断に対しては，「受益者指定預金口座への入金とその返還は，解約金の返還方法であり上記取引規定における投信解約手続の業務の一部であり，異別の法律関係とみるのは疑問である」との指摘も

存在し[1]，今後のさらなる議論の集積が待たれる。

## V 意　義

　本判決は，大阪高裁平成 22 年判決と同様，受益者の破産手続開始後に解約がなされた場合においても，投資信託の解約金の支払債務の法的性質について判示する平成 18 年判決が受益者の破産後の解約事例においても適用されるという裁判所の考えが示されている点に意義を有する[2]。また，本判決事案の特徴は，委託会社からの一部解約金の交付が破産者名義の預金口座に振り込まれた点にあり，かかる場合における一部解約金返還請求権と預金返還債務裁判所との関係についての裁判所の判断が示されたことについても意義が認められる。

---

1) 東畠敏明「判批」新・判例解説 Watch 倒産法 No.1（Web 版）169 頁。
2) 破産手続開始後の解約の事例については，「受益者と販売会社間の契約金にかかる法律関係は代理受領契約で準委任契約に該当するため，破産手続開始により当然終了する（民法 653 条 2 号）もので，受益者の解約金支払請求権は手続き開始後の解約金の販売会社への振込みによりはじめて発生した不当利得返還請求権である（したがって破産法 71 条 1 項 1 号が適用される。）」との指摘もある（パネルディスカッション「倒産と相殺」事業再生と債権管理 136 号〔2012 年〕34 頁）。

## 32

## 貸付信託受益証券への質権設定・買取代金との相殺

東京高裁平成8年11月28日判決　金法1505号55頁

細 川 昭 子

## I　事案概要

　本事案は，信託銀行による，貸付信託を担保とする貸付と相殺につき，民法478条の類推適用が問題となった事案である。原告Xは，被告であるY信託銀行において，信託総合口座設定契約を締結し，ビッグ（収益満期受取型）3口合計450万円の貸付信託（以下「本件貸付信託」という）をした。その後，Xの妻である訴外花子がX名義で，本件貸付信託の受益証券の一定期間後の買取りを条件として本件貸付信託に質権を設定し，信託総合口座を開設してYが450万円を貸し付けた。しかし，当該貸付金の返済がなかったため，Yが本件貸付信託の受益証券を買い取って，貸付金債権と相殺した。
　その後，Xは本件貸付信託債権の確認をYに請求したが，Yは，XのYに対する本件貸付信託債権は相殺により消滅したとしてその存在を争ったところ，Yの貸付および相殺についての民法478条の類推適用が問題になった。

## II　争　点

　1　本事案の争点は，信託銀行による，貸付信託を担保とする貸付と相殺についての民法478条の類推適用の可否である。

　2　原告（控訴人）の主張
　第1審において，原告Xは以下の通り主張した。

「Yが本件貸付信託を担保とする貸付を行い，本件貸付信託の期限前買取りによって買取債権と貸金債権とを相殺することは，定期預金の期限前払戻しと同視することができず，これについて債権の準占有者に対する弁済に関する民法478条の適用はない。」

更に，控訴審において，控訴人Xは以下の通り主張した。

「貸付信託と定期預金とは法律的な性質が全く異なっており，金銭の預託である定期預金については，期限前払戻しが可能であり，一般的に預金債権の払戻しは弁済と類似し，民法478条の類推適用ということが考えられる。しかし，貸付信託は，貸付信託法によって信託銀行がする受益証券の売出しと受益者の買取り（売買）であって，金銭の預託ではないから，払戻請求権とか期限前払戻しということはありえない。貸付信託においては，受益者が買い取った受益証券を信託銀行が期限の到来又は到来前に再び買い取るという受益証券の売買があるのみである。」

### 3 被告（被控訴人）の主張

第1審において，被告Yは以下の通り主張した。

「Yの取り扱う貸付信託は，設定日（募集締切日）から1年以上経過している場合に限り，受託者であるYがその固有財産をもって受益証券を買い取ることができ，その代金を受益者に支払うものとされ，この買取りは定期預金の期限前解約に相当する。」本件貸付信託のように設定日から1年未満である場合，右満期前の買取りができないが，「顧客の便宜を図るため，貸付信託を担保として貸付を行い，設定日から1年を経過した時点で貸付信託受益証券を買い取り，その代金をもって右貸付金の返済に充当する方法をとっているところ，本件貸付信託の期限前買取りも右業務の一環として行われたものである。」「このように，貸付信託を担保とする貸付は，実質的には貸付信託の期限前買取りによる買取代金の支払であり，定期預金の期限前解約による払戻しと同視することができるから，これについては，債権の準占有者に対する弁済に関する民法478条の適用がある。」

更に，控訴審において，被控訴人Yは以下の通り主張した。

「本件貸付信託は記名式であるが，記名式受益証券は，無記名式のものと異

なり，有価証券ではなく，指名債権証書ともいうべきものであり，受益者は，受益証券を信託銀行に預け，その証として受益証券預り通帳（信託総合口座通帳）への明細記入を受けているから，記名式受益証券の買取りは法的には信託受益権の買取りということができる。」

「記名式貸付信託と定期預金とは，契約類型において異なるものの，いずれも一定の金銭を銀行が受け入れ，一定の期限に預入れ者に対して受入れ元本及び運用利益を支払うという点で，きわめて類似している。このことは，一般的に貸付信託が信託預金といわれ，金融行政上も預金と同様に取り扱われている（預金保険の対象とされ，準備預金の対象となっている。）ことからも明かである。そして，記名式貸付信託の受益権の買取り（個別的信託契約の解約）と定期預金の期限前解約は，いずれも解約によって銀行が預入れ者に返還すべき金銭を支払うという同一の法的機能を有するものであって，両者ともに解約によって発生した金銭債務の弁済の範疇に属するものである。」

## III 判　旨

### 1　原審（東京地判平成 8・4・26 判時 1594 号 105 頁）

「本件貸付信託は，Y が X から信託を受けた金銭を運用し，所定の期日に収益を支払い，信託期間満了により金銭で元本の償還を行うものとされ，収益の保証はないが，元本は保証されており，銀行の取り扱う定期預金に類似するものであること，Y の貸付信託約款においては，信託期間の延長及び解約はできないが，信託契約取扱期間終了の日（募集締切日）から 1 年以上経過した受益証券については，受益者の請求により，Y は時価をもってこれを買い取ることができる旨規定されていること，Y は，顧客から右 1 年経過未満の買取要請があった場合，顧客の便宜を図るため，貸付信託を担保として貸付を行い，右一年を経過した時点で貸付信託受益証券を買い取り，その代金をもって右貸付金と相殺する予定のもとに，貸付信託を担保として貸付を行い，1 年を経過した後に右相殺によって貸付金の返済に充当する方法をとっていることが認められる。右事実によれば，貸付信託を担保とする貸付は，実質的には貸付信託の期限前買取りによる買取代金の支払であり，定期預金の期限前解約による払

「定期預金の期限前払戻しの場合，銀行は期限到来の場合と異なり弁済を義務づけられているものではないが，預金契約の締結に際し，当該預金の期限前払戻しの場合における具体的内容が契約当事者の合意により確定されているときは，右預金の期限前の払戻しであっても，債権の準占有者に対する弁済に関する民法478条の適用があり（最高裁昭和41年10月4日第三小法廷判決・民集20巻8号1565頁），また，銀行が，権限を有すると称する者からの定期預金払戻請求につき，当該預金と相殺する予定のもとに預金を担保として貸付を行い，その後右の相殺をする場合にも，同条の類推適用があり（最高裁昭和48年3月27日第三小法廷判決・民集27巻2号376頁），銀行が右貸付時に，預金担保の貸付を行うにつき銀行として尽くすべき相当の注意を用いたときは，銀行は，右貸付によって生じた貸金債権を自働債権とする定期預金債権との相殺をもって預金者に対抗することができるものと解すべきである。」

「以上のとおり，本件貸付信託債権はYの前記相殺（充当）により消滅したものであるから，その存在確認を求めるXの本訴請求は理由がない。」

## 2 控訴審（東京高判平8・11・28）

「(1)本件貸付信託も，委託者（受益者）が一定額の元本を信託銀行（受託者）に一定期間信託し，信託銀行がこれを運用して期限到来後元本及び収益（収益満期受取型・ビッグ）を金銭で委託者に支払うもので，元本が保証されており，信託されており，信託預金ともいわれていることなどに照らしても，定期預金に類似していること，(2)本件におけるような信託総合口座では，普通預金，記名式貸付信託受益証券保護預り，受益証券を担保とする当座貸越，収益金積立用金銭信託，国債等公共債の保護預り，国債等を担保とする当座貸越などの取引ができることとされており，顧客から普通預金残高を超える払戻しの請求があった場合，不足相当額につき，当該口座で取引きされている貸付信託受益証券や国債等を担保（質権設定）に一定額を限度として自動的に貸出し（貸越）をして普通預金へ入金のうえ払戻しがされ，後日普通預金に入金があれば自動的に貸越金の返済に充当されることになっており，預金と貸付信託は密接に連動して運用され，一定範囲の貸付けについては受益証券を担保として自動的に

融資がされていること，(3)受益者が貸付信託により融資を得ようとする場合，前記のとおり，設定日（募集締切日）から1年を経過していない受益証券によるときは，これを信託銀行が買い取ることができないので，受益証券に質権を設定し，右1年を経過した時点で受益証券を買い取りその代金をもって相殺する予定のもとに，貸付けを行うという方法がとられているところ，このような貸付けは頻繁に行なわれており，貸付限度額が限定されている（貸付信託元本の90％以内であるが，ビッグの場合は元本の100％までである。）ことから，一般の貸付けと異なり，厳重な審査は行われず，信託総合口座通帳，借入申込証，担保差入証等の必要書類の記入，提出を受け，届出の住所，氏名，印鑑の照合，確認をして貸付けがされるものであり，預金を担保とする貸付けと同様に取り扱われていることが認められる。以上の認定事実に徹すると，貸付信託を担保とする貸付けと，定期預金の期限前解約による払戻しないし定期預金を担保とする貸付けとを同視することができ，Xの主張は理由がない（本件記名式貸付信託受益証券買取りの法的性質を受益証券の売買であると解しても，右の判断を左右するものではない。）。」

## Ⅳ 解　説

### 1　民法478条類推適用について

(1)　民法478条は，真の債権者らしい外観を有する者（債権の準占有者）に弁済した善意の債務者を保護するための規定であるが，金融取引の多様化に伴い，弁済そのものではないものの実質的には弁済に類似する取引に対して，判例は，類推適用を認めることにより，同条の適用範囲を実質上拡大してきた。なお，民法478条類推適用を認めることの金融機関（債務者）のメリットとしては，同条による免責については，表見代理や虚偽表示と異なり，債務者の帰責事由を必要としない点があげられる。

(2)　本判決以前は，本判決でも引用されている定期預金の期限前払戻しについて適用を認め（前掲最判昭和41・10・4），次に無記名預金担保貸付と相殺（前掲最判昭和48・3・27）への適用を認めた。本判決以降においても，記名式定期預金を担保とする貸付と相殺（最判昭和57・4・2金法995号67頁）や，銀行総

合口座取引における貸越と相殺（最判昭和 63・10・13 判時 1295 号 57 頁）について類推適用が認められている。このように，銀行の預金者に対する貸付けについて特に多く民法 478 条の類推適用が認められるのは，銀行預金の預金者の確定につき判例が客観説をとっているため，銀行に危険を負担させるおそれがあるので，その対応として民法 478 条の類推適用により救済しているものと考えられている[1]。なお，このような判例の傾向に対しては，銀行実務の観点から賛成する見解があるが，定期預金を担保とする貸付けについても状況が異なる場合があることを指摘し，その場合ごとに判断すべきであり，同条を拡大解釈しすぎるとする批判もあるようである[2]。

(3)　また，預金担保貸付のほか，保険会社に対する債権者の妻が保険契約者貸付制度を利用して当該債権者名義で保険会社から貸付けを受けた事案において，保険契約者貸付制度に基づく「貸付けは，約款上の義務の履行として行われる上，貸付金額が解約返戻金の範囲内に限定され，保険金等の支払の際に元利金が差引計算されることにかんがみれば，その経済的実質において，保険金又は解約返戻金の前払と同視することができる」ことを理由に，類推適用を認めている（最判平成 9・4・24 民集 51 巻 4 号 1991 頁）。

(4)　さらに，本事案に類似するものとして，下級審判決ではあるが，貸付信託における受益権担保の貸付について「受託銀行が，貸付信託の信託通帳と届出印鑑の所持者を権利者とし，この者に受益権を担保として貸付を行い，貸付債務が不履行となり，その結果，差引計算その他の弁済充当の方法により，受益権と貸付金の債権債務を消滅させるのは，……期限前の払戻しと同視すべきである」として同条の類推適用を認めたものがある（東京地判昭和 56・1・29 判時 1011 号 73 頁）。

(5)　本判決は，①貸付信託が，所定の期日に収益を支払い，収益の保証はないが，元本保証がなされていること等からその性質が定期預金に類似すること，②信託総合口座において預金と貸付信託は密接に連動して運用され，一定範囲の貸付けについては受益証券を担保として自動的に融資がされていること，③受益証券に質権を設定する貸付は貸付限度額が限定されていることから，一

---

1) 宮川博史「判批」昭和 63 年度主要民事判例解説・判タ 706 号（1989 年）199 頁。
2) 宮川・前掲注 1)。

般の貸付けと異なり厳重な審査は行われず預金を担保とする貸付と同様に取り扱われていることを理由として，定期預金の期限前払戻し又は預金担保貸付と相殺と同視できるとして民法478条の類推適用を認めたものである。法構成としては，預金契約（寄託契約）と信託契約は異なるものの，本事案における貸付信託は，信託商品の中でも特に預金類似の金融商品としての性質を有することに鑑みると，本判決の判旨に賛成する。

(6) 上記のとおり，本判決は，貸付信託の預金類似の金融商品としての性質を前提として，民法478条の類推適用を認めたものであるから，本判決が，あらゆる信託に関する給付金を担保とした貸付との相殺を射程範囲とするとは言い難く，個別事案に応じて検討すべきと考える。

## 2 受託者による受益権担保取得と信託法上の問題について

(1) 本件に限らず，実務上，信託受託者が，自己が受託者となる信託受益権について固有勘定や他の信託勘定で質権を設定する例も存在するため，信託法との関係を検討したい。まず，信託法8条は，「受託者は，受益者として信託の利益を享受する場合を除き，何人の名義をもってするかを問わず，信託の利益を享受することができない」と規定している。当該規定の趣旨は，①受託者が，共同受益者の1人として，または単独受益者として，信託の利益を享受することができること，②ただし，単独受益者として信託の利益を享受できるのは1年未満に限定されていること（信託163条2号），および③受益者以外の名義により信託の利益を享受することは一切許されないこと[3]とされている。したがって，受託者が質権を実行して受益権を取得するタイミングで当該規定に反するかが問題になりうる。

(2) 次に，信託法31条は，利益相反取引の禁止として，「信託財産に属する財産（当該財産に係る権利を含む）を固有財産又は他の信託の信託財産に帰属させること」を自己取引として原則として禁止している（信託31条1項1号及び2号）。この点，「信託財産に属する財産（当該財産に係る権利を含む）を固有財産又は他の信託の財産に帰属させること」には，受託者（固有勘定／他

---

3) 寺本〔補訂版〕51〜52頁。

第5章　受益権の性質

の信託）が第三者から信託財産に属する財産に係る権利を承継し，結果的に当該受託者又は利害関係人が信託財産について権利を取得することになる行為は含まれず[4]，当該受託者又は利害関係人が直接的に信託財産に属する財産又はこれに係る権利を取得する行為が該当すると考えられる。したがって，受託者が，自己を受託者とする信託の受益権についてその保有者から質権の設定を受ける行為は，受託者と当該信託受益権保有者との取引であり，信託法31条1項及び信託業法29条2項に規定する自己取引行為には該当しないと解される[5]。

　（3）　なお，本判決においては争点となっていないが，信託受託者が自己を受益者とする信託受益権を担保として受益者に対して貸付を行う場合，当該信託の性質によっては，信託の本旨に反しないかが問題になり得ると思料する。すなわち，委託者と受益者が別人であり，信託財産が不動産等の有体物であり，あるいは信託目的が管理や扶養のためなどである場合は，かかる受託者による信託受益権の担保取得自体が信託の本旨に反するとして，問題となりうる点に留意を要する[6]。また，事案によっては，受託者の質権者としての立場と，当該受益権の受託者としての立場間において，事実上の利益相反が生じ，結果として両信託の受益者に対する忠実義務が相反するおそれも生じうると考える。

---

[4]　村松秀樹ほか『概説　新信託法』（金融財政事情研究会，2008年）93頁注釈5において，「第三者から信託財産に属する財産に係る権利を承継的に取得する場合（例えば，土地を受託する受託者が，当該土地について設定された地上権を承継取得する場合）は含まれないものと解する」と説明されている。

[5]　「信託業法」の施行に伴う政令・府省令の整備案に対するパブリックコメントの結果（平成16・12・27）において，「信託財産の処分において，自己を受託者とする金銭債権信託の受益権をその保有者から取得する場合があるが，この取引は信託財産と当該保有者との間の取引であることから，法第29条第2項各号に規定する取引に該当しないものと考えてよいか。」とのコメントに対して，当局から「そのようなご理解で結構です。」との見解が示されている。また，高橋康文『詳解　新しい信託業法』（第一法規，2005年）134頁も「単独受託者が単独受益者を兼ねることにならなければ，信託会社が自らが信託の引き受けをした信託の受益権を取得することは自己取引に該当せず，許されると解される」とする。

[6]　前掲東京地判昭和56・1・29の判例評釈（松本崇「貸付信託受益権担保貸付と民法478条の類推適用理論」判タ468号（1982年）47頁において，かかる場合においては，受託者の受益権担保取得について信託の本旨違反が問題となる可能性が指摘されている。

## V 意　義

　今後も金融取引の多様化に伴い，弁済に類似する機能を有する取引について，民法478条の類推適用の射程が今後も問題になると思われ，かかる場合において，本判決は参考になると思料する。

## 33

# 投資信託を共同相続した相続人の一部からの法定相続分に応じた解約請求

福岡高裁平成 22 年 2 月 17 日判決　金法 1903 号 89 頁

田　中　和　明

## I　事　実　概　要

　個人である Z は，証券会社であるシティグループ・オーバーシーズ・ホールディングス株式会社（旧商号　日興コーディアル証券株式会社　以下「Y₁」という）との間で，投資信託[1]の一種である累積投信（以下「日興 MRF」という）及びピムコトータルリターンファンド（以下「ピムコ」という）を購入して保有，また，「預り金」の返還請求権を有していたところ，平成 15 年 4 月 24 日に死亡した。その相続人は，Z の夫（相続分は 4 分の 3）と兄 A（相続分は 4 分の 1）であったが，夫が同年 6 月 17 日に死亡した。原告 X らは，夫の相続人であり，平成 19 年 9 月 3 日に，Y₁ に対して，上記の投資信託及び預り金について，法定相続分の金員と訴状送達の日の翌日から支払日までの遅延損害金の支払を求めた事案である。

　なお，平成 21 年 10 月 1 日，会社分割により Y₁ の権利義務は，日興コーディアル証券株式会社（以下「Y₂」という）に免責的に承継されたため，X らの申立てにより，裁判所は Y₂ に本件訴訟の引受けを命じ，Y₁ は本件訴訟から脱退している。

　平成 21 年 6 月 12 日現在，日興 MRF18 万 276 円，ピムコ 50 万 5190 円，預り金 9 万 3621 円の残高があった。Y₁ は，X らがそれぞれの相続分に応じた預り金の返還請求権を有することを争わなかった（預り金については本件検討の対

---

[1]　投資信託の仕組みについては，野村アセットマネジメント株式会社編著『投資信託の法務と実務』（金融財政事情研究会，2008 年）53 頁が詳しい。

33 投資信託を共同相続した相続人の一部からの法定相続分に応じた解約請求

象外とする）。

　日興 MRF の投資信託説明書には，解約請求による換金に関して，営業日に解約を受け付ける，解約価額は解約請求受付日の翌営業日の前日の基準価額による，解約単位は 1 口とする，解約代金は解約請求受付日の翌営業日から支払う旨の記載があり，また，信託期間は無期限とされている。

　また，ピムコの投資信託説明書には，途中換金に関して，換金（買戻し）は月単位で行うことができる，買戻請求の受付は各月の最終ファンド営業日を含む直前 5 営業日の間に行う，換金は 1 口単位で受け付ける，換金された資金は，各月の最終ファンド営業日後，4 営業日目に支払う，手取額は各月の最終ファンド営業日の純資産価額に買戻し口数を乗じた額となる旨の説明があり，また，信託期間は無期限とされている。

　なお，$Y_1$ は，個人に投資信託を販売する際に，相続が生じた場合の手続について記載した文書を交付することはない。また，約款上，他の受益者と協議せずに単独で受益証券の返還を請求できる等，単独での解約請求または買戻請求を認める旨の規定はない。

　第一審判決[2]では，X らは，受益権を準共有し，X らが合計で 4 分の 3 の割合で持分を有することになり，投資信託を換金するためには，解約請求等をしなければならないが，その請求は，受益権の管理に関する事項に当たると考えられることから，民法 544 条の規定の適用はなく，過半数の持分を有する X らが行うことができると判示し，X らの請求を容認したため，$Y_1$ が控訴したものである。

## II　判　旨

### 1　投資信託の受益権の可分性

　「Z 名義の日興 MRF 及びピムコについては，投資信託の受益権が承継されるところ，これらは単に解約請求権又は買戻請求権にとどまらず，議決権，分配金請求権等を含み，性質上明らかに不可分債権であって単純な金銭債権では

---

2）　熊本地判平成 21・7・28 金法 1903 号 97 頁。

ないから，相続人であるＸら各人が，相続開始と同時に当然に相続分に応じて分割単独債権として取得するということはできない。」

## 2　銀行預金との類似性
「銀行預金の場合は他に金銭債権以外にいかなる権利も伴わないものであり，解約権の行使といっても単純な払戻請求にすぎないから，投資信託と銀行預金とを同列に論じることは相当でない。」

## 3　民法264条・251条・544条の適用
「投資信託を準共有する者において，これを換価すべく，準共有物である受益権そのものについて解約請求又は買戻請求をすることは，その結果，投資信託自体が消滅することになるのであるから，受益権を処分することにほかならず，単に受益権の管理に関する事項にとどまらない。

そして，本件においては，約款上も，他の受益者と協議せずに単独で受益証券の返還を請求できる等，単独での解約請求又は買戻請求を求める旨の規定が存在しないので，各共有者は，他の共有者の同意を得なければ，解約請求又は買戻請求をすることができないことは明らかである（民法264条，251条，544条）。」

## 4　口数単位での解約
「投資信託の受益権が金銭支払請求権に転化する前提に当たる解約請求権又は買戻請求権自体が準共有であって，共有者全員の同意を得なければ行使できないのであるから，そもそも解約又は換金ができず，したがって，投資信託の受益権が金銭債権に転化されることはない。

また，投資信託の受益権に対するＸらの持分は，投資信託の口数で示されるものではなく，1口ごとに準共有しており，1口ごとに持ち分が生じていると考えられるから，口単位で解約又は換金できることを根拠に金銭債権と同視して可分債権とすることはできないのである。」

## 5 投資信託の共同相続の場合の換金手段の適切性

「遺産分割手続を要するとした場合に共同相続人への帰属の確定が迂遠になるからといって，当該財産の性質を無視することは許されない。本件の場合に，Xら以外の相続人はAだけであり，その所在も判明しているのであるから，同人相手に遺産分割の調停ないし審判の申立てを行い，仮に調停が成立しないとしても遺産分割審判手続を迅速に進行させ，例えば代償金を支払うことにより投資信託を単独取得する旨の代償分割の方法によって遺産共有状態を解消することは，それほど困難ではないから，Xらがいう投資信託を換金する手段が奪われるということにはならないというべきである。」

## 6 支払請求の可否

「以上のとおりであるから，Xらの相続持分を合計すれば，過半数の持分を有することになるとしても，共同相続人全員の同意がない以上，投資信託の解約等を認めて，持分に応じた支払請求を認めることはできない。」

## 7 結　論

「$Y_2$の控訴は一部理由があるから，原判決を上記の趣旨に変更する」。

# III 解　説

## 1 他の類似裁判例

### (1) 大阪地裁平成18年7月21日判決（金法1792号58頁）

当該投資信託において，①有価証券の返還について他の受益者と協議を要しない旨の取引約款の定めがあること，および，②1口（1口の価額は1円）単位で解約を請求できること，により，当該投資信託の解約の請求権は可分債権と解するのが相当であり，相続した者が数人いる場合，その債権は法律上当然に分割され，各相続人がその相続分に応じて権利を承継し，単独で行使することができることが示されていた。

ただし，この事案においては，①の取引約款の定めがあることが前提となっており，この約款の定めがない場合には，受益証券全体について共有持分権ま

たは準共有持分権を有すると解して,「X は,生前であっても,他の受益者らと共同してでなければ,受益証券の返還を請求しえず,本件契約の一部解約実行請求もなし得ないことになるはずである」と説明されている。したがって,本判決と同様の結果になっていた可能性も否定できない。

### (2) 大阪地裁平成 23 年 8 月 26 日判決（金法 1934 号 114 頁）

公社債投信に係る投資信託受益権は,性質上不可分債権であり,共同相続された場合には,各相続人はその相続分に応じて当該投資信託受益権を準共有することとなり,各相続人の一部が当該投資信託を解約してその相続分に応じた解約金の支払を請求することはできない,との本件判決と同様の判示がなされている。

## 2 主要な論点についての検証
### (1) 投資信託の受益権の可分性についての性格

投資信託の受益権は,信託法上の受益権にほかならない。

信託法では,2 条 7 項において,「受益権」とは,①信託行為に基づいて受託者が受益者に対し負う債務で,信託財産に属する財産の引渡しその他の信託財産に係る給付をすべきものに係る債権（受益債権）と,②これを確保するために受託者その他の者に対し一定の行為を求めることができる権利の二つの権利からなるものであることが定義されている。

本件における投資信託の設定は,平成 18 年改正の信託法の制定前であることから旧信託法の適用を受けることになる。旧信託法下においては,信託の受益権の定義規定はなかったが,「受益権」の性質についての基本的な考え方は変わっていないと考えられる[3]。

また,本件判決の中でも,前提となる事実として,「一般に,投資信託における受益者の権利には,受益証券返還請求権（ただし受益証券が発行されている場合）のほか,受益証券上の権利として,①収益分配請求権,②償還金請求権,③（一部）解約実行請求権,④（一部）解約金償還請求権などが含まれて

---

[3] ただし,旧信託法下においては,受託者の補償請求権を包含した場合の受益権の性質は,権利と義務の総体と位置付けられていたことから,そもそもの性質が変わったとの考え方もできる（拙稿『詳解 信託法務』〔清文社,2010 年〕300 頁）。

いる」とされている。したがって，投資信託の受益権自体については，本判決の「これらは単に解約請求権又は買戻請求権にとどまらず，議決権，分配金請求権等を含み，性質上明らかに不可分債権であって単純な金銭債権ではない」といえる。そうだとすれば，上記の投資信託の受益権は，原則として不可分債権であるということができ，受益証券返還請求権及び解約実行請求権についても，不可分であると考えざるをえない。

しかしながら，解約金償還請求権については，「受益証券返還請求権，解約実行請求権が有効に行使されたことを前提として成立するものであり，これらの権利が原則として不可分とされる以上，実質的にこれを単独で行使することはできないことになるものの，その法的性質は金銭債権であり，可分債権である」[4]といえる[5]。

### (2) 民法264条，251条・544条の適用

一審判決においては，本判決と同様に，受益権が不可分債権であり，Xらは，受益権を準共有していることを前提としたうえで，投資信託を換金するためには，解約請求等をしなければならないところ，「その請求を行うことは，受益権の管理に関する事項に当たると考えられる。けだし，個人が資産を投資信託の形で保有するか，それ以外の現金，預貯金等の形で保有するかは，資産の運用方法の相違であるにとどまり，投資信託の解約請求又は買戻請求を行うことは資産管理の一内容とみることができる……。……民法544条の規定の適用はなく，過半数の持分を有する原告らが行うことができると解するのが相当である」と判示している。

一方，本判決においては，投資信託の換金のために解約請求等を行うことは「受益権の処分，すなわち共有物の変更に当たると解すべきである。個人が，その保有する資産を投資信託の形で保有するか，それ以外の現金の形で保有するかは，資産運用の相違にすぎないけれども，投資信託を準共有する者において，これを換価すべく，準共有物である受益権そのものについて解約請求又は

---

4) 金融判例研究会報告（担当・村田渉）「投資信託の共同相続と当然分割」金法1839号（2008年）24, 25頁。

5) 投資信託の一部解約金支払請求権を差し押さえた債権者が取立権の行使として同請求権を取り立てることができるものとして，最判平成18・12・14民集60巻10号3914頁がある。

買戻請求をすることは，その結果，投資信託自体が消滅することになるのであるから，受益権を処分することにほかならず，単に受益権の管理に関する事項にとどまらない。」と判示しているが，本判決の方が一般的な解釈であろう。

(3) **本件投資信託を換金する権利**

本判決における上記Ⅱ4の「投資信託の受益権が金銭支払請求権に転化する前提に当たる解約請求権等自体が準共有であって，共有者全員の同意を得なければ行使できないのであるから，投資信託の受益権が金銭債権に転化されることはない。投資信託の受益権に対する持分は，投資信託の口数で示されるものではなく，1口ごとに準共有しており，口単位で解約等ができることを根拠に金銭債権と同視して可分債権とすることはできない。」との考え方は，一般的には，説得性のあるものである。

しかしながら，前述した大阪地裁平成18年7月21日判決においては，当該投資信託について，「同銘柄の有価証券を預かっている他の受益者（本件取引約款40条1項1号により相持分権者となっている。）と協議を要しないことを受益者が同意したものとして取り扱う旨の本件取引約款」の定めがあることを前提とすれば，「受益者の買付単位は1円1口となり，換金（解約）単位も1円1口となり，受益証券に表章されている信託契約及び本件受益契約上の債権は現実的に分割可能な最小単位まで分割されている」ことになり，「本件契約に基づきAが有する権利（受益証券返還請求権並びに受益証券上の権利である収益分配金請求権，償還金請求権，一部解約実行請求権，一部解約金償還請求権など）は，いずれも，給付を分割することについての障害が本件取引約款及び本件信託約款によって除去されているものであって，可分債権であると解するのが相当である」と判示している。

本件投資信託については，上記大阪地裁平成18年7月21日判決のような約款における明示的な定めはないものの，口数単位で購入し，口数単位で解約等することを想定した商品であることから，黙示的に他の受益者と協議せずに個別に解約等をすることができることが示されていると考えられる。したがって，本件において投資信託を換金することができる権利は，「口単位で分割できる可分債権」と解することもできるのではないか。

なお，口数単位で分割できないものについては，そもそも，通常，受益者が

口数単位で換金しようとしても，解約ができないことから，共同相続の場合においても，各相続人が単独で解約等を行うことはできないものと考える。各相続人が単独で解約できる約定があるか，ない場合については，黙示も含めてそのような解釈をすることに合理性があるかどうかが，ポイントとなるのであろう[6]。

　この考え方に立った場合には，議決権の行使については，Xら側の主張である「一部解約等による残余契約上の議決権が行使できればそれでよいのであって，仮に残余契約部分では議決権行使ができない事態が生じる場合は，残余契約の当事者は，共同相続人の正当な権利行使の結果として，その結果を甘受しなければならないだけのこと」といえる。

**(4) 投資信託の共同相続の場合の換金手段の適切性についての考え方**

　本判決では，「遺産分割手続を要するとした場合に共同相続人への帰属の確定が迂遠になるからといって，当該財産の性質を無視することは許されない。本件の場合に，……遺産分割の調停ないし審判の申立てを行い，仮に調停が成立しないとしても遺産分割審判手続を迅速に進行させ，例えば代償金を支払うことにより投資信託を単独取得する旨の代償分割の方法によって遺産共有状態を解消することは，それほど困難ではない」と判示しているが，大いに疑問である。一般人の常識としては，「それほど困難ではない」とは言えないであろう。

## Ⅳ　本判決の意義

　本稿脱稿後，平成26年2月25日に，最高裁判所において，類似事案の判決が出た。同判決は，「この投資信託受益権は，口数を単位とするものであって，その内容として，法令上，償還金請求権及び収益分配請求権（同法6条3項）という金銭支払請求権のほか，信託財産に関する帳簿書類の閲覧又は謄写の請

---

[6) 金融判例研究会報告・前掲注4) 28頁では，投資信託が共同相続によって当然分割される債権であるかどうかは，①そもそも当該投資信託がどのような商品として設計されたか，②投資信託に基づく権利のうち，何をもって最も中核的な権利と位置づけられているか，③一般の投資家の感覚では投資信託はどのような性質を有するものとして理解されているかを考えることも大切な視点であると指摘されている。

求権(同法15条2項)等の委託者に対する監督的機能を有する権利が規定されており,可分給付を目的とする権利でないものが含まれている。このような上記投資信託受益権に含まれる権利の内容及び性質に照らせば,共同相続された上記投資信託受益権は,相続開始と同時に当然に相続分に応じて分割されることはないものというべきである」との内容であり,本稿でとりあげた判決の判旨と同様のものである。

この最高裁判決により,今後,「投資信託受益権は,相続開始と同時に当然に相続分に応じて分割されることはない」との解釈が定着することが予想される。

投資信託の販売は,証券会社だけではなく銀行の主要な業務のひとつに成長しており,投資信託の受益権を保有したまま死亡して相続が発生し,相続人間で遺産の分割協議が円滑に進まず,銀行がその争いに巻き込まれている例が多くなってきている。

とりわけ,銀行は預金の取扱いをしていることから,相続が発生した場合,投資信託と預金とが異なる手続となるケースがあり,顧客への対応に苦慮することも多い[7]。

投資信託は,市場性のある有価証券に投資しているものが多いが,投資している有価証券の市場価値の上昇,下落があるため,投資信託の基準価格が変動し,購入時における払込金額及び解約等時の受取金額が変動する商品である。

この最高裁判決により,このような商品性を有する投資信託が,共同相続される場合には,販売者,顧客双方が,相相続人全員の合意がなければ解約等の換金ができないことが予見できることになるが,その点については,法的安定性から望ましいことである。しかしながら,相続人間及び相続人と金融機関間の最終的な決着は,遺産分割の調停又は審判に頼らざるを得ず,その点については,市民感覚に沿ったものであるかは疑問である。

---

[7] 「『相続時における投資信託の取扱い』に関するアンケート結果」銀行法務687号(2008年)20頁では,投資信託の取扱金融機関の相続時における対応の状況が掲載されている。

# 第6章 信託の終了

## 本章の概観

　第6章は5件の判例を取り上げている。
　**34**は，**01**と同種の事案である。**01**は，前払金の残預金を注文者に返還すべき事案であったのに対して，**34**は前払金の残預金が請負者に帰属すべき事案である。**34**においては，公共工事に係る請負契約が解除され，請負業者の出来高が確認された。本件確認がなされた時点で，本件口座の剰余金の払出手続を行ったうえ，これを請負業者に帰属させることが迂遠であったことから，本件口座に剰余金を預け入れたまま請負業者に帰属させる処理を選択し，保証事業会社もこれに同意したものと解され，したがって剰余金（本件預金）については請負業者の固有財産であり，信託関係にはないものと解すると判示している。
　**35**は，残余財産がその帰属すべき者に対して移転する時期については，信託が終了し，かつ残余財産が特定されれば，その時点で即時に，残余財産の帰属すべき者に対し権利移転が生じるものと解するのが相当であるとしたうえで，少なくとも出来高確認の時点においては，破産財団に帰属すべき残余財産が特定したものと解することができると判示した。前払金の支払の制度は，請負者の資金調達を確保するとともに，請負契約解除の場合に地方公共団体が確実に前払金の返還を受けられるようにすることが目的であるところ，本件請負契約が解除された時点では，出来高の金額が明らかであるとはいえないが，その後，出来高確認が行われた時点で，発注者に返還されるべき前払金が存在しないことが確認されたものである。この出来高確認の結果，破産財団に帰属すべき残余財産の額も確定したものといえ，また出来高確認の時点までに建設会社の公共工事にかかる資金確保の必要性および発注者に対する前払金の確実な返還の必要性も失われているものと解することができる。したがって，出来高確認よりも前の時点では，本件信託契約の目的を達成または目的を達成することができなくなったとして信託を終了したうえ，破産財団に帰属すべき残余財産が特定したものと解することはできず，未だ残余財産として破産財団には移転し

ていないというべきである。

36は，信託終了事由が発生した時に残存する信託財産が，著作権等の無体財産およびそれに係る未収財産であった場合，残余財産受益者等への財産移転時期につき，信託終了により直ちに移転するのが相当であると判示している。旧信託法下における事案ではあるが，現行信託法下でも結論は同一であるが，その点を明確にした点に意義がある。

37は，特定金銭信託の受託者である信託銀行が当該信託の委託者であるリース会社の解散，特別清算開始の申立てを理由に信託契約を解除し，信託財産である有価証券を換価処分するなどして，その換価金等をリース会社に対して有する貸金債権等に充当し，また，同貸金債権等と別段預金相当額の支払債務とを対当額で相殺したうえ，リース会社に対し，信託銀行がリース会社に対して有する特別清算債権の配当基準額が上記貸金債権等の金額から充当ないし相殺された金額を控除した残額であることの確認，および，信託銀行のリース会社に対する信託契約に基づく残債務が存在しないことの確認を求めて提訴されたものである。信託終了事由が発生したときの信託財産である有価証券につき，信託契約の終了時に帰属権利者への権利帰属が即時に生じると解しても，旧信託法63条の趣旨に反するものではないので，本件契約が解除によって終了した時点で，直ちにリース会社にその権利が移転しているから，信託銀行は，リース会社に対し，上記債権を被担保債権として，本件有価証券につき商法521条所定の留置権を行使することができると判示した。

38は，投資信託の受益者が換金方法の指定なしに受益証券販売会社に対して換金を申し出た場合において，解約実行請求の意思表示ができること，投資信託の換金請求がいずれの方法によるものか明らかでない場合，販売会社は直ちにいずれの換金方法を選択したものであるかを受益者に問い合わせるべき信義則上の義務があること，民法130条を適用して販売会社に損害賠償責任を認めたことの3点に意義がある。原審は，解約実行請求は認められないこと，説明義務はないこととしていたものを覆したものである。本件における最大の争点は，実は換金を求めた受益者には十分な意思能力がなかった点にあったように思われる。このことが正面から争われれば，訴訟は別の経過を辿ることになったのであろうか。

## 34

# 公共工事前払金信託の終了時期

福岡高裁平成 21 年 4 月 10 日判決　金法 1906 号 104 頁

安 藤　朝 規

## I　事案の概要

　本件は，A 会社の破産管財人である X が，Y 銀行に対し，破産手続開始前に A が B（福岡県）から受注した公共工事に係る報酬の前払金を Y の A 名義の預金口座に預け入れた預金の払戻しを求めたのに対し，Y において，相殺による預金債権の消滅を理由に X の請求を争った事案である。

　A は請負業者であるが，平成 19 年 4 月 24 日，B から河川の砂防護岸を目的とする公共工事を受注し，保証事業会社 C との間で前払金保証契約を締結したうえ，同年 5 月 15 日，B から A が Y 銀行に開設していた本件口座に本件前払金として 1696 万 8000 円の振込みを受けた。

　請負者 A は，その後平成 19 年 8 月 22 日，福岡地方裁判所で破産手続開始決定を受け，X が A の破産管財人に選任された。その間にあって，B は，A の経営状態が悪化したことから，平成 19 年 7 月 2 日，前記公共工事に係る本件請負契約を解除し，A 及び C との間で，A の前記工事の出来高が 1590 万 8550 円であることを確認した。

　C は，平成 19 年 8 月 3 日，本件前払金から前記出来高を控除した残金 105 万 9450 円を B に支払い，その支払に基づく A に対する求償権に基づき，同年 9 月 21 日，A 名義の管理口座の預金の中から 105 万 9450 円の払戻しを受けた。Y は平成 20 年 1 月 10 日付の相殺通知書をもって，前記払戻し後の預金残高である 194 万 4277 円（本件預金）を受働債権，Y が A に対して有する債権を自働債権として本件相殺をする旨の意思表示をした。

　X は，平成 20 年 1 月 17 日付け・同月 21 日到達の内容証明郵便をもって，

Yに対し，本件預金の払戻しを求めたが，Yが本件相殺による本件預金債権の消滅を理由に，これに応じないため，本件訴訟を提起して，その払戻しを求めるに至った。

## II 判　　旨

「本件請負契約において，福岡県は，同契約が解除された場合には，出来高部分を検査の上，当該検査に合格した部分等の引渡しを受けるものとし，当該引渡しを受けたときは，これに相応する請負代金をAに支払わなければならず，また，前払金が支払われている場合には，前払金の額を上記請負代金から控除しなければならない（……請負契約書50条1，3項）とされており，上記条項の趣旨からすれば，本件前払金から上記請負代金を控除した金額を支払った後の本件口座の残預金（利息を除く。以下「剰余金」という。）は，未払の請負代金にほかならず，Aに帰属すべきものといえる。

そこで，剰余金がAに帰属する時期がいつであるかが問題となるところ，前記認定事実及び弁論の全趣旨によれば，平成19年7月10日，福岡県，A及びCとの間で，本件工事の出来高が1590万8550円と確認され，福岡県は同出来高部分の引渡しを受けた（以下「本件確認等」という）のであるから，同日以降，Aは，剰余金につき，請負代金として，Yに対して払出しの請求をなし得たものと解される。……Cも，同年8月3日，福岡県に保証金を支払ったことにより，同保証金の額を限度として，Aに対して求償権を取得し，これを行使するため福岡県に代位して本件口座に係る預金債権を取得したのであるから，Aに対し，旧信託法63条に基づく信託（以下，「法定信託」という）事務の履行として，剰余金の払出手続をなすよう求めることが可能であった（旧信託法28条参照）（中略）。

一方，法定信託は信託財産についての清算事務処理に必要な範囲内でのみ存続させれば足りると解されるところ，上記のとおり福岡県に代位して本件口座に係る預金債権を取得したCに対する払戻手続の範囲では，法定信託を存続させる必要があるものの，Aに帰属するものと合意された剰余金194万4277円（本件預金）については，上記にみたとおり破産会社の固有資産なのである

から，信託関係にはないものと解すべきである。」

したがって，本件預金（本件口座のうち194万4277円）は，破産手続開始決定前に破産会社に帰属しているから，被控訴人の行った相殺は，破産法71条1項1号に該当せず，有効である，として原審判決を支持した。

## Ⅲ　解　説

本件は，信託終了後，前払金の預金口座に請負者に帰属すべき預金残高（剰余金）が存在していた事案である。そこでは，指定金融機関が，前払金残預金の払戻し債務を貸金債権で相殺できるかが破産法71条1項1号の相殺禁止条項との関係で問題とされたが，その前提問題として信託の終了時期はいつかが議論となった。

### 1　信託目的と信託の終了

(1)　信託の終了事由は，「信託の目的を達成したとき，又は信託の目的を達成することができなくなったとき」（信託163条1号）である。したがって，信託の終了時期を考えるにあたって，それが達成できたかどうかを判断するためには前払金についての信託の目的が何かを明確にしなければならない。

原審判決（福岡地判平成20年11月20日判時2075号46頁）は，最判平成14年1月17日民集56巻1号20頁（以下，最高裁平成14年判決という）を引用し，注文者（福岡県）を委託者，請負者（破産会社）を受託者，本件前払金を信託財産とし，これを当該工事の必要経費の支払に充てることを目的とした信託契約が成立したと解した。この判旨からすれば，信託財産である前払金を「工事の必要経費の支払に充てる」ため注文者の財産を適正に請負者に管理させようとするのが信託の目的とされることとなる。そうすると，平成19年7月2日の本件請負契約解除の時点で，工事は停止されるのであるから，信託の目的は達成できなくなり，信託契約は終了することとなる。このように，本件請負契約解除の時点で信託は終了する（旧信託法56条）が，その後は信託財産がその帰属権利者に移転するまで信託は存続するものとみなされる（旧信託法63条）。これは信託財産についての清算事務を行うために認められるものであるから（信

託法175条，176条参照），その清算事務の処理に必要な範囲でのみ信託関係が存続すると解すべきである，とした。

　そして，本件事案は前払金残金の一部（剰余金）について請負者に帰属すべき事案であったことから，原審判決は，要旨以下のとおり判示している。

　注文者のために代位弁済を行ったCに対し，本件前払金から本件工事の出来高を控除した金額を支払ってもなお剰余が存在する場合には，その剰余金は当然にAに帰属することとなるところ，平成19年7月10日に本件工事の出来高が確認された時点においてCに払い戻されるべき金額は確定され，同金額についてはCに対する払戻手続が必要なため，その範囲で信託関係が存続するが，それ以外の剰余金194万4277円（本件預金）については破産会社に帰属させるための特段の手続は必要ないのであるから，もはや信託関係は存続していないものと解される，とした。

　(2)　本判決も，原審判決とほぼ同旨である。本件請負契約が解除されたことにより，信託が終了したが，その後も存続する旧信託法63条の法定信託は信託財産についての清算事務処理に必要な範囲内でのみ存続させれば足りると解されるところ，上記のとおりBに代位して本件口座に係る預金債権を取得したCに対する払戻手続の範囲では，法定信託を存続させる必要があるものの，Aに帰属するものと合意された剰余金194万4277円（本件預金）については，上記にみたとおりAの固有資産なのであるから，信託関係にはないものと解すべきである，とした。

　(3)　本判決は，本件請負契約解除の時点で，前払金残預金のうち，105万9450円が注文者のために代位弁済した保証事業会社に払い戻されることとなったので，その手続が終了するまでは信託は存続するが，その余の剰余金194万4277円については破産会社である請負者に剰余金として帰属するものと保証事業会社との間で合意されていたと解している。

　そして，剰余金が請負者に帰属する時期を，原審判決は，平成19年7月10日に本件工事の出来高が確認され，注文者であるBからCに対して本件前払金から上記出来高を控除した残額が請求された時点，遅くとも同年8月3日にCがBに同金額を支払った時点であると解している。また，本判決も，原審判決と同様，平成19年7月10日，B，A及びCとの間で，本件工事の出来高

が1590万8550円と確認され，Bは同出来高部分の引渡しを受けたのであるから，同日以降，Aは，剰余金につき，請負代金として，指定金融機関Yに対して払出しの請求をなし得たものと解されるとしていることから，本件工事の出来高が確認された時点で剰余金が特定され，請負者に帰属することとなると解しているものと思われる。

## 2 信託契約の終了時期と受益者

(1) 信託終了後における残余財産である剰余金の請負者への帰属時期を論ずるためには，まず，信託契約の終了時期を明確にしておかなければならない。ところで，前払金についての信託契約の終了時期については信託の目的及びその目的実現のために受益者を誰にするのかという議論と不可分に結びついている。原審判決が引用している最高裁平成14年判決は，公共工事の前払金に関する信託の目的は，「本件前払金を当該工事の必要経費のみに支出することであり，受託事務の履行の結果は委託者である愛知県に帰属すべき出来高に反映されるのであるから，信託の受益者は委託者である愛知県であるというべきである」とした。原審判決及び本判決は，この最高裁平成14年判決の論理に従って，本件請負契約の解除により前払金を「当該工事の必要経費」として支出することができなくなったのであるから，本件請負契約の解除の時に信託の目的が達成できなくなったとして信託は終了することとなる（信託法163条1号）と解しているようである[1]。

(2) これに対し，東京高判平成12年10月25日（判時1753号38頁。以下，東高平成12年判決という）は，委託者である注文者のみならず受託者である請負者も受益者であるとする（以下，注文者及び請負者説と呼ぶ）。「本件における信託契約においては，東京都は，前払金が工事代金の一部として支払われ，それ以外には使われないということについて利益を有する受益者であるとともに，破産会社〔請負者〕も，本件工事を行えば，それに応じて支払を受けられるという意味において受益者となる」とし，「信託終了の際に信託財産の帰属すべき者も受益者に当たると解されるところ，本件の場合，注文者である東京都が

---

[1] 中村也寸志・最高裁判所判例解説民事篇平成14年度（上）28頁。

受益者に当たると認められるのは，工事が中止され又は請負契約が解除されるなどして信託関係が終了した場合に，前払金を受託者である請負者から返還請求することができる立場」にあることによるとする。

　この東高平成12年判決によれば，前払金が工事代金の一部として支払われ，それ以外には使われないという意味において，注文者のために前払金の使途を限定して保全するという目的2)（以下，保全目的という）とともに，請負者も，本件工事を行えば，それに応じて支払を受けられるという意味において，請負者が前払金によって工事代金の支払を受けられる地位を確保する目的（以下，代金受領確保目的という）という2つの目的を有することとなる。そして，これらの目的を達成するために信託のシステムが構築されるのであるから，信託によって利益を受ける受益者には，委託者である注文者と受託者である請負者の2者が受益者となると解することになる。

　ところが，最高裁平成14年判決および東高平成12年判決の場合は，前払金の残預金は，出来高の確認の結果，全額注文者のために代位弁済した保証事業会社に帰属することとなり，請負者に帰属すべき前払金残金がなかった事案であった。そこで，信託の目的のうち，保全目的だけが問題となり，請負者の代金受領確保目的はそもそも議論する必要はなかったのである。

　(3)　これに対し，上記の原審判決および本判決の事案は，前払金の残預金のうち，一部は代位弁済した保証事業会社が取得したが，その剰余金は請負者に帰属することとなる事案であった。そこで，上記の東高平成12年判決の信託の目的（保全目的および代金受領確保目的）からすれば，本件の場合に，本件請負契約が解除されたことにより保全目的はその目的が達成不能となったとしても，もう1つの信託目的である剰余金を請負者に帰属させるという代金受領確保目的は未だ達成されていないのであるから，前払金に関する信託は本件請負契約の解除のみでは終了することなく，請負者が工事残代金を受領するまで，そのまま信託は存続していることになるはずである。東高平成12年判決の考え方に立てば，剰余金は請負者に帰属されるまで信託契約は存続するので，それまで請負者の固有財産ではなく信託財産とされるから，指定金融機関が自ら

---

2)　佐藤勤「公共工事の前払金にかかる預金払戻請求権と破産債権の相殺の可否」金判1346号（2010年）4頁。

の債権と剰余金についての預金払戻債務とを相殺することは許されない（信託22条1項本文）ことになる。

　(4)　もっとも，東高平成12年判決のように，受益者を注文者のみならず請負者も含まれるという注文者および請負者説を採用しつつも，受益者である請負者の受益債権の内容のとらえ方いかんによっては第三者である指定金融機関による相殺の可否の結論が変わることもありうる。

　まず，東高平成12年判決のように受益者である請負者の受益権を工事の進捗に応じた工事代金を請負者が受領する権限と解する考え方（以下，請負者受益説と呼ぶ）がある。この請負者受益説では，請負者は受託者であると同時に受益者となる。そして，受託者兼受益者である請負者は工事の進捗に応じた工事請負代金を受領する受益債権を取得しているので，前払金返還請求権の減少分に相当する工事請負代金を信託財産から受益債権として弁済を受ける権限を有している。受託者を兼ねる受益者が受益権の履行を受ける場合，信託財産の移転は不要であるため，相当する信託財産は当然に固有財産となる。受託者は残余財産の帰属権利者として残預金を取得するものではないため，出来高の確認による残余財産の確定の時期と受託者の破産手続開始の時期との前後による相殺禁止の適用の問題は生じない。したがって，出来高確認により剰余金の額が確認されれば，指定金融機関は受託者の固有財産となっている残預金について相殺することができると解する考え方である[3]。しかし，この請負者受益説は，受益者の受益債権の内容が実際の工事の進捗の程度に応じて漸増的に決定されるという流動的な要素を前提にしており，どの時点で信託財産が当然に請負者の固有財産となるのか明確ではなく特定性に欠けるのではないかとの疑問があるうえ，出来高確認による請負者に帰属すべき残預金額の確定の時期や受託者である請負者の破産手続開始の時期とは関係なく，指定金融機関による相殺を認めるという結論が，請負者の工事代金受領確保という請負者受益説の信託目的を事実上阻害し，請負者を受益者としたことと矛盾するのではないかとの批判がありうる。

　これに対し，請負者の受益権を，工事の材料費，労務費，機械器具の賃料，

---

[3]　堂園昇平「公共工事前払金の信託契約の構成」金法1906号（2010年）42頁。

機器購入費，仮設費等の必要な経費として，請負者が下請業者および原材料納入業者等へ支払うべき金額に相当する額について給付を受けることを内容としていると解する（以下，請負者および関連事業者受益説と呼ぶ）と，本件請負契約が解除された後，受益者である注文者ないしその代位弁済者の保証事業会社へ債務が弁済され，その剰余金について，未履行であった請負者の有する受益債権にかかる債務の弁済，の順で信託事務手続が行われた後，信託の目的が達成され，信託が終了し，清算手続が開始されることとなる。そして，その清算手続の中で，前払金預金に剰余があるならば，その剰余金は，帰属権利者である請負者へ払い出されることとなる。この場合は，指定金融機関は，帰属権利者としての請負者に剰余金が払い出されるまで，その払戻請求権を自らの貸付債権と相殺することは難しいこととなる。この請負者および関連事業者受益説の意図は，信託の目的の範囲を広げて解釈し下請業者や原材料業者への支払までをも確保しようとするものであると思われ，受益者に注文者のみならず請負者を加えた趣旨である請負者および下請業者らへの代金支払の確保を徹底したものといえる[4]が，本判決及び原審判決も信託の目的の範囲をここまでは広げておらず，下記の前払金保証制度の趣旨からして信託の目的を逸脱するとの批判がありえよう。

## 3 前払金残預金はいつ請負者に帰属するのか

(1) 注文者は，請負契約が解除された場合には，出来高部分を検査の上，当該検査に合格した部分等の引渡しを受けなければならないとともに，請負者に対し前払金の額を出来高に応じた請負代金額から控除して請負残代金を支払わなければならない。したがって，出来高の確認がされない限り，請負工事の請負残代金額が確定しないから，請負契約を解除しても，それだけでは前払金残金を注文者に返還すべきか，請負者に支払うべきかはっきりしない不安定な法律状態が現出することとなる。

このような法律状態の発生を避けるため，法律関係を簡明に処理できる上記の東高平成12年判決の注文者及び請負者説が説得力を持ってくる。確かに，

---

[4] 道垣内弘人「最近信託法判例批評（8）」金法1598号（2000年）45頁も同様の指摘をして，前払金の財産管理システムは下請業者，原材料納入業者らを受益者とする裁量信託とみるべきとする。

注文者及び請負者説によれば，本件のような事案においても，請負者に残余財産が帰属するまで信託を存続させることとなり，信託事務処理により公共工事の前払金保証制度の関係者に対する利害調整が可能となり，法的安定性を図れることにはなろう。

　しかし，東高平成12年判決のような注文者及び請負者説に対しては，請負者又は下請業者等を保護しすぎており，請負者に対して反対債権（貸付債権等）を有する指定金融機関の相殺期待権を侵害するおそれがあるという相殺を重視する視点からの厳しい批判もある。

　(2)　そもそも，公共事業の前払金保証制度は，国又は地方公共団体等の発注する土木建築に関する工事等の公共工事については，請負者の工事資金の調達が難渋し，公共工事の完遂に支障をきたすことを防止するため，保証事業会社の保証がされることを前提に，特別な公金の支出として，請負者に対し，その公共工事に要する経費の規定割合部分につき前払金が支払われる制度である。この制度は，公共工事の前払金保証事業に関する法律（以下，保証事業法という）に基づいて定められたものである。

　保証事業法は，「前払金の保証」を次のように定義する。「公共工事に関してその発注者が前金払をする場合において，請負者から保証料を受け取り，当該請負者が債務を履行しないために発注者がその公共工事の請負契約を解除したときに，前金払をした額（出来形払をしたときは，その金額を加えた額）から当該公共工事の既済部分に対する代価に相当する額を控除した額（前金払をした額に出来形払をした額を加えた場合においては，前金払をした額を限度とする……）の支払を当該請負者に代つて引き受けることをいう。」（同法2条2項）。この「前払金の保証」は，請負者の代金確保あるいは下請業者等への支払確保のためというよりは，公金として支出した前払金が適正に運用され，公共工事の適正な施工に寄与するという制度目的（同法1条）からみて，地方公共団体のために設けられたものといえよう。

　(3)　このように，注文者および請負者説は，前払金保証制度の趣旨及び現在の金融実務からみて採用が困難であると思われる。上記の東高平成12年判決を徹底させた考え方のように，下請業者や原材料納入業者への支払の確保といった点は，実態として前払金保証制度の持つ社会的経済な機能としては認

められる余地があるものの，保証事業法が定める前払金保証制度は，地方公共団体である注文者の公益的な利益保護を中心に考えるべきではなかろうか。また，注文者及び請負者説によると請負者は受託者の地位と受益者の地位を兼ねることになるが，それは請負者において利益相反行為（信託31条1項1号）を誘発する危惧があるのではないかといった批判もありえよう。下請業者や原材料納入業者への支払の確保や請負者の資金確保といった社会的要請については，保証事業法とは別の法的スキームによって手当てをすべきものといえるのではなかろうか。やはり，現行前払金制度においては，原審判決および本判決が引用した最高裁平成14年判決のように，受益者は注文者のみであることを前提として，信託契約の終了時期（本件請負契約の解除の時）と請負者への前払金残預金の帰属時期（信託終了後の帰属時期）を考えるのが相当であると解する。

## Ⅳ　本判決の意義

　本判決は受益者を注文者とし信託終了の時期を請負契約解除時とした最高裁平成14年判決を踏襲したものであるが，最高裁平成14年判決の場合には前払金の残預金を注文者へ返還すべき事案であったのに対して，本件は前払金の残預金を請負者に帰属すべき事案という点で異なっている。本件のような請負者に前払金残金が帰属すべき事案における公共工事の前払金信託の終了時期及び請負者へ前払金の残預金が請負者に帰属する時期という最高裁平成14年判決では論じられなかった2つの論点について高等裁判所として判断した判例である点に本判決の意義が認められる。

# 35

## 信託終了後の残余財産が請負者に帰属する時期

名古屋高裁金沢支部平成21年7月22日判決　金法1892号45頁

　　　　　　　　　　　　　　　　　　安　藤　朝　規

## I　事案の概要

　請負者は，平成19年10月29日，注文者坂井市との間で，公園整備事業を請け負った。その際，請負者は公共工事の前払金保証事業に関する法律に基づいて，同日，本件保証事業会社との間で，請負者がその責めにより債務を履行しないために，坂井市が本件請負契約を解除したときに，坂井市に対して前払金から工事の出来高を控除した額を本件保証事業会社が請負者に代わって支払うこととする保証契約を締結した。

　請負者は，同日，Y信用金庫を前払金の預託金融機関に選定し，別口普通預金口座を開設した。坂井市は，同年11月26日，本件請負代金の40パーセント相当額である727万円を前記別口普通預金口座に振り込み，その後，同口座からは保証料および直用労務費等が払い出されたが，坂井市は，平成20年2月29日，請負者による本件工事の続行が不可能になったとして，本件請負契約を解除した。これに伴い，本件保証事業会社は，Y信用金庫に対し，本件預金の払出中止の措置を依頼した。請負者は，同年3月10日，破産手続開始の申立てをし，同月14日，Xが破産管財人に選任され，Y信用金庫は同月24日付けで貸金債権を有しているとして破産債権の届け出をした。

　坂井市は，同年4月1日，X及び本件保証事業会社の立会いのもと，出来高を確認し，出来高が1500万4500円であり，前払金727万円を超えていることを確認し，一方，本件保証事業会社は，保証債務が発生しないことが確定したことから，同月8日，本件預金の払出中止の措置を解除し，Xは，同月15日，本件工事の目的物を引き渡した。Y信用金庫は，同月23日差出の書面で

前記貸金債権と本件預金（当時の預金残高 699 万 3015 円）の払戻請求権を相殺する旨の意思表示をした。

そこで、Y 信用金庫の相殺の意思表示が X の払戻し行為に対抗できるのかが問題となった。

## II 判　旨

「(1)　本件では、坂井市により本件請負契約が解除され、……本件相殺よりも前に、坂井市と破産会社〔である請負者〕との本件請負契約の債権債務の清算が終了しているところ、本件信託契約に明示的な終了事由の定めはなく、本件信託契約が明示的に合意解除されたものでもないが、信託は、その目的を達成したとき、又はその目的を達成することができなくなったときに終了するから（信託法 163 条）、前記の経過からすれば、少なくとも本件相殺前にはすでに本件信託契約が終了しているものと解される。

一般に、信託が終了すると清算が行われるが（同法 175 条以下）、信託は、当該信託が終了した場合においても清算が結了するまでは存続するものとみなされる（同法 176 条）。しかし、残余財産がその帰属すべき者に対して移転する時期については、信託が終了し、かつ、残余財産の帰属すべき者に対して帰属すべき残余財産が特定されれば、その時点で即時に、残余財産の帰属すべき者に対して権利移転が生じるものと解するのが相当である。本件における前記の経過からすれば、少なくとも本件相殺前までには、本件預金は破産財団に帰属しているものということができるところ、その帰属時期、すなわち、信託が終了し、かつ、残余財産が特定された時期が、破産手続開始決定の後である場合には、破産法 71 条 1 項 1 号により、破産債権との相殺が禁じられることになる。

(2)　前記……のとおり、平成 20 年 2 月 29 日、本件請負契約が解除され、同年 4 月 1 日、坂井市、X（破産会社の破産管財人）および本件保証事業会社の立会いの下で行われた出来高確認により、本件工事の出来高が本件前払金を超えていることが確認された。前払金の支払の制度は、前記……のとおり、請負者の資金調達を確保するとともに、請負契約解除の場合に地方公共団体が確実に前払金の返還を受けられるようにすることが目的であるところ、本件請負契

約が解除された時点では，出来高の金額が明らかであるとはいえないが，その後，上記の出来高確認が行われた時点で，坂井市に返還されるべき前払金が存在しないことが確認されたものである。この出来高確認の結果，破産財団に帰属すべき残余財産の額も確定したものといえ，また，出来高確認の時点までに請負者たる破産会社の公共工事にかかる資金確保の必要性及び坂井市に対する前払金の確実な返還の必要性は失われているものと解することができる。

よって，上記の出来高確認よりも前の時点では，本件信託契約の目的を達成し又は目的を達成することができなくなったとして信託が終了した上，破産財団〔Xを破産管財人とする〕に帰属すべき残余財産が特定したものと解することができず，未だ残余財産として破産財団には移転していないというべきである。

(3) 以上によれば，平成20年4月1日に行われた出来高確認より前の同年3月14日の破産手続開始決定の時点では，未だ本件預金は破産財団に帰属していないものというべきであり，本件預金の払戻請求権の債務者であるY信用金庫は，破産手続開始後に，破産財団に対して本件預金に係る債務を負担したものであるから，破産債権である本件貸金債権との本件相殺は，破産法71条1項1号の相殺禁止条項に該当し，これを行うことができない。」

## III 解　説

### 1 本判決の事案の特徴

公共工事における前払金の管理形態について信託契約が成立したとした最高裁平成14年1月17日民集56巻1号20頁（判時1774号42頁。以下，最高裁平成14年判決という）は，前払金保管口座の残預金562万0329円全額が委託者である注文者（または代位弁済した保証事業会社）に帰属すべき事案であった。これに対し，本判決は，出来高により確認された工事の既済部分に該当する請負代金額（1500万4500円）が前払金の額（727万円）を超えていたため，注文者（または代位弁済した保証事業会社）に返還すべき債務がないことが確定し，保管口座の残預金699万3015円が全額請負者に帰属すべき事案であった。なお，本件は現行信託法（平成19年9月30日改正）の施行後の事案である。

## 2 前払金についての信託契約の成立と終了

(1) 本判決は，「坂井市と破産会社との間で，坂井市を委託者兼受益者，破産会社を受託者，本件前払金を信託財産とし，本件工事の必要経費の支払に充てることを目的とした信託契約……が成立したものと解される」として最高裁平成14年判決を引用している。もっとも，信託契約の成立は，旧信託法が適用された上記最判の判示した「本件前払金が本件預金口座に振り込まれた時」ではなく，現行信託法の下では，本件請負契約の締結の時となる（信託4条1項)[1]。

(2) 信託はその目的を達成したとき，またはこれを達成することができなくなったときのいずれかの時点で終了する（信託163条1号）から，本件における信託の終了時期は，①本件請負契約の解除の時か，②前払金返還請求権が発生しないと関係当事者が認識した時，すなわち，本件工事の出来高を確認した時のいずれかが考えられる。

信託契約終了後の前払金専用口座の残預金は，その後に行われる公共工事の出来高の確認により確定された請負代金額によって，注文者（またはその代位弁済者である保証事業会社）かあるいは請負者か，のいずれかに帰属することとなる。(i)請負代金額が前払金の金額を下回った場合は，注文者は，請負契約が解除された場合に，出来高部分を検査の上，当該検査に合格した部分等の引渡しを受けることができるとともに，前払金額から出来高相当額を控除した金額を残余財産として受領することができる。それでも余った前払金残金は清算受託者（信託177条）により委託者である注文者（または代位弁済した保証事業会社）へ返還されることとなる（同法182条2項）。最高裁平成14年判決の事案はこの場合である。(ii)これに対し，本判決の事案のように，公共工事の出来高が前払金の金額を超えた場合は，剰余金は固有財産として請負者へ引き渡されることとなる。

(3) いずれにしても，出来高の確認がされない限り請負代金額が確定しないから，請負契約を解除しても，それだけでは前払金専用口座の残預金を前払金残金として注文者に返還すべきか，剰余金として請負者に引き渡すことにな

---

1) 佐藤勤「公共工事の前払金にかかる預金払戻請求権と破産債権の相殺の可否」金判1346号（2010年）4頁。

るのか，いずれになるのかはっきりしない不安定な法律状態が現出する。そして，出来高の確認がなされないまま請負者が破産してしまうと，本来であれば本件請負契約の解除の時点で信託が終了し，工事の停止により請負代金額も客観的には確定しているにもかかわらず，出来高の確認作業が遅れたために当事者が前払金残金として注文者に返還すべきか，剰余金として請負者に引き渡すべきかを認識できず，残余財産の特定がされていないとして請負者の固有財産とはみなされず，それまではY信用金庫は相殺が認められない事態となる。本判決はこの結論を容認した。

(4) このような法律状態の発生を避けるため，法律関係を簡明に処理できる受益者を注文者のみならず請負者である受託者をも含める説（以下，これを注文者および請負者説と呼ぶ）が説得力を持ってくる[2]。

この注文者および請負者説によれば，請負者である受益者の受益債権は，請負者として把握している工事の進捗により決定される内容であるから，これに従って，信託財産は受託者による受益者に対する受益債務の履行として当然に固有財産となる。そして，出来高の確認により前払金返還請求権の額が確認されれば，指定金融機関はすでに受託者である請負者の固有財産となっている残預金について相殺ができることとなる。このように法律関係が明確になるので法的安定性を図れることにはなろう。しかし，注文者及び請負者説に対しては，受託者と受益者を兼ねることから，受託者の注文者である受益者に対する忠実義務（信託29条）に反する利益相反行為が生ずるおそれがあるばかりか，そもそも前払金保証制度は，注文者への前払金の確実な返還という目的を有するもので請負者の工事代金の受領確保までをも想定したものではなく，最高裁平成14年判決が受益者を注文者のみとした趣旨に合致しないという根本的な批判がある。

したがって，本件においても，最高裁平成14年判決と同様，信託の終了時期は，前払金返還請求権が発生しないと関係当事者が認識した時ではなく，信託法163条1号により信託目的を達成できなくなった請負契約の解除の時としつつ，剰余金の請負者への帰属の問題については，信託終了後の法律問題とし

---

[2] 堂薗昇平「公共工事前払金の信託契約の構成」金法1906号（2010年）42頁。

て処理すべきであると解する。

## 3　信託の終了後における前払金残預金の帰属時期について

（1）　信託が終了すると，受託者は信託の清算のために，①信託財産に関する債権債務関係の清算義務と②残余財産を帰属権利者に給付する義務を負う。本件では，②の義務の履行として，受託者である請負者は，信託財産に属する債権である本件預金を払戻し，その金銭を帰属権利者である請負者へ給付することとなる。この帰属権利者への金銭給付は，すでに残余財産について権利を有する請負者への清算事務の履行にすぎないのか，帰属権利者への権利移転行為なのかについて争いがある。信託終了後における前払金残預金が清算受託者である請負者へ帰属する時期はいつかの問題である。

（2）　この点について，本判決は「残余財産がその帰属すべき者に対して移転する時期については，信託が終了し，かつ，残余財産の帰属すべき者に対して帰属すべき残余財産が特定されれば，その時点で即時に，残余財産の帰属すべき者に対して権利移転が生じるものと解するのが相当である」とし，「本件請負契約が解除された時点では，出来高の金額が明らかであるとはいえないが，その後，上記の出来高確認が行われた時点で，坂井市に返還されるべき前払金が存在しないことが確認されたものである。この出来高確認の結果，破産財団に帰属すべき残余財産の額も確定したものといえ，また，出来高確認の時点までに請負者たる破産会社の公共工事にかかる資金確保の必要性及び坂井市に対する前払金の確実な返還の必要性は失われているものと解することができる」とした。このように本判決は，出来高の確認によって委託者である注文者に返還すべき前払金はなく，請負者に帰属すべき残余財産が特定されたものと解している。このような本判決の判断は，わが国の民法及び判例が，物権変動につき，物権行為の独自性を否定し，意思主義の原則（民176条）を採用しているので，権利移転の対象となる財産が特定している限り，即時に権利移転が生ずると解するからであろう[3]。

（3）　これに対し，残余財産を帰属権利者へ移転するためには，受託者の具

---

3)　中村也寸志・最高裁判所判例解説民事篇平成14年度（上）28頁。

体的な行為が必要であるとする説がある[4]。信託法は、帰属権利者は「残余財産の給付をすべき債務に係る債権を取得する」と定め（信託183条1項），当該給付義務に係る消滅時効を規定していること（同183条5項，102条）などから，信託法の下では，帰属権利者が取得するものは，あくまで残余財産の給付を受ける権利にすぎないと解せられるので，残余財産を帰属権利者へ移転するためには，受託者の意思表示のみでは足りず，それとは別の具体的な行為が必要であるとする[5]。

　(4)　本判決のように移転すべき残余財産が特定している以上，即時に権利移転が生ずるとすると，請負者名義の本件預金は外形上そのままの状態で請負者の固有財産となるため，第三者からみると何時信託財産から請負者の固有財産に移転したのかわからないという公示上の問題がある。確かに，この関係では，信託終了後の清算受託者（信託177条）に対して前払金残預金を請負者へ払い戻すという具体的行為（実際には請負者名義の銀行口座の振替行為となろう）を要求することにより，第三者に対して帰属権利者である請負者への権利移転を明示できるという面がある。しかし，第三者に対する公示については，権利変動の明確化ではなく対抗要件の問題として処理すべきである。本件のような預金債権の権利移転については対抗要件として債務者に対する通知が必要となる（民468条）が，この通知は清算事務の1つとして清算受託者が行わなければならないこととなる。このように権利移転行為の公示のためには対抗要件を備えれば良いのであって，清算受託者による権利移転について当事者の意思表示とは別個独立の物権行為と認められる具体的行為まで要求しなければならない必然性はないと思われる。むしろ，具体的行為が行われるまで帰属権利者に権利が移転しないとなると，信託の終了時からその具体的行為の間の財産に関する権利が誰に帰属しているのか不明確になり，法的安定性を害することとなるおそれがある。

　本件請負契約の解除によって信託は終了する（信託163条1号）のであるから，

---

[4]　四宮〔新版〕352頁。特別の意思表示がないのに物権変動を生ずるとすると，物権変動の時期が不明確になるおそれがあり，しかも，法が終了してもなお法定信託として存続することを認めるのは（旧信託63条），信託終了と同時に信託財産が帰属権利者に物権的に帰属しないことを常態として前提とするものと考えられるからである，とする。

[5]　佐藤・前掲注1) 5頁。

清算受託者による具体的行為を要することなく信託終了と同時に清算受託者である請負者に帰属する（信託182条3項）とするのが，管理対象の財産（本件では前払金残預金債権）の権利帰属関係を明らかにできるのであり，物権行為の独自性を認めず，当事者の意思表示のみで物権の移転の効力を生ずると規定するわが国における民法の原則に適合的な解釈であろう。

## 4 出来高の確認と残余財産の帰属時期

(1) 出来高の確認により残余財産が特定されたときに帰属権利者である請負者に剰余金が帰属すると解すると，本判決のように出来高の確認が破産手続開始後であったときには，破産法71条1項1号の相殺禁止条項に該当し，指定金融機関は相殺を行うことができないこととなる。これに対し，本判決と同様の前払金保管口座の残預金が請負者に帰属すべき事案であった福岡高裁平成21年4月10日判決（金法1906号104頁。本書34）は，請負契約の解除と同時に出来高の確認がされたため，破産手続開始決定の前に請負者の固有財産に帰属したとされ，指定金融機関の相殺を認めた。

(2) しかし，これでは，公共工事の出来高を確認する時期が破産手続の開始の前後であったかどうかという指定金融機関以外の関係者の個別的事情により，指定金融機関の有する相殺期待の保護が左右される結果となってしまい，不合理であるというほかない。とりわけ，出来高の確認作業が請負契約の解除の直後に行われず偶々遅れたことにより，その間に請負者について破産手続開始が決定されて指定金融機関の相殺が認められなくなるという本判決の論理は，出来高の確認作業が遅れたという公共工事の当事者側の責任懈怠を出来高の確認作業に関与していない指定金融機関に押し付けるもので公平を失するばかりか，指定金融機関の相殺期待を軽視しているといわざるを得ない。

(3) 公共工事の進行と前払金返還との関係を検討してみるに，公共工事の進行に応じて出来高が増えることに伴い，注文者への返還のために信託財産として留保すべき金額は次第に減少するのであり，さらに工事が進行して出来高がこの留保すべき金額を超えるようになると注文者へ返還すべき前払金がないことが客観的に確定する。そして，その超過部分の前払金残預金はもはや受益者である注文者へ返還すべき信託財産ではないため，当然に請負者の固有財産

へ離脱していくと解すべきではなかろうか。このように，実体的には，公共工事の時間的進行により出来高相当部分が前払金を超えるようになると，その超えた部分は，信託財産から離脱し，請負者の固有財産として請負者に当然に帰属し，出来高の増加に対応して増えていくものと捉えるべきであろう。

そして，請負契約の解除により，信託の目的を達成することができなくなったため前払金に関する信託は終了するところ，その時点で委託者兼受益者である注文者の認識の有無とは別に，客観的に信託終了後の残余財産の有無および額ならびに前払金残預金の帰属先が確定していることになる。

(4) 信託終了後の出来高の確認は，公共工事の出来高についての事実確認行為にすぎないが，それは同時に，注文者が請負契約の終了時における当該公共工事の既済部分に対する代価に相当する額（請負代金額）を認識することにより，それが前払金を超えているときは，信託財産の残余財産の有無および額ならびに前払金残預金の帰属先を判別することができ，その時点で，前払金残預金について，請負者の固有財産として信託財産から離脱することを決定する側面を有している。

(5) 問題は，請負契約の解除に伴う信託の終了後出来高の確認行為までの間の残余財産の帰属が不明確な法律関係をどのように処理すべきかである。

本判決のように，請負者への権利移転は，信託財産である前払金について信託終了後の残余財産が特定できた出来高の確認の時点であると解することは，上記の批判のとおり，指定金融機関を自らが関与できない注文者と請負者との間で行われる出来高の確認作業の時期により請負者に対する貸付債権についての相殺の可否が決まるという不安定な地位に置くことになるので賛同できない。

私見としては，出来高の確認により請負代金額が前払金を超えることを停止条件として前払金残預金は請負者に帰属すると解する。出来高の確認により剰余金について注文者（又は代位弁済者である保証事業会社）に返還すべき金額があることが確定した場合は，上記の停止条件は不成就となり，剰余金は請負者に帰属せず，信託の終了後もその清算のため信託は存続する（信託176条）。これに対し，出来高の確認により請負代金額が前払金を超えたことが確認され停止条件が成就した場合には，剰余金は信託財産から離脱し，請負者に当然に帰属することになる。もっとも，停止条件付法律行為は停止条件が成就した時から

その効力を生ずる（民127条1項）ので，前払金残預金は，出来高の確認の時点で請負者に移転することとなるが，注文者・保証事業会社および請負者の関係当事者は，確認行為の際に，前払金残預金の請負者への帰属は，出来高の確認という停止条件が成就する以前である工事が停止した請負契約の解除時点に遡ることを黙示的に合意していたと擬制すべきである（民127条3項）。そもそも出来高の確認は事実行為にすぎないのであり，本来であれば本件請負契約の解除の時に請負残代金額は確定していたはずであるから，その時に信託財産である前払金残預金は，請負者へ権利移転をしたと解すべきだからである。これが最も権利関係を簡明に処理することができる解釈論と考える。また，物権変動についての意思主義（民176条）を徹底すれば，本件請負契約の解除により信託契約が終了し，信託終了と同時に帰属権利者である請負者に帰属する（信託183条3項）というように解釈するべきと考えるからである。したがって，上記の黙示的合意により本件請負契約の解除の時に請負者に権利移転がされたものと解するから，指定金融機関が本件請負契約の解除後に行った請負者に対する相殺は有効であると解する。

## IV　本判決の意義

本判決は「残余財産がその帰属すべき者に対して移転する時期については，信託が終了し，かつ，残余財産の帰属すべき者に対して帰属すべき残余財産が特定されれば，その時点で即時に，残余財産の帰属すべき者に対して権利移転が生じるものと解するのが相当である」とした上で，少なくとも出来高確認の時点においては，破産財団（Xを破産管財人とする）に帰属すべき残余財産が特定したものと解することができると判断した。

本判決は，公共工事の前払金に関する信託の終了後の残余財産の請負者への帰属時期について，出来高確認により注文者へ返還される前払金のないことが確定した時点と解したことに意義がある。もっとも，上記のような議論があり，残余財産の請負者への帰属時期を出来高確認の時とした本判決の論理が維持されるかどうか今後注目されるところである。

# 36 信託の終了事由発生後の残余財産等の移転時期

知財高裁平成 24 年 2 月 14 日判決　判例集未登載

岸本　雄次郎

## I　事実概要

### 1　当事者

一審原告 X は，音楽著作物の著作権に関する著作権使用料の徴収および管理等を目的とし，著作権等管理事業法に基づく著作権等管理事業者として平成 14 年 6 月 28 日付けで文化庁長官の登録を受けた株式会社である。一方，一審被告 Y は，いわゆる通信カラオケ業者である。また，TMA 社は，平成 13 年 3 月 26 日に韓国法に基づいて設立された，著作権信託管理等を目的とする株式会社である。

### 2　概要

X は，平成 15 年 9 月 18 日付で，TMA 社との間で，著作権信託契約を締結した。当該契約書の 19 条は，「TMA 社は，信託期間内においても書面をもって X に通知することにより本契約を解除することができる。この場合，本契約は，通知の到達の日から 6 か月を経過した後最初に到来する 3 月 31 日をもって終了する」と記してある。なお，本件請求にかかる韓国の作詞家・作曲家・音楽出版社等の原権利者の著作権について，原権利者と TMA 社間の音楽著作権譲渡契約書のひな型がある。

また X は，平成 16 年 8 月 31 日までの間に，原権利者からその有する著作権の信託譲渡を別に受けている。

X は，Y に対し，原権利者が権利を有する音楽著作物に関し，TMA 社を通じまたは原権利者から直接に，著作権の信託譲渡を受けた等として，平成 14

年6月28日から平成16年7月31日までの著作権（複製権，公衆送信権）侵害に基づく損害賠償金または不当利得金9億7578万6000円およびこれに対する遅延損害金の支払を求めて，平成16年8月31日，原審の東京地裁に本件訴訟を提起した。

ところが，原審係属中の平成18年7月14日に至り，TMA社がXに対し，両者間で締結された著作権信託契約を，同契約19条に基づき解約する旨の通知を平成18年7月20日ころ発送し，間もなくXに到達した。その結果，その後6か月を経過した後最初の3月31日である平成19年3月31日をもって前記再信託契約の解除の効果が発生した。さらに，TMA社は，平成18年10月4日付で韓国法に基づき株式会社の解散決議を行い，平成19年3月28日付で清算結了登記が経由された。

一方，その後平成19年4月から6月にかけて，「私の楽曲の著作権に関連して原契約期間内に発生した日本での著作権使用料および関連する一切の費用等について，Xが著作権の信託受託者として徴収および分配等の管理を行うために，訴訟を提起し，訴訟当事者として当該訴訟を続行する権限を有することを確認します」との記載がある確認書B（Xが一部の原権利者から取得したとされる書面）が作成され，まもなくそれが原審裁判所に書証として提出された。

原判決（東京地裁平成22年2月10日判決LEX/DB文献番号25441851）は，本訴請求のうち，①TMA社との契約を経由した分のうち，確認書Bが提出され，かつ所定の条件を満たしたものを認容したが，その余は退け，②原権利者からの直接契約に係る分はその相当部分を認容した。XとYの双方が控訴。

## II　判　旨

Xの控訴棄却，Yの控訴変更。

TMA社・X契約は，平成19年3月31日を以て終了したが，それにより，Xの受託財産である原権利者の有する著作権（複製権・公衆送信権）は直ちに委託者であるTMA社に移転したというべきであり，上記著作権の侵害を理由とするYに対する損害賠償請求権もTMA社に移転すると解するのが相当である。もっとも，Yに対する損害賠償請求権については，原審にて現に係属

中であったから，その移転時期はいつかという問題がある。しかし，TMA 社からの解約（解除）通知が発せられたのが平成 18 年 7 月 20 日ころであり，契約終了時とされたのがそれから 8 か月余を経過した平成 19 年 3 月 31 日であるから，係属中の損害賠償請求訴訟を X から TMA 社に承継させるための猶予期間としては十分であると解することができ，X は平成 19 年 3 月 31 日の経過により，TMA 社・X 契約に基づく本件著作権と Y に対する損害賠償請求権の管理権限を全て失ったと認めるのが相当である。

X は，本件での各信託契約が終了した後の法定信託は「復帰信託」ではなく「原信託の延長」となり，その場合，受託者の職務権限は，通常の信託契約とほぼ同様であると主張するが，上述のとおり，平成 19 年 3 月 31 日の経過により X は管理権限を全て失ったと認めるのが相当であり，信託契約が終了した後の法定信託の性質をどのように解するかによって，上記結論に直ちに影響が及ぶものとは解されない。

また，X は，本件において，原権利者による，使用料相当額を早く回収したいとの意思を尊重すべき旨主張するが，原権利者は TMA 社・X 契約の当事者ではないのみならず，TMA 社・X 契約につき解除通知がされてから同契約の終了の効果が発生するまでに 8 か月以上の期間があったことからすれば，X の主張は採用することができない。

以上のとおり，X の本訴請求のうち，原権利者・X 間の直接契約に係る部分については，契約の締結が認められた部分につき請求を認容し，TMA 社を介した部分については，X が対象楽曲の著作権の管理権限を失ったものと認められるため，この部分に関する請求を棄却した。X が上告および上告受理の申立てを行ったが，平成 25 年 1 月 30 日，最高裁は，X の上告を棄却，本件を上告審として受理しないとする決定をし（最高裁平成 25 年 1 月 30 日決定 LEX/DB 文献番号 25500511），控訴審判決が確定した。

## III 解　説

### 1 序　論

本件の主な争点の 1 つは，信託契約が解除された後も，X が右損害賠償ま

たは不当利得の返還をYから受けるまでは，原信託の延長として当該財産（損害賠償請求権または不当利得返還請求権）はXに帰属し，ひっきょうYは，Xに対してそれを支払う義務を負い続けるのかどうかということであった。

信託は，その終了事由が発生しても，(i)現務の結了，(ii)信託財産に属する債権の取立ておよび信託債権に係る債務の弁済，(iii)受益債権に係る債務の弁済，および(iv)残余財産の給付が終了するまではなお存続するもの（法定信託）とみなされる（信託176条・177条）。本事案は，現行信託法施行以前の事案にかかるものであったが，旧信託法下では，法定信託にかかる解釈として，原信託の延長という見解と，新たに復帰信託が生じるという見解とが存していた。

そこで，本稿では，右事案を通じて，信託の終了事由が発生した後に，受託者がどの程度まで「信託財産に属する債権の取立ておよび信託債権に係る債務の弁済」をする必要があるのか，ひいては，信託の終了事由が発生した際に残余信託財産が残余財産受益者もしくは帰属権利者に物権的に移転する時期につき考察を及ぼしたいと思う。

## 2 法定信託
### (1) 旧法下
① 帰属権利者

信託の終了事由があっても，原則として，受託者は解放されない。受託者は，「信託事務ノ最終ノ計算ヲ為シ受益者ノ承認ヲ得」なければならない（65条）し，信託財産が残存する場合は，それを帰属権利者へ移さねばならない。そして，「信託財産カ其ノ帰属権利者ニ移転スル迄ハ仍信託ハ存続スル」（法定信託）とみなされる（63条）。

信託の終了事由が発生したときに信託財産が残存する場合，それは誰に帰属するのか。61条は，「信託カ解除セラレタルトキハ信託財産ハ受益者ニ帰属ス」とし，62条は，「信託行為ニ定メタル信託財産ノ帰属権利者ナキトキハ其ノ信託財産ハ委託者又ハ其ノ相続人ニ帰属ス」と規定する。ここにいわゆる「信託行為ニ定メタル信託財産ノ帰属権利者」（＝指定帰属権利者）とは，まだ給付を受けていない元本受益者（61条の受益者を含む），給付を受ける権利がまだ残っている収益受益者，残余財産の帰属権利者としてとくに指定された者を含

むとされる。これらの者が存在しない場合には、委託者またはその相続人が帰属権利者（＝法定帰属権利者）とされる[1]。

② 原信託の延長と復帰信託

法は、帰属権利者を保護するために、残余財産が帰属権利者に移転されるまでは信託はなお存続するとみなし、その帰属権利者を受益者とみなした。このなお存続する信託（法定信託）は、「原信託の延長」と「復帰信託」とに分けられるとされる。

両者の性格の差異に関しては、わが国には定説はないとされるものの、四宮博士は、次のように整理されており[2]、旧信託法下での通説とされていた。

すなわち、指定帰属権利者が存する場合が「原信託の延長」となり、それが存しない場合（法定帰属権利者の場合）は「復帰信託」となるということである。前者における受託者の職務が、「残務の処理、信託財産の受益者（帰属権利者）への移転（権利と占有または占有のみ）、対抗要件の具備、それらの完了するまで信託財産を保存し、適当に収益をあげること（ただし、直ちに回収しえないような条件で投資してはならない）に限られる」のに対し、後者におけるそれは、「受益者またはその指示する者に残余財産の権利と占有を移転し対抗要件を具備させさえすればよい〔一種の受働信託が発生〕」とされる。

③ 61条・62条の「帰属ス」は物権的か債権的か

旧信託法61条・62条にいわゆる「帰属ス」は、帰属権利者であることを示すにすぎず、かならずしも物権的帰属を意味するものではないと解すべき[3]とされる。その理由としては、(i)特別の意思表示がないのに物権変動を生ずるとすると、物権変動の時期が不明確になるおそれがあること、(ii)法が法定信託として存続することを認めるのは（63条）、信託終了と同時に信託財産が帰属権利者に物権的に帰属しないことを常態として前提するものと考えられること、が挙げられている。ただし、例外として、(a)信託行為中に終了事由発生と同時に物権的に帰属する旨の定めがある場合、(b)解除の場合、(c)受託者個人が帰属権利者である場合には、原則として物権的に帰属するとされる。

---

1) 四宮〔新版〕351～352頁。
2) 四宮〔新版〕353～354頁。
3) 四宮〔新版〕352頁。

しかし，上記(i)については，物権行為の独自性を否定し，意思主義の原則（民176条）をとる通説・判例のもとでは，物権変動の時期を明確にする「特別の意思表示」を独自に観念することができないという批判[4]が妥当しよう。

もっとも，信託債権にかかる債務の弁済財産や現務結了に必要な財産を特定しなければ，帰属権利者に帰属するべき財産が特定されず，物権変動が生じないことは明白である。したがって，帰属権利者への財産権の移転時期については，「特別の意思表示」がそれを明確にするのではなく，各帰属権利者に帰属するべき財産が特定されたとき（信託終了前にすでに特定されている場合は，信託が終了したとき）がその時期であると解するべきであろう[5]。

**(2) 現行法**

現行法では，信託の終了事由が生じた場合においては，原信託の延長と位置付けることとしたとされる。その理由は，信託の終了事由が生じることによって，信託目的遂行のための管理処分を中止し，信託財産を残余財産受益者もしくは帰属権利者（以下，「残余財産受益者等」と総称）に早期に引き渡す義務が生じる点において，受託者の職務内容には変化が生じるものの，受託者または受益者の権利義務等に関する信託行為の定めは従前と同様に効力を有することとするのが適当であると考えられるからであるとされる[6]。

また，法定信託が存続する期限について，旧法は「帰属権利者ニ移転スル迄」としていたが（63条），現行法は，信託財産に属する債務を弁済し，残余財産の引渡しを行って最終計算の報告を行うまでは，清算受託者としての義務を負うべきものと考えられることから，清算事務の結了に至るまで信託が存続するものとみなすこととした（176条）。

旧法において信託の終了事由（56条）とは別扱いになっていた解除（57条・58条）については，現行法はこれを終了事由の1つとし（163条・164条），信託が終了した場合は，清算が終了するまでは信託が存続すると擬制した。現行法177条によれば，原信託が終了した時以後の，なお存続する信託の受託者（清

---

[4] 道垣内弘人「最近信託法判例批評（3）」金法1593号（2000年）23頁。
[5] 道垣内教授は予てより「現状有姿のまま引き渡すべき財産が特定している限り，帰属権利者への即時の権利移転が生じると解するほうが素直である」と主張されている（道垣内・前掲注4）23頁）が，けだし至当である。
[6] 法務省民事局参事官室『信託法改正要綱試案 補足説明』157頁。

算受託者）の職務は，株式会社の清算人の職務内容（会社481条）とほぼ同様である。

なお，信託の終了事由が生じた後における残余財産受益者等への信託財産の移転時期について現行法の立法担当者は，その明確化の困難性を踏まえ，現行法においてはそれにかかる特段の規定を設けなかったとしている[7]。

## 3　本件信託の構造
### (1)　著作権と損害賠償請求権

TMA社・X間の信託契約の終了により，受託者Xは，信託財産（元本たる著作権，および，Yに対する著作権侵害を理由とする損害賠償請求権）の管理権限を全て失った，としていることから，本判決は，信託財産の帰属権利者（＝清算されたTMA社）への移転時期について右契約終了時と解していると理解できる。すなわち，元本たる著作権（複製権・公衆送信権を含む）は信託終了により当然直ちに帰属権利者たるTMA社に移転するとし，損害賠償請求権についても，係属中の損害賠償請求訴訟をXからTMA社に承継させるための猶予期間としては十分であると解せられる8か月余が経過した信託終了時に帰属権利者たるTMA社に移転するとしている。

本判決は，信託契約が終了した後の法定信託の性質をどのように解するかによって，結論に直ちに影響が及ぶものとは解されないと説示する。本事案を，復帰信託と解しようが，原信託の延長と解しようが，結論に差異は生じないということである。TMA社・X間の信託契約は解除により終了せられたのだから，上述の旧法下での有力説によれば，それと同時に残余財産（元本たる著作権，およびYに対する著作権侵害を理由とする損害賠償請求権）は物権的に帰属権利者たるTMA社に移転することになる。8か月余の猶予期間は，財産の移転時期とは何ら関係ないはずであるから，本判決は，右有力説に依拠したものではないようにもみえる。

8か月余という上記期間につき本判決は，係属中の損害賠償請求訴訟をXからTMA社に承継させるためには十分な猶予期間であるとしている[8]。する

---
7)　法務省民事局参事官室・前掲注6) 156～157頁。
8)　使用料相当額を早く回収したいとの原権利者の意思を尊重すべきというXの主張を斥けるにも

と，本事案の損害賠償請求については，これが訴訟係属中でなかったなら，解除通知到達日と終了日の間にかかる猶予期間がなくても，信託終了により直ちにTMA社に移転すると解することも可能なのかもしれない。

(2) 現行法への当てはめ

　本件に現行法を適用すれば，どのような結論に至るであろうか。既述のとおり，立法担当者は，信託の終了事由が生じた後における帰属権利者等への信託財産の移転時期については，その明確化の困難性を踏まえ，現行法においてはそれにかかる特段の規定を設けなかったとしているから，明文規定のみで判断することは極めて困難であると思われる。

　現行法は，信託は「清算が結了するまではなお存続するものとみなす」（176条）とした上で，清算受託者の職務として「信託財産に属する債権の取立て」を掲げている（177条2号）から，Yに対する著作権侵害を理由とする損害賠償請求権または不当利得返還請求権の取立てが完了するまでは，信託は依然として存続すると解することもできそうである。そうだとすれば，清算受託者としてのXは，Yに対する右請求権の管理権限を失わないということになる。しかしながら，清算株式会社の清算人の職務としての「債権の取立て」（会社481条2号）と，清算受託者の「債権の取立て」とは，常に同義であるということにはなるまい。けだし，清算株式会社の株主は金銭分配請求権を有するのに対し，「金銭信託以外の金銭の信託（金外信託）」の帰属権利者等はそれを有しないからである。金外信託に終了事由が発生した時に存する，債券をはじめとする第三者への請求権については，清算受託者は弁済期の到来・未到来を問わず，取立てを行うことなく，現状有姿で帰属権利者に交付すればよいのである。したがって，現行法177条2号をもって，Xは，Yに対する著作権侵害を理由とする損害賠償請求権（または不当利得返還請求権）の取立てを完了せねばならないという職務遂行義務を負うものではないといえよう。

　そもそも，本件損害賠償請求権（または不当利得返還請求権）については，その基礎となっている著作権等が帰属権利者等に移転されれば，それに付随して同人に移転されると解するべきであろう。けだし，次のとおりである。

十分な期間であるともしているが，本判決が説示するように，そもそも原権利者はTMA社・X契約の当事者ではないのであるから，これは傍論といえよう。

第6章　信託の終了

　民法89条2項は「法定果実は，これを収取する権利の存続期間に応じて，日割計算によりこれを取得する」とするが，これは，権利の帰属を定めたものではなく，帰属権利者間の内部関係を定めたものと解する[9]のが通説である[10]。それに従えば，元物の所有権が譲渡された場合にも，法定果実はすべて支払期の（元物の）所有者に帰属し，日割計算は譲渡人と譲受人との内部関係として清算されるべきとされる。そうだとすると，本件のような知的財産権使用料請求権を法定果実と観念し得るならば，それは，元物たる著作権等の移転と同時に譲受人に帰属するから，侵害者に対する債権者は譲受人となる[11]。

　もっとも，賃貸不動産が譲渡された場合，弁済期既到来の債権（賃料債権の遅延損害金請求権やその他の損害賠償請求権等）については，当然承継が否定され，別個に新賃貸人への債権譲渡がされなければ移転しないとされる[12]。これを卒然と解すれば，本件のような著作権侵害に基づく損害賠償請求権のような既発生の債権についても，著作権の移転とは別個に債権譲渡がなされなければ，それは依然として譲渡人に帰属していることになる。しかし，当然承継がなされないからとて，信託終了時に信託財産に属する既発生の債権に関しては，受託者がことさら受益者または帰属権利者への債権譲渡という法律行為を行わなければ受託者に帰属し続けると考えることも妥当ではあるまい[13]。また，信託終了時に信託財産を金銭に換価して交付することになっている信託の場合は格別，そうでない場合は，残余財産たる弁済期既到来の債権につき清算受託者は必ず金銭に換価して（債権者として回収して）受益者または帰属権利者に給付せばならないと解さねばならない理由はない。

---

[9]　我妻栄『新訂 民法講義第1民法総則』（岩波書店，1965年）228頁。
[10]　もっとも，買主倒産の場合等の売主の不利益を考えれば，対外関係（売主・買主がそれぞれの分を取り立てうる）を定めたものとする見解（米倉明『民法講義総則(1)』（有斐閣，1984年）381頁以下）も有力のようである。
[11]　わが民法は，ドイツ民法99条のように権利の果実なる概念を認めていない。しかしながら，法定果実に関する規定は，元物が物であるか権利であるかによって適用を異にする理由はないから，88条2項の法定果実でない場合でも分配につき89条2項の類推適用を認めるべきであろう。権利の果実なる概念を認めるか否かについて，林良平＝前田達明『新版注釈民法(2)総則(2)』（有斐閣，2011年）647頁は，「実質的には実益のある議論ではない」と論断する。
[12]　大判昭和10・12・21新聞3939号13頁。
[13]　債権譲渡の通知・承諾は対抗要件に過ぎない。

なお，譲受人が債権行使することによって受領する金銭を，譲渡人・譲受人間でいついかに分配するかは内部関係としての清算に過ぎない。そして，信託終了の場合，委託者・受託者間で分配する必要はないから，内部清算も不要である。

また，現行法には，信託財産の移転時期につき特段の規定は設けられていないというのであるから，旧法下での議論が排除されているわけではなさそうである。したがって，現行法下でも，前掲の「現状有姿のまま引き渡すべき財産が特定している限り，帰属権利者への即時の権利移転が生じると解す」べきとの考え方は採用を妨げられるものではない。本件に現行法を適用しても，Xは平成19年3月31日の経過により，TMA社・X契約に基づく本件著作権とYに対する損害賠償請求権の管理権限を全て失ったと認められることとなろう。移転すべき財産が特定している場合には信託終了と同時に，信託終了時には特定されていない場合でもその後の特定をもって，帰属権利者等への権利移転が生じると解すれば，移転時期も明確となろう。この考え方は，公共工事の前払金の残預金の，受託者の固有財産への移転時期についても参考となるが，紙幅の関係上別稿に譲る。

## Ⅳ 本判決の意義

本判決は，旧法下におけるものではあるが，信託終了事由が発生した時に残存する信託財産が，著作権（複製権・公衆送信権）等の無体財産，および，それにかかる未収財産（信託財産に属する著作権等への侵害を理由とする損害賠償請求権）であった場合の，残余財産受益者等への財産移転時期につき，「信託終了により直ちに移転すると解するのが相当である」と判示した。即時の権利移転については，現行法下においても同様の帰結が導かれよう。もっとも，信託終了時点に存する信託財産たる債権が，終了以前から債権者たる受託者と債務者との間で訴訟係属中であった場合，帰属権利者に移転させるためにどれほどの猶予期間が必要となるのか（8か月余であれば猶予期間として十分であると判示するものの，6か月ではどうか。1週間では短すぎるのか）が不明である。しかし，少なくとも信託財産に属する債権が訴訟係属中ではない場合は，弁済者をして二重

第6章 信託の終了

払いの危険を回避することを可能にせしめた点に意義があると思われる。

## 37

# 信託財産に対する商事留置権等の行使による貸金債権への弁済充当

大阪高裁平成13年11月6日判決　金法1632号31頁

田　中　和　明

## I　事実概要

　昭和53年12月15日、信託銀行であるX（原告、控訴人）と、旧兵庫銀行グループのリース会社であるY（被告、被控訴人）との間で、銀行取引約定書を交わして、預金取引や貸付取引などの銀行取引を開始した。
　昭和61年10月24日、XはYとの間で、Yを委託者兼受益者、Xを受託者とし、兵銀投資顧問株式会社の指図に従って株式、公社債等に受託財産を運用する特定信託契約を締結し（本件契約）、Yは20億円を信託していたところ（本件契約は、当初、信託期間を昭和63年3月20日までとしていたが、その後、信託の存続期間を1年として、繰り返し延長していた）、平成3年2月20日、本件契約を「特定金銭信託」から「金銭信託以外の金銭の信託」に変更した。
　Yは、平成7年9月16日、株主総会の決議により解散し、同年9月18日、神戸地方裁判所に対し、特別清算手続開始を申し立て、平成7年10月3日（基準日）に、特別清算開始決定を受け、特別清算手続を開始したことから、Xは平成7年9月19日、本件契約条項13条3項に基づき本件契約を解約して本件信託を終了させた。
　Xは、本件信託から別段預金に振り替えた486万7227円については、平成7年9月27日、本件特別清算債権の遅延損害金を自働債権としてその対当額で相殺し、基準日（平成7年10月3日）から本件清算協定の認可（平成8年3月18日）までの間、信託財産であった証券を市場で任意売却し、その代金等合計7億2187万5510円を本件特別清算債権に充当した。

平成8年3月15日開催の債権者集会において協定案が可決され，同月18日神戸地方裁判所によって認可されたことから，XがYに対して有する特別清算債権の配当基準額が，貸金債権等の金額から充当ないし相殺された金額を控除した残額であることの確認，および，XのYに対する信託契約に基づく残債務が存在しないことの確認を求めて提訴したものである。

裁判の経過としては，神戸地裁平成12年1月27日判決（金法1585号40頁）では，請求棄却（原告X側敗訴）されたものの，大阪高裁平成13年11月6日判決（以下「本件判決」という）では，請求が容認（原告X側勝訴）されたことから，Yから上告及び上告受理の申立てがあり，最高裁平成16年12月16日決定（金法1744号56頁）では，上告棄却，上告不受理（原告X側勝訴）とされた。

## II 判　　旨

### 1　本件契約13条3項に基づく契約解除の可否

「Yの解散という事態は，信託財産の運用による利殖という本件信託の目的を達成することを困難にさせるものであるから，本件契約13条3項の『経済情勢の変動その他相当の事由により信託目的の達成……が困難となったと認めたとき』に該当するというべきである」。

そうすると，「Xが平成7年9月19日にYに対し，本件契約13条3項に基づき，本件契約解除の意思表示をし，これが同月20日にYに到達したことによって，本件契約は終了したことになる。」

### 2　本件信託取引に対する銀行取引約定書の適用の可否

「XとYとの間で合意された本件銀行取引約定は，信託法の強行規定ないしその趣旨に違反しない限度で，XとYとの間における信託取引を含む取引全般について適用されると解するのが相当である。」

### 3　本件における商事留置権の成否

#### (1)　信託終了における信託財産の権利移転

「信託財産である本件証券は，帰属権利者であるYへの権利移転に上記のよ

うな特段の障害が存することを認めるに足りる証拠はないから，本件契約が解除によって終了した時点で，直ちにYに権利が移転していることになる。」

**(2) 商事留置権の成立**

「XのYに対する前記貸金債権等は，商人間においてその双方のために商行為である貸付行為等によって生じた債権に当たり，本件証券は，Xが債務者であるYとの間における商行為（本件契約）によって自己の占有に帰したY所有の有価証券に当たることは明らかである。そして，Yが特別清算開始の申立を行ったことで，本件銀行取引約定5条1項1号により，Yは，期限の利益を喪失し，……Xは，Yに対し，上記貸付債権を被担保債権として，本件証券につき商法521条所定の留置権を行使することができるというべきである。」

### 4　本件換価処分および弁済充当の可否

**(1) 換価処分**

「Xが本件銀行取引約定書4条4項に基づいて行った本件換価処分は有効なものというべきである。」

**(2) 弁済充当**

「本件弁済充当については，本件銀行取引約定7条1項に基づくものと解され……有効に行われたものというべきである。」

### 5　本件相殺，換価処分の合法性

「本件相殺，本件換価処分及び本件弁済充当が信託法の諸規定等に違反する旨のYの主張は，いずれも採用することができない。」

### 6　商法456条による破産法104条の規定の準用の可否

「XのYに対する本件換価金等の支払債務は，本件信託終了時の信託財産返還債務が転化したものであり，これと実質的同一性を有すると解されるところ，Xが上記信託財産返還債務を負担するに至る原因は，……平成3年2月20日に本件信託が設定されたこと（従前の特定金銭信託が特定金外信託に変更されたこと）に存するというべきである。そうすると上記債務負担は，Yが支払

停止を宣言した平成7年8月30日（弁論の全趣旨）又は特別清算開始の申立てを行った同年9月18日よりも前に生じた原因に基づくものであるから，破産法104条2号但書中段に該当し，Xによる本件相殺及び本件弁済充当は許容されるこことなる。」

### 7 信託契約終了による損失塡補請求権又は損害賠償請求権と配当金支払債務との相殺の否定

「本件相殺や本件換価処分及び弁済充当は，その前提となる本件契約の解除も含めて，いずれも有効に行われたものであり，XがYに対し損失塡補義務又は損害賠償義務を負担するものとは認められない。」

### 8 結　論

「以上の次第で，XはYに対し，Yが各配当期日に支払を拒否した配当金及びこれらに対する各配当期日の翌日を起算日とする遅延損害金の支払を求める権利を有するから，Xの当審における訴え変更後の請求は，すべて理由がある。」

## III　解　説

### 1 本件契約13条3項に基づく契約解除の可否

本件契約13条3項によれば，受託者は，「経済情勢の変動その他相当の事由により信託目的の達成……が困難となったと認めたときは，委託者（受益者）に事前通知のうえ，この信託契約を解約することができるものとします」と規定されている。

一審判決においては，「本件信託が特別清算申立時において既存のものであり，しかも，極端に投機的な資金の運用（外国為替や商品取引への投資）を目的とするものでもないのであるから，Yの清算人としては，特別清算開始を申し立てた後協定が認可されるまでの間（あるいは協定に従って実際に弁済を行うまでの間），運用リスクとの関係で可及的速やかに本件信託を終了させることが当然に期待されていたということはできず……Yが特別清算の開始を

申し立てた事実を信託目的の達成を困難ならしめる事情とすることもできない」として，本件契約13条3項には該当せず，信託を解除することはできないと判示していた。

この点について，学説では，特定金外信託は，「信託財産の運用方法が委託者または委託者から指図を受けた者によって特定される信託である。つまり，委託者は，当該信託財産を，ハイ・リスク，ハイ・リターンの株式・社債に運用することを指示することもできる」ことから，「積極的な運用活動を継続」しており，「清算会社の権利能力・清算人の職務範囲に照らし，認められることではない。」と解除を肯定する見解[1]がある[2]。

本判決においては，「本件信託は，Y以外の第三者がXに対して資産運用の指図を行うものであるから，Yの解散に伴い，これを早期に結了させる必要があることは一層明らかといえる。したがって，Yの解散という事態は，信託財産の運用による利殖という本件信託の目的を達成することを困難にさせるものであるから，本件契約13条3項の『経済情勢の変動その他相当の事由により信託目的の達成……が困難となったと認めたとき』に該当するというべきである（なお，本件当事者は，特別清算開始の申立てをもって上記条項に該当するか否かを論じているが，むしろ解散決議が上記条項に該当するか否かを検討すべきである。）。」として，一審とは反対の判示をしている。

信託には，様々な種類があり，貸付信託のように元本補てんが付されているような信託については，一審判決の考え方が適合するが，本件のように元本割れのリスクがあり，かつ，委託者の指定する第三者が運用の指図を行う特定金外信託においては，まさに，「損失を生じさせる危険性を常に内包するもの」であり，会社の解散後に，存続させることは不合理であることから，本件判決

---

1)　道垣内弘人「最近信託法判例批評(1)」金法1591号（2000年）43，44頁。なお，「信託目的の達成もしくは信託事務の遂行が困難となった」のは，特別清算手続開始の申立ての時ではなく，解散の時点であると指摘。

2)　この見解，指摘への反対の見解として，島田享子「配当基準債権確認の利益・特別清算申立てによる信託契約解除」ジュリ1247号（2003年）164頁では，「破産と同様清算型の倒産手続である特別清算手続においても，特定金外信託の存続が清算に向けての財産維持活動となる場合も想定されうる。……契約が存続しえないことが確定していることを根拠に，『信託の目的達成もしくは信託事務の遂行が困難になった』として受託者が解除できる，とは直ちに言えないであろう」と述べられている。

の考え方が妥当であろう。

## 2　本件信託取引に対する銀行取引約定書の適用の可否

　一審判決においては，銀行取引約定書は，「銀行法によって営業の免許を受けた銀行が，取扱いを許された業務を行う際，不特定多数の相手方との取引関係を画一的で明確なものとする目的で予め作成された約定が記載された文書であり，『銀行取引』とは，銀行が取扱いを許された業務，すなわち，銀行法10条1項及び2項所定の業務であると解され」，「信託銀行が行う業務については，信託業法施行細則や普通銀行の信託業務の兼営に関する法律施行細則（原文ママ）によって相当に詳細に規制が加えられている」ことから，「信託業務は，銀行取引約定書記載の約定が適用される銀行取引に含まれるということはできず，銀行取引約定7条1項によって本件信託の解約が正当化される理由はない」と判示していた。

　信託取引に対する銀行取引約定書の適用の可否については，学説では，信託銀行の用いている銀行取引約定書7条2項の記載が，一般の銀行とは異なる内容となっていることから，当事者は，信託取引に適用されることを想定して同約定に基づく合意をしていると解して，銀行取引約定書の適用を肯定する見解[3]と，契約上の文言の解釈に信託取引を含めることに異論はないものの，忠実義務の観点から，否定的な見解[4]とが対立していた。

　本件判決においては，肯定説をとり，本件銀行取引約定は，信託法の強行規定ないしその趣旨に違反しない限度で，XとYとの間における信託取引を含む取引全般について適用されることを認めている。すなわち，本件銀行取引約定書の7条1項には，「（前略）いつでも貴社は相殺し，または，私の預金，その他の債権につき，事前の通知および所定の手続を省略し，払戻し，解除または処分のうえ，その取得金をもって債務の弁済に充当することができます。」と定められており，その他の銀行の約定書には見られない「解除または処分のうえ，その取得金をもって」の文言が加わっている。この規定は，信託銀行で

---

[3]　道垣内・前掲注1）44～46頁。
[4]　角紀代恵「信託契約および銀行取引約定書7条1項による受託者による信託の解約」金法1596号（2000年）60頁，島田・前掲注2）165頁。

は，貸付先から，預金以外に金銭信託等を受託していることがあり，これらの信託金についても弁済充当の対象とすることで，貸付金の回収財源とすることを念頭に置いたものと考えられる。また，本件銀行取引約定1条1項には，「手形貸付……その他いっさいの取引に関して生じた債務の履行」についてこの約定に従う旨定められていて，その適用範囲に信託取引も含まれるような文言になっており，さらに，本件契約には，信託取引につき本件銀行取引約定の適用を排除するような趣旨の条項が特に見当たらないと説明されている。

本件判決は，「信託法の強行規定ないしその趣旨に違反しない限度」であることを前提としていることから，信託取引について銀行取引約定書の定めの適用があることに加えて，本件の状況下において忠実義務等には違反していないことを示しているといえる。当事者の意思を反映した実務上の考え方，慣行を踏まえた判示であり，納得できる考え方であると評価できる。

### 3　商事留置権の成立の可否

一審判決においては，信託が終了していないことを前提としているため，「本件証券は，本件信託終了前は原告の所有に属する財産であって，原告からみて他人の財産ではないから，法律上，本件証券について原告に留置権が発生する余地はない」と判示していた。

信託が終了していない限りにおいては，そのとおりの結論である。しかしながら，信託が終了しているとした場合には，信託が終了して信託財産が帰属権利者に引渡しされていない状態において，信託財産は帰属権利者に物権的に帰属しているかどうかが問題となる。旧信託法63条では，「信託終了ノ場合ニ於テ信託財産カ其ノ帰属権利者ニ移転スル迄ハ仍信託ハ存続スルモノト看做ス」と規定されており，当時の通説[5]では，信託財産の引渡完了までは受託者に所有権が残存するものと解していた。この通説によれば，本件証券は，受託者の所有にあり，他人の財産ではないことから，商事留置権は発生しないことになる。

---

[5]　四宮〔新版〕351，352頁では，「61条，62条は単に「帰属ス」というが，それは帰属権利者であることを示すにすぎず，かならずしも物権的帰属を意味するものではないと解すべきである（通説）」と述べられている。また，能見270，271頁も同様の見解。

一方，この一審判決に対して，近時の学説では，「信託財産として第三者に対する債権が存するが，帰属権利者への引渡しにあたっては，金銭での引渡しが要求されている場合」，「受託者が，費用または損害の補償請求権や信託報酬請求権を有するとき」，「第三者に対する未履行の信託債務が存する場合」の三つの場合を除いて，「移転すべき信託財産が特定している場合には，信託終了と同時に帰属権利者への権利移転が生じると解すべきである。」との見解[6]がある。

本件判決においては，信託契約の終了時に帰属権利者への権利帰属が即時に生じ，本件証券の所有がYに移転していることから，商事留置権の成立を認めている。

すなわち，法定信託において，受託者に所有権が存続する場合があることを認めつつ，「本件信託のような特定金外信託の場合であって，信託法36条1項，37条等に該当する事情がなく，かつ，帰属権利者（受益者）であるYに移転すべき信託財産が特定していて，権利移転に特段の障害が存しない場合には，信託契約の終了時に帰属権利者への権利帰属が即時に生じると解しても，信託法63条の趣旨に反するものではない」と解したうえで，本件貸金債権等は，商人間においてその双方のために商行為である貸付行為等によって生じた債権に当たり，本件証券は，Xが債務者であるYとの間における商行為によって自己の占有に帰したY所有の有価証券に当たり，Yが特別清算開始の申立てを行ったことで，本件銀行取引約定5条1項1号により，Yは，期限の利益を喪失し，XのYに対する貸金債権等はすべて弁済期が到来しているからXは，Yに対し，貸付債権を被担保債権として，本件証券につき商法521条所定の留置権を行使することができると説明されている。

信託法における従来の通説に依拠すれば，信託財産の引渡しがあるまでは，法定信託が存続し，受託者に所有が存続するところ，本判決においては，法定信託の趣旨を踏まえながらも，特定できる財産で一定の要件を満たすものについては，信託契約の終了時に帰属権利者への権利帰属が即時に生じて信託財産であった財産の所有が帰属権利者に移転するとの考え方は，やや技巧的な感は

---

6) 道垣内弘人「最近信託法判例批評(3)」金法1593号（2000年）21～24頁。

あるものの，説得性のあるものである。

なお，当時の上場株式は，株券が発行されていたが，平成21年1月5日より，「社債，株式等の振替に関する法律」に基づき無券面化され，振替株式についての権利の帰属は，同法12条1項により「振替口座簿の記載又は記録により定まるもの」とされており，上場株式については，商事留置権は成立しないのではないかとの議論があるが[7]本誌の趣旨に鑑み，立ち入らないこととする。

## 4　本件（信託）財産の換価処分及び弁済充当の可否

一審判決においては，信託財産である本件別段預金と本件特別清算債権との相殺は，信託法17条に違反するから，有効な相殺と認めていない[8]。また，YがXに対して本件別段預金の交付を求める権利（本件信託に係る受益権）が，銀行取引約定7条1項にいう「預金その他の債権」に該当するかどうかは疑問であり，少なくとも，信託業務に関する本件別段預金については，信託業務に関する本件契約条項14条が，銀行取引に関する銀行取引約定に優先して適用されなければならないことは明らかであるとして，銀行取引約定による相殺，差引計算を否定している。さらに，本件証券は，本件信託終了前はXの所有に属する財産であって，原告からみて他人の財産ではないから，法律上，本件証券についてXに留置権が発生する余地はなく，Xが本件証券について商事留置権を取得すると仮定しても，何故，法定の担保権実行の手続によらないで自らこれを売却することが許されるのかは疑問であるとしている。

この点について，近時の学説では，銀行取引約定書4条4項に基づいて，本件証券を換価して貸金債権に充当できるかどうかは，「①XがYの特別清算手続において優先弁済権を有するか否か，そして，②当該優先弁済権の実現のために，Xに任意処分権を与えることには，合理性があるか（とくに，適正かつ妥当な方法といえるか），③その被担保債権は，本件証券処分時に履行期が到

---

[7]　弥永真生「商法521条にいう『自己の占有に属した債務者の所有する物又は有価証券』とペーパーレス化」銀行法務744号（2012年）32〜36頁。
[8]　相殺の可否の裁判例としては，京都地判平成12・2・18金法1592号50頁，大阪高判平12・11・29金法1617号44頁がある。

来し,その額は本件証券の価額を超えており,また,本件証券についてXに優先する他の特別の先取特権者が存在しないか,を順次分析するわけである。そして,その三つが肯定されたとすれば,前掲平成10年最高裁判決の論理から,右神戸地裁判決の事案においても,Xの任意処分権が肯定されるべきことになる」[9]との見解がある。

本件判決においては,Xが本件銀行取引約定4条4項に基づいて行った本件換価処分は有効なものというべきであり,他方,本件弁済充当については,銀行取引約定7条1項に基づくものと解され有効であると判示している。

すなわち,Xは,本件証券につき商法521条所定の留置権の行使として銀行取引約定4条4項に基づき本件換価処分を行ったものと認められ,留置権は,形式競売の申立権が認められている(民執195条)が,他の債権者は配当要求をすることができず,目的物の換価金は留置債権者に交付される。留置権者は,目的物の所有者に対して換価金返還債務を負うが,目的物の所有者が被担保債権の債務者であるときは,換価金返還債務と被担保債権とを相殺することで,事実上優先弁済を受けることができる。

また,本件証券の処分方法のうち,株式配当金の受領や割引国債の償還は,Xの恣意的裁量が介在する余地はなく,株式の売却についても,証券取引市場における換価処分である以上,売却日における当該株式銘柄の相場価格によって売却されたものと推認され,かつ,より高値で売却する方がXにとっても有利になるから,Yにとって不利益となるような恣意的裁量の余地は考え難い。貸金債権等の額が本件証券の価額を上回ることを併せ考慮すると,Xによる本件証券の処分方法は,一般的にみて,いずれも適正かつ妥当なものであると評価することができると説明されている。

本件判決は,合理的な判断であり説得性のある考え方である。

## IV 判決の意義

実務においては,信託銀行が,有価証券運用を目的とする信託の委託者兼受

---

[9] 道垣内弘人「最近信託法判例批評(4)」金法1594号(2000年)71頁。

益者に対して，貸出を実行する際に，その担保として当該信託の受益権に質権が設定されることが行われ，その担保を実行して貸付金の弁済に充当できることについては疑義がなかったが，質権等の担保権が設定されていなかった信託において，委託者兼受益者である株式会社が破たんした場合に，当該信託の信託財産である株券等を売却処分して貸付の弁済に充当できるか否かについては，議論が分かれていた。

　本件は，大阪高等裁判所において，信託財産である株券等を売却処分して貸付の弁済に充当することが可能であることが判示され，最高裁判所で，Ｙの上告受理申立てが受理されずに確定されたことは，実務に法的安定性をもたらしている。

　また，法定信託を前提としつつ，一定の要件のもとで，信託財産は信託契約の終了時に帰属権利者への権利帰属が即時に生じるとの考え方は，大きな影響を与えるものである。

# 投資信託受益者から受益証券販売会社に対する換金方法の指定なしの受益証券の換金申入れ

名古屋高裁平成21年10月2日判決　金法1883号39頁

清水　真人

## I　事実の概要

　Xは，Y銀行の甲支店の担当者を通じて，3種類の投資信託（以下「本件投資信託」という）を購入し保有していた。本件投資信託はいずれも委託者指図型投資信託であり，Yは本件投資信託の販売会社であり，Xは本件投資信託の受益者である。Xは，本件投資信託の換金手続の詳細を知らず，かつ解約実行請求と買取請求の違い等について説明を受けたことはなかった。また，本件投資信託にかかる投資信託説明書（目論見書）には，解約実行請求についてはある程度詳細な記載がなされていた一方，買取請求についてはわずかに用語解説欄にその意味が記載されている程度であった。

　平成19年1月15日の午後2時半頃，Xは姉のAとともに甲支店を訪れた。Aは担当者に対しXの財産を管理することとなった旨を告げ，本件投資信託の換金およびXの全預金の払戻しを求めた。担当者は，同日中における払戻手続が困難であることを理由に，後日来店するよう求め，了解を得た。

　翌日16日の午前9時半頃，XはAではなく同居している妹のBとともに甲支店を訪れた。Bは担当者に対し，自宅に置いてあった預金通帳および印鑑等がなくなっており，何とかしてほしい旨を述べた。

　他方，Aの代理人として委任を受けた弁護士Cは，同年3月5日付で甲支店に対し，Xの預金等の払戻しに応じない理由を説明するよう求める書面を送付した。甲支店はCに対し，CはXの代理人でないため回答できない旨を伝えた。

Xは，同年3月29日，Bとともに甲支店を訪れた。その際Bは担当者に対し，XがAにCの法律事務所に連れて行かれそこで住所と名前を書かされた旨を話し，またXは担当者に対し，その紙に何が書いてあったか全く覚えていない旨を述べた。

担当者は，それまでの経緯等から，Xの多額の財産をめぐり親族間に深刻な争いがあると認識しており，甲支店内ではXの預金の払戻し等に当たっては慎重に対応することが申し合わされていた。また，担当者はXの財産管理能力に問題があると感じており，AおよびBに対して，成年後見制度の利用を勧めていた。

翌日，XはCおよびAとともに甲支店を訪れたところ，XとCのみが応接室に通され，支店長乙および支店長代理丙の応対を受けた。Cは席上乙らに対し，甲支店に預けてあるすべての預貯金の解約手続・解約後の金員の受領等をCに委任する旨が記載され，Xの署名押印がなされた平成19年3月28日付けの委任状（以下「本件委任状」という）を示して，Xの預金等を全部払い戻すよう求めた。XもCに促されて，小声で「全部，下ろしてください」と述べた。そこで乙はXに対し，本件委任状を示してこれに署名したのかどうかを尋ねたところ，Xは覚えていない旨答えたので，続けて本件委任状の意味が分かるかと尋ねたところ，Xは分からない旨を答えた。さらに，預金の払戻しの意思を確認したところ，Xは何も答えず，うつむいたまま黙っていた。そのため，乙は，X本人の意思確認ができないと判断し，Xの預金等の払戻しには応じられない旨をXおよびCに伝えた。

平成19年6月29日，XはCらに訴訟委任をして本件投資信託を含めXの預金等を全部払い戻すよう本件訴訟を提起し，同年7月12日にYに訴状が送達された。本件訴訟においては終始，訴訟委任におけるX本人の意思表示の存否や，Xの意思能力ないし自己の行為の効果を認識する能力の存否が問題とされたことはなかった。また，Xの財産管理をめぐる親族間の争いは平成19年3月30日頃までは存在していたが，その後解消しており，BがAに対し不信感を抱いている状況にはなかった。

平成20年6月4日，YはXが平成20年5月26日に行った本件投資信託の買取請求の申込に応じ1782万3929円をXに払い戻した。Xは，Yに対し本

件投資信託の解約金残金の支払として，あるいは同解約手続をめぐる債務不履行または不法行為に基づく損害賠償として，金銭の支払を求めた。

## Ⅱ 争点と判断

### 1 争　点

本件では，①投資信託の受益者が受益証券の販売会社に対して，換金方法の指定なしに受益証券の換金を申し出た場合，当該申出が解約実行請求の意思表示と認められるか否か，②解約実行請求と買取請求の2つの方法のうち受益者がどちらを選択したか明らかでない場合，販売会社には受益者がどちらの方法を選択したかを問い合わせるべき信義則上の義務があるか否か，③解約実行請求の意思表示が認められる場合，投資信託委託業者からYが解約金支払を受けるという条件の成就をYが故意に妨害したとして，民法130条により当該条件が成就したとみなすことができるか否かが問題となった。

### 2 原審の判断

原審は，①の争点につき，XはYに対し本件投資信託の換金を申し出たことは窺えるものの，Xはいずれの換金方法によるかを指示していないことから，Xによる解約実行請求の意思表示は認められないとした。また②の争点については，「投資信託の換金方法として，委託者に対する解約実行請求と販売会社による買取の二つの方法があるときに，販売会社が受益者から換金の意向を聞き，その換金の手続の教示を求められた場合には，販売会社として，それらの説明をし，手続書面等を交付すべき義務はあるというべきである」ものの，「受益者がそれらの手続の教示を求めていない場合にまで，販売会社にその説明義務等があるとは解され」ないとし，XはYにその手続の教示を求めていないことから，Yに換金方法に関する説明義務はなかったとした。

### 3 控訴審の判断

①「実務上，投資信託の換金手続の殆どは解約実行請求の方法によるものである一方，本件投資信託につき，Yには，Xからの買取請求には応じる義

務があったとは認められないこと……，本件投資信託の換金方法として，解約のほかに買取請求がある旨の説明がXになされたことは一度もなく，本件投資信託の投資信託説明書（目論見書）にも，Yの投資信託の約款集にも，買取請求について十分な説明の記載はなく，本訴訟提起の時点において，Xは買取請求の方法を知らず，知る術も実際上なかったといえること，本訴訟の前後を通して，XはYに対し，その保有する全金融商品の払戻しを求めており，これは解約を求める趣旨である旨を本訴訟においても主張していることなどからすれば，Xは，本訴訟提起時において，本件投資信託については，解約実行請求の方法により換金を求めていたことは明らかであると認められる。」

② 「Yにおいて，Xの本訴訟における本件投資信託についての請求が，いずれの換金方法を選択したものか明らかでなかったというのであれば，前判示のとおり，Xに対して2つの換金方法について十分な説明がなされておらず，かつ，価格変動によるリスクがある投資信託の取引であることを勘案すれば，投資信託の販売会社であるYとしては，直ちに，いずれの換金方法を選択したものであるかについて問い合わせるべき信義則上の義務があったものというべき」である。

③ 「Xは，Yに対し，本件投資信託の解約実行請求を行ったときは，条件付き解約金支払請求権を有することになる上，Yは，上記条件の成就により，投資信託委託業者から本件投資信託にかかる信託報酬が得られなくなる等の不利益を受ける立場にあったと認められるから，Yが故意に上記条件の成就を妨害したと認められる場合には，民法130条の適用により，その条件が成就したものとみなされることになる。」

## Ⅲ　解　説

### 1　本判決の意義

本判決は，①投資信託の受益者が換金方法の指定なしに販売会社に対して換金を申し出た場合において，本件における具体的事情を踏まえた上で，解約実行請求の意思表示が認められると判示した点，②投資信託の換金請求が解約実行請求と買取請求のいずれの方法によるものか明らかでない場合，販売会社は

第6章　信託の終了

直ちにいずれの換金方法を選択したものであるか受益者に問い合わせるべき信義則上の義務があると裁判所として初めて判示した点，③最高裁平成18年12月14日判決（民集60巻10号3914頁)[1]の法的構成に従い民法130条を適用して販売会社の損害賠償責任を裁判所として初めて認めた点に意義がある。

### 2　投資信託の換金方法

投資信託の換金方法には，大きく分けて解約実行請求と買取請求の2つの方法がある。解約実行請求とは，販売会社を通して，投資信託委託業者と信託銀行が締結した投資信託契約の一部解約の実行を投資信託委託業者に請求する方法であり，買取請求とは，販売会社に受益証券を直接買い取るよう請求する方法である。

これら2つの換金方法が認められているのは，沿革的な理由に基づく[2]。すなわち，昭和26年の証券投資信託法制定当初は投資信託の解約請求は販売会社にだけ認められていた。そこで，受益者は販売会社に受益証券を買い取ってもらい，当該販売会社が受益者として投資信託委託業者に解約請求を行っていた。この方法では，販売会社が受益証券を買い取る時点では課税されず，販売会社が投資信託委託業者へ解約を申し込んだ時点で，受益証券の値上がり益に対して所得税等が源泉徴収されていた。そこで，販売会社はあらかじめ基準価額から源泉徴収相当額を特別控除額として差し引いた上で受益証券の買取りを行っていた。ところが，販売会社の解約請求については常に課税されるため，受益者は非課税扱いで受益証券を購入した場合であっても結果的に非課税の恩恵を享受することができない点が問題となった。そこで，昭和50年の証券投資信託法施行規則改正を契機に，受益者が販売会社を通して投資信託委託業者に解約実行請求を行うことができるようになった[3]。このような沿革から，現

---

＊本事件に関する論稿・評釈として，新家寛ほか「投資信託換金受付時における銀行の窓口対応の留意点——名古屋地裁平成20年12月19日判決を踏まえて」銀行法務703号（2009年）5頁，永田光博ほか「投資信託の換金申出に換金方法の指定は必要か——名古屋高判平21.10.2を契機として」金法1886号（2009年）28頁，浅井弘章「判批」銀行法務714号（2010年）33頁がある。

1) 本判決については，本書26を参照。
2) 野村アセットマネジメント株式会社編『投資信託の法務と実務〔第4版〕』（金融財政事情研究会，2008年）238～240頁。

在では受益証券の換金のほとんどが解約実行請求の方法により行われている。なお，平成21年1月1日以降，どちらの換金方法を選択しても税法上の取扱いは譲渡所得となり，両者に対する税制上の違いはなくなった。

### 3　換金制度の意義

それでは，投資信託の換金制度は理論上どのように位置付けることができるだろうか。

この点について，かつて単位型の投資信託が主流であり，大蔵省の免許制の下で投資信託の本数がそれ程多くなく，証券市場が未発達であった時代において，換金制度は投資家保護のためのものと位置付けられていた[4]。すなわち，受益証券の買取および部分解約について証券投資信託法上規定は置かれていなかったが，大蔵省が投資家保護のために投資信託委託業者による受益証券の買取および信託契約の部分解約を認める方針を採用したことから，各投資信託の約款中に受益証券の換金に関する規定が置かれることとなった[5]。そして，投資信託委託業者の指定する販売会社は受益者からの申出により受益証券を買い取る義務を負っていると解すべきか否かをめぐって見解が分かれていた[6]。

しかし，今日において証券市場の発達とともに投資運用業への参入規制が大幅に緩和され，投資信託の本数および残高が大きく増加している現在，投資信託の換金制度は投資家保護の観点のみならず，投信業界における競争促進の観点からその意義を捉えるべきように思われる。すなわち，受益証券購入後，投資家が合理的な投資判断に基づき換金の申出を行うことによって，家計による投資信託の選別強化ひいては投資信託委託業者間の競争促進につながり[7]，それにより，投資信託が家計の資産形成手段として重要な役割を果たすのみならず，市場型間接金融を通じた資源の適正配分に資することになるのである[8]。

---

3)　佐々木功＝松本崇ほか『証券投資信託法・貸付信託法』（第一法規，1977年）95頁。
4)　高橋亀吉監修『日本の投資信託』（千倉書房，1966年）177～178頁。
5)　山一證券株式会社投資信託本部『證券投資信託論』（至誠堂，1955年）298頁。
6)　証券投資信託協会「證券投資信託法制研究会（幹事会）報告書」(1964年) 29～31頁。
7)　投資信託懇談会「『投資信託懇談会』報告書」8～10頁（2008年3月）。
8)　投資信託懇談会・前掲注7) 25～26頁および集団投資スキームに関するWG「集団投資スキームに関するワーキンググループレポート」(1999年) 32頁を参照。

第 6 章　信託の終了

　このように換金制度は投資信託における中心的な制度の一つと考えられることから，投資家が換金の投資判断を適正に行えるよう，公募投資信託について，金商法，投信法，金販法において様々な規定が設けられている。
　まず，投資信託の受益証券の募集・売出しに際しては，投資信託委託業者に対し，有価証券届出書提出義務（金商 5 条）および目論見書の交付義務（金商 15 条 2 項）が課せられ，また投資信託委託業者は，投資信託契約約款の内容を内閣総理大臣に届け出るとともに（投信 4 条 1 項），受益証券を取得しようとする者に対し投資信託約款の内容等を記載した書面を交付しなければならない（投信 5 条）。当該信託約款には信託契約の一部解約請求に関する事項も含まれており（投信 5 条, 4 条 2 項 9 号），受益証券の換金について投資家に対し情報開示がなされることとなる。
　次に，投資家に対して受益証券を販売する際には販売会社に対し，契約締結前および契約締結時における書面交付義務が課されているほか（金商 37 条の 3, 37 条の 4），顧客の知識，経験，財産の状況および金融商品取引契約を締結する目的に照らして不適当な勧誘を行ってはならないという適合性原則が適用される（金商 40 条 1 号）。また金販法上は，市場リスクや権利行使期間の制限等に加え，取引の仕組みのうち重要な部分について説明するとともに（金販 3 条 1 項），各顧客の適合性を踏まえた説明義務が課されている（金販 3 条 2 項）。これらの規定に基づいて受益証券の販売段階においても換金について十分な説明がなされることになる。
　また，投資信託の運用開始後も，投資信託委託業者には，金商法上の継続開示義務とともに運用報告書の各受益者への交付および内閣総理大臣への届出が義務付けられている（投信 14 条）。また，投資家が解約の機会を逸することのないよう，販売会社は受益者に対し当該投資信託に関する情報提供義務を負うと解されている[9]。さらに，投資家の換金申出がなされた場合においても，受益証券の解約実行請求および買取請求のいずれの方法により換金を行うか，販売会社には取引態様の事前明示義務（金商 37 条の 2）が課されている[10]。

---

[9]　大阪高判平成 9・5・30 判時 1619 号 78 頁, 最判平成 10・6・25 金法 1522 号 92 頁。同判決の評釈として，松井智予「判批」ジュリ 1171 号（2000 年）99 頁がある。
[10]　永田光博「投資信託に係る規制への見直しの提言」金法 1908 号（2001 年）61 頁。もっとも同

以上のように，投資家に対して各投資信託の運用に関する十分な情報が与えられ，かつ換金制度について十分な説明がなされることにより，投資家が合理的な投資判断に基づき受益証券の換金を行うことができるようになる。

## 4　原審および控訴審の検討

　以上を踏まえて，投資信託の換金に関する投資家の合理的な投資判断の確保という観点から原審と控訴審を検討した場合，一般的な解釈としては，控訴審の判断が妥当であるように思われる。

　①の争点について，投資信託には基準価額の変動リスクが常に伴うが，このようなリスクを投資家に帰することができるのは，換金請求を行うかまたは受益証券を保持し続けるかという，投資家自身による投資判断の結果に基づく。そして，投資信託の換金のほとんどが解約実行請求の方法により行われている現状を考慮すると，投資家の中には解約実行請求と買取請求の区別を理解していない者も多いと思われることから，たとえ両者の区別なく換金請求がなされた場合であっても，解約実行請求の意思表示がなされたと評価できる場合があると解すべきである。

　それに対し，原審の見解では，2つの換金方法のうち受益者が解約実行請求の方法に依ることを明確に指示しない限り解約実行請求の意思表示は認められないことになり，各事案の具体的事情に即して解約実行請求の意思表示の有無を判断することができず，妥当性を欠くように思われる。

　また，②の争点についても，控訴審の判断の方が市場型間接金融の担い手としての販売業者の義務を適正に捉えているように思われる。販売会社は投資家から解約実行請求の申出がなされた場合には，投資信託委託業者との業務委託契約に基づき，当該営業日における他の投資家からの解約請求分と合わせて投資信託委託業者に対し投資家からの解約請求の申出を通知する義務を負っている。そして，当該通知を受けた投資信託委託業者は受託者である信託銀行に対し信託契約の一部解約に伴う信託財産の一部取り崩しを指図し，そして投資信

---

　論稿は，投資信託の換金は解約による場合が実務上一般的であり，解約実行請求と買取請求の方法によって経済的効果に違いはないことから，投資信託については取引態様の事前明示義務の対象外としても顧客保護の観点から特段の問題はないのではないかと述べている。

託委託業者から販売会社に解約金が交付され，投資家に支払われることになる。これら一連の手続が速やかに行われることにより，市場型間接金融を通じた資源の適正配分に資することになる。このように販売会社は市場型間接金融の担い手として投資家による解約実行請求の意思表示を速やかに投資信託委託業者に通知する立場にあることから，投資家から換金の意思表示がなされ解約実行請求と買取請求のうちどちらの方法を選択するか明らかでない場合には，直ちに換金手続について説明を行い投資家の意思を確認すべき義務があると解すべきである。これにより，投資家が価額変動リスクに不当に晒されるのを防止することもできる。

　それに対し，原審の見解では，そもそも解約実行請求と買取請求の区別を理解していない投資家が換金の申出とともに換金手続の教示を求めることはほとんど想定できないことから，販売会社による換金方法の確認義務が生じる場合が著しく制限されてしまい，妥当でないように思われる。

## 5　受益証券の基準価額下落分に対する販売会社の損害賠償責任

　以上のように，販売会社としては投資家の意思確認を速やかに行い，解約実行請求の意思表示が認められる場合には速やかに投資信託委託業者に通知を行わなければならず，その義務を怠ったことにより受益証券の基準価額が下落し投資家が損害を被った場合には，解約実行請求がなされた翌日の基準価額と現在の基準価額との差額につき損害賠償責任を負うことになる。本件控訴審はこのような結論を導くにあたり，最高裁平成18年12月14日判決の法的構成に従い，投資家が投資信託の解約実行請求を行ったときは条件付き解約金支払請求権を有することになるとした上で，販売会社が解約実行請求の通知を行わなかったことは民法130条の故意による条件成就の妨害に該当するとした。その際に，同条に規定する「不利益」の内容を「投資信託委託業者から本件投資信託にかかる信託報酬が得られなくなる等の不利益」であるとした。しかし，このような構成は，販売会社の通知義務を市場型間接金融の担い手の義務として正面から捉えていないように思われる。むしろ，本件控訴審判決も言及しているように，端的にYの債務不履行に基づく損害賠償責任と構成するか[11]，または「不利益」の内容を「条件成就により販売会社が解約金支払義務を受益者

に対して負うこと」と解する方[12]が妥当であろう。

## 6　判断能力に問題があると思われる顧客への対応

　以上より，販売会社は受益証券の価格変動リスクに過度に晒されないよう，投資家からの解約実行請求に速やかに応じる必要があるが，本件において甲支店の担当者がXによる換金請求に応じることに慎重であったのは，AとBとの間にXの財産をめぐって深刻な争いが存在し，かつXの財産管理能力に問題があると疑われる事情が認められたからである。さらに，本件の弁護士CはAの代理人としても行動していたことから，本件委任状によるXの代理および本件訴訟委任が弁護士倫理上許されるか否かも問題になったと思われる。このような事情の下で原審は，甲支店の担当者による対応方法は適切であり，このような対応を行った結果Yに損害賠償責任が生じるのは妥当でないと考え，Yの責任を否定するような法的構成をあえて採用したと推測される。

　本判決でも再三認定されているように，本件Xのような判断能力に問題がある顧客には成年後見制度を利用してもらうのが販売会社としては望ましい。しかし，成年後見制度の利用には至らなくても，本件Xのような顧客による換金請求も少なからず存在すると思われ，販売会社においてもこのような顧客の意思表示を確認するための社内体制の整備が必要になると思われる。さらに，裁判所においても，販売会社が過度な価格変動リスクに晒されることのないよう，販売会社による社内体制の整備状況および顧客への具体的対応を踏まえた上で，本件Xのような判断能力に問題があると思われる者による換金請求に際しては，その意思表示の有無を慎重に認定する必要があるように思われる。

---

11)　柴崎暁「判批」金判1293号（2008年）6頁。
12)　神田桂「判批」愛知学院大学論叢49巻4号（2008年）121〜122頁を参照。

# 第7章 信託に関する税

## 本章の概観

　第7章は信託財産の課税に関する判例を2件取り上げている。

　**39**は，信託または信託類似の契約から生じた受益権が相続財産を構成するかが争われたものである。

　**40**は，信託設定時贈与税課税の問題が焦点となった事案である。

　2つの事案ともに，事実関係が複雑で，法的争点も錯綜しており，信託課税の問題性を端的に表現しているものである。信託制度の円滑な活用のためには安定した信託課税が必須である。**39**，**40**は信託課税の在り方を論じる際の好個の素材を提供しているように思われる。

　信託法改正・信託業法改正に伴う平成19年度信託税制改正は，受益者課税原則を基本的には維持したうえで，目的信託，受益者連続信託等の新しい信託類型に対する租税回避防止に主要な重点が置かれたものであった。多様な信託活用に対する期待が高まるにつれて，信託理論に立脚した明確で安定的な信託課税関係の構築が課題となっているように思われる。とりわけ**40**の事案は，平成19年改正前相続税法4条1項が規定する信託設定時贈与税課税制度の問題点を剔抉しており，今後の信託理論，信託実務がこの判決とどのように向き合っていくのかが注目される。

## 39 相続財産の範囲（相続開始前に譲渡された株式の帰属）

東京地裁平成20年10月24日判決　金判1307号55頁

鈴　木　　　修

## I　事実の概要

### 1　当事者等

X₁、X₂、X₃、X₄およびX₅（原告ら）は、いずれもA（平成14年7月27日死亡）の子であり、Aの共同相続人であり、Aは、パチンコ店その他遊技場の経営、飲食店の経営等を業とする会社であるB会社の創業者の妻であり、X₁は、Aの長男で、平成14年7月当時、B会社の代表取締役であった。

Cは、B会社の総務部長であり、税理士資格を有している。

### 2　AによるB会社株式の信託

Aは、B会社の株式1万3040株（以下「本件株式」という）を所有していたところ、平成6年12月13日付けで、本件株式及び利付国債額面5000万円につき、委託者をA、受託者を海外の信託会社であるD（以下「本件海外信託会社」という）、信託期間を50年または本件海外信託会社が信託期間満了を宣言することが可能な日までとする信託契約（以下「本件信託契約」という）を締結した。

本件信託契約においては、受益権を分割して、元本受益権はAに、収益受益権は（元本受益者とは別の）E共同募金会に、それぞれ帰属することとされた。

なお、本件信託契約は、平成14年6月21日までに解約された。

## 3 平成13年6月21日付けの契約書の作成

A及びCは、本件株式について、平成13年6月21日付けで、Aを売主とし、Cを買主とし、本件株式を652万円（額面額の合計）で売却する旨の売買契約書（以下「本件売買契約書」といい、本件売買契約書に基づく契約を「本件売買契約」という）を作成した。

また、A、C及びB会社は、同日付けで、本件売買契約に関して、Cは、本件売買契約によって譲り受けた本件株式を当時まだ設立前であったB会社持株会またはB会社等以外には譲渡をしないものとし、本件株式に担保権設定等をしたり、B会社持株会またはB会社等以外の者に引き渡さないものとする覚書（以下「本件覚書」という）を作成した。

さらに、C及びB会社は、同日付けで、Cを売主とし、B会社持株会又はB会社を買主とし、CがB会社を退社した時、B会社持株会若しくはB会社が本件株式の売渡しを求めた時、またはCが死亡した時を効力発生日として、本件株式につき売買代金652万円とする売買予約契約書（以下「本件売買予約契約書」といい、本件売買予約契約書に基づく契約を「本件売買予約契約」という）を作成した。

## 4 Aの死亡及び原告らの相続

Aは平成14年7月27日に死亡し、Aの子である原告らがAを相続した（以下「本件相続」という）。本件相続に係る遺産分割協議は、平成14年11月26日に成立した。

## 5 B会社持株会の設立等

平成15年1月15日、B会社持株会が設立され、Cは理事長に選任された。

Cは、平成15年2月17日付けで、本件株式を652万円（1株当たりの売却価額は額面である500円）でB会社持株会に譲渡する旨の売買契約書を作成し、本件株式を引き渡し、B会社持株会は、平成15年4月25日、Cに対し、売買代金652万円を支払った。

## 6 本件相続に係る相続税の課税の経緯

原告らは，本件相続に係る相続税の申告に当たり，本件株式を相続財産に含まれないものとして，平成15年5月26日，相続税申告書を甲税務署長に提出し，相続税の申告をした。

これに対し，甲税務署長は，本件株式が相続財産に含まれるものとし，その評価額11億9814万円余（1株当たり9万1882円，類似業種比準価額）を課税価格に加算する各更正処分を，原告 $X_1$ に対して重加算税賦課決定処分を，その余の原告らに対して各過少申告加算税賦課決定処分を，それぞれ行った。

## 7 本件訴訟の提起等

原告らは，本件各処分を不服として，それらの取消しを求めて，不服申立前置を経て，国（被告）に対して，本訴を提起し，本訴においては，①本件株式が本件相続の相続財産に含まれるか，②相続財産に含まれるとした場合の価額はいくらか，③本件重加算税賦課決定処分が適法か否か，について争われた。

# Ⅱ 判　　旨

請求認容。

## 1 売買契約の有効性についての事実認定（株式の相続開始前の移転）

本件売買契約書の記載内容によれば，「平成13年6月21日，Aにおいて本件株式を652万円でCに売り渡す旨の意思表示をし，Cにおいて本件株式を同額でAから買い受ける旨の意思表示をし，これらの意思表示が合致した事実，すなわち，AとCとの間で本件売買契約が締結された事実が認められる」。

「もっとも，本件株式は，本件売買契約締結当時，既に本件海外信託会社に信託されていたのであるから，本件売買契約が締結された時点でAからCに移転したのは，本件信託受益権のみということになるところ，本件売買契約書において，売買物件が本件信託受益権であるとも記載されている……のは，そのことが注意的に示されたものと解するのが相当である」。

そして，「Cは，平成13年6月29日に本件売買契約の売買代金652万円を

第7章　信託に関する税

Aに支払っており」,「本件信託契約は本件相続より前の平成14年6月21日までに解約されたのであるから,本件株式の所有権は,本件売買契約の効果として,本件相続より前に,本件信託契約が解約された時点で完全にCに移転したというべきである」。

　また,本件売買予約契約書の記載内容によれば,「CとB会社との間で平成13年6月21日に本件売買予約契約が締結された事実が認められ」,「Cは,同15年2月17日に本件株式をB会社持株会に652万円で売却した事実が認められる」。

## 2　売買契約等に基づく取引行為に対する判断

　(1)　前記1の認定に対し,国は,「①Cは,B会社の経営に参与する権利も,B会社から配当を受ける権利もなく,本件株式を投資の対象とすることもできなかったこと,②Cは,自己の計算において買主としての義務を履行していないこと,③当事者の真意は本件株式の所有権を終局的にCに移転することにはなかったことなどの経済的実体や取引当事者の真の意図があるとして,AとCとの間で本件売買契約が締結されたことを否認し,本件一連取引行為〔筆者注:平成13年6月21日に作成された本件売買契約書,本件覚書及び本件売買予約契約書に基づく一連の取引行為をいう〕について,主位的に,売主をA,買主を設立が予定されていたB会社持株会として,その設立を停止条件として,B会社持株会に本件株式の所有権を移転させる売買契約であるというべきであり,AとC個人との関係については,B会社持株会が設立されるまでの間,Cにおいて本件株式を一時的に保管するという意図があったものであるから,寄託契約に当たると主張し,予備的に,委託者をAとし,受託者をCとする,本件株式のB会社持株会への譲渡を目的とした信託類似の契約である」と主張した。

　(2)　上記(1)の主張に対し裁判所は,弁論の全趣旨によれば,①「本件売買契約によって,本件株式の議決権もCに移転したと解するのが相当である」,②「Cには本件株式による配当を受ける権利がなかったということはできない」,③本件覚書及び本件売買予約契約による制限は,「同族会社であるB会社において,A及び原告らの親族ではないCが本件株式を所有することに

なったからこそ，Cが更に第三者に本件株式を譲渡することを防ぐ目的でされたとも解し得る」，④「B会社において，Cに経済的な負担がかからないように配慮することは合理的」であり，「そのような配慮をしたからといって，Cが本件売買契約によって本件株式の所有権を取得したことを否定する根拠にはならない」，⑤国の証拠には，「Cが本件売買契約における独立した買主として本件株式の所有権を取得したことを否定する趣旨の，被告の主張に沿う記載部分がある」が，これらの証拠は，「書面の内容の正確性について確認したわけではないから，……高い信用性を認めることはできない」，⑥「本件株式を最終的にはB会社持株会等に所有させることにするという事業承継の方法をB会社が選択するに当たっては，本件相続に係る相続税の金額を低く抑えようとする意図があったことが認められるが，そのこと自体はCが本件株式の所有権を取得したという事実と両立し得るものであり，前記の認定を左右するものではない」として，「本件一連取引行為が意味するところとして被告が掲げる各法律構成の主張については，いずれも認めることができないというべきである」と判示した。

### 3 処分の違法性

裁判所は，「本件株式はAの相続財産には含まれないところ，本件相続税申告はこれを前提にされており」，「本件相続税申告は適法なものであることが認められる」ことから，「本件各更正処分のうち，本件相続税申告における課税価格及び納付すべき税額を超える部分は違法であり，また，本件重加算税賦課決定処分及び本件各過少申告加算税賦課決定処分も違法であるから，これらはいずれも取り消されるべきものである」と判示した。

## Ⅲ 解　説

　本事件の取引の契機は，相続税（事業承継）対策として当時有効であるとされていた（外国）信託契約を活用していたところ，信託設定後における財産評価基本通達（昭和39年4月25日，直資56・直審（資）17）の改正によって当該契約による相続税の負担軽減効果が失われたため[1]，新たな対策として従業員持

株会を設立し，当該持株会に対して株式の譲渡を行うこととしたところ，譲渡先として予定していた従業員持株会が設立途上であったため，被相続人と経営する会社の総務部長との間で本件株式を売買することとし，さらに，会社も関与して，総務部長が本件株式を転売する場合の事由や転売先を持株会等とする覚書（本件覚書）や売買予約契約書（本件売買予約契約）を作成するというものであった。

　以下では，これら売買契約等の（租税法における）解釈の問題について検討する。

## 1　相続税の課税財産とその価額

　相続税は，相続，遺贈又は死因贈与により財産を取得した者に対して，その財産の取得の時における時価を課税価格として課される租税である。相続税の課税対象となる取得財産には，現金，預貯金や株式などの金融資産のほか，動産や不動産などのあらゆる資産が含まれ，これら相続等によって取得した財産をすべて金銭的な価値に置き換えて評価した上で課税することとされている。相続財産の価額は，その取得の時における時価によることとされ（相税22条），この「時価」は，相続等により財産を取得した時において，それぞれの財産の現況に応じ，不特定多数の当事者間で自由な取引が行われる場合に通常成立すると認められる価額をいうとされている。

## 2　租税法における課税要件事実の認定等

　租税法の課税要件事実の認定に際しては，客観的に存在する私法上の事実や法律関係に租税法を適用して確定することになるが，「他の法分野におけると同様に，租税法においても，要件事実の認定に必要な事実関係や法律関係の

---

1) 信託受益権を収益受益権と元本受益権に分割して設定すれば，それぞれの受益権を別々に年8％（という高率）の複利現価率や複利年金現価率を用いて評価する結果，収益受益権と元本受益権の価額を合計しても，信託財産の価額に比べ，相当低額なものとなるというものであった。平成11年7月の財産評価基本通達の改正により，信託受益権等の評価に利用される利率は，基準年利率（当時4.5％）とされ，また，平成12年6月の財産評価基本通達の改正により，信託受益権の評価方法が改正されたことにより，このような課税上の弊害（納税者にとっては租税負担の軽減効果）は除去された。

「外観と実体」,「形式と実質」ないし「名目と内容」がくいちがっている場合には，外観・形式ないし名目に従ってではなく，実体・実質ないし内容に従って，それらを判断し認定しなければならない。」[2]とされている。この点に関して，「納税者が行ったと主張する，税負担の免除・軽減をもたらす私法上の行為ないし取引が，私法上の真実の法律関係に合致しているように見える場合であっても，疑問のある場合には私法上の真実の法律関係に立ち入って，その行為が本当に行われたか否か，行われなかったとした場合に真実にはどのような行為が行われたのかを認定しなければなら」ず，「税負担を軽減すると目される行為や取引が仮装行為であって，真実には存在しないと認定される場合には，それに即した法的効果は生じず，したがって，税負担の免除ないし軽減の効果も生じない。」[3]のである。

本件株式の売買契約に関し，審査請求段階においては，売買に至るまでの経緯，目的，当事者の認識，契約内容，本件株式の管理，保管状況等から，本件株式の売買が相続対策で行われたものであること等を認定した上で，本件売買契約等は，本件相続に係る相続税額を不当に軽減させる目的のみをもって，本件相続の開始前に，被相続人とCとの間の売買の形式を借りて，本件株式の所有権をCに移転したかのように作出したものであり，一連の経緯等を全体として見るならば，当事者が通謀して行ったものと解さざるを得ず，民法94条1項に規定する通謀虚偽表示に該当し，無効となる旨判断し，売買契約の効力を否定している[4]。

本件訴訟においては，国は，仮装行為（通謀虚偽行為）として売買契約の効力を否定することはせず，経済的実体や取引当事者の真の意図からAとCとの間で本件売買契約が締結されたことを否認し，本件一連取引行為について，

---

2) 金子宏『租税法〔第19版〕』（弘文堂，2014年）135頁。
3) 金子・前掲注2）127頁。この「仮装行為」については，「意図的に真の事実や法律関係を隠ぺいないし秘匿して，みせかけの事実や法律関係を仮装することであって，通謀虚偽表示（民94条）がその典型的な例である。仮装行為が存在する場合には，仮装された事実や法律関係ではなく，隠ぺいないし秘匿された事実や法律関係に従って課税が行わなければならない。これは，特段の規定をまつまでもなく，課税要件事実は外観や形式に従ってではなく，実体や実質に従って租税認定されなければならないことの，当然の論理的帰結である」とされている（同書，136頁）。
4) 平成18年7月7日裁決（高裁（諸）平18第2号）（非公表）。

主位的に，売主をA，買主を設立が予定されていたB会社持株会として，その設立を停止条件として，B会社持株会に本件株式の所有権を移転させる売買契約であるというべきであり，AとC個人との関係については，B会社持株会が設立されるまでの間，Cにおいて本件株式を一時的に保管するという意図があったものであるから，寄託契約に当たると主張した。

判決は，本件株式を最終的には持株会等に所有させることにより，本件相続に係る相続税の金額を低く抑えようとする意図があったことが認められるが，そのこと自体はCが本件株式の所有権を取得したという事実と両立し得るものであり，本件売買契約書の締結及び効果の認定を左右するものではないこととして，国の主張を斥けている。

本件のような相続税（事業承継）対策として相続開始前に従業員持株会等の第三者に対する譲渡が一般的に行われているということも踏まえると否認することは困難であろう。

課税要件事実に係る取引行為の把握に関して，「近時の最高裁判所の判例〔筆者注：オウブンシャホールディングス事件の最高裁平成18年1月24日第三小法廷判決等〕において，当事者の選択した個々の契約形式にのみ着目するのではなく，取引の全体を見て課税要件事実を認定し，あるいは，当事者の全体的意思を確認しなければならないとする判断（取引の一体的把握）も見受けられるようになった。」との指摘もなされており[5]，「課税逃れについては，スキーム等に関しては，取引の全体を観察しなければ，当事者が真に意図したことが何であるか不明確な場合が多いのであろうから，一定の範囲内において，取引の全体を一体的として観察するという観察法が必要であることは否定できない。」とされるものの，「むしろ問題は，そのような観察方法が裁判所によりどの範囲で許容されるのかという点である。」といった問題点が指摘されている[6]。

### 3 信託類似の契約の該当性

国は，予備的に，「本件一連取引行為は，表面的には，本件売買契約により

---

[5] 吉村典久「納税者の真意に基づく課税の指向」金子宏編『租税法の基本問題』（有斐閣，2007年）221頁。
[6] 中里実「『租税法と私法』論再考」税研19巻5号（2004年）79〜81頁。

Cに本件株式の所有権を移転させたものであるが、その経済的目的は、将来B会社持株会に本件株式の所有権を移転するために、Aの財産から本件株式を逸出させるところにあったものであるから、委託者をAとし、受託者をCとする、本件株式のB会社持株会への譲渡を目的とした信託類似の契約というべきである。」と主張している。

旧法において「信託」とは「ある者（委託者）が法律行為（信託行為）によって、ある者（受託者）に財産権（信託財産）を帰属させつつ、同時に、その財産を、一定の目的（信託目的）に従って、社会のためにまたは自己もしくは他人——受益者——のために、管理・処分すべき拘束を加えるところに成立する法律関係」であるとされている[7]。

本件の売買契約においては売買物件である株式は契約日をもって所有権を移転するものとしているが、同日締結された覚書では処分制限が課されており、また、売買契約等の当事者であるCは、持株会を設立し、当該持株会へ本件株式を譲渡することを目的とする一連の契約・取引と認識していることから[8]、上記の国の主張は、こうした当事者の意思を重視し、本件取引は「財産権の移転その他の処分」や「信託目的による拘束」といった信託の成立を認める余地があるとしてなされたものと考えられる。信託の成立が認められる場合には、契約により株式がCに移転し、移転した当該株式の管理、処分について、本件覚書及び本件売買予約契約書により制限された内容、すなわち、B会社持株会の設立までの間の株式の保管及び当該持株会設立時の当該株式の譲渡を行うことを信託目的として理解すると、AからCへの本件株式の譲渡は、Aを委託者、Cを受託者とする信託譲渡として捉えることとなる。この場合に、国は、「前記信託類似の契約により、Cは本件株式の所有権及び配当を受けるという収益受益権を取得したことになるが、Cには本件株式を取得額と同額でB会社持株会等に譲渡することしか認められていなかったことからすれば、元本受

---

[7] 四宮〔新版〕7頁。
[8] Cは審査請求時において国税不服審判所に対して「本件契約書等を作成した目的、動機は、相続税対策として、本件株式を将来設立することが予定されている持株会へ譲渡するため」であり、「本件売買契約書、本件覚書及び本件売買予約契約書はワンセットの契約、取引であり、被相続人が本件株式を将来設立することが予定されている持株会へ譲渡することを目的として一連の契約、取引であると認識」している旨、答弁している。

益権についてはなお委託者たるAに帰属し，その元本受益権が相続財産を構成する。」としているが，受益権を有する者は，素直にB会社持株会と解するのが相当ではないだろうか。このように解する場合の課税関係は，相続開始の時において持株会は設立されていない（受益者は未だ存在していない）ので，平成19年改正前の所得税法13条1項及び相続税法4条2項3号により，本件株式は委託者たるAが保有しているものとして相続財産に含まれることになるものと考える。

## Ⅳ 本判決の意義

本判決は，経済的実体や取引当事者の真の意図から売買契約の締結を否認した国の主張を斥けているが，直接証拠たる処分証書による事実認定は間接事実の積み重ねによっても容易に覆すことができないことを示唆するもので，「真実の法律関係」の探求といえども慎重な判断が求められるのであり，税負担軽減の成果や目的を殊更重視して法律関係の存否を「仮装行為」等として否認するような課税処分の違法性の判断に関する一事例として意義を有するものと言える[9][10]。

相続税は，近年における再分配機能の低下の指摘等に伴い平成25年度税制改正において税率構造の見直しや課税ベースの拡大が行われたことから，中小企業における円滑な事業承継の観点からは相続税の考慮は従来に増して重要な要素となる。本件のような取引相場のない株式の評価は，相続税法22条の解釈上，株主の態様により，原則的評価（類似業種比準方式：本件の場合は1株当た

---

[9] 本事案の売買契約の課税上の効力，否認する法的根拠の交錯等，重加算税の課税要件を含む本事案の評釈として，品川芳宣「相続開始前の株式売買契約（相続税対策）の課税上の効力──仮装行為否認の限界」T&A master290号（2009年1月12日号）12〜24頁及び，同「相続開始前の株式売買契約を否認する法的根拠」税研24巻4号（2009年）132〜136頁を参照。ほかに，宮西恵「相続開始前に譲渡された株式と相続財産」税務事例43号2号（2011年）19頁も妥当な判決と評している。

[10] 武富士事件（最判平成23・2・18判時2111号3頁）における須藤正彦裁判官の補足意見は，「明確な根拠が認められないのに，安易に拡張解釈，類推解釈，権利濫用法理の適用などの特別の法解釈や特別の事実認定を行って，租税回避の否認をして課税することは許されないというべきである」と述べている。

り9万1,882円）と特例的評価（配当還元方式：同1株当たり250円）が認められているが、これらの評価額は大きく乖離していることから、このような評価方法のあり方も問われるべきと考える。また、納税者が行った税負担軽減のための取引が、いわゆる「租税回避」として否認されるべき行為の範囲、否認の法理といった解釈論のみならず、立法論についても併せて考えさせられる事案である[11]。

---

[11) 「租税回避」とは、「私法上の選択可能性を利用し、私的経済取引プロパーの見地からは合理的理由がないのに、通常用いられない法形式を選択することによって、結果的には意図した経済的目的ないし経済的効果を実現しながら、通常用いられる法形式に対応する課税要件の充足を免れ、もって税負担を減少させあるいは排除すること」とされている（金子・前掲注2）121～122頁）。なお、租税回避行為の否認方法、包括的否認規定の必要性といった解釈論・立法論については、品川芳宣「租税回避行為に対する包括的否認規定の必要性とその実効性」税務事例41巻9号（2009年）33～40頁を参照のこと。

# 40 外国での他益信託設定に係る信託設定時贈与税課税処分

名古屋高裁平成 25 年 4 月 3 日判決　判例集未登載

小　林　　　徹

## I　事　実　概　要

　いずれも日本国籍である B（信託契約当時 32 歳）および D 夫妻は平成 15 年に渡米して，そこで原告・被控訴人 X（二男）が出生し，X はアメリカ国籍を取得した（B, D の間には，他に 3 人の子がいる）。その後 X は，平成 17 年 8 月までの間に親等と共にアメリカと日本を行き来し，その後は日本に居住した。また，B は，本件生命保険の被保険者となるため，平成 16 年 4 月に日本およびアメリカにおいて健康診断を受けている。

　一方，B の父 A は，平成 16 年 8 月に C との間に，米国ニュージャージー州法に準拠して，A を委託者，C を受託者とする信託契約を締結し，約 3 週間後に，信託財産として券面額 500 万米ドルの米国財務省短期証券（以下「本件米国債」）を C に引き渡した。なお，本件米国債はスイスにおいて保管されていた。

　この信託契約では以下のことが規定されていた。

① 本信託契約書の冒頭には，本件信託は A の子孫らのために設定された旨の記載があり，本件信託の受益者として X の氏名が記載されている。ただし，B が限定的指名権者として，X 以外の A の子孫を受益者に指名できる権限を有している。

② 受託者の権限は制限を受けず，受託者の合理的な裁量において行使することができ，信託財産の運用に関しては，広範な権限が認められている。ただし，A が投資顧問に指定され，運用に関し C に指示する権限

を有している。
③　本信託は解約不能の永久信託である。
④　信託契約書には，本トラストの目的を満たすための適切な投資戦略は生命保険証券への投資であると信ずる旨記載されている。
⑤　Ｃの報酬，管理費用は全て信託財産から支払われる。
⑥　Ｃは，自己の裁量により，Ｘが生存する限りにおいて，Ｘの教育，生活費，健康，慰安及び安寧のために妥当と思われる金額を，元本および収益からＸに交付する。すなわち，元本および収益はＸの利益のために利用する。ただし，受領した保険金を直ちに支払う義務はない。

この信託契約およびＢの指示に基づき，信託契約の約1か月半後，Ｃは6社との間でＢを被保険者とする生命保険契約（満期は2072年）を締結し，保険料として信託財産500万ドルのうち，440万ドルを支払った。残額の60万ドルは信託報酬・管理費用として，アメリカ国債で運用された。

Ｘは本件信託設定に対し贈与税の申告を行わなかったが，平成19年に処分行政庁はＸに対し，本件信託により取得した財産の価額の合計額（課税価格）を5億4565万9864円とし，これに対する贈与税額を2億7002万9500円とする贈与税の決定処分およびこれに関する4050万3000円の無申告加算税賦課決定処分を行った。

これに対しＸ側は，原処分の取消しを求めて処分行政庁に対する異議申立ておよび国税不服審判所長に対する審査請求を行ったが，それぞれ若干の減額はあったものの原処分と同様の異議決定，裁決があったため，これらの取消しを求める訴訟を提起した。

なお，本事件の争点は以下であるが，原審は争点①②について判断してＸの請求を認容したが，控訴審では争点①②③④について判断して原判決を取り消し，請求を棄却した。

①　本件信託の設定行為が平成19年改正前相続税法（以下「相続税法」という。）4条1項にいう「信託行為」に当たるか。
②　原告が同条1項にいう「受益者」に当たるか。
③　本件信託が生命保険信託に当たるか。
④　原告が，相続税法1条の4第3号の制限納税義務者に当たるか。

⑤　本件信託財産が我が国に所在するものであるか。

## Ⅱ　判　旨

原判決を取消し，請求を棄却する。

**1　本件信託の設定行為が相続税法4条1項にいう「信託行為」に当たるか**

　原審は，「相続税法4条1項の『信託行為』については，同法にはこれを定義する規定は置かれていない。このような場合，納税者の予測可能性や法的安定性を守る見地から，税法上の用語は，特段の事情のない限り，通常用いられる用法により解釈するのが相当」であり，「〔旧〕信託法1条によれば，信託とは，委託者が，信託行為によって，受託者に信託財産を帰属させ，同時にその財産を一定の信託目的に従って受益者のために管理処分すべき拘束を加えるところにより成立する法律関係であると解される」ので，「本件信託の設定行為は，相続税法4条1項にいう『信託行為』に当たると認められる」とし，控訴審もこれを肯定した。

**2　原告が相続税法上の「受益者」に当たるか**

　原審は，他のみなし贈与規定との比較考量から，「受贈者とされる者が贈与とみなされる行為によりもたらされる利益を現に有することになったと認められる時に，贈与があったものとみなすと規定されていると理解できる。これらの規定と，通則法15条2項5号を併せて読めば，贈与税は，受贈者とされる者が贈与による利益を現に有することに担税力を認めて，これに対して課税する制度であると理解できる。」，「同法〔相続税法：筆者注〕4条1項にいう『受益者』とは，当該信託行為により，その信託による利益を現に有する地位にある者と解するのが相当である。」と定義付けた上で，「原告は，本件信託の設定に関し，相続税法4条1項の『受益者』に当たるとは認められない」とした。

　これに対し控訴審では，「相続税法4条1項の『受益者』とは，『受益権を有する者をいう。』と解するのが相当」であり，「いわゆる他益信託の場合において，受益権（信託受給権及び信託監督的権能）を有する者に対し，信託行為があった時において，当該受益者が，その受益権を当該委託者から贈与により取

得したものとみなして，課税する旨の規定であると解される。」ので，「現実に信託の利益の配分を受けなくても（例えば，期限付受益権の設定），そのときにおいて信託受益権を贈与したものとみなして課税するものと解される」からXは「相続税法4条1項にいう『受益者』に当たると認められる」と判示した。

また，4条2項2号ないし4号は「例外的に受益権の帰属が浮動状態にあることから，受益者が確定し，特定又は存在し，停止条件が成就したときに，当該受益者に課税することとした規定であり，受贈者とされる者が贈与と同様の経済的利益を得ることとなったと認められるときに課税するとした規定ではない」として適用を否定した。

### 3 本件信託が生命保険信託に当たるか（控訴審）

「委託者が生命保険契約を締結したのと実質的に同視できることを要するというべきであるから，信託契約において受託者に信託財産の運用方法についての裁量がなく，生命保険契約の締結が義務付けられているか，又は委託者の指図に基づいて生命保険契約を締結する場合に限られると解すべきである。」と生命保険信託を定義付け，「受託者が委託者であるAの意思に沿って締結したものではあるが，委託者の指示に基づいて締結したものではないから，信託財産の運用方法の一つとして締結したものであり，したがって，本件信託は，生命保険信託の例外的方法には当たらない」。

### 4 Xが相続税法上の制限納税義務者に当たるか（控訴審）

「住所とは，……客観的に生活の本拠たる実体を具備しているか否かにより決すべきものと解するのが相当である」，「両親に監護養育されていた被控訴人についても，上記時点における生活の本拠は長久手の自宅であると認めるのが相当である。」ので，「制限納税義務者には当たらず，相続税法1条の4第1号の適用対象となるというべきである。」

**5　Xにおいては，贈与税の課税要件である課税標準を算定することができないか（控訴審）**

Xが「本件信託行為時に信託受益権の全部について贈与により取得したものとみなされる。」ので「本件信託時における時価を評価するのが相当であり，限定的指名権の行使の可能性があることや，受託者に裁量があることは上記の判断を左右するものではない」。

## Ⅲ　解　説

### 1　「信託行為」に当たるか

相続税法には「信託行為」や「受益者」の定義が存していないため，本来の法分野である信託法の分野から借用することが租税法律主義＝法的安定性の要請に合致しているので，信託法と同じ定義で解釈すべきであると考えられる[1]。本事件における信託契約やその経緯等をみれば，本事件は我が国信託法における信託行為と考えられるので，相続税法4条1項にいう「信託行為」に当たるとの判断は妥当であると考えられる。

### 2　「受益者」に当たるか
#### (1)　相続税法4条1項に当たるか
① 　原審の判示

原告の請求が認容されるためには，以下の考え方があった。

ア　相続税法4条1項の「受益者」に当たらない。
イ　同法4条2項のいずれかの項目に当たるから，信託設定時は課税時期ではない。
ウ　生命保険信託に当たるから同法5条1項を適用するので，信託設定時は課税時期ではない。
エ　信託設定時贈与税課税制度を規定する同法4条1項は違法性があり，受益時課税すべきである。

---

1)　金子宏『租税法〔第15版〕』（弘文堂，2010年）109頁。

このなかで，原審はアを採用し，相続税法4条1項の趣旨を他のみなし贈与規定である5条～9条と比較検討し，「当該信託行為により，その信託による利益を現に有する地位にある者と解するのが相当」と定義付け，原告は「受益者」に該当しないと判示した。

しかし，それぞれのみなし贈与規定は各々の行為の特殊性に鑑みて贈与とみなす規定であり，全ての課税時期が一律であるとは限らないし，「信託行為」の定義付けでは信託法の概念を借用していながら，「受益者」の定義付けではこれを行わず，他のみなし贈与財産との比較手法を採用した点が手法として矛盾している[2]。

また，本事件では信託契約が締結されており，かつ信託財産も委託者から受託者に交付されていることが確認されているので，租税法律主義の観点からはXに対して贈与税課税するのが，4条1項の文字通りの解釈であると考えられる。原審は条文の解釈をかなり限定的に解していると思われる[3]。

一方，「租税の公平性」も根本原則であり[4]，特に贈与でないにもかかわらず課税する「みなし贈与」規定については，担税力の観点での共通の物差しがあるとの考え方も是認でき，それらの間の整合性も「贈与」でないが故に重要であると考えられる。ただ，エ．を採用して「信託設定時贈与税課税制度が，他のみなし贈与規定と整合性が取れておらず，担税力の点から違法性がある。」と結論付けた方が明快であり，その点で原審判決には曖昧さが残る。

② 控訴審の判示

控訴審では信託法からの借用概念を採用し，新信託法2条7項から「本件信託の設定時において，被控訴人が，信託受給権及び信託監督的機能を有していたことが必要となる。」としたうえで[5]，「信託契約書の解釈は条文に基づいて

---

[2] 本庄資「相続税法4条1項『信託行為』『受益者』の意味」ジュリ1443号（2012年）124頁。岡本髙太郎「外国信託を用いた贈与に関する判決の検討」税務弘報59巻10号（2011年）156～157頁，仲谷栄一郎＝田中良「海外の信託を利用した租税軽減策～名古屋地裁平成23年3月24日判決～」国際税務31巻9号（2011年）81頁。

[3] 本庄・前掲注2) 124頁，品川芳宣「米国州法に基づく信託契約とみなし贈与課税」税研27巻4号（2012年）71頁，岡本・前掲注2) 156～157頁，仲谷＝田中・前掲注2) 82頁，宮塚久「相続税法4条1項の『受益者』該当性が否定された事例」ジュリ1433号（2011年）53頁。

[4] 金子・前掲注1) 77頁，水野忠恒『租税法〔第5版〕』（有斐閣，2011年）11頁。

[5] 旧信託法に「受益者」の定義はなく，控訴審では現行信託法2条7項を引用する。旧法下の定義

されるべき」として，受託者に裁量権があることやＢが限定的指名権を有している本事件の特殊事情を考慮せず，受益者と認定した。そして４条１項は，信託行為があった時において，「現実に信託の利益の配分を受けなくても……信託受益権を贈与したものとみなして課税するものと解される」と判示した[6]。

借用概念を採用した点で「信託行為」の定義付けと整合性が取れているが，本事件の実態に踏み込まずに信託条項のみで判断した点には，担税力の観点から問題が残る。

(2) **相続税法４条２項に当たるか**

本事件では受託者の裁量権（受益者Ｘの教育，生活費，健康，慰安及び安寧のために妥当と思われる金額を，元本及び収益から受益者Ｘに交付する。ただし，受託者は受領した保険金を直ちに支払う義務はない）以外に限定指名権者ＢがＸ以外の者を受益者に指定できる権限を有しているので，通常の受託者裁量権付の信託以上に受益権の帰属が浮動状態にあると考えられる。したがって，受益者が特定・存在していないとして４条２項３号を適用する余地があると考えられる。

また，本事件では信託財産の88％が生命保険に投資されて生命保険料として支払われ，残余の12％が信託報酬および管理料として留保されていたのであるから，実際に受益者のために使用されるべき原資は死亡または満期保険金が入金しなければ存在しないことになる。したがって，被保険者Ｂの死亡による保険事故の発生や満期により受益者が信託の利益を受ける権利を与えられる停止条件付と解する余地もあると考えられる[7]。

---

については四宮〔新版〕307頁，能見173頁，現法下では新井〔第４版〕222頁。野一色直人「外国信託の設定と贈与税の課税をめぐる問題点」税理2013年８月号（2013年）104頁以下。

6) 伊藤義一「外国信託を用いた贈与に対してみなし贈与課税がされた事例」TKC税研情報22巻６号（2013年）21頁以下は評価する。喜多綾子「米国国籍のみを有する被控訴人が相続税法４条１項の『受益者』に該当すると判断された事例」TKCローライブラリー新・判例解説Watch租税法No. 80（2013年）では「受益権か単なる期待権にすぎないかは議論の存するところであろう。」とする。田中啓之「米国州法を準拠法とする信託の受益者に対する贈与税の課税が適法とされた事例」ジュリ1460号（2013年）９頁では，「平成19年改正後の相続税法において，同じ議論が妥当するかについては，見解が分かれ得る」とする。佐藤英明「信託の『受益者』と所得計算について」村井正先生喜寿記念『租税の複合法的構成』（清文社，2012年）127頁は変更がないとし，宮塚・前掲注3) 53頁は受託者課税とする。

7) 占部裕典「相続税法４条１項の『受益者』該当性が否定された事例」新・判例解説Watch12巻192頁（2013年）。喜多綾子「信託税制における受益者課税の問題」税法学568号（2012年）61頁。

## 3 生命保険信託適用の可能性

生命保険信託とは(1)生命保険契約に基づく生命保険料の払込みを委託者が行い，その生命保険契約の保険金請求権を信託財産とし，満期または保険事故発生の場合に受託者がその保険金を受領のうえ，受益者のために管理・運用・給付する無財源生命保険信託（原則的方式）と，(2)金銭等を信託財産とし，受託者が委託者に代わって保険料を払込み，満期または保険事故発生の場合に受託者が得た保険金を受益者のために管理・運用・給付する財源付生命保険信託（例外的方式）の二つに分類される[8]。

本事件は上記(2)に当たるが，いずれの場合にも受託者は，受益者のために保険契約を管理し，受領した保険金を管理運用するところから，その効果は，平成19年度税制改正以前は「その信託に関する権利は信託財産として取り扱わないで，生命保険契約に関する規定（法第3条又は第5条）を適用することに取り扱う」し[9]，現行税制でも「いわゆる生命保険信託に関する権利については，生命保険契約に関する規定（法第3条及び第5条）の適用があることに留意する」[10]。この場合には，保険契約締結時には受益者に経済的利益が生じていないので満期または保険事故が発生した時が課税時期になり，担税力の問題は解決されることになる。

ただし，本事件のような財源付生命保険信託の場合，受託者が生命保険契約を締結する前にまず保険料原資（本件の場合は米国国債）を委託者から受託者に移転することになるので，無財源生命保険信託のような単なる保険契約管理ではなく，受益者に該当するとの考え方もあり[11]，相続税法上の生命保険信託の

---

喜多・前掲注6)。一方，佐藤・前掲注6) 121頁では，相続税法4条2項4号は「信託受益権の付与自体が停止条件に掛かっている場合について規定していると解するべき」とする。

8) 鯖田豊則『信託の会計と税務』（税務経理協会，2007年）201頁，信託協会編『信託実務講座3』（有斐閣，1957年）16頁，香取稔編『相続税法基本通達逐条解説』（大蔵財務協会，2006年）140頁，四宮〔新版〕28頁。

9) 平成19年度税制改正以前：相続税法基本通達4-2，香取・前掲注8) 140頁。

10) 相続税法基本通達9の2-7。

11) 野一色直人「生命保険信託をめぐる相続税法上の課税問題」税法学568号（2012年）98頁，岡本・前掲注2) 158頁。なお，現行相続税法に係る課税関係の検討については，泉絢也「相続税法における生命保険信託の課税関係——名古屋地裁平成23年3月24日判決を契機として」税務事例44巻12号（2012年）39頁以下。

定義が存しないことに混乱の原因があると考えられる。

　原審では本件信託が生命保険信託であると判示しなかったが,「本件信託は……本件生命保険に投資し,その死亡保険金をもって,受益者に利益を分配することを目的として設定されたものと認めるのが相当である」と判断している。

　これに対し控訴審では,根拠の説明なく,「例外的方法に当たるためには,委託者が生命保険契約を締結したのと実質的に同視できることを要するというべきであるから,信託契約において受託者に信託財産の運用方法についての裁量がなく,生命保険契約の締結が義務付けられているか,又は委託者の指図に基づいて生命保険契約を締結する場合に限られると解すべきである」と要件を示したうえで[12],受託者はあらゆる種類の投資対象に投資できる広範な権限が認められていたこと,BにはAの指示に従うべき法的義務がなく,「Bの受託者に対する上記の指示がAの意向に沿うものであったとしても,Aの指示と同視することはできない」こと等から,「本件生命保険契約は,受託者が委託者であるAの意思に沿って締結したものではあるが,委託者の指示に基づいて締結したものではないから,信託財産の運用方法の一つとして締結した」として生命保険信託には当たらないと結論付けている。

　しかし,本事件では,信託契約7条に生命保険運用が記載されているほか,信託契約の前にBは日本とアメリカで被保険者となるための健康診断を受け,かつ,信託設定後速やかに投資顧問であるBがCに指図して,信託財産の88％を生命保険（Bが被保険者）でもって運用され,残りの12％は受託者の信託報酬・管理費見合いとして米国債運用された事実からみれば,原審の判断のように保険運用が当初から予定されていたことは明らかである。

　控訴審では,「信託契約書の解釈は条文に基づいてされるべき」として,実態に踏み込まなかったが,本事件の全貌をみれば,本事件は生命保険信託であったとして相続税法5条1項を適用するとの結論を導く余地があると考えられる[13]。

---

[12] 野一色直人「相続税法上の生命保険信託の要素の検討」税務弘報61巻10号（2013年）121頁以下。

[13] 占部・前掲注7）191頁,喜多・前掲注7）63頁,宮塚・前掲注3）53頁。田中・前掲注6）9頁,野一色・前掲注12）121頁以下。

なお,「受益者」の定義付けや生命保険信託の検討において,控訴審判決では事件の全体的な流れに踏み込むことに否定的であったが,「住所」の判定においては広く事件の全貌から判定している点で,判断の整合性が取れていないと考えられる。

## Ⅳ 意　義

原審判決は,租税法律主義の観点からは疑問が残るが,「信託課税の在り方」および「担税力」の見地から,現行信託設定時贈与税課税制度の問題点を明確化したという点で意義のある判決であった。特に本事件では,被保険者B（当時32歳）が死亡するか満期（68年後）が到来しない限り保険金の交付はなく,さらに受託者の裁量権により,その全額を速やかに受益者Xが取得できない可能性があるという点,限定的指名権者Bの指名によりXは何も取得できなくなる可能性があるという点から,本件信託設定時に贈与税課税することは財産取得との整合性,担税力の点で信託設定時贈与税課税制度の問題点が特に顕在化した事例であると言える[14]。

これに対し控訴審判決は,被控訴人が「受益者」に当たるかについては信託法からの借用概念に基づき判断したが,4条2項の適用可能性については狭い定義付けを行った点に特徴がある。

更に,財源付生命保険信託の要件を初めて明確にした点で意義があるものの,根拠の明示なくその要件がかなり狭いものとなっている点は今後に問題を残すことになると考えられる。なお,最高裁平成23年2月18日判決（判時2111号3頁）の「住所」要件を具体的に適用している点でも控訴審判決は意義がある。

---

14) 占部は原審判決について,「相続税法4条1項の形式解釈からくる不合理を背景にしたものであるともいえ,方向性としては十分に理解できるものがある。」とする（占部・前掲注7）191頁）。設定時課税問題については,水野・前掲注4）295頁,占部裕典「信託税制への提言」新井誠＝神田秀樹＝木南敦編『信託法制の展望』（日本評論社,2011年）549頁以下,橋本守次「信託設定時に受益者は利益を取得する地位にないとされ,贈与税課税が取り消された事例」税務事例43巻12号（2011年）8頁がある。また,佐藤英明は「信託税制の課題と解決の方向」信託214号（2003年）63頁以下,同「収益留保型信託等について」租税研究733号（2010年）143頁以下,佐藤・前掲注6）128頁で,裁量信託の課税時期,課税の遡及的修正の困難性等の問題点を指摘する。

判例索引

**大審院**

大判明治 39・10・13 民録 12 輯 1248 頁…69, 70
大判明治 41・6・20 民録 14 輯 759 頁 ………47
大判明治 41・11・12 民録 14 輯 1154 頁 ……69
大判明治 41・11・14 民録 14 輯 1171 頁 ……47
大判明治 44・10・3 民録 17 輯 538 頁 ………49
大判大正 3・5・1 民録 20 輯 359 頁 …………70
大判大正 6・6・7 民録 23 輯 932 頁 …………49
大判大正 14・4・20 民集 4 巻 178 頁…………51
大判大正 14・7・2 民集 4 巻 388 頁 …………70
大判大正 15・6・1 民集 5 巻 593 頁 …………70
大判昭和 8・7・12 民集 12 巻 1860 頁………130
大判昭和 10・12・21 新聞 3939 号 13 頁……408
大判昭和 14・10・13 民集 18 巻 1137 頁
……………………………………………279, 282

**最高裁判所**

最判昭和 29・11・16 判時 41 号 11 頁 …40, 103
最判昭和 31・2・7 民集 10 巻 2 号 27 頁 ……71
最判昭和 32・12・19 民集 11 巻 13 号 2278 頁
………………………………………………………17
最判昭和 39・1・24 裁判集民 71 号 331 頁 …20
最判昭和 39・3・31 判タ 164 号 70 頁………130
最判昭和 39・8・28 民集 18 巻 7 号 1354 頁
………………………………………………125, 129
最判昭和 39・11・17 民集 18 巻 9 号 1851 頁
………………………………………………………45
最判昭和 41・10・4 民集 20 巻 8 号 1565 頁
………………………………………………362, 363
最判昭和 43・5・31 民集 22 巻 5 号 1137 頁…78
最判昭和 43・7・11 民集 22 巻 7 号 1462 頁
……………………………………………………104
最判昭和 44・3・27 民集 23 巻 3 号 601 頁
…………………………………………………71, 74
最判昭和 44・7・17 民集 23 巻 8 号 1610 頁
……………………………………………………125

最大判昭和 45・11・11 民集 24 巻 12 号 1854 頁
…………………………………………………76, 78
最判昭和 47・7・13 民集 26 巻 6 号 1151 頁
………………………………………………318, 323
最判昭和 48・3・27 民集 27 巻 2 号 376 頁
………………………………………………362, 363
最判昭和 52・8・9 民集 31 巻 4 号 742 頁 …27
最判昭和 57・3・30 金法 992 号 38 頁……18, 27
最判昭和 57・4・2 金法 995 号 67 頁 ………363
最判昭和 63・10・13 判時 1295 号 57 頁……364
最判昭和 63・10・18 民集 42 巻 8 号 575 頁
……………………………………311, 313, 325, 336
最判平成 5・1・19 民集 47 巻 1 号 1 頁【25】
……………………………………………………278
最判平成 9・4・24 民集 51 巻 4 号 1991 頁…364
最判平成 10・6・25 金法 1522 号 92 頁……428
最判平成 11・3・25 判時 1674 号 61 頁【12】
……………………………………………………124
最判平成 11・9・9 民集 53 巻 7 号 1173 頁
………………………………………………299, 317
最判平成 14・1・17 民集 56 巻 1 号 20 頁【01】
……………………4, 18, 28, 38, 41, 103, 382,
384, 385, 389, 392, 394
最決平成 14・2・28 判例集未登載 …………214
最判平成 15・2・21 民集 57 巻 2 号 95 頁【02】
………………………………………………………15
最判平成 15・2・21 金法 1677 号 57 頁………28
最判平成 15・2・21 民集 57 巻 2 号 95 頁
…………………………………………………41, 43, 95
最判平成 15・6・12 民集 57 巻 6 号 563 頁【03】
…………………………………………………23, 41, 95
最判平成 16・10・26 金法 1739 号 49 頁
………………………………………………105, 107
最決平成 16・12・16 金法 1744 号 56 頁……412
最判平成 17・1・17 民集 59 巻 1 号 1 頁
……………………………………318, 323, 343, 347, 350
最判平成 17・7・14 民集 59 巻 6 号 1323 頁
……………………………………………………182
最判平成 18・1・24 判時 1923 号 20 頁 ……442

457

最判平成 18・12・14 民集 60 巻 10 号 3914 頁
【26】……292, 304, 322, 333, 343, 346, 350, 355,
356, 357, 426, 430
最判平成 20・7・4 判時 2028 号 32 頁………276
最判平成 23・2・18 判時 2111 号 3 頁…444, 455
最判平成 23・11・17 金判 1384 号 21 頁【23】
……………………………………………244, 258
最判平成 24・10・12 民集 66 巻 10 号 3311 頁
………………………………………………49
最決平成 25・1・30 判例集未登載 ………402

### 高等裁判所

名古屋高判昭和 28・3・19 高民集 6 巻 2 号 68
頁 ……………………………………………105
広島高判昭和 34・3・11 下民集 10 巻 3 号 467
頁 ……………………………………………107
大阪高判昭和 38・7・18 金法 350 号 6 頁……106
大阪高判昭和 48・7・12 金判タ 304 号 166 頁
………………………………………………282
名古屋高判昭和 58・3・31 判時 1077 号 79 頁
………………………………………………325
大阪高決昭和 58・10・27 高民集 36 巻 3 号 250
頁【13】……………………………………135
大阪高決昭和 60・4・16 判タ 561 号 159 頁
【13】………………………………………135
東京高判昭和 62・10・29 判時 1258 号 70 頁
【25 の原審】………………………………278
東京高判平成 5・7・13 金法 1392 号 45 頁…199
東京高判平成 7・4・27 金法 1434 号 43 頁【12
の原審】……………………………………127
大阪高決平成 8・10・21 金判 1013 号 27 頁【06】
………………………………………………54
東京高判平成 8・11・28 金法 1505 号 55 頁【32】
…………………………………………359, 362
大阪高判平成 9・1・30 判時 1606 号 143 頁【07】
………………………………………………64
大阪高判平成 9・5・30 判時 1619 号 78 頁…428
大阪高判平成 11・4・30 金判 1073 号 27 頁…91
名古屋高判平成 12・9・12 金判 1109 号 40 頁
【01 の原審】…………………………………7
東京高判平成 12・10・25 金判 1109 号 32 頁
【09】…………………………9, 89, 384～388

大阪高判平成 12・11・29 金法 1617 号 44 頁
【17】…………………………………185, 419
東京高判平成 13・8・2 判例集未登載……214
大阪高判平成 13・11・6 金法 1632 号 31 頁【37】
…………………………………………411, 412
東京高判平成 17・2・17 判例集未登載【14】
………………………………………………152
大阪高判平成 17・3・30 金判 1215 号 12 頁【15】
………………………………………………163
東京高判平成 17・4・28 判時 1906 号 54 頁
【26 の原審】………………………………297
大阪高判平成 20・9・24 高民集 61 巻 3 号 1 頁
【04】…………………………………………33
大阪高判平成 21・3・18 判例集未登載 ……233
福岡高判平成 21・4・10 金法 1906 号 104 頁
【34】…………………………………380, 397
名古屋高金沢支判平成 21・7・22 金法 1892 号
45 頁【35】…………………………………390
名古屋高判平成 21・10・2 金法 1883 号 39 頁
【38】………………………………………422
福岡高判平成 22・2・17 金法 1903 号 89 頁【33】
………………………………………………368
大阪高判平成 22・4・9 金法 1934 号 98 頁【30】
…………………………………338, 344, 357
大阪高判平成 22・5・14 金判 1380 号 36 頁
【23 の原審】………………………………260
名古屋高判平成 24・1・31 金判 1388 号 42 頁
【28】…………………315, 316, 331, 333, 335, 336, 346
知財高判平成 24・2・14 判例集未登載【36】
………………………………………………400
札幌高判平成 24・9・20 判タ 1390 号 248 頁
…………………………………………117, 122
東京高判平成 25・1・24 判タ 1390 号 244 頁
………………………………………………116
名古屋高判平成 25・4・3 判例集未登載【40】
………………………………………………446
大阪高判平成 25・7・19 判時 2198 号 80 頁
………………………………………………117

### 地方裁判所

東京地判大正 14・11・6 判例集未登載………81
東京地判昭和 56・1・29 判時 1011 号 73 頁

判例索引

東京地判昭和 61・11・18 金判 772 号 31 頁 … 364, 366
東京地判昭和 61・12・17 民集 47 巻 1 号 27 頁
　【25 の 1 審】 …………………………………… 278
東京地判平成 4・7・27 判時 1464 号 76 頁 … 199
東京地判平成 5・5・13 金判 924 号 17 頁【12
　の 1 審】 ………………………………………… 127
広島地判平成 5・7・15 金法 1386 号 82 頁 … 47
大阪地判平成 8・2・15 判時 1576 号 131 頁 … 67
東京地判平成 8・4・26 判時 1594 号 105 頁【32
　の原審】 ………………………………………… 361
大阪地判平成 10・9・3 金判 1073 号 32 頁 … 91
東京地判平成 10・10・29 金判 1054 号 5 頁 … 50
東京地判平成 11・11・29 金判 1087 号 40 頁【09
　の原審】 ………………………………………… 93
神戸地判平成 12・1・27 金法 1585 号 40 頁
　【37 の原審】 …………………………………… 412
名古屋地豊橋支判平成 12・2・8 金判 1087 号
　49 頁【01 の 1 審】 ………………………………… 6
京都地判平成 12・2・18 金法 1592 号 50 頁【17
　の原審】 …………………………………… 185, 419
東京地判平成 13・2・1 判タ 1074 号 249 頁【19】
　………………………………………………… 201, 205
東京地判平成 14・1・30 金法 1663 号 89 頁
　………………………………………………… 199
東京地判平成 14・7・26 判タ 1212 号 145 頁
　………………………………………………… 202
神戸地判平成 15・3・12 金判 1167 号 20 頁
　【15 の原審】 ……………………………… 164, 169
東京地判平成 16・3・26 判例集未登載 … 199
東京地判平成 16・3・29 金判 1192 号 15 頁【26
　の 1 審】 ………………………………………… 297
東京地判平成 16・8・27 判時 1890 号 64 頁
　………………………………………………… 202
東京地判平成 17・2・3 判例集未登載 ……… 48
大阪地判平成 17・7・21 判時 1912 号 75 頁【18】
　………………………………………………… 196
東京地判平成 17・8・31 判タ 1216 号 312 頁
　【08】 ……………………………………………… 75
大阪地判平成 18・7・21 金法 1792 号 58 頁
　………………………………………………… 371, 374
大阪地判平成 20・3・18 判時 2015 号 73 頁
　………………………………………………… 232

東京地判平成 20・10・24 金判 1307 号 55 頁
　【39】 …………………………………………… 435
福岡地判平成 20・11・20 判時 2075 号 46 頁
　【34 の原審】 …………………………………… 382
神戸地判平成 21・2・26 金判 1324 号 42 頁
　【23 の 1 審】 …………………………………… 260
東京地判平成 21・3・27 金法 1890 号 10 頁【20】
　………………………………………………… 216
東京地判平成 21・6・29 金判 1324 号 18 頁【24】
　………………………………………………… 267
熊本地判平成 21・7・28 金法 1903 号 97 頁
　【33 の原審】 …………………………………… 369
大阪地判平成 21・10・22 金法 1934 号 106 頁
　【30 の 1 審】 …………………………………… 343
東京地判平成 22・5・27 判時 2083 号 148 頁
　………………………………………………… 49
福井地判平成 22・7・8 判例集未登載【05】
　………………………………………………… 44
名古屋地判平成 22・10・29 金判 1388 号 58 頁
　【28 の原審】 ………………………… 333, 346, 349
大阪地判平成 23・1・28 金法 1923 号 108 頁
　【27】 ……………………………… 307, 330, 333, 334, 350
大阪地判平成 23・8・26 金法 1934 号 114 頁
　………………………………………………… 372
大阪地判平成 23・10・7 金法 1947 号 127 頁
　【31】 …………………………………………… 351
大阪地判平成 23・12・9 金法 1940 号 112 頁
　【21】 …………………………………………… 238
東京地判平成 24・4・19 判時 2157 号 43 頁
　【11】 …………………………………………… 110
東京地判平成 24・6・15 金判 1406 号 47 頁【10】
　………………………………………… 28, 41, 100
大阪地判平成 24・12・7 判時 2175 号 41 頁
　………………………………………………… 116
名古屋地判平成 25・1・25 金判 1413 号 50 頁
　【29】 …………………………… 315, 328, 350
大阪地判平成 25・3・7 判時 2190 号 66 頁【22】
　………………………………………………… 244, 247
大阪地判平成 25・3・29 判例集未登載 …… 122
大阪地判平成 25・3・29 金判 1423 号 18 頁【16】
　………………………………………………… 174
福岡地判平成 25・4・26 判例集未登載 …… 122

459

### 信託法実務判例研究
*Practical Review of Trust Law Precedents*

2015年3月10日 初版第1刷発行

| 編集代表 | 新 井　　　誠 |
| 発 行 者 | 江 草 貞 治 |
| 発 行 所 | 株式会社 有 斐 閣 |

郵便番号 101-0051
東京都千代田区神田神保町 2-17
電話 (03)3264-1314〔編集〕
　　 (03)3265-6811〔営業〕
http://www.yuhikaku.co.jp/

印刷・株式会社精興社／製本・大口製本印刷株式会社
© 2015, Makoto Arai. Printed in Japan
落丁・乱丁本はお取替えいたします。
★定価はカバーに表示してあります。
ISBN 978-4-641-13690-8

|JCOPY| 本書の無断複写(コピー)は、著作権法上での例外を除き、禁じられています。複写される場合は、そのつど事前に、(社)出版者著作権管理機構(電話03-3513-6969, FAX03-3513-6979, e-mail:info@jcopy.or.jp)の許諾を得てください。